「法と経済学」叢書 Ⅷ

サナ・ルー著
法，疫学，市民社会
―法政策における科学的手法の活用―
太田勝造・津田敏秀監訳

太田勝造
ノミンチメグ・オドスレン　共訳
佐伯昌彦
平田彩子

木鐸社刊

日本語版への序文

　ますますその複雑性を増してきているこの世界の現状に鑑みるとき，法と疫学の交差する領域の諸問題を研究し理解することは不可欠となっていることが分かるであろう．法と疫学の交差する領域こそ，本書の対象である．
　本書で扱った種々のケース・スタディ（事例研究）が提起する様々な政策的課題は，文化や法制度の相違を超えて決定的に重要なものとなっている．すなわち，日本とアメリカ合衆国の間での差異のみならず，諸国と諸社会・諸文化の間での法制度の構造の差異，訴訟手続きの差異，そして実体法の差異を超えて，これらの政策的課題は世界中で喫緊の課題となっている問題群である．
　これらの政策的課題として，具体的に以下の諸問題を挙げることができる．
　まず第一に，科学の目指す目的と法の目的との間の調和の問題がある．とりわけ，個別の権利請求の判断における科学と法の相剋の問題が挙げられる．
　第二に，損害発生とその補償との間の時間差がどれほど短くなれば社会は納得できるのか，という問題がある．
　第三に，法や行政による社会制禦・規制のための基準やルールを策定し強制する上で，個人の自由権および個人や企業の利益と，公衆衛生とをどのようにバランスさせるべきか，という問題がある．
　第四に，社会改革や社会運動の特定の目標に対して疫学者等の科学者はコミットすべきか否か，コミットするとしてそれはどの程度の参画であるべきか，その場合に科学者の引き受ける役割が翻って科学の在り方にどのような影響を与えるのか，という問題がある．
　最後の政策的課題として，法制度と社会規範を用いて社会は，逸脱行動と被害をどのように定義し操作化しているのか，その影響としてどのような意図した結果および意図せざる結果が生じているのか，という問題が挙げられる．
　日本の読者をはじめとする本書の読者たちに求められていることは，読者の属する国と社会とコミュニティにおける上記の政策的課題を自ら探求することであり，種々の社会と法制度におけるこれらの諸問題について比較研究

をしてみることである．この作業は本書が読者に突き付ける挑戦ということができる．この作業に挑戦することは，翻って，読者に対して，これらの政策的課題という，より大きな問題に関する自らの価値観の洗い直しを促すものとなるであろう．そして，読者が，自然科学者として，社会科学者として，政策担当者として，あるいは一個人として，より広く世界という文脈において自らの価値観をどのように実現して行くことができるかについて考え直す機縁ともなるであろう．

　上記の諸課題についての私の考え方を，本書を通じて日本の読者のみなさんに物語る機会を得たことを，私はこの上なく光栄なことと感謝しています．日本の読者のみなさんが，これらの諸問題の解決を求めて自らの足で旅立たれることを祈念し，その道中で多くの感激と感動に出合うことを期待しております．

《序》

　疫学の定義としては，疾病の分布を疾病リスクに影響を与える諸要因の分布と関連付ける研究である，というものがしばしば用いられる．このような定義のために，疫学は単なる方法論の一つに過ぎないものと位置付けられることが多かった．言い換えれば，その対象とする人間集団からある程度切り離されたものとして疾病をとらえ，そのような疾病を研究するための仕方を提供するものとして疫学が位置づけられることが多かったのである．

　しかし，疫学は遥かにそれ以上のものである．疫学という学問は，世界を認識し理解する仕方を提供するとともに，われわれが研究調査の対象とする社会集団における健康と疾病の分布パタンと世界とを関連付ける仕方を提供するものである．このように位置付ければ，疫学の有用性は，質問票の構築，感染源を突き詰めるための地道な調査，データの分析などを遥かに超えるものとなる．むしろ疫学は，現実の諸相を関連付ける参照点を提供する．例えば，裁判所の法廷において疫学は，社会に生じた損害と，義務違反者として責任を追及されるものとの間の関連の有無に光を当てることができる．また，健康と環境の改善のための改革を実現しようと努力するコミュニティと，そのような努力の成否に大きな影響力を有する立法者や政策立案者との関係に光を当てることができる．さらには，社会の「主流派（mainstream）」とされる者たちと，疾病ないし疾病と思い込まれている状況のために差別されるようになったり，差別され続けている者たちとの間の関係に光を当てることができる．

　疫学のこのような使い方に対しては異議を唱える疫学者も多いであろう．その言い分は，保護された客観的な科学の世界から，公共政策や法のような主観的で激しい論争を呼ぶ世界へと手を広げて行くことは，疫学者にとって不必要な拡張路線であるというような程度のものである．このような考え方が見落としているのは，疫学者としてのわれわれ自身の持つ主観性である．すなわち，疫学者としてわれわれは，何を自らの研究調査の対象として選択するかにおける価値判断とか，取り組もうとする研究課題の相対的な重要性の評価とかにおいて，日常的に主観的な価値判断を実践しているのである．

これらの価値判断は，研究に支出される費用の額と，疾病が予防されてもたらされるコスト節約額とを金銭的に比較衡量するだけの単なる計算などではない．言い換えれば，公式発表としては回避しているとされている価値判断を，われわれ疫学者も実は様々な形で日々実践しているのである．

本書が中心的な対象とするのは，法の文脈における疫学の様々な利用である．ただしここでの「法」は，非常に広くとらえられたものである．第1章では，通常の意味での「法と疫学（forensic epidemiology）」を対象とする．法における因果関係の概念と，疫学における因果関係の概念の関係を探求する．また，因果関係決定の仕方を分析する．第2章と第3章では，第1章で分析した概念を拡張して，シリコン豊胸手術訴訟事件および大腸菌への曝露に関する訴訟事件の2つのケース・スタディを行う．第4章から第6章までは，立法および行政規制の分野における疫学の利用を検討する．そこでは，まず基礎理論を提示した上で，シリコン豊胸手術およびタバコ規制に関する連邦食品医薬品局の対応を検討する．

第7章から第12章までは，法の対象として従来位置付けられてきた領域から離れることになる．これらの章では，市民運動と社会改革の文脈における疫学の利用に光を当てる．これらのトピックを取り扱うことや，それらと「法と疫学」との関連について戸惑いを感じる読者がいるかもしれない．しかし，市民運動は多くの場合，非法的手法だけでなく法的手段をも利用して，その目標を達成しようとするものである．そして，市民運動の基礎を疫学は提供することができる．例えば，注射器支給プログラムを創設しようとの運動や，連邦食品医薬品局での新薬申請手続きの改正を求める運動や，タバコ規制を求める運動を考えてみよう．何が有害で何が健康に良いかとか，何が正常で何が逸脱か，などについての考え方は，社会の変化に伴って変化して行くものである．また，われわれの知識や理解も進化して行くものである．この点は，例えば，HIV感染のリスクが相対的に大きい個人を指す際に，従来の「リスク集団」に代えて「リスク行動」という概念を主として使うようになってきていることからも明らかであろう．あるいは，マリファナの医学的利用に関するわれわれの態度の変化に鑑みても明らかであろう．

本書がとりわけ試みたいのは，何が疫学でそれを役立てるにはどのように使わなければならないか，についての読者の固定観念に挑戦し，読者に「知的越境」の興奮を味わってもらうことである．われわれが調査研究の対象と

する集団，すなわちわれわれの社会について，われわれが研究する疾病について，そして，われわれの行動の下部構造とも形成因ともなっている社会システムについての，より完全な理解に読者には是非到達していただきたいと願う次第である．

《謝辞》

　本書の初期の原稿に対する有益な検討・批評をしてくれたサイラン・コロウキアン博士に深く謝意を表するものである．ステファニィ・スチュワートとゲアリィ・W・エドマンズは多くの時間と労力を費やして，本書に必須の諸文献と資料とを蒐集してくれたので，ここにその労を多とし謝意を表したい．ハル・モーゲンスターン博士に対しては，交絡因子についての精緻な分析結果を示す博士のダイヤグラムの使用を快く許可して下さったことに感謝したい．本書における多数の裁判のトライアルおよび証言録取書からの引用は，以下の弁護士とその法律事務所の許可がなければ不可能であったろう．すなわち，ワシントン州ユーフラータ市のジェリィ・モウバーグ法律事務所，オハイオ州シンシナティ市のジェロウム・L・スキナー弁護士，ウェイト・シュナイダー・ベイレス・アンド・チェスリィ法律事務所，および，ディアナ・L・ペンドルトン弁護士である．ここにその理解と寛大さとに謝意を表するものである．本書の編集担当のマリクレア・クラウティアにはその忍耐と支援とに深く謝意を表したい．

《目　次》

日本語版への序文……………………………………………………………… 3
原著序…………………………………………………………………………… 5
原著謝辞………………………………………………………………………… 7

第1章　法廷における疫学：異なる目的と分岐した手続 ……………… 15
疫学と法：異なる目的……………………………………………………… 15
疫学と法：手続きの分裂…………………………………………………… 18
　疫学における因果関係　(18)
　法における因果関係　(45)
疫学的因果関係は法的因果関係に適合する……………………………… 63
　法と疫学の調和　(63)
　疫学，倫理，および専門家証人　(69)
議論のための問い…………………………………………………………… 70

第2章　事例研究(1)　シリコン豊胸手術訴訟事件 …………………… 77
シリコン豊胸手術の歴史…………………………………………………… 78
疫学的知見と陪審評決……………………………………………………… 82
　疫学研究の経緯　(82)
　事後的説明　(85)
議論のための問い…………………………………………………………… 95

第3章　事例研究(2)　大腸菌に関する疫学調査 ……………………… 99
大腸菌についての疫学……………………………………………………… 100
事実関係……………………………………………………………………… 100
疫学による調査……………………………………………………………… 101
　最初の調査　(101)
　ケース・コントロール研究（症例対照研究）　(103)
　児童に対するコーホート研究　(104)
　職員に対するコーホート研究　(104)
　疫学調査の知見　(104)
ディスカヴァリ（証拠開示手続き）……………………………………… 107
　原告側の主張　(107)

被告側の主張　(108)
　　事実審理（トライアル）……………………………………………116
　　　原告側の主張　(116)
　　　被告側の主張　(117)
　　議論のための問い……………………………………………………121

第4章　疫学，立法，および規則制定 …………………………123
　　立法機関………………………………………………………………123
　　　立法権　(123)
　　　法律制定過程（立法過程）　(124)
　　　立法への影響力行使　(126)
　　行政機関………………………………………………………………130
　　　行政機関の権限　(130)
　　　行政監督と行政活動　(131)
　　　行政機関による規則の作成　(132)
　　　行政機関が制定した規則に対する不服申立て　(139)
　　　不確実性下での行政機関の行動　(139)
　　　行政機関の規則制定に対する影響力の行使　(141)
　　議論のための問い……………………………………………………141

第5章　事例研究(3)　連邦食品医薬品局とシリコン豊胸手術 ………145
　　連邦食品医薬品局と医療器具規制……………………………………145
　　連邦食品医薬品局とシリコン豊胸注入物……………………………146
　　連邦食品医薬品局の対応についての評価……………………………152
　　議論のための問い……………………………………………………153

第6章　事例研究(4)　タバコ規制 ……………………………………155
　　連邦食品医薬品局と薬品規制…………………………………………155
　　タバコとその影響……………………………………………………158
　　連邦食品医薬品局の対策とタバコ……………………………………160
　　議論のための問い……………………………………………………164

第7章　法，疫学，およびコミュニティと市民運動 ……………167
　　市民運動の定義………………………………………………………167

コミュニティおよび市民運動の発展の段階……………………………………167
　　第1段階：コミュニティにおけるニーズ・アセスメント　（169）
　　第2段階：調査のための疫学の利用　（171）
　　第3段階：市民団体と市民運動のための戦略形成　（174）
　疫学，市民運動，そして倫理……………………………………………………182
　議論のための問い…………………………………………………………………183

第8章　事例研究(5)　アルコールと飲酒運転……………………………187
　アルコールと飲酒運転……………………………………………………………187
　　アルコールの生理的効果　（187）
　　アルコール飲用の特性　（188）
　　運転による傷害や死亡に関する疫学　（189）
　飲酒運転を許さない母の会（MADD）…………………………………………190
　　道徳心に訴える　（191）
　　目標と戦略　（194）
　　組織的特徴　（197）
　議論のための問い…………………………………………………………………198

第9章　事例研究(6)　注射器支給プログラム……………………………201
　注射器支給プログラムとは何か…………………………………………………201
　　注射器支給と危害の軽減　（201）
　　注射器支給プログラム：歴史と具体例　（202）
　注射器支給プログラムの基盤……………………………………………………207
　　注射器による薬物使用：行動と生物学　（207）
　　薬物の使用と濫用による影響　（208）
　　HIV，エイズ，および注射器による薬物使用　（209）
　　肝炎と注射器による薬物使用　（212）
　公共政策と注射器支給プログラム………………………………………………212
　積極的な市民運動と注射器支給プログラムの設立……………………………215
　議論のための問い…………………………………………………………………216

第10章　疫学，法，そして社会的文脈……………………………………221
　逸脱行動の社会的文脈……………………………………………………………222

逸脱行動に対する規範的な見方　（222）
　　社会的観衆アプローチ　（226）
　　逸脱者に対する反応　（229）
　疫学と法との連結部分に位置する逸脱……………………………233
　議論のための問い……………………………………………………236

第11章　事例研究(7)　性，ジェンダー，および性的特質 ……………241
　性とは何か……………………………………………………………241
　ジェンダー・アイデンティティと社会における男女の役割………242
　性的指向………………………………………………………………245
　性転換症とトランスジェンダー……………………………………248
　　性転換症　（248）
　　トランスジェンダー　（249）
　同性愛，科学，変容する社会的文脈………………………………250
　　科学と医療における同性愛：見解の変化　（250）
　　同性愛，科学，基本的人権　（251）
　議論のための問い……………………………………………………258

第12章 事例研究(8)　マリファナの医学的用途 ……………………263
　マリファナ：使用と規制……………………………………………263
　　ことの始まり　（263）
　　薬品規制の開始　（264）
　　時代の変化：医療目的でのマリファナ使用に対する州の許可　（269）
　薬としてのマリファナの科学………………………………………269
　　HIV・エイズとマリファナ　（269）
　　他の症状に対するマリファナの使用　（272）
　マリファナの効果を検証する………………………………………272
　　全米医学研究所　（272）
　　連邦食品医薬品局の要求する手続き　（274）
　マリファナを合法的薬品にしようとする政治運動………………278
　議論のための問い……………………………………………………280

解説に代えて：ヒュームの問題と原因確率

　　　　　　　　　　　　　　　　　　　　　　　　津田敏秀……283
　　はじめに　(283)
　　自然科学と医学・疫学　(284)
　　疫学的指標（引き算と割り算）　(287)
　　曝露の発生と疾病の発生の両方を備える原告　(289)
　　「ある」「なし」の二値問題から蓋然性の問題へ　(289)
　　ヒュームの問題　(291)
　　客観的経験則の抽出が可能な場合　(294)
　　蓋然性と曝露寄与危険度割合および原因確率　(296)
　　交絡要因と交絡バイアス　(301)
　　統計・統計学，疫学の違い　(306)
　　まとめ　(307)

監訳者あとがき　　　　　　　　　　　　　　太田勝造・津田敏秀……311

補完文献一覧……………………………………………………316

索引……………………………………………………………319

著・訳者紹介…………………………………………………325

法，疫学，市民社会：
法政策における科学的手法の活用

第 1 章

法廷における疫学：異なる目的と分岐した手続

太田勝造・佐伯昌彦・平田彩子共訳

　科学的研究の最先端の問題に紛争が関係しているとき，我々が対処すべき課題は，より困難なものとなる．そこでは，事実が理論仮説と付き合わされ，確実性は雲散霧消して確率の問題となる．本件事案の記録に示されているように，科学者はしばしば，次の点で真摯にしかし徹底的に対立し合うことがある．すなわち，どのような研究方法が適切か，ある「事実」が存在するというための証拠として，何が十分なものとされるべきか，そして，ある特定の方法から導き出された情報が，そもそも研究対象について何か有益なことを我々に教えてくれるか否か，などについて激しい争いが生じることがある（Alex Kozinski 判事 Doubert v. Merrell-Dow Pharmaceuticals, Inc., 1995 F.3d at 1316）

疫学と法：異なる目的

　政策立案者や裁判官，弁護士，陪審が疫学的知見に頼る頻度が高まっている．そのような疫学的知見は，社会に対する法的ならびに行政的な規制，特定の曝露の結果として引き起こされたとされる損害に関してその賠償を求める民事訴訟の解決，そして刑事訴追における有罪の判断の根拠に用いられる．例えば，連邦食品医薬品局（FDA: Food and Drug Administration）は，潜在的消費者に対し，脳症と肝脂肪変性を特徴とする小児疾患であるライ症候群（Reye's syndrome）とアスピリンの使用との関連を知らせるために，生産者に「注意書き」をアスピリンのボトルに貼るよう要求した際，疫学的研究をその根拠とした（Novick, 1987; Schwartz, 1988）．疫学は，多種多様な曝露に関する多数の訴訟の中心的問題であった．例えば，ヴィエトナム戦争で使われた枯葉剤エージェント・オレンジ事件，胎児に障害を生じさせると主張されたベンデクティン（Bendectin）事件，毒素性ショック症候群を惹起すると主張

されたタンポン事件，発癌性が主張されたシリコンによる豊胸手術事件，そして発癌性に基づくタバコ喫煙に関する事件がある（In re Agent Orange Products Liability Litigation, 1984; In re Bendectin Litigation, 1988; Kehm v. Procter & Gamble Manufacturing Company, 1983; Fitzpatrick & Shainwald, 1996; Glantz, Slade, Bero, Hanauer, & Barnes, 1996; Sanders, 1992; Schuck, 1987）．また，HIV感染についての疫学による知見は，HIVに感染した個人と他者との間での，HIVについての血液検査で血清反応陽性が出たことの開示のないままでの性的関係を犯罪化する法案の起草と成立の基礎となった．

　重要な政策決定や，紛争や損害の解決のための基礎の1つとして疫学的知見が援用されることが，以上のように増え続けている．しかしながら，このような疫学的知見の援用自体が論争の的とならなかった訳ではない．論者の中には，裁判所や法律家が科学的客観性を露骨に無視していると見て攻撃する者も多い．すなわち，裁判所や法律家は，より安易で便宜的な解決で満足しようと，科学的客観性を軽視しているというのである（Angell, 1996）．これらの批判に対して法学者は，医療サーヴィスや法的サーヴィスの提供システムに固有の問題点を独自に分析して反論している（Dresser, Wagner, & Giannelli, 1997）．従って，疫学の目的と法の目的とが異なっていることを理解することは，訴訟や法創造，政策決定などの文脈で疫学的知見が利用されるべきか否か，また利用されるとしてどのように用いられるべきかについての評価を下す際に決定的に重要である．アメリカ合衆国連邦最高裁判所判事であり自然科学や社会科学の知見（立法事実）を法的判断において活用したことで知られるハリー・ブラックマン（Harry Blackmun）判事は，以下のような鋭い指摘をしている．

　　　法的分析であれ科学的分析であれ，開かれた議論がその本質的要素であるということは事実である．しかしながら，法廷における真実の追究と，実験室における真実の追究との間には，重要な差異が存在する．科学的結論は常に修正にさらされている．他方で法は，紛争を最終的にかつ迅速に解決しなければならない（Daubert, 1993: 113 S. Ct. at 2789）．

　紛争の最終的な解決というこの要請――そして，その必要性――は，様々な法理論に反映されている．権利侵害を主張して相手方に対して訴訟を提起する権能は，時効を定めた出訴期限法により一定の期間に制限されている．

つまり，定められた期間内に訴えが提起されなければ，裁判に訴えて損害を回復する権能は永久に失われるのである．時効期間が徒過した——法律用語で言えば，時効が完成した——時点においても，原因と被害に関する科学的知識が不確定であったとしても，それは出訴期限法の適用においては無視される．既判力（res judicata）という法的概念は，ひとたびある事案について終局的判断が裁判所により示されたならば，その事案を蒸し返すことはできない，という法原則を意味する（Marcus & Rowe, Jr., 1994）．以下の例を考えてみよう．ある特定の物質に曝されたため，ある特定の癌に罹患したと主張する男性がいたとする．その者によれば，環境汚染をしていたある会社が，近くの川に当該物質を投棄していたために，その物質と日常的に接触するようになったとのことであった．第1審の陪審は，男性の主張を支持するものとして提出された科学的証拠と否定するものとして提出された科学的証拠の全てを総合考慮して汚染と彼の癌に関連は無いと認定し，損害賠償を否定した．この判決は，控訴審でも是認され確定した．5年後，その特定の物質とある種の癌との間に現実には関連があったことを示す報告書が，政府によって発表された．それでも，既判力の法原理によって，もはやかの男性は，「科学的知識が改善されたのだから，もう一度あの事案の再審理を求めることができる」と主張して裁判所に戻ることはできないのである．彼はすでに裁判を受ける機会を利用してしまったのである．

多くの科学者は，たとえ明示的ではなくとも，暗黙裡には法律と自然科学という2つの領域における目的の違いを認識している．例えば，ヒューバー（Huber）は，科学の特性を「絶対的で普遍の真理の探究であり，その探求は発展するが，終わりはない」（Huber, 1991: 214）ものであるとしている．結果として，科学者の中には——その主張には強弱があるが——2つの領域の分離を推奨する者も多い．例えば，ロスマン（Rothman）は以下のように説明する．

　　全ての科学的理論には後に誤りであったと判明する可能性が残されているため，政策決定者は，諸施策の結果をさまざまな理論に照らして比較考量すべきである．科学者は，政策決定者に種々の科学的理論を教示はするべきだが，理論や施策の選択の方は政策決定者らに任せるべきである．このような科学と政策の厳密な分離に努めている公衆衛生の科学者は必ずしも多くはないが，作業

上の指針として，そのような分離はある特定の政策の擁護者という居心地の悪い地位に科学者を置くことがないという意味で利点がある…．実際，科学においては懐疑主義的な態度が望ましいことは歴史が証明している（Rothman, 1986: 20）．

プール（Poole）も同様な立場を採用している．

　科学も政策決定も共に重要であるが，両者は同じではない．科学において，我々は学び，説明し，そして理解しようと努力する．他方，政策決定においては，我々はある施策を採用したり，ないしは採用しなかったりする際にその根拠を求める．両者が互いに異なるものであると認めることは，どちらの作業の品位を下げるものでもない．ここで女性用の避妊具ペッサリーが泌尿器系の伝染病を引き起こすという理論と，避妊具ペッサリーの使用についての意思決定とを例にとって考えてみよう．因果関係の有無についての仮説理論は真であるか，または偽である．我々はそれを批判したり，経験科学的に検証したりすることができるが，それが真であるかそうでないかについて最終的決定を下すことはできない．ある命題が客観的に真であるか偽であるかは，その命題に関する我々の意思決定とは全く独立した事柄なのである．我々が決めることができるのは，たとえば避妊具ペッサリーの使用に関して我々の行動や施策を——それが個人的なものであれ公共的なものであれ——どのようなものにするか，ということの方なのである（Poole, 1987: 195）．

ちょうど法律の分野と科学の分野とで，「真理」の定義が異なるように，その「真偽値」を定めるために利用される手続きも両分野で異なるのである．そして，ここでの「真理」についての考え方は，そのまま因果関係にも当てはまるものである．

疫学と法：手続きの分裂

疫学における因果関係
背景
　疫学は，次のような問いに答えようとする．すなわち，「ある病気に罹患しやすい人と罹患しにくい人がいるのはなぜなのか？」という質問や，「特定の病気の進行が早い人と遅い人がいるのはなぜなのか？」などである．これらの場合における原因（因果関係）探究の最も単純な方法は，素朴決定論であ

る．

　素朴な決定論は，原因と結果の1対1の対応を想定する．すなわち原因として検査されている要因を調査対象たる疾病の唯一の原因であると想定し，かつ，調査対象たる疾病は，その要因の唯一の結果であると想定する（Kleinbaum, Kupper, & Morgenstern, 1982）．これは，検討中の要因が，疾病の必要かつ十分な条件としての原因であると仮定することに他ならない．

　疾病原因同定のためのロベルト・コッホ（Robert Koch）の基準は，基本的に，素朴な決定論を操作化したものである（Kleinbaum, Kupper, & Morgenstern, 1982）．コッホは結核の研究において，因果関係同定基準を精緻化して次の5つの要素からなるものとして示した．

T1.　患者の人体の外に由来する微生物が，原因の候補として疾病の全てのケース（症例）において認められなければならない．
T2.　その微生物は，生命体でなければならず，かつ，他の全ての微生物から区別できるものでなければならない．
T3.　他と区別される当該微生物は，疾病の症状と相関していなくてはならず，かつ，症状を説明するものでなければならない．
T4.　当該微生物は，罹患した動物の体外で培養できなくてはならず，かつ，疾病との間で因果関係が存在しうる全ての疾病生成物の中から分離されるものでなければならない．
T5.　純粋な形で分離された当該微生物を，実験動物へ接種してみるべきであり，接種された実験動物は元の罹患動物と同じ症状を発症しなければならない（Carter, 1985）．

　コッホの因果関係モデルは，多くの批判を受けた．例えば以下のような点を説明できないという限界があったからである．(1)多くの疾病には複数の病因が存在すること．(2)1つの原因にも多数の結果が生じうること．(3)多くの原因要因には複雑性が見られること．(4)疾病やその経過について，我々の理解は不十分でしかないこと．(5)我々の能力の限界のために，因果の流れを十分に解明することができないこと．(Kleinbaum, Kupper, & Morgenstern, 1982)．

　修正された決定論は，コッホのモデルの限界を解決しようとするものであ

る．ロスマン（Rothman）は，この修正モデルを以下のように説明する．

> 「原因」とは，行為や事象あるいは自然の状態であり，単独であれ他原因と競合してであれ，「効果」（症状）をもたらす一連の事象を始動させたり，少なくとも阻害しないもののことである．それだけで必ず効果を導く原因は「十分原因」と呼ばれる…
> …
> 異なる複数の十分原因が，同一の効果（症状）を惹起することもある．もし，全ての十分原因において，一部を構成する共通の要因が存在するなら，その要因は「構成原因（component cause）」と呼ばれる…．(Rothman, 1976)

故に，このモデルは，単独の要因だけで効果を発症させる場合（$a \Rightarrow R$）だけではなく，複数の要因が複合して1つの効果を発生させる場合（$a \land b \land ... \Rightarrow R$）も，さらに，1つの効果（症状）が，複数の十分原因の産物である場合（$a \land b \land ... \Rightarrow R, x \land y... \Rightarrow R, \cdots$）も，共に説明することができる．ある構成原因の強さの程度は，当該十分原因の構成要素たる他の構成原因に比較して，当該構成原因がどの程度一般的に見られるかに左右される．たとえある構成原因が希であったとしても，当該十分原因を構成する他の構成原因が一般的に見られるものであるならば，当該構成原因は強いものとなりうる（Rothman, 1986）．1つの効果（症状）に対する2つの十分原因がある場合，両者の複合的な効果が，各十分原因毎に分けた効果の合計を超える場合，この2つの十分原因は相乗的(synergetic)であると呼ばれる（Rothman, 1976）．例えば，アスベストにさらされた個人が，もし喫煙者でもあれば，癌のリスクはさらに上昇する（Hammond, Selikoff, & Seidman, 1979）．

しかし，この修正された決定論モデルにも限界がある．我々は，1つの十分原因のすべての構成要素（構成原因）を特定することはできない（Rothman, 1986）．したがって，疫学者は，原因要素への曝露が疾病を惹起するリスクを評価するために確率論や統計的技法を利用する（Rothman, 1986）．因果関係は，観測から一般化する方法（帰納）により，あるいは，観測に照らして一般理論をテストする方法（演繹と仮説検定法）により，推論することができる（Weed, 1986）．

ヒル（Hill）は，帰納的方法を用いて，因果関係の同定をする際に検討すべき基準を発表した．その基準は，(1)強固性（strength），(2)一貫性・一致性

(consistency)，(3)特異性（特定性）(specificity)，(4)時間的先後（temporality），(5)原因と効果の間の生物学上の量的対応関係（biological gradient），(6)生物学的妥当性（plausibility），(7)科学的知見との整合性（coherence），(8)実験的証拠の存在（experimental evidence），(9)類推（analogy），である（Morabia, 1991）．それぞれの基準を，以下で簡単に述べる．

　問題としている原因と効果の関連の「強固性（strength）」は，関連する他の構成原因がどれほど一般的に見られるかに依存する．この基準は，2つの異なる論点にわたる．1つは，特定の疾病の場合に当該原因が発見される頻度であり，もう1つは，疾病がなくても当該原因が現れる頻度である（Sartwell, 1960）．「一貫性・一致性」とは，推定される当該原因と効果との関連が，多様な人々の集団，様々な時点，そして様々な状況下において，繰り返し見出されることを意味する（Susser, 1991）．しかし，一貫性・一致性が見られないからと言って，そのことが因果関係を必ずしも否定するわけではない．なぜなら，全ての構成原因が，効果をもたらすためには存在しなければならないものであり，他の構成原因のいくつかが欠けている場合がありうるからである．「特異性（特定性）」は，唯一の推定される原因と唯一の効果との関係を意味する（Rothman, 1986）．ヒルは，この特異性・特定性という基準の重要性を過度に重視してはならないとはっきりと戒めている（Hill, 1965）．

　「時間的先後」とは，推定される原因が原因と呼べるためには，結果よりも時間的に先立っていなければならない，という要請である（Rothman, 1986）．用量反応曲線（dose-response curve）の存在ないし「原因と効果の間の生物学上の量的対応関係」も考慮しなければならないが，これが認められたからといって必ずしも因果関係が認められるとは限らない．なぜなら，交絡因子（confounders）の影響が存在しうるからである．「生物学的妥当性」は，十分原因と効果との間の関係に生物学的にみてもっともらしくなくてはならないという要請を意味する．これは，われわれのその時代その時代での知識状態によって制限される基準であることは明らかであろう．「科学的知見との整合性」とは，仮定される因果関係が，われわれの科学的知見および，当該疾病に関する生物学的知識と整合的なものでなければならないという要請である．「実験的証拠の存在」は，（人体実験の結果を意味するので）めったに人間集団に利用できるものではない．「類推」とは，知られている例を参考に結論を下すことを指す．例えば，ある薬物と先天性障害との因果関係が，他の

先天性障害の原因（例えば別の薬）についての知見を与える場合を指す（Rothman, 1986）.

　特定の曝露と特定の結果との間に因果関係が存在するか否かを評価する際には，厖大な数の要因を検討しなければならない．それらの要因としては，次の要素を挙げることができる．すなわち，研究デザイン，研究からもたらされた測定結果，バイアスと交絡要因の存在・不存在とその程度，内的妥当性（internal validity）を良くするために使われた戦略が成功している程度，および，確率的誤差を見積もる能力，である．これらの各要素については，以下で論じる．

リサーチ・デザイン（研究設計）の概観

　ある特定の母集団においての，原因と結果の関係を調べる際の方法のことをリサーチ・デザイン（研究設計）と呼ぶ（Susser, 1991）．この節では，疫学研究に用いられている基本的なリサーチ・デザイン（研究設計）および複数の手法を組み合わせたリサーチ・デザイン（ハイブリッドと呼ぶ）を扱う．より徹底的な検討のためには，他の文献を参照して欲しい．

　疫学研究は次の3つの主要なタイプに分類できる．そのタイプとは，実験，準実験，および，観察，の3つである．それぞれのタイプには，さまざまな異なるリサーチ・デザイン（研究設計）を利用することができる．これらそれぞれのタイプについて以下に簡単に述べ，続いて個別具体的な研究設計について説明する．

実験的研究（Experiment）

　実験的研究は多くの場合（いつもではないが），個人（個体）を無作為抽出して処理群にくみこむという手続きが踏まれる．処理群は研究群とも呼ばれている．個人（個体）は，調査中の特定の処理（治療）（treatment）を受けるグループ（治療群・処理群 treatment group），または代替的な処理やプラシーボ（偽薬等）による処理を受けるグループ（非治療群・統制群 control group）にランダム（無作為）に振り分けられる．無作為抽出を行うのは，セレクション・バイアス（不備のある抽出操作のために治療群（処理群）と非治療群（統制群）とが異なっていたため，結果に差が出るないし差が出ないという実験研究の失敗）に対する予防手段として，およびアクシデント・バイアス（治療群（処理群）と非治療群（統制群）との間に確率的に生じ得る

相違のために，結果に差が出るないし差が出ないという偶然の結果）に対する保険として必要不可欠だと考えられているからである（Gore, 1981）．つまり，治療群（処理群）と非治療群（統制群）の両方のグループは母集団全体の代表であることを保証するため，または，両群が調査対象たる処理以外では全ての点で差がないことを保証するために無作為抽出は必須である．実験室の中で行われる実験的研究は通例短期間のものであり，たいてい因果関係の仮説を検定したり，処理の効果を推定したり，投薬などの「介入（intervention）」の効き目を調べるために使われる．

　臨床試験はもっと長い期間をかけて行われる実験的研究である．臨床試験は「因果関係推定の疫学的『黄金の基準』」と言われている（Gray-Donald & Kramer, 1988: 885）．臨床試験はたいてい特定の「介入」の効果を調べたり，因果関係の仮説を検定したり，健康への長期的影響を推定したりするために用いられる．治療群（処理群）と非治療群（統制群）の両群とも，当該疾病に罹患しているとすでに診断された患者や，疾病予防のための臨床試験では当該病気にかかる危険のある患者たちから成り立っている．さらに，患者はどちらかの研究群に無作為に振り分けられることに同意していなければならない．臨床試験はたいていダブル・ブラインド・テスト（二重盲検テスト）の手法を利用する．つまり，それによって研究を行っている者も被験者も，誰が治療群（処理群）にいて誰が非治療群（統制群）にいるかわからないようにする（Senn, 1991）．

　「地域介入研究（community intervention）」も通例長期間行われる．この地域介入研究はある特定の介入の効き目や有効性を調べるために始められるのが通常である．

　実験的研究にはたくさんの利点がある．たとえば，結果に関係しているかもしれないが当該研究とは無関係の要因を無作為抽出によって制御できる．しかし残念なことに，このプロセスによって最終的に選ばれた研究の対象集団が，研究の対象としている母集団と重要な特性の点で異なっている可能性を完全に排除することはできない．

準実験的研究（Quasi-Experiment）

　準実験的研究においては１つの群とそれ自身との比較や複数の群間との比較を行う．このリサーチ・デザイン（研究設計）では，実験におけると同様に研究者が研究対象の要因を操作することはできるが，無作為抽出は用いら

れない．準実験的研究が最も良く使われるのは，診療所や実験室で，因果関係についての仮説の検定や「介入」の有効性の評価，または「介入」の長期的な健康への影響の推定をするために実施される．政策の場において実施された準実験的研究は，当該政策の評価や，政策のコスト・ベネフィット分析のために活用されることが通常である（Kleinbaum, Kupper, & Morgenstern, 1982）．準実験的研究は実験的研究と比べて一般的に小規模で，費用も安い．しかし，無作為抽出が行われていないため，研究者は無関係の外的リスク要因の影響を統制できない（Kleinbaum, Kupper, & Morgenstern, 1982）．

　以下のシナリオは準実験的研究の具体例を提供してくれる．まず，次のことを仮定しよう．ある特定の殺虫剤への曝露が特定の呼吸器系疾患の発現にとって潜在的な危険要因だと考えられているとする．特定の地域ではその殺虫剤にいたる所で曝露するとする．というのも農業でその殺虫剤は広く使われており，結果としてその物質が土壌や地下の帯水層に浸みわたるからである．小規模な農地の住民は移転する機会を与えられたとしよう．そして，約半分の住民がその地域に残ることを選び，もう半分は去ることを選んだとする．それぞれのグループのメンバーは，研究中の呼吸器系疾患の発現について継続的な曝露ないしその欠如の影響を評価するため長期にわたって追跡調査をされた．もしこれが準実験的研究ではなく実験的研究であったら，住民は留まって本件殺虫剤への曝露にさらされるか移転して曝露を逃れるか，無作為抽出で決められていただろう．そうではなく，この準実験では被験者の住民は曝露にさらされるか否かを自分の意思で決めていたのである．

観察的研究（Observation）

　観察的研究は疫学研究の中で最も頻繁に使われている研究タイプである．実験的研究や準実験的研究とは異なり，観察的研究では研究要因の操作を行わない．研究中の曝露を操作することは倫理的ないし法的に問題がありうる．例えば，癌とある物質の関連について検証ないし反証するために，被験者に対して発癌性物質と疑われているものを曝露するということは非倫理的で許されないであろう．なぜなら，被験者は疑われている危険に故意に曝されることになるからである．また，癌のリスク上昇を見つけるために長期間の追跡調査が必要になるので，実行面でもそのような研究には困難が伴うだろう．観察的研究の目標は，実験で出ていたであろう結論と同じ結論に到達することである（Gray-Donald & Kramer, 1988）．観察的研究は本質的に記述的，ま

たは因果関係確認的である．記述的研究とは，ある母集団での特定の病気の発生頻度を推定したり，新しい「介入」についての仮定やアイディアを生み出すためによく使われる．因果関係論的研究は，因果関係や疾病予防のための仮定を立てるためだけではなく，特定の仮定を検証したり健康への影響を推定したりするためにも使われうる．観察的研究で研究者は，実験的研究や準実験的研究に比べると無関係の危険要因の制御ができない．なぜなら観察的研究はありのままの状況で行われるからである（Kleinbaum, Kupper, & Morganstern, 1982）．

観察的研究においては，さまざまな研究設計のどれをも使うことができる．どのように調査課題が設定されたのか，問題になっている病気や曝露・危険要因についての現状の知識水準，提案している研究にかかる費用，その他のさまざまな考慮事項により，どのリサーチ・デザイン（研究設計）とも組み合わせて使うことができる．観察的研究設計にはコーホート研究（同年齢者の調査のように特定の経験等で同定される集団についての研究），ケース・コントロール研究（疾病を発現したグループの過去の曝露を調べ，非曝露群と比較する研究），クロス・セクション研究（横断的研究とも呼ぶ．居住地域や人種・性別・教育などを基準とした複数のグループについて，同時代的に比較検討する研究）などが含まれる．その他の一般的な観察的研究には，因果関係研究，プロポーショナル研究，時空クラスター研究，家族クラスター研究などがある（Kleinbaum, Kupper, & Morgenstern, 1982）．

臨床試験と観察的研究が疫学ではとりわけ中心的に用いられる手法である．このことのゆえに，臨床試験と観察的研究設計の様々なタイプについて以下で詳述する．

研究設計（Study Designs）

臨床試験

新薬の臨床試験は，3段階に分けて行われる．第1の段階は，人体へ新薬を初めて試す段階である．この第1段階の研究は，人体に対する新薬の代謝作用や薬理作用，副作用，および有効性を評価するために行われる．そして，この第1段階の研究では，被験者は厳密にモニターされる．そのため，被験者の数は20から80人に限定される（連邦規則集第21巻312. 21条第 a 号（1998年）参照）．

第2段階の研究は，第1段階の研究により得られた知見に基づいて進めら

れる．第2段階の研究は，研究対象たる病気に罹患している患者を研究対象として行われる．この研究の目的は，特定の症状に対する新薬の有効性を評価し，その薬の短期的な副作用やリスクを測定することにある．第2段階の研究においては，数百人規模の被験者を対象として実施されるのが通常である（連邦規則集第21巻312.21条第b号（1998年）参照）．

第3段階の研究は，第1段階および第2段階の試験を通して得られた知見に立脚して行われる．第3段階の研究では，新薬の有効性や安全性に関連するデータの追加的な取得に焦点が絞られる．第3段階の研究は，極めて大規模になることもある．ときには，数千人規模の被験者を対象として実施される（連邦規則集第21巻312.21条第c号（1998年）参照）．

臨床試験設計の最初の段階において，研究対象となる治療方法の選択および臨床試験に参加する被験者についての範囲の決定を下さなければならない（Rosner, 1987）．治療方法に対する生物学的反応について解明するために計画された臨床試験では，なるべく同質な被験者集団を用意する．そうすることで，被験者間の違いを減らし，結果の分析を容易にすることができる．そのような研究の対象として被験者となる患者は，研究終了時までに死んでしまうことのない程度に十分健康である必要があるとともに，病気から回復してしまうほどに健全であってもならない場合もある．

大規模な臨床試験，とりわけ多地点での臨床試験では，異質な被験者が研究対象となる場合がしばしば起こる．この状況の方が同質な被験者のみを集めた状況よりも，多様な患者を治療する日常的な医療実務をより忠実に反映しているとともに，研究上の利益と負担の公平な分配に関する倫理規定や連邦規則にもよりよく適合する．

第3段階での臨床試験において，既存の標準的治療方法があれば，研究対象の治療方法はそれと比較されるが，標準的治療方法がない場合には，プラシーボ（placebo）と比較される．プラシーボは，以下のように定義される．

> 意図的に処方される治療方法のことであり，心理的治療効果，精神生理的治療効果，あるいは，これといって特定しえないような治療効果を発生させる目的で利用される．あるいは，治療対象たる病状に対して特に何らの薬理的作用も生じさせることなく，患者や症状，病気に対して治療効果を発生させるために，意図的に処方される治療方法のことである．そして，臨床実験における統

制群を作出するために用いられる場合には，プラシーボは治療対象たる病気に対しては薬理上作用しないような物質や手続きを意味する（Shapiro & Shapiro, 1997: 41）．

　被験者は，複数の治療群（処理群）のうち1つの治療群（処理群）にランダムに割り当てられる．また，プラシーボ群が利用される場合には，治療群（処理群）かプラシーボ群のどれかにランダムに割り当てられる．そして，臨床試験の「王道」においては，誰が当該の実験的治療方法による処理を受けていて，誰が従来型の治療方法やプラシーボによる処理を受けているかを，研究者も被験者もともに，研究が終わるまで知らないようにすることが求められる．すなわち，研究の王道はダブル・ブラインド・テスト（二重盲検（double-blinded））でなければならないのである．

　加えて，治療に対する被験者の反応を評価する基準とするために，研究者は実験の完了時点を決定しなければならない（O'Brien & Shapiro, 1988）．実験完了時点は調査の対象となっている病気や治療の内容によって異なりうるだろうが，例えば，心筋梗塞の再発のような症状の再発とされる場合もありうる．その他では，一定の生活の質（QOL）の達成，機能の回復，被験者の死といったものがある．実験完了とすべき事態が発生したか否かだけではなく，その発生までの期間の長さにも，臨床試験は関心があることが多い．例えば，癌の治療についての臨床試験の場合，悪性腫瘍が再び発生したか否かだけではなく，治療と癌再発までの期間にも関心がある．

　古典的な臨床試験については，多くの点で倫理的問題が提起されてきた．患者をランダムに何らかの群に割り当てるべきではないと考える臨床医もいるであろう．なぜなら，ランダムな手続きは，代替的な新薬を処方される機会を治療群（処理群）に割り当てられなかった患者から理由なく奪うことになるからである（Farrar, 1991）．また，患者があらゆる治療法を試し尽した後である場合や，既存の治療法が何の効果も示さなかった場合については，ランダムな手続きでは新薬以外の治療群（処理群）に割り当てられる可能性がある点で，不適切であると思う臨床医もいるであろう（Rosner, 1987）．

　古典的な臨床試験の代替案として，また治療に対する反応の個人差の問題を解決するための工夫として，交差法（crossover designs）が提案されている．交差法においては，患者の半数がグループ1にランダムに割り当てられ，

残りの半数がグループ2に割り当てられる．グループ1に治療Aを行い，グループ2に治療Bを施した後，治療の配置を逆にする．すなわち，グループ1に対して治療Bを施し，グループ2に対して治療Aを施す．一般に，交差法は，それぞれのグループに対する治療を入れ替える間に適当な「洗い出し期間（washout period）」を設ける．その目的は，最初の治療が次の治療に対してキャリィ・オウヴァー効果（最初の治療の持ち越し影響）をもたらす可能性を減らすことにある（Hills & Armitage, 1979）．研究対象の治療が，病気を完治させるためのものではなく，症状を改善させるためのものである場合，交差法は，最も有益である．

観察的研究（Observational Designs）

研究課題や研究資金の量に応じて，数多くの観察的研究手法が，研究者にとって利用可能である．それらの手法のうちのいくつかは，より基本的な手法の組合せ（ハイブリッド）である．以下では，コーホート研究や，ケース・コントロール研究（case-control studies）（症例対照研究），クロス・セクション研究，エコロジカル研究（ecological study designs）といった基本的な手法について論ずる．

コーホート研究

コーホート研究は，前向きにも後ろ向きにも行いうる．前向きコーホート研究（prospective cohort studies）では，病気に罹患していない個々人を同定し，研究対象となっている要素に曝露されているか否かによって分類しておかなければならない．それぞれのグループにおいて一定の期間ごとに，研究対象の病気が新たに発症したケースの数を調べるために，各グループは長期にわたって追跡調査される（Kelsey, Thompson, & Evans, 1986）．

前向き研究には，多くの困難が付きまとう．第1に，個人は研究対象となっている要素に既に曝露してしまっているかもしれず，その場合の曝露の期間や程度は確かめ難い．例えば，職業的曝露（occupational exposure）の効果を検証するためのコーホート研究では，研究対象となっている物質に曝露しているグループと，そうではないグループが必要となる．しかしながら，特定の産業や職場環境によっては，非曝露群として分類された人の中に，実際には，研究対象の物質に少量ながら曝露している者もいるかもしれない．

第2に，研究の被験者として参加した個人は，自分では研究対象の病気にかかっていないと信じていても，実際には，その病気の進行はある程度始ま

っていて，その当時利用可能であった診断法や診断器具では検出できなかっただけかもしれない．これは，例えば癌や統合失調症（精神分裂症）に関する研究では，ありうることである．

第3に，因果関係の発生から病気が検出されうるようになるまでの導入期間（induction time）のみならず，生物学的に曝露の影響が誘発され始めるために，曝露に続く最低限の期間が必要であるかもしれない（潜伏期間（latent period））．導入期間や潜伏期間についての知識が十分でないとき，我々はそれらの期間について仮定を設けなければならない（Rothman, 1986）．

第4に，前向きコーホートは大規模なサンプル・サイズを必要とし，また，ときとして非常に費用がかさむこととなる（Kelsey, Thompson, & Evans, 1986）．（何をもって「大規模なサンプル・サイズ」とみなすかは，研究対象となっている病気や曝露，その他の様々な要因によって変わってくる．）

第5に，研究対象となっている要素に曝露されていない個人で構成される比較対照群の選択が，非常に難しいこともある．また，我々は病気を「有るか，無いか」で考えようとするが，ある種の病気——例えば高血圧など——は，症状が連続した程度として（along a spectrum）生じる．このことは，個人を病気にかかっているか否かに分類することを，より複雑で困難な作業にする（Kelsey, Thompson, & Evans, 1986）．

前向きコーホート研究の被験者は，長期にわたって追跡されることになる．しかしながら，被験者の中には研究から脱落する者も出てくるであろうし，行方不明となって追跡が不可能になってしまう者も出てくるであろう．このような欠損データは病気の状態に関係しているかもしれない．そうであれば，データの欠損は病気の測定にバイアスを生じさせてしまうかもしれない（Kelsey, Thompson, & Evans, 1986）．病気の症状がより進行すると，診察を受けたり病気に関連する質問に答えたりすることが嫌になるかもしれない，ということは容易に想像がつく．また，結果に影響を与えているかもしれないその他の要因（extraneous variable）についての情報が，手に入らない場合が生じうる（Kelsey, Thompson, & Evans, 1986）．

後ろ向きコーホート研究は，歴史的コーホート研究としても知られている．これは，過去における曝露経験の有無に基づく個人の同定と，ある定められた時点までの病歴の再現（reconstruction）とを必要とする．後ろ向きコーホート研究は，職業的曝露の効果を検証する場合に有用であることが多い．前

向きコーホート研究と異なり，後ろ向きコーホート研究では既存の記録に依拠して実施されるのが通常であり，そのため，前向きコーホート研究と比べて少ない時間と費用で済ませることができる．しかしながら，後ろ向きコーホート研究も，前向きコーホート研究と同じ難点の一部を共有している．例えば，研究では考慮されていないが関連する属性（交絡変数：confounding variables）を確定したり測定したりすることの困難や，長期にわたって個人を追跡することの難点などが挙げられる．

コーホート研究は，このように内在的な難点を抱えてはいるが，他方，大きな利点ももたらしてくれる．それは，曝露群と非曝露群それぞれにおける発生率・罹患率を計算することができるという点である．例として，豊胸手術のシリコンへの曝露と特定の自己免疫疾患の発症との関係についての，後ろ向きコーホート研究を採り上げよう．この研究では，20年前の時点からの女性のコーホートが追跡的に調査される．それに基づき，シリコンによる豊胸手術を受けた人のグループとそうでない人のグループとで，特定の自己免疫疾患が発症したケース数を調査するのである．

ケース・コントロール研究（症例対照研究）

上記のようにコーホート研究は，過去の曝露状況に基づいて個々人を分類した後，時間的に継続して調査するものである．これに対し，ケース・コントロール研究は，コーホート研究とは逆に，現在の健康状態に基づいて個々人を分類した後，過去において，調査の対象である要因に曝露されたことがあるのかを調べる．ケース・コントロール研究は次のような調査・研究に用いられてきた．すなわち，疾病発生の調査（Dwyer, Strickler, Goodman, & Armenian, 1994），職業病のリスク要因の特定（Checkoway & Demers, 1994），遺伝子と病気についての疫学研究（遺伝疫学研究）（Khoury & Beaty, 1994），人口統計学における間接的な推定（Khlat, 1994），予防接種の有効性やワクチンの効き目の評価（Comstock, 1994），治療法や治療計画の効き目の評価（Selby, 1994），スクリーニング試験の効率性（Weiss, 1994），といった調査・研究である．ケース・コントロール研究は，稀な疾病（奇病）のリスク要因や急速に進行する疾病のリスク要因の評価に非常に有用である．病気が時間をかけて進行するような疾病の場合，ある要因が疾病の原因となったものか，あるいは，その要因が疾病の流行発生後に出現したものか，を突き止めることは困難になるだろう（Kelsey, Thompson, & Evans, 1986）．

ケース・コントロール研究を実施する際には，症例群（疾病グループ）の対象者と対照群（非疾病グループ）の対象者を，罹患者集団と非罹患者集団という別個の母集団から抽出することが要求される．言うまでもないが，調査者は，群の抽出に先立って，症例群の概念規定をしておかなければならない．しかし，この作業は言うほど容易ではない．症状が新しいもので，あまり研究されていないものである場合は，困難となる（Lasky & Stolley, 1994）．
　例えば，ケース・コントロール研究は，シリコン豊胸手術と自己免疫疾患の発症との間に関連が存在するか否かを確定しようとした，数多くの研究で利用された（Swan, 1994）．しかし，「ヒト・アジュバント症（ヒト免疫増強症）」（これは，シリコンへの曝露に起因すると主張された症候群を指す用語である）であるとの診断は，この言葉の包含する症状が広範囲に及ぶこと，当初は研究が比較的乏しかったこと，といった理由から困難を伴うものであった．
　因果推論が可能となるのは，対照群が「疾病を発症させたのと同じ母集団を代表する」と仮定できる場合に限られる（Kleinbaum, Kupper, & Morgenstern, 1982: 68）．したがって，症例群と対照群を適切に選定することが，研究の妥当性にとって極めて重要となる．
　症例群と対照群を適切に選定する方法とその基準について論じる文献は厖大に存在する．ここで要約のみを述べておく．症例群は，調査中の症状に対して治療を求める患者の中から選び出される．発病する前の曝露と後の曝露とを識別するためには，長期間病気に罹患していた者よりも，最近病気であると診断された者を症例群の対象者として選出することが望ましい．他に症例対照研究の症例を選択する情報源としては，疾病登録，市販後薬剤サーベイランス（調査），学校や就業場所である（Kelsey, Thompson, & Evans, 1986）．
　対照群は，症例群と「同じ基本的経験をした者の代表」でなければならない（Miettinen, 1985）．「対照群は，当該疾病と曝露の間に関連が存在しない場合に，発病者からなる症例群で曝露していた割合の推定値を求めることを目的としている」（Schlesselman, 1982: 76）．対照群が，理論上は連続的に症例群となって行く可能性をもっていることに留意しておく必要がある．したがって，最初は対照群に選出されていたが，その後の研究中に病気が発症した者は，症例群に移ることになる．このような者は症例群にも対照群にも数えられるべきである（Lubin & Gail, 1984）．

対照群は，次の者から選び出される．すなわち，(1)疾病が発現した母集団からランダム抽出された未発症サンプル，(2)症例群としての診断とは無関係の病気のために，症例群と同じ施設で医療を受けた患者，(3)症例群の対象となった者の隣人，友人，兄弟姉妹，あるいは同僚，である (Kelsey, Thompson, & Evans, 1986)．死亡した者を対照群として使う場合もある．たとえば，研究者がある原因で死亡した者と他の原因で死亡した者とを比較したい場合などである (Lasky & Stolley, 1994)．

ケース・コントロール研究は有益である．なぜなら，研究対象の疾病に関連する可能性のある複数の曝露を評価することを可能にするからである．ケース・コントロール研究を実施する費用は，コーホート研究に比べると一般的に安いものである．その理由は，研究に要する人数が少なくて済むからである．しかし，個々人の曝露状況を確定することが困難な場合も少なくない (Rothman, 1986)．

クロス・セクション研究（横断研究）

コーホート研究やケース・コントロール研究とは異なり，クロス・セクション研究では，曝露状況と疾病状況とが同一時点で測定されることになる．このアプローチには，深刻な限界がある．すなわち，曝露と疾病とが同時に測定されるため，曝露と疾病のどちらが先に起きたのかを決定することが困難になる場合があるからである．加えて，クロス・セクション研究は，研究時点での疾病患者，すなわち新しく発症したばかりの患者と，以前から発症している患者の双方を含むので，症例群の患者には長期間発症している患者が過大に含まれることになるだろう．もし，すぐに死亡してしまう人や，すぐに疾病から回復する人が，長期にわたり疾病に罹患している人と，重要な点で異なっている場合には，問題となるだろう．さらに加えて，調査時点で病気が一時的に回復しているだけの患者が，誤って非疾病群に分類されてしまうかもしれない．

エコロジカル研究（生態学的研究）

これまで論じてきたリサーチ・デザインでは，被験者1人ひとりが調査の単位であった．これに対し，エコロジカル研究では，例えば，地区単位のデータのように，人々の集団を観測の構成単位とする．エコロジカル研究の例としては，州単位の，噛みタバコを嗜む人の口腔癌発症率の研究が挙げられる．エコロジカル研究は，ある疾病の罹患率の地域差を測定するために実施

されたり，あるいは，平均的な曝露水準の変化とある集団におけるある疾病の罹患率の変化の関係を測定するために実施されたりすることがしばしばである．エコロジカル研究は，病因の仮説を立てたり，集団加療（population intervention）の有効性を評価するのに有用である．しかしながら，エコロジカル研究では集団単位のデータしか利用できないため，エコロジカル研究に基づく，グループ内の個々人についての推論や，あるいはグループをまたいだ複数の個人についての推論には，深刻な不備がつきまとう（Morgenstern, 1982）．このことは，当該疾病と曝露との双方に関係しているかもしれないその他の因子が個人レヴェルで与える効果を測定したり評価したりすることが困難であることに起因する．

測定尺度 (Measures)

疫学における因果関係の評価には，長所や短所といった，採用されたリサーチ・デザインの評価が必要であることは明白であろう．この評価は，研究が用いる測定尺度についても考慮しなければならない．

疫学では，疾患の罹患率の尺度（これは疾病の発生という点に焦点を合わせる），関連性の尺度（これは当該要因と当該疾病との間の統計的な関連性の強さを評価するのに用いられる），影響力の尺度（これは，どの程度，ある要因が集団内で特定の結果が発生する原因となったのか，あるいはそれを予防することとなったのか，を説明するのに役立つ）が用いられる．これらの尺度は，多くの文献で広範に議論がなされているので，ここでは簡単に概説をするにとどめる．

発生率（incidence rate）は，ある集団において新たに疾患に罹患した症例数を，当該集団の構成員のそれぞれの測定期間の合計で割った数値として定義される．発生率は，コーホート研究から得られたデータに基づいて計算できる．特定期間において新たに罹患した症例数を表す発生率とは異なり，有病率は，ある集団の一時点における罹患者の割合や，ある集団の特定期間における罹患者の割合を指す（Kleinbaum, Kupper, & Morgenstern, 1982）．

リスクは，特定期間に疾病に罹患する確率とされる（Kleinbaum, Kupper, & Morgenstern, 1982）．確率は，0から1までの連続値で表され，その値がゼロに近い場合は罹患しにくく，その値が1に近い場合はより罹患しやすいことになる．確率は，しばしばパーセントで表現される．短期間のリスクは，およそ発生率に時間を掛けた数値と等しくなる（Rothman, 1986）．

関連性の尺度は，1つないし複数の研究群と，比較群（リファランス・グループ）として設計されたもう1つの研究グループとを比較することにより得ることができる．コーホート研究に利用されるリスク比は，研究対象の要因に曝露されたグループにおける疾病のリスクと，研究対象の要因に曝露されていないグループにおける疾病のリスクとの比の値を意味する．ケース・コントロール研究で用いられる罹患者のオッズは，罹患者群における要因への曝露の割合と，罹患者群における要因への非曝露の割合の比の値（オッズ）を意味する（$p \div (1-p)$ をオッズという）．次いで，非罹患者のオッズは，非罹患者群における要因への曝露の割合と，非罹患者群における要因への非曝露の割合の比の値（オッズ）を意味する．ケース・コントロール研究で用いられるオッズ比とは，これらのオッズの比の値のことである（Kelsey, Thompson, & Evans, 1986）．

　クロス・セクション研究では有病率比（prevalence ratio）を用いる．これは，曝露群における疾病の有病率と，非曝露群における疾病の有病率の比の値を意味する（Kelsey, Thompson, & Evans, 1986）．クロス・セクション研究によって因果推論を導くことはできないため，有病率比という言葉に訴訟の場で出くわすことはあまりないであろう．

　関連性の尺度比（ratio measures of association）は，影響力の測定の計算に用いることができる（Kleinbaum, Kupper, & Morgenstern, 1982）．寄与割合（attributable fraction）は，曝露寄与危険度割合とも呼ばれるが，これは，曝露群の罹患率から非曝露群の罹患率を引き，その後曝露群の罹患率で割って計算する（Kelsey, Thompson, & Evans, 1986）．この計算式は，（曝露群罹患率－非曝露群罹患率）÷曝露群罹患率，となる．寄与危険度割合は，原因分画，寄与危険，人口寄与危険としても知られているが（Kleinbaum, Kupper, & Morgenstern, 1982），これは全人口集団の罹患率から非曝露群の罹患率を引き，その後に全人口集団の罹患率で割ることによって求められる．この計算式は，（全人口集団の罹患率－非曝露群罹患率）÷全人口集団罹患率，となる．結果の割合は，集団内の曝露者の有病率と比率の大きさによる（Kelsey, Thompson, & Evans, 1986）．これを寄与割合や寄与危険の同義語として用いる者もいる（Black, Jacobson, Madeira, & See, 1997）．［なお，本書「解説に代えて」の定義も参照．］

　例えば，寄与割合を計算するためのリスク比の用い方を考えてみよう．後

ろ向きコーホート研究によれば，特定の物質への曝露群は特定の種類の癌罹患の危険が，非曝露群の2倍になることが指摘されているとする．これは言い換えれば，相対危険度が2ということになる．寄与割合は，曝露群の罹患リスクである2から，非曝露群の罹患リスク（これは1となりリスク増加がないことを示している）を引くことにより求められる．この差を曝露群の罹患リスクである2で割り，寄与割合すなわち曝露寄与危険度割合50%が導かれる．

結果の解釈
統計的有意性と信頼区間

曝露と病気に関連があるという仮説を検定するとき，研究者は曝露と病気には何らの関連もないという仮説（帰無仮説）から出発するのが通常である．データが帰無仮説を支持しなかったら，帰無仮説を棄却できる．研究者は統計的有意水準（αで表わされる）を決めなければならない．この統計的有意水準とは，観察された何らかの関連が（帰無仮説が真であるという前提の下で）偶然に起こったとは考えにくいことを示す指標である．この統計的有意水準は通例 0.05 に設定されるが，この設定は完全に恣意的なものである（Rothman, 1986）．統計的有意性が臨床的有意性（clinical significance）と同一ではないことは覚えておくべきである．つまり，ある結果について，たとえ統計的有意性がなくても臨床的には有意性があるということもありうる．

「p値」は統計値で，帰無仮説を検定するために使われる．データから計算される特定の統計量の値（χ^2値やt値，f値など）が，関連なしとの仮定，すなわち帰無仮説が真であると仮定したときに期待される値から，観察されたデータからの値以上の程度，偶然のみによって外れる確率をp値と呼ぶ（$\alpha \geq p$(当該データの統計量以上の乖離|帰無仮説が真)）．p値が低いほど，関連なしとする帰無仮説と実際のデータとの不一致の度合いが高いことを示す．もっと簡単にいえば，本当は帰無仮説は真なのに誤って棄却してしまう確率をp値は示している．われわれとしては，p値は小さい方が望ましい．p値が小さければ小さいほど，我々は帰無仮説が真でないということに強く確信が持てるからである．

アルファの過誤，すなわち第Ⅰ種の過誤（type I error）は帰無仮説が誤って棄却されたときに起こる．つまり，帰無仮説が本当は真であるのに偽として棄却されるときに第Ⅰ種の過誤は起きる．もしp値が0.05だったら，アル

ファの過誤は約5％の割合で起こる．他方，ベータの過誤，すなわち第Ⅱ種の過誤（type II error）は，帰無仮説が本当は偽であるのに棄却されないときに起こる過誤のことである（第Ⅰ種の過誤が小さくなるほど第Ⅱ種の過誤は大きくなる傾向がある）．

p値は効果の大きさやそのばらつきの幅についての情報を提供できないことから，p値を重視し過ぎることに対しては批判がなされている（Rothman, 1986）．代わりにロスマンは区間推定（信頼区間）を使うことを主張している．例えばオッズ比のような効果の測定尺度などの，点推定値はパラメータの単一の最良推定値であり，データから算出される．信頼区間は1から統計的有意水準αを引いた確率の範囲に収まる統計量に相当し，点推定値の上下の範囲として算出される．例えば，もし統計的有意水準αが0.05ならば，計算される信頼区間は95％信頼区間である．

内部妥当性と外部妥当性

研究の科学的妥当性，したがってその法的信頼性（以下参照）は内部妥当性と外部妥当性，つまり一般化可能性によって決まる．内部妥当性とは被験者集団について引き出される推論の妥当性のことを表す．外部妥当性とは，例えば特定の病気にかかっている全ての大人とか全ての子供といったような，被験者以外の集団について引き出される推論の妥当性のことを表す．

内部妥当性

測定の正確さに影響を与えることで，研究のバイアスは研究の内部妥当性に悪影響を及ぼす．『疫学辞典』によれば，「バイアス」とは「真実から系統だって異なる結論を導き出すような，データの蒐集，分析，解釈，公表，リヴュー（検討）におけるあらゆる傾向」と定義される（Last, 1988: 13-14）．バイアスには様々なタイプが存在するが，以下の3つのカテゴリーに分類されるのが通常である．その3つのカテゴリーとは，セレクション・バイアス，情報バイアス，交絡バイアス（confounding）である．

セレクション・バイアスとは，研究の被験者を選ぶために用いた手続きに不備があったことに起因するものである．この不備は効果の推定に歪みを生じさせる（Kleinbaum, Kupper, & Morgenstern, 1982）．例えば，セレクション・バイアスはヴォランティア（参加希望者）だけによる先天性欠損症の研究に存在する可能性がある．というのも，研究に参加を申し込んだ女性は調査

結果(先天性欠損症)に影響を与えるような何らかの理由があるからこそ研究に参加したのかもしれないからである.

情報バイアスとは,被験者を1つ以上の因子について間違った分類をした場合に生じる効果推定の歪みを指す.誤分類が生じるのは,測定誤差の存在や思い出しバイアス(たとえば,思い出しやすいものが過大に重視されてしまうようなバイアス)のゆえである.1つの軸(曝露や病気)上の誤分類が他の軸上の誤分類に影響を与えない場合,その誤分類は「非牽連的」ないし「区別がない」(nondifferential)と表現される.反対に,1つの軸上の誤分類が他の軸上の誤分類に影響を与える場合,その誤分類は「牽連的」ないし「区別がある」(differential)と表現される(Rothman, 1986).牽連的な誤分類は効果推定について過大推定や過小推定を引き起こしうる(Copeland, Checkoway, & Holbrock, 1977).思い出しバイアスは牽連的な誤分類の一形態であり,曝露経験について被験者の記憶に頼るケース・コントロール研究(症例対照研究)において起こりうる.様々な理由によって,罹患群と非罹患群の間で,曝露群と非曝露群との記憶のありようは異なりうる.例えば,(罹患者は)病気の原因や理由を特定しようと意識することによって,(非罹患者とは異なり)ある特定の曝露が記憶の中でより重要に感じられるようになるかもしれない.

交絡バイアスは当該曝露が他の因子と当該病気との双方に強く関連しているときに起こる.例えば,アルコール摂取とある特定の型の癌との関連を調べようとする研究で,喫煙量のデータを蒐集しない場合,もしその特定の癌が喫煙と関連があるならば,その結果には交絡バイアスが生じるだろう.

交絡因子(confounder)となる条件としては,当該因子が,(1)「調査中の曝露と調査中の病気の両方に関連がなければならず」,(2)「母集団に共通する曝露に関連がなければならず」,(3)「曝露と病気の間の因果連鎖の一段階であってはならないこと」,が挙げられる(Rothman, 1986).ちょうど曝露や病状の場合と同様に交絡因子にも誤分類が生じうる点には注意が必要である.状況によっては,そのような誤分類が結果に深刻な歪みをもたらすこともありうる(Greenland & Robins, 1985).

交絡バイアスはよく「影響の修飾(effect modification)」と混同される.交絡バイアスが研究下の集団間で比較可能性がなかったために生じる,効果推定上のバイアスを指すのに対し,効果修飾は効果の不均一性を指す.例えば,

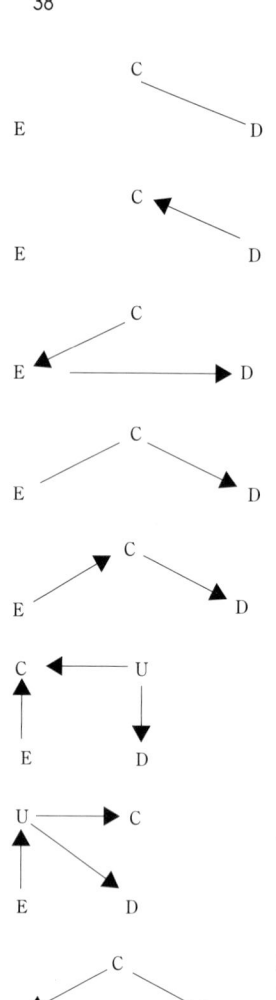

図1−1 調査対象集団（study population）において，CとDは関連（association）しているが，元々の対象集団（base population）においてもそうであるとは限らない．これは選択仮定から生じる可能性がある．このような場合，Cは交絡因子ではない．

図1−2 CとDの関連は，DがCに対して効果を与えていることに起因する．この場合，Cは交絡因子ではない．

図1−3 基礎母集団において，曝露（E）と独立してCがDに効果を与えているわけではない．この場合，Cは交絡因子ではない．

図1−4 基礎集団において，Cは曝露の状態（E）と関連がある．加えて，曝露されたことのない基礎集団において，CはDに対する危険因子である．この場合，Cは交絡因子である．

図1−5 Cが，媒介変数（intermediate (intervening) variable）としてEとDの因果経路上に存在する．この場合，Cは交絡因子ではない．

図1−6 CとDは，測定されていない同一の危険因子（U）から効果を受けている．そして，CはEからの効果を受けている．この場合，Cは交絡因子ではない．

図1−7 CとDは，測定されていない危険因子（U）から効果を受けている．そして，UはEから効果を受けている．この場合，Cは交絡因子ではない．

図1−8 Cは，EとDの両方に効果を与えている．この場合，Cは因果的交絡因子（causal confounder）である．

図1−9 この図においては，Uは因果的交絡因子である．Cは，UとDの因果経路上に存在する．もし測定誤差がなければ，Cを統制することにより，Uに起因する全ての交絡は消滅する．[すなわち，Cを統制することで，EがDに対して見かけ上与えていた効果が消滅する．]

図1−10 この図において，Uは因果的交絡因子である．Cは，UとEの因果経路上に存在する．もし測定誤差がなければ，Cを統制することにより，Uに起因する全ての交絡は消滅する．[すなわち，Cを統制することで，EがDに対して見かけ上与えていた効果が消滅する．]

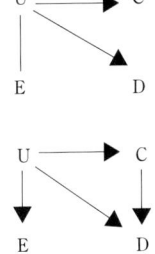

図1-11 この図において，Uは因果的交絡因子ないし代理交絡因子（proxy confounder）である．CはUと関連がある．しかしながら，UとEの因果経路上もしくはUとDの因果経路上のどちらにも，Cは存在しない．この場合，Cを統制（調整）しても，Uによる交絡は消えないだろう．［すなわち，EがDに見かけ上与えている効果は消えない．］

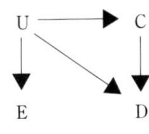

図1-12 この図において，Uは因果的交絡因子ないし代理交絡因子である．CはUと関連がある．しかしながら，UとEの因果経路上もしくはUとDの（直接の）因果経路上のどちらにも，Cは存在しない．この場合，Cを統制することは，バイアスを増やすことにつながる場合もあれば，減らすことにつながる場合もある．なぜなら，UがDに与える直接的および間接的効果は，どちらの方向性もありうるからである．

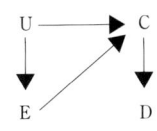

図1-13 この図において，Cは，測定されていない交絡因子（U）の代理である．Cが中間変数であって，Uが交絡因子であるならば，Uに起因する交絡は，Uを統制することで消える．Uについての情報がない場合，Cは媒介変数であるだけでなく，代理交絡因子でもある．Cを統制してもしなくても，Eの推定値にはバイアスが生じるだろう．

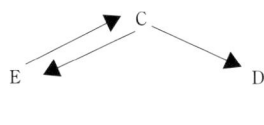

図1-14 この図においてCは，時間に依存した変数であって，交絡因子でもあり，かつEとDの間に媒介する変数でもある．伝統的な統計手法では，Eの効果についての正確な推定値を求めることはできないだろう．

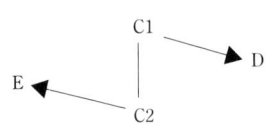

図1-15 交絡因子C2は，交絡因子C1の代理である．C1とC2は重複交絡因子（redundant confounders）である．バイアスを消すためには，C1とC2の両方を統制して分析しなくてはならない．

注）Cは共変変数，Dは病気，Eは曝露を，Uは別のリスク要因を，それぞれ指す

子宮頸癌に対する喫煙の影響が民族によって異なるなら，この事例では民族の相違は効果修飾要因だということになる．一方，もし民族の相違と喫煙が統制群の間でも関連があるのなら，民族の相違は交絡因子にもなりうる．

外部妥当性（external validity）

　科学における一般化とは，「特定の時間，および特定の状況（place）における観察を，抽象的で一般的な命題に置き換える過程」である（Rothman, 1986: 96）．しかし，何らかの観察から直ちに一般的法則が導出されるわけではない．例えば，心臓病やHIVに関する男性を対象とした臨床試験の結果を，女性についても適用することには，疑問が提示されている．

妥当性を高めるための戦略

潜在的バイアスを統制するために，様々な選択が可能である．そのような選択の1つは，ランダム化である．ランダム化については，臨床試験を説明する際に，すでに議論したので，ここでその議論を繰り返すことはしない．その他の選択肢としては，対象限定（restriction），マッチング（matching），層別（stratification），および数学的モデル（mathematical modeling）がある．

対象限定（restriction）とは，事前に決められた一定の基準を満たす者に被験者を限定することをいう．これは，研究の準備段階において考慮される事柄である．対象限定を用いることで，ある特徴を有する人は研究から除外される．その結果として，それらの余分な要素に起因するバイアスが生じる可能性を減らすことができる（Gray-Donald & Kramer, 1988）．例として，HIVに関連した痴呆の原因について調べる場合を考えてみよう．この場合，研究者は，痴呆につながるHIV以外の危険因子を有する人や，痴呆に似た症状を有する人を研究から除外するであろう．痴呆に似た症状の例としては，現在においてアルコールないし薬物を濫用している者や，ある種の精神病にかかっている者が挙げられる．対象限定は，手法として比較的安価であり，結果の分析や解釈をやりやすくする．しかしながら，研究対象となっていない人々にまで結果を一般化することは，妥当ではないであろう．加えて，対象限定は交絡を完全に統制できていないかもしれない（Kleinbaum, Kupper, & Morgenstern, 1982）．また，特定の集団を恒常的に研究から除外しているとすれば，対象限定は倫理的な問題を抱えることになるかもしれない．例えば，研究対象から女性をルーティン的に除外しているような場合には，問題となりうる（Mastroianni et al., 1994）．

結果の混乱やバイアスを生じさせる可能性のある一定の特徴について研究群（症例群）と類似した対照群を選出することを「マッチング」という．結果の混乱やバイアスを生じさせる可能性のある特徴としては，年齢や性別が挙げられる．マッチングさせた変数に関しては，研究群と対照群の間にありうる差異を，マッチングにより減らすないしは消滅させることができる．従って，マッチングを行うために利用される変数は，研究者が関心を寄せており，より踏み込んで調べたいと考えている変数であってはならない（Kelsey, Thompson, & Evans, 1986）．例えば，HIVに感染した患者が受けている治療の質について，ある研究者が関心を寄せていたとしよう．もし，患者の加入している保険を基にマッチングしたとすると，ある患者が特定の治療や手続

きを受けているか否かについて保険が与えている効果を，その研究者が調べることはできない．マッチングは，コーホート研究やケース・コントロール研究（症例対照研究）およびクロス・セクション研究において用いることができるが（Kelsey, Thompson, & Evans, 1986），ケース・コントロール研究（症例対照研究）で用いられることが最も多い．なぜなら，潜在的な交絡因子についての情報が欠けているために，コーホート研究やクロス・セクション研究では，マッチングが実行不可能なことが多いからである（Kelsey, Thompson, & Evans, 1986）．

症例群と対照群（cases and controls）をマッチさせるために用いる変数は，病気と曝露の両方に関連があると考えられる変数でなくてはならない．すなわち，その変数は研究の計画や分析において調整されなければならない交絡因子である必要がある．加えて，マッチングは必要以上にコストがかかるものであってはならない（Kelsey, Thompson, & Evans, 1986）．非常に精密なマッチングが必要とされるために，症例群とマッチさせる対照群のサンプルを見つけることが困難となる場合，コストは特別な問題を生じさせる（Smith, 1983）．他方で，マッチングは，多くの利点をもたらしてくれる．例えば，交絡因子をより正確に調整することができるようになるし，時間の経過によりレヴェルが大きく変動する曝露について症例群と対照群を時系列的に比較することができるようになるし，さらには，統計的検定をより精密に行うことができるようになる．

層別とは，データを2つ以上のグループに分けて分析することを意味する．例えば，男性と女性に分けて，それぞれを分析することが層別にあたる．層別による分析は，コーホート研究やケース・コントロール研究（症例対照研究）およびクロス・セクション研究において用いることができる．この手法は，交絡因子に測定のレヴェルが定義されていることと，それぞれのレヴェルごとに曝露と病気の関連の程度が推定されていることが必要とされる．以下の条件が満たされるとき，層別を用いることは妥当である．(1)各レヴェルないし層ごとに十分な数のサンプル（人）が存在する．(2)統制変数の選択が適切である．(3)それぞれの交絡因子のレヴェルの定義が適切である（Kleinbaum, Kupper, & Morgenstern, 1982）．例として，アスベストへの曝露とある種の肺の病気との関係を調査する場合を考えよう．この場合，喫煙は交絡因子となりうる．従って，研究者は，喫煙のレヴェルによって層別して分析し

たいと考えるだろう．喫煙のレヴェルとしては，例えば生涯総喫煙量などを用いることができよう．

　数学的モデルは，曝露とその結果，およびその他の変数（剰余変数）の間の関係を数学的に定式化したものである．この場合，モデルが複数の変数を組み込んだものなので，多変量分析と呼ばれる．コーホート研究では発病などの結果や健康状態が従属変数となる．他方，症例対照研究では曝露の程度も病気の結果も，いずれも従属変数となりうる．数学的モデルは多くの長所を持っている．例えば，サンプル数が少ない場合でも分析できること，個別の要因のもたらすリスクをそれぞれ推定できること，また，連続変数の場合や多数回曝露のような変数の場合もこの手法を利用することができることなどが長所として挙げられる．

　数学的モデルは，短所もいくつか有している．すべてのモデルはそれを適用する前提として，データに関する一定の仮定を置かなくてはならない．数学的モデルを選択する際には，それらが前提とする仮定を評価する必要がある．もし仮定が成立しえないならば，別のモデルを用いなくてはならない．また，数学的モデルは，解釈が困難となるような結果をもたらすかもしれない（Kleinbaum, Kupper, & Morgenstern, 1982）．

サンプリングとサンプル・サイズ

　多くの疫学研究では，既存のデータを利用する．それら既存のデータはルーティンとして蒐集されていることも多い．例えば，様々な疾病登録や退院記録などから得られるデータを挙げることができる．この種のデータは「二次データ」と呼ばれる．これら二次データの利用においては，それが可能な限り正確であることが不可欠である．データの正確さとは，例えば，最小限の誤分類しか存在しない，といったことを意味する．

　とはいえ，ほとんどの疫学研究では，独自に蒐集した一次データを利用する．例えば，特定の疾病の罹患者や問題となっている曝露を受けた者への調査データである．一次データの蒐集の際には，被験者となり得る個人の同定，質問票の作成，および，面接の実施がなされるのが通常である．ほとんどの研究において，母集団全体への調査は不可能で，抽出したサンプルからデータ蒐集をする他ない．母集団から抽出されたサンプルを利用することは，研究コストを減少させるのに役立ち，さらには，より多くの時間を少ない被験者に費やすことができるので，測定の正確さもある程度は増すことができる

であろう．

　サンプルを集める際のサンプリング単位（抽出単位）は，個々の研究の内容によって決まる．ほとんどの場合，サンプリング単位は，個人もしくは世帯だろう．とはいえ，サンプリング単位としては，近隣センター，学校，その他の団体ということもありうる．サンプリング単位のリストのことを，サンプリング・フレーム（母集団リスト）と呼ぶ．

サンプリング・テクニック（抽出技法）

　サンプリングを実施する方法は，決定的に重要な意味を持つ．適切なサンプリング・テクニックは，疫学研究の測定精度を低下させるランダム・エラー（確率的誤差）を減少させるだろう（Rothman, 1986）．母集団からの無作為抽出（probability sampling）は，ランダム・エラーを減少させる一つの方法である．無作為抽出は，「母集団の全てのサンプリング単位が，既知でゼロ以外の同一の確率でサンプルとして抽出される」場合のサンプリングを意味する（Kelsey, Thompson, & Evans, 1986）．無作為抽出に利用可能な手段には，単純無作為抽出法，系統抽出法，層化抽出法，クラスター抽出法，多段階抽出法といった様々な方法がある．雪だるま式抽出法（芋づる式抽出法）といった，他のサンプリング・テクニックは，無作為抽出法が利用できないような状況で利用されるべきものである．

　単純無作為抽出法では，母集団の各サンプリング単位が，どれも同一の確率で調査対象となる．無作為抽出を実施するために，調査者は，完全なサンプリング枠組み（母集団リスト）を把握していなければならない．言い換えれば，調査者は，調査対象母集団の全ての者のリストを準備しておかなければならない．サンプリングには，復元を伴う方法（復元抽出法（replacement sampling））と復元を伴わない方法（非復元抽出法）がある．復元抽出法では，研究対象として抽出された個人などの，母集団から選び出されたサンプリング単位は，母集団から抽出される毎にその母集団に戻されることになる．多くの疫学研究では，より精密な推定が得られる非復元抽出法を用いている．

　系統抽出法では，サンプリング単位は，サンプリング枠組み（母集団リスト）の上の10番目ごとの入院患者のように，サンプリング・フレーム（母集団リスト）から一定の間隔で選ばれることになる．系統抽出法は，比較的容易に実施することができ，サンプリング・フレーム（母集団リスト）についての事前の知識が要求されない．

層化抽出法では，母集団を事前に決められた集団（層）に分類することが要求される．各集団（層）内のサンプリング単位は，性別など分類に使った基準について同一の属性を共有している．被験者は，各集団（層）のそれぞれから無作為抽出によって選ばれる．層化抽出法では，全ての重要な部分集団の代表性が研究群に確保されるので，特に有用である．層化抽出法では，研究群全体の分散が層内分散に基づいているため，より正確に母集団のパラメーターを推定することが可能となる（Kelsey, Thompson, & Evans, 1986）．

　不均衡層化抽出法は，各集団（層）からの抽出が不均衡な層化抽出法を指す．不均衡層化抽出の例としては，調査対象の者が集中している特定の近隣から不均衡に多くのサンプルを集める場合などがあげられる．例えば，調査者が，栄養摂取に対する文化の影響を調査しているとする．調査者は，データ分析を可能にすべく，十分な数の被験者を確保するために，あるグループからの抽出率を高くするかもしれない．この方法は結果として，異なる集団（層）に対して，異なる値の抽出確率を付与することになる．そのため，データの分析においては，重み付けによる調整が必要となる（Kalton, 1993）．

　クラスター抽出法では，母集団からあるクラスター（かたまり）を抽出する．そして，抽出したクラスター内の個々のサンプルについて観測することになる．例えば，ある近隣地域をクラスターとして特定し，当該近隣の全世帯を調査対象とする研究が挙げられる．

　多段階抽出法は，クラスター抽出法と似ている．まず始めに，近隣地域などの第1段階のサンプリング単位（第一次サンプリング単位）の抽出を行うからである．しかし，第一次サンプリング単位の全サンプルを利用するクラスター抽出法とは異なり，多段階抽出法は，第一次サンプリング単位のそれぞれから第2段階のサンプリング単位（第二次サンプリング単位）を抽出してサンプルとして利用する．多段階抽出法では，例えば，第1段階で抽出された近隣内につき，第2段階ではその選ばれた各近隣に住む全世帯からサンプルを抽出する．抽出されるサンプルは，選ばれた各近隣内の10戸目ごとの世帯などである．選ばれた各近隣内の世帯全てを利用するクラスター抽出法とは異なる（Kalton, 1993）．

　ロケイション抽出法（location sampling）は，目標母集団の構成員数が高くなることが見込まれる時間と場所で行われる被験者の抽出のことである．ロケイションとしては，飲み屋，食料品店，本屋，教会などが考えられるが，

サンプリングしたい目標母集団次第で異なる．この種のサンプルは，一般的に便宜的なサンプルと見なされている．

タイム・スペース抽出法（time/space sampling）は，目標母集団の流入が生じると期待される時刻と場所を選んで実施される．例えば，投票日における投票所などでの抽出である．サンプリング枠組み（母集団リスト）は，時刻と場所の組合せによって決められ，選ばれたサンプリング単位から，個々のサンプルが抽出される．このサンプリング法は，訪問（アタック）の方のランダム抽出は可能となるが，個人のランダム抽出とはならない（Kalton, 1993）．

雪だるま式抽出法は，特殊な，すなわち希少な母集団の構成員が，お互いに知りあっているという前提に基づいている．目標の稀少母集団内の個人がまず同定される．このような個人を出発点として，彼ら彼女らに順次次の母集団構成員を特定してもらう方法である．この抽出法は，サンプルを膨らませるために用いることができる（ゆえに「雪だるま式」抽出と呼ばれえる）．あるいは他に，後にサンプルが抽出されることになる稀少母集団に対するサンプリング枠組み（母集団リスト）を作り出すために用いることもできる．例えば，調査者が，麻薬使用者間で注射針の使いまわしが常態化しているのかを調べたいとする．雪だるま式抽出法によれば，調査者は，既に被験者となった者に頼って，次の被験者を特定することができるようになる．この方法は，病院や診療所を通じて個人を特定しようとするよりも効率的になり得る．雪だるま式抽出法は，ランダム抽出法ではない．とはいえサンプリング・フレーム（母集団リスト）を構築するためにこれを用いる場合は，雪だるま式抽出法の弱点は大きな問題とはならない．しかし，稀少母集団の他の構成員から社会的に孤立している者が，サンプリング・フレーム（母集団リスト）からシステマティックに欠落する可能性は残る．

法における因果関係

以下のことを確認しておくことは重要である．

> 観察的なものであれ実験的なものであれ，すべての科学的知見は完璧なものではない．日々更新される新たな知識によってすべての科学的知見は覆されたり修正されたりされうる．（しかしだからといって）このことから，我々がすで

に有している科学的知見を無視しても構わないとか，必要であるとその時点で科学的知見が指示する行動を我々が延期してもいいと考えるならば，それは完全な間違いである（Hill, 1965）．

以下で論証するように，法的文脈では，完全な知識を有していなかったとしても，あるいは十分な知見を有していなかったとしても，迅速な行動を実行しなければならない場合がある．

法源

　法はしばしば2つの領域に分類される．公法と私法である．公法は政府に関することや政府と個人や企業との関係について定める法である．政府機関が当事者である場合の，権利の内容の定義や規制，執行について定めるのが公法である．公法の法源には憲法，行政法，そして連邦機関など行政機関が制定した規制ルールがある．例えば，連邦食品医薬品局（FDA）が定めたインフォームド・コンセントについての規制ルールは公法として分類される．

　私法とは個人間や個人と企業との関係について定める法である．これには契約法や所有権法，不法行為法などがある．私法の主要な法源としては，制定法と判例法がある．

　法はまた，刑事法と民事法にも分類できる．刑事法は犯罪について扱う．たとえある犯罪が個人に対して犯されたとしても（例えば強盗など），犯罪は州に対するものとされ，被告人を訴追する権利を有しているのは被害者ではなくまさに州（または連邦政府．州政府か連邦政府かは犯罪の性質や根拠となる罪によって定まる）である．民事法は刑事法以外の公法と私法のことを指す．

　法源は逆ピラミッド形として考えると分かりやすい．この逆ピラミッドの一番下の頂点には憲法がある．憲法の上に位置する全てのものは憲法に示された原則と一致していなければならない．憲法の上に位置するのは制定法である．さらに逆ピラミッドを上にたどっていくと，行政規制や裁判所によって判決された判例から導かれる判例法がある．各レヴェルにおける決定や原則は，それより下にあるレヴェルの決定や原則と整合的でなければならない．全ての基礎をなしている憲法が逆ピラミッドの最下端にあるため，このシステムは比較的不安定に見えるかもしれない．しかし，全てが憲法と整合的で

なければならないので，このシステムは実はとても安定している．

憲法

合衆国憲法は「国家の最高法規」と呼ばれている．しかし，憲法が実際に行っていることは，州から連邦政府へ移譲された権限の内容を定めることである．というのも，憲法自身の規定によれば，連邦政府に対して明示で委任されている権限以外のすべての権限が州に留保されているからである．

憲法は政府の3つの機関（府）に権力を配分している．立法機関（府）は立法（制定法の立法）を担当するとともにその権限を委任されている．行政機関（府）は法の施行を担当しており，司法機関（府）はそれら法の解釈を担当している．

憲法の本体には26ヵ条の修正条項が付されている．最初の10ヵ条の修正条項は権利章典（Bill of Rights）として知られている．これら権利章典には言論の自由や信教の自由など，人々にとってなじみ深い権利が多数含まれている．しかし，ここに定められている権利は合衆国憲法の規定としてであり，よって，適用されるのは連邦政府に対してであって，州政府に対しては適用されないということは覚えておくべき重要なことである．ただし，修正第14条は，州は何ぴとからも法の適正な手続き（デュー・プロセス（due process））によらずにその生命，自由，または財産を奪ってはならない，と特別に規定している．また修正第14条は，州はその法域（jurisdiction）内にいるものから法の平等な保護（equal protection）を奪ってはならないとも規定している．権利章典に列挙されたほとんどの権利は最高裁判所によって適正手続きを構成すると判示されてきたので，結局はこれらの権利は連邦政府と同様，州政府にも適用されることになる．

50の州のそれぞれにも州憲法がある．州憲法が，合衆国憲法によって保障された権利よりも狭い権利しか州民に与えない，ということは許されない．しかし，合衆国憲法よりも広く権利を認めることは許されている．

制定法

連邦レヴェルでは，制定法は上下院で構成される連邦議会（Congress）によって立法される．州レヴェルでは，同じく2つの議院からなる州議会が制定法の立法を行う．例えば，連邦議会は連邦食品医薬品局と保健社会福祉省に規則を制定する権限を与える法律を通過させたりする．制定法が明確性を欠いていたり，様々な制定法の規定の間で衝突（牴触）が起きると，裁判官

が制定法の解釈を担当する．

行政法

行政法とは，政府の行政組織（府）の一部を構成する行政機関によって作られた法である．行政法には，規制（regulation），規則（rule），指針（guidline），政策メモ（policy memorandum）が含まれる．例えば，疫学に関する保健衛生に関連のある行政機関としては，連邦食品医薬品局，国立衛生研究所（NIH），保健社会福祉省などがあげられる．簡単にいえば，ある行政機関の規制はまず立案され，「公示とパブリック・コメント手続き」を済ませて制定される．公示とパブリック・コメント手続きにおいては，立案された規制が官報（Federal Register）に掲載され，国民がチェックできる．担当行政機関がその立案した規制に対して意見を受け付けるための法定の期間が徒過すれば，公示期間が終了する．意見をとりまとめ，行政機関が妥当と考える意見を取り入れたあと，最終的な規制が公表される．同様のプロセスは州レヴェルでも行われている．行政法に関しては第4章でよりくわしく扱い，そこでは行政機関が規制を制定する際の疫学の使い方について議論する．

判決

先に指摘したとおり，判決は制定法と憲法に合致するものでなければならない．裁判所は「先例拘束性の原理（stare decisis）」と呼ばれる原理に忠実に従っている．この先例拘束性の原理とは，裁判所が担当の個別具体的事件を解決する際には，事実関係や法律問題の類似する過去の裁判例を参考にしなければならないというものである．一般的に，裁判所は同じ管轄区内にある全ての上級裁判所の判断に拘束される．この点は，法制度の構造に鑑みれば理解しやすいであろう．例えば，連邦裁判所と州裁判所のすべては合衆国連邦最高裁判所の判断に拘束される．全ての連邦地方裁判所は，その位置する巡回区（circuit）の連邦控訴裁判所の判断に拘束されるが，他の巡回区の連邦控訴裁判所の判断には拘束されない．例えば，カリフォルニア州は第9巡回区の中にある．カリフォルニア州南部地区の連邦地方裁判所は第9控訴裁判所の判断の拘束を受けるが，テキサス州とルイジアナ州およびミシシッピ州をカバーしている第5控訴裁判所の拘束は受けない．

判決は，既判力（res judicata）という原則にも従っている．この既判力とは，いったん事件に判決が下され，全ての不服申立手段が尽きた後には，事件の当事者が同じ事件を再び裁判で争うことはできない，という原則を指し

ている．

司法システムの構造

　州や連邦の裁判所制度は，ピラミッド構造を成していると考えることができる．そのピラミッド構造の土台には，第一審裁判所が存在する．そして，ピラミッド構造の中間には，最初の上訴を引き受ける裁判所（中間上訴裁判所）があり，州や連邦の最高裁判所が，州や連邦の裁判所制度というピラミッド構造の頂点を占めている．もっとも，ピラミッド構造の各レベルにおける裁判所の呼び名は州によって異なる．例えば，カリフォルニア州の最高裁判所は，そのまま「カリフォルニア州最高裁判所」と呼ばれるが，マサチューセッツ州の最高裁判所は「マサチューセッツ州最高司法裁判所（Massachusetts Supreme Judicial Court）」と呼ばれ，ニュー・ヨーク州の最高裁判所は「（最高）上訴裁判所（Court of Appeals）」と呼ばれる．

　州の裁判所制度において，第一審裁判所が制限的管轄権のみをもつ裁判所と一般的管轄権をもつ裁判所に分けられていることも多い．制限的管轄権のみをもつ第一審裁判所は，比較的軽い罪に関する刑事事件や訴額が高額でない民事事件を扱うことが多い．一般的管轄権をもつ第一審裁判所は，一定額以上の訴額の民事事件や，より深刻な犯罪の刑事事件を担当する．一般的管轄権をもつ第一審裁判所は，処理すべき事件の量や専門的知識の必要性のために特別裁判所に分割されることがよくある．専門的な裁判所の例としては，少年裁判所や家庭裁判所が挙げられる．

　ピラミッド構造の中間に位置する裁判所，すなわち控訴裁判所は，下位の裁判所（第一審裁判所）の判断に対する控訴について審理する権限を有する．この権限は，事案をまず初めに審理する権限である第一審管轄権に対して，控訴管轄権として知られている．控訴裁判所が，一定の範囲の事案について第一審管轄権をもつこともある．州最高裁判所は，控訴裁判所からの上告を引き受けることになる．

　連邦の裁判所制度のピラミッド構造の最下段は，連邦地方裁判所により構成されている．この裁判所は，連邦法に規定された犯罪の事件を審理する．例えば，連邦に対して虚偽の申請をした場合が，そのような事件にあたる．また，訴額が法定の下限額を超えていれば，ある州の市民が別の州の市民を訴えた民事事件についても連邦地方裁判所が管轄権を有する（州籍相違事件）．（ある州の市民が別の州の市民を訴えた民事事件を，州の裁判所も審理でき

る．これは，競合管轄権として知られている．ただし，州の裁判所に訴えられた当事者が，連邦裁判所に事案を移送するよう申し立てることも，稀ではない．）連邦地方裁判所は，合衆国憲法や連邦法の下で発生した事件についても審理できる．

　連邦地方裁判所の判断に対する控訴は，その地方裁判所が存在する巡回区について管轄権をもつ連邦控訴裁判所に対してなされる．アメリカ合衆国には，13の連邦控訴裁判所が存在する．そのうち12の連邦控訴裁判所は，それぞれの巡回区を管轄区とする．なお，12のうちの1の連邦控訴裁判所は，コロンビア特別区（ワシントン D.C.）において発生した事件を担当する．13番目の連邦控訴裁判所は，連邦巡回区と呼ばれる管轄区を有しており，連邦法および特許法と商標法の法領域に限定された事件に対して管轄権を有する．

　連邦最高裁判所は，連邦控訴裁判所からの上告について審理する．しかしながら，多くの場合，最高裁判所に権利として上告することはできない．むしろ，連邦最高裁判所は自らが審理する事件を選択できる．上告申立ては，サーシオレーライ（writ of certiorari）（裁量上告）を通してなされる．サーシオレーライは，上告受理の申立てのことである．

　裁判所制度とは別に，いくつかの行政機関は，紛争事件を処理する行政上の権限をもっている．例えば，研究公正局（Office of Research Integrity）は，剽窃・盗用・データ捏造など学問研究分野の不正行為についての申立てに関して，調査および裁定を行う権限をもっている．このような機関の裁定に対しては，上訴委員会（Department Appeals Board）に不服申立てをすることができる．さらに不服があれば，裁判所へ訴え出ることもできる．

民事訴訟

　訴訟当事者の訴状提出をもって，訴訟が開始される．一般的に，訴状には請求の趣旨（nature of the claim），請求の原因（facts to support the claim）および訴額を記載しなくてはならない．被告には，呼出状（summon）と共に訴状の副本が送達される．呼出状には，被告が定められた期間内に一定の方式で訴状に対して応答すべきこと，ならびに，被告が応答しない場合は原告が欠席判決によって勝訴することが記載されている．

　被告は訴状に対し答弁し，訴状記載の各主張につき認めるか（自白），否認するか（争う），または知らない（不知）と答弁する．被告は，原告に対する反訴または第三者に対する訴えを提起することもできる．裁判所にその事案

を審理する管轄権が存在しないことや，原告が訴訟原因を述べていないことを主張することで，被告は裁判所に原告の訴えを却下するよう求めることもできる．

訴訟の開始および被告の答弁に続いて，ディスカヴァリ（証拠開示手続き）（discovery）が行われる．この手続きの間，両当事者は自らの主張を支持する追加的事実を集めたり，相手が呼び出すであろう専門家証人を同定したり，相手方の主張の弱点を見定めたりすることができる．ディスカヴァリには，証言録取書（depositions）の録取手続きや，質問書（written interrogatories）の交換，書類の提出要求，精神鑑定や身体検査の要求，および自白の要求が含まれる．疫学に関する保健衛生の文脈に深く関連するものとしては，証言録取書，質問書，書類提出の要求，および自白の要求が挙げられる．

トライアル（事実審理）自体は，以下のように多くの段階からなる．

1．原告による冒頭陳述
2．被告による冒頭陳述
3．原告による証拠・証人の提出と主尋問，および被告による原告側各証人に対する反対尋問．その上での原告による再主尋問，および，被告による再反対尋問
4．被告による証拠・証人の提出と主尋問，および原告による被告側各証人に対する反対尋問．その上での被告による再主尋問，および，原告による再反対尋問
5．原告による反証（rebuttal evidence）の提出
6．被告による反証の提出
7．原告による陪審に対する弁論
8．被告による陪審に対する弁論
9．原告による陪審に対する最終弁論
10．裁判官から陪審に対してなされる説示
11．陪審による評議と評決

過失による不法行為訴訟における因果関係の証明

ある行為や権利侵害，または曝露と結果の間の因果的関連を証明するためのデータとしての十分か否かの程度は，関連する法的文脈によって異なりう

る．例えば，発癌性があるとされている殺虫剤の使用量を規制する法令を制定する際に十分であるとみなされるデータは，原告の疾病が薬剤などの被告の製品に曝露した結果であると証明するために必要であると陪審が考えるデータの性質・量とは，まったく異なるものであるかもしれない．ここでは，因果関係を証明するために訴訟でなされる疫学的データの利用の議論に焦点を絞る．行政機関が規制を制定する文脈で因果関係を証明するため疫学的データを利用することに関しては，第4章で議論する．

　民事訴訟において因果関係を立証するために，原告は以下の点を証明しなくてはならない．すなわち，被告は原告に対し義務を負っていること，その義務が履行されなかったこと，その不履行が原告に損害をもたらしたこと（事実的因果関係），および被告の行為と原告の損害との間に関連があること（主原因，相当因果関係）である．被告に予見可能性がなかった場合にも原告に対して義務を負うか否かについては，法域によって異なる．誰かが（予見可能で）義務を負う限り，（予見可能性のなかった）いかなる者も義務を負うとする法域もある．別の法域では，予見可能性がなかった被告は原告に対して義務を負わないとしている．しかしながら，予見可能性があったとしても，被告の行為と原告が被った被害との関連の度合い（closeness）によっては，負うべき義務が存在しないということもあり得る．

債務不履行の証明

　被告が注意義務を怠ったことを示すために，原告は，実際に起こったことについて証拠を提出し，被告が当該状況下において不合理な行動をとったことを立証しなくてはならない．被告の行為が不合理だったか否かについて決定する際，裁判所は被告の行為のリスクと便益を比較考量する．ここでリスクとは，被告の行為の結果起こりうる損害の程度と，そのような損害が起こるであろう確率を指す．また，便益を評価する際には，より安全な代替策の存在とその利用可能性や，そのような代替策のコスト，および被告の行為によってもたらされる社会的価値といったものが裁判所によって考慮されるだろう．合理的な個人が，被告の立場にあったとき，行為のリスクがその便益を上回っていると行為の前に評価するとすれば，被告の行為は不合理であるとみなされるだろう．

事実的因果関係の証明

被告の行為が原告の被った損害の原因であるか否かを判断するための原則や基準には，いくつか異なったものが存在する．それぞれの法域ごとに，それぞれの原則に従っている．結果として，たとえ同じ事実関係であったとしても，原告が被告から損害賠償を受けられるか否かは，損害が発生し訴訟が提起された法域によって異なりうる．

「あれなければ，これなし」の原則（but for rule）とは，被告の行為がなければ，原告は損害を被っていなかったであろう場合に，事実的因果関係を認めることを指す．この原則は，本質的に疫学における決定論的なモデルに相当する法的概念である．

因果関係に関する2つめの原則は，「競合責任（concurrent liability）」の原則である．例として，被告の行為に第三者の行為も加わって，原告が損害を被った場合を考えてみよう．もし被告の行為と第三者の行為の競合がなければ，原告が損害を被っていなかったであろう場合，被告と第三者（の行為）はともに損害に対して事実上の因果関係を有することになるであろう．

因果関係に関する3つめの原則は，「主原因（substantial factors）」の原則である．被告と第三者の行為のために，原告が損害を被ったと仮定しよう．もし被告の行為が，損害をもたらす上で主要な要素であれば，被告は原告の損害を引き起こしたと認定されるだろう．これは，疫学で言うところの修正された決定論に相当する法的概念である．修正された決定論とは，ロスマン（Rothman, 1986）により説明されたもので，複数の原因が複合して結果を引き起こす場合を指す．もし，「あれなければ，これなし」の原則を採用する法域において，このような事態（被告と第三者双方の行為によって，損害が生じた事態）が発生した場合，被告も第三者もともに責任なしと認定されることになろう．すなわち，被告の行為および第三者の行為のいずれについても，その行為がなければ，原告は損害を被っていなかったであろうと証明できなくなる．したがって，「あれなければ，これなし」の原則のもとでは，被告も第三者も責任なしと認定されるのである．

上記と同様の場合に，異なる責任原則を採用する法域もある．すなわち，それぞれ同一の行動を行った複数の被告が存在するが，その中の誰の行為が原告の損害を惹起したかを，決定することができない場合にも，各被告に責任を認める責任原則である．これは市場占有率責任（market share liability）として知られるものへの発展につながる．市場占有率責任は，多くの健康被

害の事案において用いられてきた.

　例として,合成エストロゲン（DES）の使用とその結果として生じた損害について考えてみよう.その製品（DES）を生産している製造業者は複数あったが,訴訟を提起した時点において原告が摂取したDESがどの製造業者が生産したかを,原告が知ることは不可能であった.加えて,複数の会社により製造されたDESは,基本的に他社のそれと見分けることができなかった.ニュー・ヨーク州は,被告のその製品の全米における市場占有率と被告の法的責任とを結びつける見解を採用した.被告が責任なしと認定されるのは,原告に損害をもたらした製品を被告が生産してはいないと証明することができた場合のみである（Hymowitz v. Eli Lilly, 1989）.対照的に,カリフォーニア州では,被告が占める市場占有率と同等の割合で,原告の損害に対する責任を分配した（Sindell v. Abbott Laboratories）.

　また,「チャンスの喪失（loss of a chance）」として知られる第5の原則を採用する法域もある.この場合,被告の行為がなければ保持ないし獲得していたであろう何かを,原告が失ったことを証明しなくてはならない.例えば,原告が身体的に害を被り,癌の進行などの一層の損害に怯えている場合,原告が被告に賠償を求めることを認めた裁判所も存在する（Mauro v. Raymark Industries, Inc., 1989）.

相当因果関係の証明

　「相当因果関係（proximate cause）」とは,実は誤った名称である.なぜなら,それは事実問題ではなく,政策決定・法的価値判断を指すものだからである.その決定の内容とは,被告の行為の結果のうち,どこまでを被告の責任とするかという判断である.この判断は,義務不履行が発生する態様についての予見可能性,および結果の予見可能性などに基づいてなされるのが通常である.もし,原告に対して負うべき義務が存在しなければ,予見可能性の問題に至ることは決してないということを覚えておくことは,重要である.［この決定に関しては,］他の要素も考慮されうる.例えば,被告の行為の結果を拡大したり,または被告の行為と複合して原告が被った損害を生じさせたりする「独立参入行為（intervening acts）」が存在したか否かといった要素である.独立参入行為が認められると,因果関係が断絶して被告は責任を免れる.

科学的証拠の信頼性評価

証言が，科学的ないし技術的なものであるか，あるいはその他の専門的な知識を含んだものである場合で，かつ「事実認定者が証拠を理解するため，または争いのある事実につき判断を下すために，当該証言が有益である場合には」疫学についての専門家証言が認められる（連邦証拠規則第702条）．疫学者は，自らの証言を意見，推論あるいはその両方の形式で提出することができる．しかしながら，証言にあたって疫学者は，「知識，技術，経験，訓練または教育の点で」専門家であると認められる必要がある（連邦証拠規則第702条）．

専門家の証言が科学的知見として裁判において考慮されるためには，提出される証言は，関連性があり，かつ信頼できるものでなくてはならない．証拠に関連性があるとは，「裁判上の判断を下すにあたって重要な事実の確実さを，その証拠が存在しない場合よりも高めるか低める傾向を有する」場合である（連邦証拠規則第401条）．関連性のない証拠は，法廷に提出することが認められない．加えて，「不当な偏見や争点の混乱，陪審の誤誘導などの危険，または，不当な訴訟遅延，時間の無駄もしくは重複証拠の不必要な提出などの危惧が，当該証拠の証拠力を大きく凌駕する場合には」，関連性のある証拠であっても排除される（連邦証拠規則第403条）．1例として1988年のベンデクティン訴訟を挙げよう．この訴訟は妊娠中にベンデクティンを服用した女性が出産した子どもに損害が生じたとして，ベンデクティンを製造していた薬品会社に対して提起された賠償請求である．裁判所は被告薬品会社が製造していたサリドマイドについての証拠の申請を，不当な偏見をもたらす危険があるとの理由で却下した．

信頼性があるとされるためには，科学的証言は「適切な検証によって支持されていなくてはならない」（Daubert, 1993: 113 S.Ct. at 2787）．科学的証言の（法的）妥当性を評価するために裁判所は，(1)問題となっている理論や技術が検証されうるものか否かを決定し，(2)検証に当たって採用された方法論が，同分野の他の専門家によるピア・リヴューに晒されているかを決定し，(3)採用された方法や技術に伴う潜在的な過誤の確率を考慮し，(4)申請された専門家の採用する方法論が，当該分野の科学コミュニティ内でどの程度受け入れられているかを考慮しなければならない（Daubert, 1993）．

提出された疫学的証拠が（法的に）信頼できるかどうかを決定するにあたって，さまざまなメカニズムが利用可能である．そのようなメカニズムとし

ては，(1)証拠の信頼性を評価するための正規のプリ・トライアルにおける審理，(2)サマリー・ジャッジメント［略式の請求棄却判決］の申立の審理における訴答手続きや証言録取書，質問書への回答，書面による自白，宣誓供述書の審理，および(3)トライアル（事実審理）における主尋問や反対尋問などがある．裁判所は，提出された証拠を審査するために職権で専門家による鑑定を命じることもできる．

科学的証拠の採用の可否をめぐるプリ・トライアル（事実審理前手続き）での審理は，「ドーバート型事前審理（in limine Daubert-type hearing）」として知られている．この種の審理は，正式のトライアル（事実審理）が開始される前に行われ，証言する予定の専門家の適格性や，専門領域の性質，既存の研究についての調査，現在の科学的研究の妥当性に焦点が当てられる．この事前審理において，当該科学的証拠は信頼できず，証拠としての許容性（証拠能力）がないと裁判官が判断したならば，原告も被告もその証拠をトライアル（事実審理）に提出することはできない．

連邦民事訴訟規則によると，質問書は当該訴訟の当事者に対してのみ行うことができる．質問書とは，相手方当事者に向けられた質問を記載した書面である．質問書を受け取った当事者は，それに対して書面で応答しなくてはならない．現行の民事訴訟規則によると，訴訟において専門家証言をするために雇われた専門家証人としての疫学者は，書面の報告書を用意し，それに署名しなくてはならない．その報告書には，専門家の意見の記述が記載されなければならない．専門家の意見の他，報告書には，その意見の根拠，自らの意見を形成するために利用したデータや情報，専門家が法廷で利用する予定のあらゆる証拠，専門家としての資格を証する内容の記載，および当該疫学者が過去4年の間にトライアル（事実審理）や証言録取書において専門家として証言した事案のリストなどを記載しなければならない（連邦民事訴訟規則第26条）．このような報告書を提出させることによって，質問書の必要性を減じ，証言録取書も短いものにできると考えられている．以下の質問は，シリコン豊胸手術によって生じたとされる損害に関する訴訟で利用するために作成された質問書の一部である．

　　　この質問書の目的：あなたが(a)実施したり，(b)手伝ったり，(c)（直接的であれ間接的であれ）財政的に援助したり，(d)よく知っていたり，または，(e)あな

たが知る範囲で現在進行中の疫学研究について情報を得ることがこの質問書の目的です．ここでいう疫学研究とは，シリコンや食塩水による豊胸手術と，手術後の局所的ないし全身性の病気や症状との因果関係や統計的関連を解明することを目的としているか，またはそれを少なくとも目的の一部としている研究のことです．局所的ないし全身性の病気や症状とは，被囊形成，慢性炎症，肉芽腫，プロテーゼの破裂，結合組織病，自己免疫疾患およびその他の病気を含みますが，これらに限定されるものではありません．

それぞれの研究について，以下の点を特定してお答えください．…

4．被験者および統制群の人数，および調査対象者についての説明（コーホート研究の場合の曝露群と非曝露群についての説明，症例対照研究の場合の症例群と対照群についての説明）．また，被験者から除外する基準についても，全て記入してください．…

5．研究の手法とデザイン：後ろ向き研究か前向き研究か，コーホート研究か症例対照研究かの別など．予想されるバイアスと考えられる交絡因子について．また，どのように曝露の分類を行うか（例えば，被験者への面接，身体検査，カルテなど）も含めて，バイアスや交絡を避けたり統制したりするために採用した対策や手法，そして曝露についての誤分類を最小化するために利用された手法について．

6．研究において考慮されていた主たる目的や焦点が置かれていた点，仮説などについて…（In re Silicone Gel Breast Implant Products Liability Litigation, 1994）

証言録取書とは，裁判外で行われた証言の記録である（Windsor Shirt Company v. New Jersey National Bank, 1992）．質問書と異なり，証言録取書は疫学者のような専門家証人に対しても行い得る．証言録取書における質問は，通常4つの領域に集中する．その領域とは，その専門家の専門家としての適格性，専門家が自らの専門的な意見を形成し提出するために採った手続き，専門家の意見そのもの，および専門家がその意見に到達するプロセスである（Matson, 1994）．シリコン豊胸手術によって損害が引き起こされたとして賠償が請求された訴訟における専門家に対する証言録取書の抜粋を，以下に紹介する．これは，提出された証拠の科学的妥当性，ひいては法的妥当性を立証するために疫学者に対してなされるであろう質問のいくつかを例示してくれる．

Q: あなたが今ご覧になったデータに基づいて，病気や症状と豊胸手術との間に

統計的に有意な関連があるか否かについての，結論ないし意見にご自分で到達されたのですね？
A: 一部の病気については，その通りです．
Q: それは，どの病気ですか？　具体的にお願いします．
A: 乳癌はそうですし，強皮症もそうです．一般的にいって，これら結合組織病についてもそうです．一部の局所的な合併症についても，私は結論に到達しました．
Q: その局所的な合併症とは，どのようなものですか？
A: たとえば，被囊形成や被囊硬化，拘縮，外科手術に伴う感染症，局所的合併症……．
Q: あなたのご意見では，豊胸手術と統計的に有意な関連がある病気が存在するとおっしゃいましたね．
A: いいえ，それは私の答えを正確に意味してはいません．あなたは，私が様々な病気について意見に到達したかどうかを聞きました．そして私は，イエスと言ったのです．例えば乳癌に関しては，豊胸手術は何らの原因にもなっていないし効果も与えていない（因果関係がない）というのが私の意見です．強皮症についての私の意見は，豊胸手術はその症状の原因にもなっていないし，それに対して効果も与えていないというものであり（因果関係がない），また両者の間に何らの統計的関連もないと私は考えます．これらは，あなたが私に対してなされた先ほどの質問への答えとは異なります．
Q: 分かりました．では，あなたが私のためにリストアップしてくださった疫学研究について，簡単に検討しましょう．だいたい12ほどの研究をリストに挙げて頂いています．これらの研究が採用した方法論について，説明して頂けませんか (Cook, 1994)．

　原告も被告も，サマリー・ジャッジメントを申立てることができる．この申立ては，プリ・トライアルの段階で行われる．「すべての重要な事実につき真の争点がない」場合にのみ，裁判所はこの申立てを認めることができる（連邦民事訴訟規則第56条）．申立てをした当事者が，申立てがなされた争点についての証明責任を負う場合，その申立当事者の立場を支持する証拠が十分なものであり合理的な事実認定者なら，適切な基準により申立当事者勝訴の事実認定をするであろうと十分に認められるときにのみ，裁判所はサマリー・ジャッジメント申立てを認めることができる（証明責任とは，義務や義務違反，損害発生などについて，「一応の証明 (prima facie case)」の程度まで原告が証明しなくてはならないという事実を指す）．証明責任を負わない当

事者がサマリー・ジャッジメントの申立てをした場合，証明責任を負う相手方当事者が，自らに有利な判断を陪審に下してもらうに十分な証拠を提出できなかったときのみ，裁判所はサマリー・ジャッジメントができる．専門家証人としての疫学者が，サマリー・ジャッジメントの申立てに関連して証言することはあまりないが，当事者が関連する争点を特定するのを手伝うという形で，サマリー・ジャッジメントの申立てに関与することもありうる．

トライアルにおける疫学者への主尋問は，その疫学者に依頼した側の当事者の弁護士によって行われる．主尋問では，たいてい専門家の資格，関連のある疫学的研究を評価するために専門家が用いた方法論，専門家が行った研究で採用した手法について触れられるのが通常である．疫学者への主尋問は，本件の訴訟物や主たる争点，本件で重要となる方法論，学界におけるピア・リヴューの手続きなどについて，陪審に知識を与える機会も提供する（Karns, 1994）．ヴォウク（Voke, 1994: 47-48）の提案は，主尋問で焦点を当てるべきであるのは次の10の主要目的であるとしている．

1．訴訟物や主要争点に関して当該専門家が，優れた適格性を有していると証明すること
2．訴訟物や主要争点，例えば疫学について，陪審に教育を施すこと
3．争点となっている病気や損害，製品についての専門家の経験の深さを強調すること
4．係争中の事件と専門家の専門的知識との関係を明らかにすること
5．何が適切な方法論であるかについて陪審を教育すること
6．同じ専門分野の同僚による相互批判という専門科学分野の確立した手続き（ピア・リヴュー）について陪審を教育すること
7．争点となっている病気や損害，製品に関連する既存の科学的研究について陪審を教育すること
8．相手方当事者の見解が，証拠の解釈の誤りに基づくものであることや，信頼性に欠け不完全な証拠に基づいた解釈であることを証明すること
9．相手方当事者の専門家証言が単なる憶測にすぎない場合，それを論駁すること
10．相手方当事者の専門家が，自ら援用した研究とは異なる結果を示す科学的証拠について知らないことや，それを援用していないことを証明すること

専門家証人に対する主尋問の以下の抜粋は，ベンデクティンを製造していた製薬会社に対して提起された訴訟における主尋問である．この訴訟におい

ては，妊娠中にベンデクティンを服用したことで子どもに先天性障害が生じたとして原告が損害賠償を請求した．以下の抜粋は，疫学という専門領域や，現在の科学知識の状態について陪審に教示するために，専門家証人に対してなされる典型的な質問である．

　Q: 要するに，疫学者とは何なのですか？
　A: 疫学者とは，病気の集団内パタンについて研究し，ある病気に罹患するリスクを高める様々な要素を特定しようと試みる専門家です…．
　Q: 先生，あなたの報告書では，基本的に3つの点を議論されていますね…．つまり，先天性形態異常の数と，先生が「発生の確率（window of opportunity）」とおっしゃるもの，それから先天性形態異常を持つ子どもの数が議論されています．あなたが発見されたことを説明し，この報告書に書かれていることを要約して頂けないでしょうか？

　自分を雇った側の弁護士によってなされる主尋問とは異なり，反対尋問は相手方当事者の弁護士によってなされる．疫学者の専門家としての適格性を証明し，係争事実を評価するうえでの疫学者の妥当性や能力を強調するのが主尋問の目的だが，反対尋問では，その疫学者の能力や意見に疑問を差し挟むことが目的である．反対尋問は，えてして専門家の知識の限界や専門家が用いた方法論，疫学的証拠の性質，原告の病気や損害についての他原因の可能性，および，当該専門家の判断とは対立する診断の可能性に焦点を当てる．反対尋問では，相手方申請の専門家証人について，記憶力の貧弱さや利益相反，専門家としての資格の欠如を根拠として，当該専門家の適格性を破壊することも試みられる（Voke, 1994）．

疫学研究者の専門家証人としての適格性の評価
　たとえある疫学研究者が，裁判所が信頼できると認める方法論を使っていたとしても，その者が専門家証人として証言する適格性を認められるかどうかは分からない．ある人を当該分野の専門家であると認めるべきかどうか判断するには，様々な要素を考慮にいれる必要がある．例えば，その特定分野において受けた教育や，その特定分野で自ら研究を行ったり，他者の研究を指導したりしているかどうか，その分野で論文を発表しているかどうか，そして，例えば特定の曝露と特定の疾病の関係といった当該論点を扱った論文

についてどの程度精通しているか，などが挙げられる．

　裁判所は専門家証人に対しては概ね懐疑的であり，証言の背後に不純な動機を疑う傾向がある．例えば，ある事実審裁判所は専門家証人候補として申し出られた専門家を以下のように特徴づけている．

> 　変人で，もっと正確にいえば，ドアが開いていたかどうかが争われた交通事故訴訟で原告に有利な証言をすることで生計を立てている人物だった．事実審のとき彼は10件もの類似の訴訟事件に関わっていた．彼の証言は，専門家証人というものに内在する古くからの問題性を端的に例証していた．すなわち専門家証人が，その実態においてお金で雇われた単なる代弁者ないし専門家証人として雇った側の用心棒に過ぎないという問題性である．専門家証人のこの問題性は，訴訟を追行する弁護士における同様の問題性に勝るとも劣らないものである．一見しただけではどれほど馬鹿げた事態を意味しているのか気付かないかもしれないが，いわゆる「専門家」によって証明されえないことなど今やほとんどないのである！ (Chaulk v. Volkswagen of America, 1986: 808 F. 2d at 644 におけるポズナー判事の反対意見から）

ある巡回裁判所は下級裁判所に対し以下のように忠告した．

> 　専門家が陪審の前で解釈論に終始することのないように注意すべきである．より直接的にいえば，弁護士でも口頭弁論において主張できる内容に専門家証人が終始することのないよう，事実審裁判官は専門家がそれ以上のものを陪審に提示するように要求すべきである….
> 　事実審裁判官は専門家だと主張している者の適格性について慎重に審査しなければならない….専門家の能力を判断するための考慮要素を列挙し尽くすことは不可能である．しかし，このような専門家が争いについて分かりやすい解説ができる，という貢献と能力を判断する上での考慮要素はたいていいつもある….例をあげて2点ほど示しておこう．1つ目は，多くの専門家は大学，研究所などのアカデミックなコミュニティに属している….我々は裁判官としての経験から，そのような有能な人々といえども研究や意見を述べる際に，レフリー制のジャーナルや，同分野の専門家の査読のある文脈であれば発表することをためらうような成果や意見を，法廷では平気で証言する場合が多いことを知っている．他の多くの要素に加えてこのことも重要な要素であり，専門家の証言を受け入れるかどうかの判断に際し考慮されるべきだと我々は考える．第二に，専門家証人となることで生計を立てている専門家はいまやごくあたりまえになっている….

誰であれ最高入札者によって雇われてどんな証言でもするような専門家は，裁判所において「専門家」との認定を受けて陪審の前で証言する資格はない．(In re Air Crash Disaster at New Orleans, La., 1986: 1233-34)

さらに，別の裁判官は次のように批評している．

　たとえいかに嘘っぽいナンセンスな主張であろうとも，専門家証人はありとあらゆる主張事実を真実であると証明しようとして憚らない人種であり，それによって専門家証人は，略式判決で棄却されることを避け，トライアル（事実審理）にまで事案をもっていくことを可能にする．事実審理においても，専門家証人などいなければ極めて単純で分かりやすかったはずの事実関係を複雑で分かりにくいものにするために専門家証人の証言は使われる．根拠となる事実がきわめて薄弱でも，それだけで専門家証人は，非常に高い「医学的（もしくは他の専門分野）確率」があるとか，「確実性」さえあるといった確固たる意見を平気で表明する．雇われ用心棒たる専門家証人の証言によって，陪審や裁判官は誤解へと導かれうるし，実際にもしばしば誤解させられている(Weinstein, 1986: 482)．

連邦特別委員会でさえ，裁判所が専門家証人に依存することを以下のように批判している．

　科学的，医学的見地の主流から外れた片隅にいるような，またはその片隅からもさらに遥かに遠いところに位置するような自称「専門家」や自称「研究」が，判決を導き出す有効な証拠として陪審の前に提出されることは，いまやあまりにも一般的になってしまった．そのような根拠の薄弱な科学的証拠（一般に「ジャンク・サイエンス（似非科学）」と呼ばれる）を使うことで，現時点での信頼性のある科学的，医学的知識からでは全く正当化できない，あるいは理解できないような因果関係の認定をしてしまうのである(United States Attorney General 合衆国司法長官，1986: 35)．（後述の「ジャンク・サイエンス」についての議論も参照せよ．)

　このような批判と懸念にも拘わらず，陪審研究の知見によれば，陪審員が専門家証言によって完全に操られているわけではないことが分かっている．陪審員が「依頼人の金目当ての用心棒（hired gun）」だとして専門家証人を却下したり，事実が特に複雑な場合は専門家の証言を軽視したり無視したり

するすることも稀ではない (Diamond Casper, 1992; Goodman, Greene, Loftus, 1985).

疫学的因果関係は法的因果関係に適合する

法と疫学の調和

　有害物質による不法行為においては，原告はその主張する損害が被告の行為によって惹起されたことを立証しなければならない．すなわち原告は，被告の行為がなかったならば損害は生じなかったであろうことを証明しなければならない [but-for-test としての因果関係の証明]．あるいは，いくつかの州では原告が「実質的な要因」という基準（substantial factor test）によって因果関係を証明することを認める．この基準においては，被告の行為が原告の受けた損害をもたらした実質的な要因であることを原告側が立証しなければならない（Keeton et al., 1994）．ここで重要な点は，推定される原因への曝露と罹患ないし損害との間に関連が存在しない場合には，原告の受けた損害が被告の行為によって惹起されたか否かについての検討［因果関係の検討］はなされない点である．準備手続き段階（in limine hearing）で，物質Aと病気Bとを関連付けるとして提出された証拠が信憑性のないものであると判断された場合，当該証拠方法はトライアル［事実審理］においては提出することが認められなくなる．そして当該証拠方法が原告にとって，原告の損害と被告の行為との間の関係を立証するために利用可能な唯一の証拠方法であるなら，それ以上訴訟手続きを進めることはできなくなる．例えば，胃癌がアスピリンの長期にわたる大量の（extensive）服用によって惹起されたとの原告の主張を考えてみよう．アスピリンの服用と胃癌との間の関連を原告が立証できないならば，原告の訴訟手続きは，被告であるアスピリン製造業者の行為によって原告の損害が生じたのであるか否かを決定する段階へ進むことはない．例えば，アスピリンの大量服用の危険性についての警告表示が不適切であったか否かの問題へ進むことはなく原告は敗訴する．

　疫学における因果関係の操作化（概念化）と，法における因果関係の操作化（概念化）とを調和させる試みとして，いくつかの裁判所は95％の有意水準において統計的に有意でない限り当該証拠の証拠能力は認められないとして，科学的基準と法的基準とを等置する判断を示している（Poole, 1987）．この解釈は，しかし，有意水準が恣意的に設定されたものであるという事実を

無視するものである．他の裁判所の中には，相対危険度（relative risk）と統計的有意性とを等置するという誤りを犯しているものもある．例えば，In re Joint Eastern & Southern Asbestos Litigation 事件（1993年）において裁判所は，「1.50よりも小さい［相対危険度］は統計的に有意ではない」と判示している．しかし，統計的有意性が認められないとしても，そのことから当該物質への曝露と惹起されたとされる損害との間の因果関係の存在を否定することになるのではない，と適切な認識を判示している裁判所も多い（Allen v. United States, 1984; In re TMI Litigation Cases Consolidated II, 1996）．

法システムは因果関係の確率が50％以上であることを要求しているのであるから，ある人の病気が主張された曝露によって惹起されたという事実が「そうでないよりも確か（more likely than not）」の水準［i.e., 証拠の優越］で立証されたといえるには，相対危険度が2以上ないし病因分画（etiologic fraction）が50％以上であることが必要であると主張する論者もいる（Muscat & Huncharek, 1989）．この学説を採用する裁判所も存在する．例えば，Marder v. G.D. Searle & Co. 事件（1986: 1092）は次のように判示する．

> 「2倍の増加は，原告が主張立証すべき重要な点である．なぜならそれが，法的に必要な証明度を超える，すなわち証拠の優越のレヴェルでの因果関係の立証，ないし，言い換えれば，50％を超える確率の立証と同じものだからである．疫学の専門用語で言えば1.0という数字は曝露が危険度（リスク）に変化をもたらさないということを意味するのであり，2.0という数字はリスクが2倍になるということを意味するからである．」

これよりもさらに謙抑的（厳格）な立場をとる学説もある．すなわち，因果関係を認定するには裁判所は相対危険度3.0を最低限要求するべきであるとする（Black, Jacobson, Madeira, & See, 1997）．この謙抑的（厳格）な立場には多くの問題がある．

第一に，危険度割合2.0ないしそれ以上の数値に厳格にこだわる場合，関連性の程度を測る基準に影響を与える諸論点——それらは疫学的研究の全てに内在する論点であるが——の多くを無視することになるからである．これによって無視される論点としては，サンプル・サイズやバイアスの問題がある．

第二に，政策的観点からみて，このような閾値基準を採用することは不適切である．なぜなら，そうすることにより，相対危険度が2.0より小さいこと

が示された場合には，特定の曝露によって現実に損害を受けた人々に対する損害賠償をアプリオリに排除する結果になるからである．

閾値基準をめぐる上記の議論は，相対危険度ないし寄与分画（attributable fraction）の程度が，疫学上の概念である感度（sensitivity）と特異性（特定性）（specificity）の考え方を類推でき，スクリーニング検査と関連付けて用いることができるという理解に基づいている（Loue, 1999）．感度とは，ある特定の特徴を真に有している場合に，スクリーニング戦略［検査］によって当該特徴を有していると正しく判定される割合のことを意味する［p(スクリーニング検査で当該特徴を有していると判定される | ある特徴を真に有している)］．特異性（特定性）とは，ある特定の特徴を真に有していない場合に，スクリーニング戦略［検査］によって当該特徴を有していないと正しく判定される割合のことを意味する［p(スクリーニング検査で当該特徴を有していないと判定される | ある特徴を真に有していない)］．感度と特異性（特定性）は，以下の点で相互に関連している．すなわち，ある特徴を有していないにも拘わらず検査によって有していると判定される割合（偽陽性（false positive））を減少させようと努めれば努めるほど，当該特徴を有しているにも拘わらず検査によって有していないと判定される割合（偽陰性（false negative））を増加させてしまうことになるという関係がある（Roht, Selwyn, Hoguin, & Christensen, 1982）．
［条件付確率の表記法で表記すればこれらの関係は次のようにわかりやすくなる．
　　感度確率＋偽陰性確率＝ p(陽性 | 真実は病気)＋p(陰性 | 真実は病気)＝1
　　偽陽性確率＋特異度確率＝ p(陽性 | 真実は健康)＋p(陰性 | 真実は健康)＝1］

したがって，訴訟の場面に当てはめれば，相対危険度3.0を要求するような高い閾値（証明度）を基準とすればするほど，損害を受けていないにも拘わらず損害を受けたと誤って認定される割合をより小さくすることができるが，反面同時に，真に損害を蒙ったにも拘わらず損害を蒙っていないと誤って判定され，よって損害賠償を否定される割合を増加させてしまうことになる．逆に，もっと低い相対危険度を法定の閾値（証明度）として採用すれば，損害を受けていないにも拘わらず損害を受けたと誤って認定される割合を増加させてしまうことになる．以下の図1－16と図1－17を参照．

図1－16　因果関係認定のための閾値：高い閾値の場合

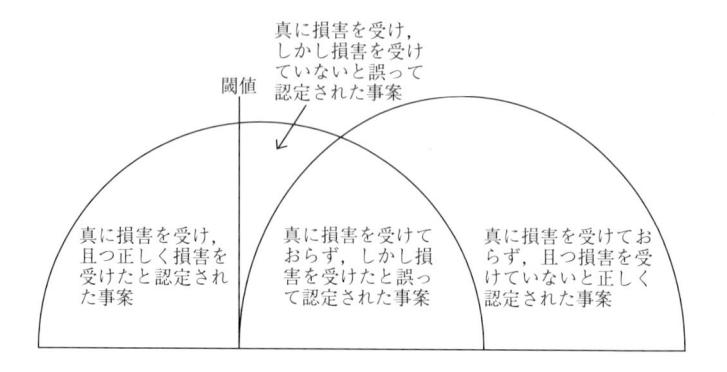

図1－17　因果関係認定のための閾値：低い閾値の場合

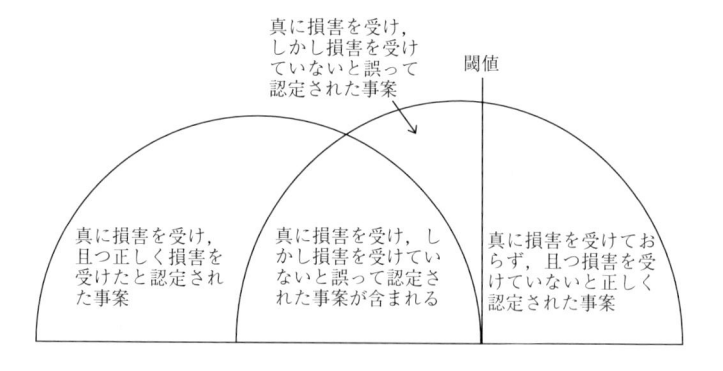

　閾値基準の設定は，第一種の過誤（Type I error）と第二種の過誤（Type II error）の論点とも関係がある．例えば，法律上も疫学上も因果関係は認められないとする「帰無仮説（null hypothesis）」H_0 を危険割合が2.0以下の場合に認め，逆に，因果関係が存在するという「対立仮説（alternative hypothesis）」H_A を危険割合が2.0を超える場合に認めると想定してみよう．いかなる特定の状況においても，以下のうちのいずれか1つのみが真となる．

　1．帰無仮説が正しい場合にも拘わらず，それが棄却され，その結果，第一種の過誤が発生する．このことは，例えば，因果関係が存在しないにも拘わらず，

陪審が，因果関係が存在すると認定し損害賠償が支払われるべきであると判断するような場合を意味する．
 2．対立仮説が正しい場合に帰無仮説が棄却される．すなわち，正しい認定がなされる．
 3．対立仮説が正しいにも拘わらず，帰無仮説が棄却されない．このことは第二種の過誤を意味する．すなわち，真実としては因果関係が存在するにも拘わらず，陪審が因果関係は存在しないと認定し損害賠償を認めるべきではないと判断するような場合である．
 4．帰無仮説が正しい場合に，帰無仮説が棄却されない．

　第一種の過誤も第二種の過誤もともに重大な過誤である．第一種の過誤においては，推定された曝露によって病気や損害が惹起されたのではない場合に，被害を主張した当事者に損害賠償を与える結果となる．第二種の過誤においては，損害ないし病気が，審理された曝露との間で因果関係を有するかもしれない場合にも損害賠償を否定するという結果になる．
　この場合に第一種の過誤と第二種の過誤のいずれがより重大であるとみなされるかは，政策的価値判断の問題である．その点で，多くのその他の状況において，損害と賠償との間の対応関係を完全な形で反映させることが，損害賠償制度にはできていないことを，われわれは社会として認識しかつ受容していることを再確認しておく必要がある．そのような状況の例として，労働者災害補償制度と交通事故無過失損害賠償保険を挙げることができる(Macklin, 1999)．そして，このような政策的価値判断をどのように決するかは，少なくとも部分的には，背後の次のような倫理的ディレンマにわれわれがどのように対処するかに必然的にかかっている．すなわち，曝露によって現実に損害を惹起させられた者に損害賠償を認めないことと，理由のない法的責任を課して企業に損害賠償させることとでは，いずれの方がより不正義であるか，という倫理的ディレンマである（Macklin, 1999 参照）．
　第三に，被害者の損害が「そうでないよりも確か」の基準で主張された曝露によって惹起されたということを証明する上で，相対危険度2.0を要求することは挙証責任（burden of proof）と証明責任（burden of persuasion）の区別を無意味にしてしまうと主張された．先に指摘しておいたように，挙証責任とは原告が，例えば被告の義務の存在，その義務に対する違反，損害発生などを，一応の推定（prima facie）のレヴェルまで挙証（prove）しなければ

ならないということを意味する．他方，証明責任の程度とは，ある主張事実について挙証責任を負っている当事者に有利に真実と認定するために，陪審が到達しなければならない確信のレヴェルを意味する（Gold, 1986）．

証明責任の程度には3つの異なるものがある．「証拠の優越の程度」が，ほとんどの民事事件に適用される基準である．ただし「明白かつ確信を抱くに足る程度」の基準も民事事件に適用されることがある．刑事事件では，証明責任の程度は「合理的疑いを容れない程度」の基準である．挙証責任と証明責任の区別をしないことにより，証明の程度の基準が，真対偽の基準から50%を超える確率の基準へと引き下げられることになる場合が生じる．証明の程度は，しかし，上昇することもあり得る（Gold, 1986）．

ゴールド（Gold, 1986: 382-383）は以下のような例を用いて両概念の相違を説明する．

> 道路の信号機が故障して赤が点灯せず，そして衝突事故が発生した．市当局は，信号機の欠陥を根拠に訴えられた訴訟で，信号機が故障していなかったとしても自動車は間に合って停止することができなかったのであり，よって，信号機の故障と本件事故との間には因果関係が存在しない，と主張した．

原告が挙証責任と証明責任の双方を負担するという伝統的な分析によれば，原告は第一に本件自動車の停止が間に合っていたはずであることを挙証しなければならない（挙証責任）．［この挙証が成功して，すなわち］信号機が本件事故を本当に惹起したと判断した後に，陪審はさらにもう一度原告がその負担する証明責任を果たしたか否か，すなわち，因果関係が「そうでないよりも確か」であるか否か判断しなければならない．言い換えれば，陪審はこの主張事実についての確信が50%を超えたかを判断しなければならないことになる［このように，挙証責任と証明責任との区別がなくなってしまっている］．

ゴールド（Gold, 1986: 382-383）のこの自動車事故事例についての再解釈が，挙証責任と証明責任の区別の消滅の意味を明らかにしている．この事例においては，われわれは事故に遭った当該自動車に関する情報をもっていない［よって，統計学的証明ないし疫学的手法を用いることになる］．陪審の認定によれば以下のようであった．

自動車の53％が間に合って停止できたはずであるという争われていない事実を認めることができる（挙証責任）．原告の本件自動車が特に異常なものであったと認めることはできないので，われわれは本件自動車が間に合って停止していたことが「そうでないよりも確か」であると認定する（証明責任）．なぜなら，過半数の自動車が間に合って停止したはずだからである．

ゴールド（Gold, 1986）は「実質的な要因（substantial factor）」の基準を証明責任として採用することを提案している．この基準によれば，因果関係に多数の要因が関係している場合にも適用可能であり，多原因の病気の因果関係についてのロスマンの概念化ともうまくマッチする．そして，病気のリスクの実質的な増大をもたらした曝露は，他の要因も結果発生に寄与していたとしても，法的責任を帰結することになる［非曝露群で罹患率5％，曝露群で8％の罹患率の場合で，この罹患率の差が統計的に有意である場合を考えてみよ］．そして，危険割合（相対危険度）2とか寄与割合（寄与分画）50％というような特定の統計的基準のみに依拠する代わりに，因果関係の認定においては状況の総合的判断が必要であるとする．

また，Landrigan v. Celotex Corp. 事件（1991: 1087）において裁判所は同様の結論に達している．

　専門家がその結論に到達する際に，当該分野における確立した方法論（sound methodology）を用いたか否かを認定する際に，裁判所が顧慮すべき多くの証拠の中の1つの証拠と同様のものであり，相対危険度2.0だけが，因果関係を認定するための最終的な決め手となるものではない．

こうして裁判所は，アスベストに曝露したことの結果であると主張された損害に対する賠償を，相対危険度が1.5であった本件でも認めている．

疫学，倫理，および専門家証人

訴訟に専門家証人として出廷する疫学研究者の倫理に関しては，たびたび疑問が提起されてきた．一方の当事者に加担するために専門家証人が事実審理に参加するのであれば，そのような役割は「科学的客観性や公平性と両立しない」という認識が存在する（Last, 1996: 60）．

しかしながら，このような考え方は疫学者の間でも倫理学者の間でも普遍的なものではない．ある著名な倫理学者が，以下のように主張している．

一方当事者への加担者としての不適切な役割を担うことで，依頼者にとって望ましい価値判断や結論を導くように研究結果を，断片的で偏ったかたちで報告するようになるかもしれない．それは，科学的客観性を損なうことにつながる．しかしながら，価値判断志向的（value-directed）な役割それ自体が，偏頗性を生み出すわけではない．<u>党派的ないしは制度に忠実な疫学者であっても，研究を実施したり，その知見を報告したりする際には，自らの偏頗な信念を抑えたり，さらには消し去ったりすることがありうる</u>［下線は筆者ルーによる］（Beauchamp, 1996: 35）．

専門家証人としての疫学者の仕事に対して報酬を支払うことが，偏った証言につながると感じる者もいるかもしれない．専門家の調達は，相手方の弁護士に任せるのが最も良いと主張する学者もいる．その主張によれば，科学者は［中立なのではなく］自己利益のための特定の立場を先取りしているのであり，その立場をこそ，権威をもって，明快に，そして説得力をもって言明することができる．そのことによって，専門家は自らを専門家証人として引く手数多とさせ，多額の報酬を受けられるようになる，ということは事実に他ならない（Cole, 1991: 37S）．とはいえ，専門家の背後のすべての動機およびその動機が専門家証人としての証言にどれほど反映しているのかを慎重に調べることによってはじめて，バイアスが本当に存在するか否かを決めることができるのである．そのような動機としては，名声，権力，専門家証人としての報酬，真実の探究，専門家としての満足感，病気や死の恐れ，金銭的損失の恐れ，財産的に報われたいという願望，社会的，政治的ないし経済的な［立場の］擁護が含まれうる（Cole, 1991）．実際，「報酬の追求も含めて，これらの動機の1つ2つが専門家証人の心の中にあることのみをもって，非倫理的であると他の取り立てた根拠もなく主張すること自体，非倫理的であると言わざるを得ない」（Rothman; Cole, 1991: 38S における引用）．

議論のための問い

1．連邦証拠規則第706条は，訴訟の当事者によって提出された専門家による科学的証拠の質を評価する助けとするために，事実審裁判官が独自の科学的専門家を任命することを認めている．しかしながら，裁判官の多数は，この制度を利用していない．裁判官が独自の科学的専門家に頼ることの長所と

短所は何か？ また，裁判官がこの制度を利用した場合，訴訟当事者にとっての長所と短所は何か？

2．時には，特定の曝露により損害を被ったという主張が，科学的根拠を欠くという理由で棄却された後に，現実の曝露と主張された損害の間に因果的連関が実際に存在することが分かるということがある．このようなことは，例えば，湾岸戦争症候群（Gulf War syndrome）の原因として主張された曝露に関して起こった．我が国（アメリカ合衆国）の現在の訴訟システムは，このような事態に対処する上で適切であろうか？ 適切ないし不適切であると考える根拠は何か？ 何らかの修正を制度に対して施すべきであろうか？ また，それは何故か？

3．最近，恋愛関係を終了した男女について考えてみよう．その後女性は，自分が HIV に感染していることを知ったとする．彼女は，以前の恋人が故意に彼女に HIV を感染させたとして，彼を訴えた．

a. かつてのパートナーとの間で HIV の感染があったことを示す際の疫学上の問題点は何か？

b. 因果関係を立証する際の法的問題点は何か？

c. この訴訟の結果がどのようなものであるべきだと，あなたは考えるか？ また，それは何故か？ もし結論が出ないとしたら，決断を下すために，どのような追加的情報が必要か？

※ 第1章の一部は，Loue, *Forensic Epidemiology,* © 1999 Board of Trustees, Southern Illinois University Press からの転載であり，図1-15 © 1999 は Hal Morgenstern 博士による．

REFERENCES

Allen v. United States (1984), 588 F. Supp. 247 (D. Utah), *reversed on other grounds*, 816 F.2d 1417 (10th Cir. 1987), *cert. denied*, 484 U.S. 1004 (1988).

Anderson v. Owens-Corning Fiberglass Corp. (1991). 810 P.2d 549.

Beauchamp, T. L. (1996). Moral foundations. In S. S. Coughlin, T. L. Beauchamp (Eds.). *Ethics and Epidemiology* (pp. 24–52). New York: Oxford University Press.

Black, B., Jacobson, J. A., Madeira, E. W. Jr., and See, A. (1997). Guide to epidemiology. In B. Black and P. W. Lee (Eds.), *Expert Evidence: A Practitioner's Guide to Law, Science, and the FJC Manual* (pp. 73–115). St. Paul, Minnesota: West Group.

Carrigan, J. R. (1995). Junk science and junk research. *Trial Lawyers Guide, 39,* 230–254.

Carter, K. C. (1985). Koch's postulates in relation to the work of Jacob Henle and Edwin Klebs. *Medical History*, 29, 353–374, 356–357.

Chaulk v. Volkswagen of America, Inc. (1986). 808 F.2d 639 (7th Cir.).

Checkoway, H., & Demers, D. A. (1994). Occupational case-control studies. *Epidemiologic Reviews*, 16, 151–162.

Cole, P. (1991). The epidemiologist as an expert witness. *Journal of Clinical Epidemiology*, 44,, supp. 1, 35S–39S.

Comstock, G. W. (1994). Evaluating vaccination effectiveness and vaccine efficacy by means of case control studies. *Epidemiologic Reviews*, 16, 77–89.

Cook, R. R. (1994). Transcript of videotaped deposition, June 14, in *Ruth Johnson et al. v. Dow Corning et al.*, No. 254-93, District Court, Johnson County, Texas.

Copeland, K. T., Checkoway, H., McMichael, A. J., & Holbrook, R. H. (1977). Bias due to misclassification in the estimation of relative risk. *American Journal of Epidemiology*, 105, 488–495.

Coughlin, S. S. (1990). Recall bias in epidemiologic studies. *Journal of Clinical Epidemiology*, 43, 87–91.

Daubert v. Merrell-Dow Pharmaceuticals, Inc. (1993). 509 U.S. 579, 113 S.Ct. 2786, 125 L.Ed.2d 469.

Daubert v. Merrell-Dow Pharmaceuticals, Inc. (1995). 43 F.23 1311 (9th Cir.).

Diamond, S., & Casper, J. (1992). Blindfolding the jury to verdict consequences: Damages, experts, and the civil jury. *Law and Society Review*, 26, 513–563.

Dwyer, D. M., Strickler, H., Goodman, R. A., & Armenian, H. K. (1994). Use of case-control studies in outbreak investigations, *Epidemiologic Reviews*, 16, 109–123.

Farrar, W. B. (1991). Clinical trials: Access and reimbursement. *Cancer*, 67, 1779–1782.

Federal Rules of Civil Procedure 26, 56.

Federal Rules of Evidence 401, 403, 702.

Felson, D. T. (1992). Bias in meta-analytic research. *Journal of Clinical Epidemiology*, 45, 885–892.

Fitzpatrick, J. M. & Shainwald, S. (1996). *Breast Implant Litigation*. New York: Law Journal Seminars-Press.

Gold, S. (1986), Causation in toxic torts: The burdens of proof, standards of persuasion, and statistical evidence. *Yale Law Journal*, 96, 376–402.

Gore, S. M. (1981). Assessing clinical trials—why randomise? *British Medical Journal*, 282, 1958–1960.

Gray-Donald, K., & Kramer, M. S. (1988). Causality inference in observational vs. experimental studies: An empirical comparison, *American Journal of Epidemiology*, 127, 885–892.

Greenland, S. (1977). Response and follow-up bias in cohort studies. *American Journal of Epidemiology*, 106, 184–187.

Greenland, S., & Robins, J. M. (1985). Confounding and misclassification. *American Journal of Epidemiology*, 122, 495–506.

Hammond, E. C., Selikoff, I. J., & Seidman, H. (1979). Asbestos exposure, cigarette smoking, and death rates. *Annals of the New York Academy of Science*, 330, 473–490.

Hill, A. B. (1965). The environment and disease: Association or causation? *Proceedings of the Royal Society of Medicine*, 58, 295–300.

Hills, M., & Armitage, P. (1979). The two-period cross-over clinical trial. *British Journal of Clinical Pharmacology*, 8, 7–20.

Hymowitz v. Eli Lilly & Co., 73 N.Y.2d 487, cert. denied, 493 U.S. 944 (1989).

Glantz, S. A., Slade, J., Bero, L. A., Hanauer, P., and Barnes, D. E. (1996). *The Cigarette Papers*. Berkeley, California: University of California Press.

In re Agent Orange Products Liability Litigation (1984), 597 F. Supp. 740 (E.D.N.Y.), 603 F. Supp. 239 (E.D.N.Y. 1985); 611 F. Supp. 1223 (E.D.N.Y.), affirmed 818 F.2d 187 (2d Cir. 1987).

In re Air Crash Disater at New Orleans, La (1986), 795 F.2d 1230 (5th Cir.).

In re Bendectin Litigation (1988), 857 F.2d 290 (6th Cir.), cert. denied, 1989 US LEXIS 168.

In re Joint Eastern and Southern Asbestos Litigation (1993), 827 F. Supp. 1014 (S.D.N.Y.), reversed, 52 F.3d 1124 (2d Cir. 1995).
In re Silicone Gel Breast Implant Products Liability Litigation (1994). Master File No. CV 92-P-10000-S, interrogatories reprinted in S.M. Mackauf. (1994). *Breast Implant Litigation: Current Medical and Legal Theories*. New York: New York Law Publishing Company.
In re TMI Litigation Cases Consolidated II (1996). 922 F. Supp. 997 (M.D. Pa.).
Jooste, P. L., Yach, D., Steenkamp, H. J., Botha, J. L., & Rossouw, J. E. (1990). Drop-out and newcomer bias in a community cardiovascular follow-up study. *International Journal of Epidemiology, 19*, 284–289.
Karns, E. (1994). Understanding epidemiological evidence: What to ask the expert witness. *Trial, 30*, 48.
Keeton, P. et al. (1984). *Prosser and Keeton on the Law of Torts*, 5th ed. St. Paul, Minnesota: West Publishing.
Kehm v. Procter and Gamble Manufacturing Company (1983), 724 F.2d 613 (8th Cir.).
Kelsey, J. L., Thompson, W. D., & Evans, A. S. (1986). *Methods in Observational Epidemiology*. New York: Oxford University Press.
Khlat, M. (1994). Use of case-control methods for indirect estimation in demography. *Epidemiologic Reviews, 16*, 124–133.
Khoury, M. J., & Terri H., Beaty, T. H. (1994). Applications of the case-control method in genetic epidemiology. *Epidemiologic Reviews, 16*, 134–150.
Kleinbaum, D. G., Kupper, L. L., & Morgenstern, M. (1982). *Epidemiologic Research: Principles and Quantitative Methods*. New York: Van Nostrand Reinhold.
Landrigan v. Celotex Corp. (1992), 605 A.2d 1079 (N.J.).
Lasky, T., & Stolley, P. D. (1994). "Selection of cases and controls," *Epidemiologic Reviews, 16*, 6–17.
Last, J. M., ed. (1988). *A Dictionary of Epidemiology*, 2nd ed. New York: Oxford University Press.
Liberati, A. (1995). "Meta-analysis: statistical alchemy for the 21st century": Discussion. A plea for a more balanced view of meta-analysis and systematic overviews of the effect of health care interventions. *Journal of Clinical Epidemiology, 48*, 81–86.
Loue, S. (1999). *Forensic Epidemiology: A Comprehensive Guide for Legal and Epidemiology Professionals*. Carbondale, Illinois: Southern Illinois University Press.
Lubin, J. H., & Gail, M. H. (1984). Biased selection of controls for case-control analyses of cohort studies, *Biometrics, 40*, 63–75.
Macklin, R. (1999). Ethics, epidemiology, and law: The case of silicone breast implants. *American Journal of Public Health, 89*, 487–489.
Marcus, R. L., & Rowe, T. D., Jr. (1994). *Gilbert Law Summaries: Civil Procedure*. Chicago: Harcourt Brace Legal and Professional Publications, Inc.
Marder v. G. D. Searle and Co. (1986), 630 F. Supp. 1087 (D. Md.), *affirmed* 814 F.2d 655 (4th Cir. 1987).
Matson, J. V. (1994). *Effective Expert Witnessing*, 2d ed. Boca Raton, Florida: Lewis Publishers.
Mauro v. Raymark Industries, Inc., 561 A.2d 257 (N.J. 1989).
Miettinen, O. S. (1985). The case-control study: Valid selection of subjects. *Journal of Chronic Disease, 38*, 543–548.
Miles, & J. Evans (Eds.), *Demystifying Social Statistics* (pp. 87–109). London: Pluto Press.
Morabia, A. (1991). On the origin of Hill's causal criteria. *Epidemiology, 2*, 367–369.
Morgenstern, H. (1996, Spring). *Course Materials, Part II: Class Notes for Epidemiologic Methods II, Epidemiology 201B*, 54–82.
Morgenstern, H. (1982). Uses of ecologic analysis in epidemiologic research. *American Journal of Public Health, 72*, 1336–1344.
Muscat, J. E., Huncharek, M. S. (1989). Causation and disease: Biomedical science in toxic tort litigation. *Journal of Occupational Medicine*, 31, 997–1002.
Novick, J. (1987). Use of epidemiological studies to prove legal causation: Aspirin and Reye's syndrome, a case in point. *Tort and Insurance Law Journal*, 23, 536–557.

O'Brien, P.C., & Shampo, M. A. (1988). Statistical considerations for performing multiple tests in a single experiment. 5. Comparing two therapies with respect to several endpoints. *Mayo Clinic Proceedings, 63*, 1140–1143.

Olkin, I. (1995). Statistical and theoretical considerations in meta-analysis, quoting the National Library of Medicine, *Journal of Clinical Epidemiology, 48*, 133–146.

Poole, C. (1987). Beyond the confidence interval. *American Journal of Public Health, 77*, 195–199.

Popper, K. R. (1968). *The Logic of Scientific Discovery*, 3rd ed. rev. New York: Harper and Row.

Roht, L. H., Selwyn, B. J., Holguin, A. H., & Christensen, B. L. (1982), *Principles of Epidemiology: A Self-Teaching Guide*. New York: Academic Press, Inc.

Rosner, F. (1987). The ethics of randomized clinical trials. *American Journal of Medicine, 82*, 283–290.

Rothman, K. J. (1976). Causes, *American Journal of Epidemiology, 104*, 587–592.

Rothman, K. J. (1986). *Modern Epidemiology*. Boston: Little, Brown and Company.

Sackett, D. L. (1979). Bias in analytic research. *Journal of Chronic Diseases, 32*, 51–63.

Sanders, J. (1992), The Bendectin litigation: A case study in the life cycle of mass torts. *Hastings Law Journal, 43*, 301–418.

Sartwell, P. E. (1960). On the methodology of investigations of etiologic factors in chronic disease further comments. *Journal of Chronic Disease, 11*, 61–63.

Schlesselman, J. J. (1982). *Case Control Studies*. New York: Oxford University Press.

Schuck, P. H. (1987). *Agent Orange on Trial: Mass Toxic Disasters in the Courts*. Cambridge, Massachusetts: Belknap Press.

Schwartz, T. M. (1988). The role of federal safety regulations in products liability actions. *Vanderbilt Law Review, 41*, 1121–1169.

Selby, J. V. (1994). Case-control evaluations of treatment and program efficacy. *Epidemiologic Reviews, 16*, 90–101.

Senn, S. J. (1991). Falsification and clinical trials. *Statistics in Medicine, 10*, 1679–1692.

Shapiro, A. K., & Shapiro, E. (1997). *The Powerful Placebo: From Ancient Priest to Modern Physician*. Baltimore, Maryland: Johns Hopkins University.

Sindell v. Abbott Laboratories, 26 Cal. 3d 588, cert. denied, 449 U.S. 912, 1980.

Smith, P.G. (1983). Issues in the design of case-control studies: Matching and interaction effects. *Tijdschrift voor Sociale Gezondheidszorg, 61*, 755–760.

Special Committee on Jury Comprehension of the American Bar Association Section of Litigation. (1989). *Jury Comprehension in Complex Cases*. Chicago: American Bar Association.

Sterling, T. D., Weinkam, J. J., & Weinkam, J. L. (1990). The sick person effect. *Journal of Clinical Epidemiology, 43*, 141–151.

Susser, M. (1986). The logic of Sir Karl Popper and the practice of epidemiology. *American Journal of Epidemiology, 124*, 711–718.

Susser, M. (1991). What is a cause and how do we know one? A grammar for pragmatic epidemiology. *American Journal of Epidemiology, 133*, 635–648.

Swan, S.S. (1994). Epidemiology of silicone-related disease. *Seminars in Arthritis and Rheumatism, 24*, 38–43.

United States Attorney General. (1986). *Report of the Tort Policy Working Group on the Causes, Extent, and Policy Implications of the Current Crisis in Insurance Availability and Affordability*.

Voke, B.P. (1994). Sources of proof of causation in toxic tort cases. *Defense Counsel Journal, 61*, 45–50.

Wacholder, S., Silverman, D. T., McLaughlin, J. K., & Mandel, J. S. (1992). Selection of controls in case control studies. III. Design options. *American Journal of Epidemiology, 135*, 1042–1050.

Weed, D. L. (1986). On the logic of causal inference. *American Journal of Epidemiology, 123*, 965–979.

Weinstein, J. B. (1986). Improving expert testimony. *University of Richmond Law Review, 20*,

473–497.
Weiss, N. S. (1994). Application of the case-control method in the evaluation of screening, *Epidemiologic Reviews, 16*, 102–108.
Windsor Shirt Company v. New Jersey National Bank (1992), 793 F. Supp. 589 (E.D. Pa.).
21 Code of Federal Regulations § 312.21(a)(1998).
21 Code of Federal Regulations § 312.21(b)(1998).
21 Code of Federal Regulations § 312.21(c)(1998).

第2章

事例研究(1)　シリコン豊胸手術訴訟事件

平田彩子訳

　「はい！」とアリスは叫びましたが，とっさのことだったので，その最後の5，6分のあいだに，自分がどれだけ大きくなっていたかを，すっかり忘れてしまいました．そして，あまりあわててとび上がったので，スカートのすそで陪審席をひっくり返し，陪審員たちを，下の群衆の頭の上にほうりだしてしまったのです．みんなが四つんばいにひっくり返ったようすから，アリスは，先週うっかりしてひっくり返した金魚鉢のことを，ありありと思いだしました．
　「あら，まあ，ごめんなさい！」アリスはおそろしくあわてて叫ぶと，できるだけ手早く，みんなを拾いあげました．というのは，あの金魚鉢の事件が，まだ頭の中にこびりついていたので，すぐに拾って陪審席にもどしてやらなければ死んでしまうような気がしたからでした．
　「陪審員が全員もとの席にもどるまでは──」と王様が，おそろしくいかめしい声でいいました．「裁判は，続行不可能である．全員だぞ」王様は，アリスをきつい目でにらみながら，力をこめてくり返しました．
　アリスは陪審席を見て，あんまりあわててやったために，トカゲをさかさまに席に入れてしまったのに気がつきました．かわいそうに，チビトカゲは，ぜんぜん身動きができず，ゆううつそうに尾を振りまわしていました．アリスはトカゲを取りだして，ちゃんと入れ直しました．「たいして重要なことじゃないのに」と彼女はひとりごとをいいました．「どっちが上になってたって，裁判には，それほど役にはたちゃしないわ」(Carroll, quoted in Robbins, 1990: 194 [福島正実（訳）『不思議の国のアリス』角川文庫第10版，1979年から])

　科学と法とで目的が異なり，方法論にも相違があることは，シリコン豊胸手術によって損害が引き起こされたと主張された訴訟を例にとってみれば，よくわかるであろう．

シリコン豊胸手術の歴史

綿実油その他の脂肪分によって変化させて使用するのが通常であるシリコンは，1940年代の日本女性や，1950年代のラスベガスのコーラスガールの間で胸を大きくするために初めて使用された（Anderson, 1990）．脂肪分が使われたのは瘢痕（傷跡）を発生させるためであった．というのも，瘢痕（傷跡）は，シリコンが体のほかの部分に転移することを防いでくれるからである．アメリカでは約5万人の女性がシリコン注入による豊胸手術を受けたが，ときには死亡をはじめとする深刻な被害が生じることもあった．1965年になって初めて，連邦食品医薬品局（FDA）によってシリコン注入は薬物として分類された．連邦食品医薬品局がシリコン注入を人体用として販売することを認可したことはない．

シリコンゲル注入による豊胸手術が利用可能となったのは1960年代になってからである．シリコン液の代わりにシリコンゲルを使うことで，シリコンが体の他の部分に移転することを防止できると考えられた．連邦食品医薬品局が医療用具としての安全性と有効性のデータを認可条件として要求する規制を制定する前に，これらの豊胸手術はすでに利用可能になっていたのである．

食品医薬品化粧品法に対する医療器具に関する1976年改正によって，豊胸手術に対して規制を制定する権限が連邦食品医薬品局に与えられた（Public Law 94-295; 21 United States Code §360(c)）．その法律によれば，連邦食品医薬品局は医療器具の使用に伴うリスクに基づいて，医療器具を3つのレヴェルに分類しなければならない．最も高いリスクがあると考えられる医療器具はレヴェル3に分類され，認可のためには安全性と有効性についての証拠の提出を求められる．いいかえれば，シリコンによる豊胸手術は1976年以前には規制がなされていなかったのである．

シリコン注入はレヴェル3（の医療器具）に分類されていたにも拘わらず，連邦食品医薬品局は製造業者にシリコン豊胸手術の安全性と有効性を証明する証拠を提出するように要求していなかった．連邦食品医薬品局1978年諮問委員会はシリコン豊胸移植を，安全性と有効性の証明が要求されないレヴェル2にすべきだと提言した．（Federal Register 官報, 1982: 2820）．しかし，結局は連邦食品医薬品局はシリコンによる豊胸手術と塩水注入による豊胸手

術の両方をレヴェル3に分類した（Federal Register 官報，1988: 23,856-23,877）．シリコン豊胸手術をレヴェル3に分類することで，連邦食品医薬品局は製造業者に安全性と有効性の主張を裏付けるために市販前認可申請を提出させることができるのだが，実際にそれを行ったのはFDAが豊胸移植の分類について最終的な規制を発令したあとのことであった（規制を制定する際の疫学利用については，第4章を参照）．すなわち1991年4月まで規制は発令されなかったのである．

　しかし，議会の調査団は1970年代から，シリコン豊胸手術によって引き起こされた健康被害についての報告を受け取っていた．カナダ健康福祉省（the Canadian Department of National Health and Welfare）の研究者であるピエール・ブレ医師（Pierre Blais 1990: 41）は自分の研究成果から以下のように結論づけた．

> 　豊胸用のプロテーゼ（注入物・補綴）を構成している物質は不適切なものである．生理学的に，そして工学の観点からも，それらの構成物質には現代の知識が反映されていない．この構成物質についてこれまで30年間にわたってなされてきた検査は，全く見当外れとまでは言わなくても，役に立たないものである．検査のレヴェルは他の医療分野で使用されている製品の検査よりもずいぶんと劣る…．検査のために集められたプロテーゼ（注入物）についての実験によると，多くのプロテーゼの安全な使用期間は4年以下ということが示された．我々は外皮やゲルが科学的に変化してしまったプロテーゼ（注入物）やその一部を取り出して（外植して）いる．外皮は濡れた紙のようにもろい．簡単に破ることができる．外植のときは表面上は完全であっても，人工外皮は嚢切開（外皮を切り開くこと）や，拘縮（縮まって固まること）を和らげたり生検（組織の一部を検査用に摘出すること）を得ようとする医療手続きには耐えられない．この装置はもはや役に立たなくなってしまっているのである．しかもそのうえ，我々は別のもっとひどい問題を発見した．それ［シリコンプロテーゼ］の周りの組織は研磨材状態，すなわち，紙やすりのようになっていて，5年以内にプロテーゼ（注入物）が消滅することは確実であった．

　1991年11月，連邦食品医薬品局の「一般外科および形成外科器具についての諮問委員会（the General and Plastic Surgery Devices Panel of the FDA）」は，提出されたデータからは，シリコン豊胸手術の安全性が証明されていないとする結論を発表した（Nightingale, 1992）．連邦食品医薬品局は1992年4

月16日に，シリコンゲル移植（による豊胸手術）は管理された臨床研究を通じてのみ利用可能にすると発表した（Kessler, 1992）．この発表はシリコン移植の短期間の自発的使用停止を連邦食品医薬品局が促し，その期間が経過した後になされた．1962年から市場販売が停止される1992年までの期間に，シリコンによる豊胸手術を受けたアメリカ人女性は数百万人に上ると，連邦食品医薬品局は推定している．ただし，約4万世帯を対象にした郵送調査によれば，アメリカ合衆国において1,000人当たり8.08人の女性が今までに何らかの種類の豊胸移植を受けたことがあると回答しており，移植を受けた女性の数の推定値は，連邦食品医薬品局の推定よりもかなり低い結果となった（Cook & Perkins, 1995; Cook, Delongchamp, Woodbury, Perkins, & Harrison, 1995）．豊胸のために使用する多数派の他，約20％の移植は乳房切除の後に胸を復元するために行われていた（Department of Health and Human Services 保健社会福祉省，1991）．

連邦食品医薬品局の「一般外科および形成外科器具についての諮問委員会」はシリコン豊胸手術について安全性に関する多くの懸念を表明した．例えば，破裂や漏れの割合，移植の平均耐用年数，移植の周りの組織が傷つくことによって併発される合併症（被膜拘縮），マンモグラフィー（乳腺のX線撮影）による影響に耐えるか，悪性腫瘍（癌）が増大するリスクの可能性，いろいろな免疫疾患とのつながりの可能性などがある（FDA Medical Bulletin, 1992）．シリコンゲル移植の主要メーカーの一つであるダウ・コーニング社が1992年に公開した内部文書には，いくつかのさらなる懸念が記されていた．これらの内部文書によると，動物による寿命テスト（lifetime test）がなされる前にすでに（女性に対して）シリコン移植が行われていたことが明らかになった．予備的研究では，シリコンは体内に移転したり他の問題を引き起こしたりしかねないことが示されていた．後にブリストル・マイヤーズ スクイブ社に買収された，豊胸材専門のメディカル・エンジニアリング社の1978年の社内メモにはビーグル犬の実験について記載されていた．その実験によれば，豊胸材による悪影響として，出血，肺炎の可能性，大腸のリンパ組織の肥大化などが指摘されていた．メディカル・エンジニアリング社の社長は，それを受けて，実験に使った犬をすぐに処分し，犬の組織もすべて処分すべきことを命じ，実験の知見は公にされなかった（Human Resources and Intergovernmental Relations Subcommittee of the Committee on Government

Operations, 1993)．

　被膜拘縮は，シリコン豊胸手術が原因となる疾患のうち，最も広く知られているものである．被膜拘縮は，体内で傷ついた細胞が形成する保護膜によってシリコンが囲まれたときに起こる．この現象の正確な原因はいまだに分かっていない．研究者の中には被膜拘縮は外来物（異物）に対する体の正常な反応であると考えている者もいる．しかし，別の研究者によると，被膜拘縮は出血，感染，シリコンの漏れなどがその原因だとしている．もし，傷ついた細胞（瘢痕）が，埋め込まれたシリコンの周りで縮むと，胸が硬くなったり，痛みがひどくなったり，ときには乳房が変形したりすることもある．シリコン移植後数週間から数年の間，拘縮はいつでも起こりうる．いったん拘縮が起こると，再発する可能性は高い．拘縮は開放式嚢胞切離術（open capsulotomy）と閉鎖式嚢胞切離術（closed capsulotomy）のどちらかによって治すことができる．開放式嚢胞切離術は外科手術として行われる．例えば，被膜を取り除いたり全ての埋め込まれたシリコンと被膜を取り換えたりする．閉鎖式嚢胞切離術では外科医が固くなった胸を手で締め付ける必要がある．この処置によって，埋め込まれたシリコンが破裂して漏れてしまうことも起こりうる（Human Resources and Intergovernmental Relations Subcommittee of the Committee on Government Operations）．

　ダウ・コーニング社は1982年にすでに，シカゴ大学研究者から体がシリコンに反応して大食細胞（macrophage）を作り出し，大食細胞がシリコンの袋を壊してリンパ節に移転するということを知らされていた．ある研究者によれば，被膜拘縮は体の免疫反応の結果かもしれない，という（Parsons, 1982）．

　他の問題も浮上した．22％から83％の乳腺組織等が移植されたシリコンによってぼやけてしまうので，マンモグラフィーによる癌検査がより一層困難になった，と1988年までに報告されていた（Hayes, Jr., Vandergist, & Diner, 1988）．マンモグラフィーでは胸を圧迫することが必要なのだが，拘縮により固くなった胸では，それが困難であった．シリコン移植によって，腫瘍が隠されてしまいうるし，早期悪性腫瘍の兆候が示す変化を見つけるのがより困難にもなった（Reynold, 1995）．

疫学的知見と陪審評決

疫学研究の経緯

シリコン注入と発癌リスクとの関係を調べるために,疫学による研究が数多く行われた.ある研究では,シリコン注入を受けた女性の間で肺癌のリスクが高まっていることが報告された(Deapen & Brody, 1992).しかしその研究は,使用したサンプル数が比較的少なかった上に喫煙やヒト乳頭腫ウィルス感染など多くの要因を,研究者は統制していなかった(Silverman, Brown, Bright, Kaczmarek, Arrowsmith-Lowe, & Kessler, 1996).カナダのアルバータで行われた研究によれば,誘導期間が0年か,5年か,10年かに拘わらず,シリコン豊胸手術は乳癌のリスクを高めも低めもしないということが分かった(Bryant & Brasher, 1995).

シリコン注入と自己免疫疾患との間に想定される関係について,多くの研究者が研究を行った.「ヒトアジュバンド病」という用語は,豊胸手術を受けた患者に見られる全身症状を指すものとして使われていたことがあった.しかしこの用語の意味するところが不正確であったため,使われなくなった.初期の研究の多くは,症例報告やケース・シリーズ研究(複数の症例を対照とした研究)によっていた.これらの研究手法は,多くの方法論的な問題を抱えていた.例えば,症例の定義を明確にしていないこと,一般的に用いられている診断基準を適用していないこと,注入されたシリコンのタイプを特定していないこと,移植以前の患者の状態についての情報が欠けていること,潜伏期の長さについて一貫した立場をとっていないことなどが挙げられる(Kurland & Homburger, 1996).その後,ケース・コントロール研究やコーホート研究の手法を利用した研究が行われるようになった.以下はこれら多くの研究からの引用であり,シリコン豊胸手術と結合組織病(膠原病)との関係について調べた研究成果の代表的なものである.

> 豊胸手術を受けた女性が免疫疾患になった症例についての,先行研究での報告数や,現在までの症例報告数が少ないので,自己免疫疾患とシリコン注入との直接の因果関係を証明できるほどの十分なデータとはなっていない(Hirmand, Latenta, & Hoffman, 1993: 17).

シリコンによる豊胸手術と結合組織病の間の因果関係は依然として立証されていない（Chang, 1993: 469）．

症例報告はたくさんあるが，自己免疫疾患とシリコン注入というこれら2つの事象が単なる偶然の一致以上のものであることを示す説得的な証拠は何もない．この研究は自己免疫疾患とシリコン注入との因果関係を証明してはいない（Shusterman, Kroll, Reece, Miller, Ainslie, Halabi et al., 1993: 1）．

シリコンによる豊胸手術とのちに発病する結合組織病との関係についての先行研究を再検討した．症例報告や，ケース・シリーズ研究（複数の症例を対照とした研究），ケース・コントロール研究，形成外科医への質問調査，コーホート研究などのデータからは，両者の関係を示す十分な証拠は示されていない（Edelman, Grant, & van Os, 1994: 183）．

現在のデータでは，シリコンプロテーゼ（注入物）による豊胸手術と自己免疫結合組織病や抗核抗体（anti-nuclear anti-body）との因果関係を証明する十分な証拠はない（Peters, Keystone, Snow, Rubin, & Smith, 1994: 1）．

結合組織病についての標準的な定義のどれを採用しようとも，シリコン豊胸手術と結合組織病との関係を示す証拠は見つからなかった．また，シリコン豊胸手術と結合組織病の兆候や症状との関係を示す証拠も見つからなかった（Sanchez-Guerrero Colditz, Karlson, Hunter, Speizer, & Liang, 1995: 1666）．

この大規模な後ろ向きコーホート研究から得られたデータは，先に行われた2つのコーホート研究の結果と矛盾しない．すなわちこのデータは，結合組織病に対して豊胸手術が大きな危険性を持つことを否定する確実な証拠を提供している（Hennekens, Lee, Cook, Hebert, Karlson, & LaMotte, 1996: 616）．

明確に定義された結合組織病や乳癌の発生率が，シリコン移植をした女性において非常に高くなることを示す疫学による研究は存在しない…（Silverman, Brown, Bright, Kaczmarek, Arrowsmith-Lower, & Kessler, 1996: 1）．

我々の研究の結果は，シリコン注入がCTD（結合組織病）を引き起こしたり促進したりするという仮説を支持するものではない（Edworthy, Martin, Barr, Birdsell, Brant, & Fritzer, 1998: 254）．

シリコン豊胸手術と癌との関係や，シリコン豊胸手術と結合組織病との関係についての上記の疫学の結論は，多くの原告勝訴評決，そしてシリコン移植によって引き起こされたと主張された損害に対し原告に認められた損害賠償額と顕著な対比をなしている．例えば，原告に認められた損害賠償額は1984年のカリフォーニア州の事件（Steen v. Dow Corning）における170万ドル（1984年当時の為替レートを1ドル約240円として約4億円）から Johnson v. MEC 事件（Texas, 1992）における2,500万ドル（1992年当時の為替レートを1ドル約140円として約35億円）まで幅がある．Mahlum v. Dow Corning 事件（Nevada, 1995）のように懲罰的損害賠償は否定されることもあるが，懲罰的損害賠償が認められれば，Johnson v. MEC 事件での2,000万ドル（当時のレートで約28億円）のように賠償額は非常に高額になる．一方，被告メーカー側勝訴の評決が出る訴訟も多くある．例えば，Craft v. McGhan (Hawaii, 1992), Mohney v. Baxter/Heyer-Schulte (Colorado, 1993), Turner McCarthy v. Dow Corning (Colorado, 1993), Berry et al. v. Baxter (Texas, 1995), Habel et al. v. Baxter Healthcare (Texas, 1995), Hall v. Baxter Healthcare (California, 1995), Luevano v. Baxter (Texas, 1995), Scott v. Dow Corning (Texas, 1995), Jennings v. Baxter (Oregon, 1996) が挙げられる（Fitzpatrick, 1996）.

このような状況を背景として，1998年に約17万人の原告に対して合計32億ドル（1998年当時の為替レートを1ドル約120円として約3,840億円）の和解を提案して，ダウ・コーニング社は破産の申立てをした（Stolberg, 1998）．その後まさに同月に，「形成外科における品質確保と医療用具についてのヨーロッパ委員会 (the European Committee on Quality Assurance and Medical Devices in Plastic Surgery)」は，現時点で入手得可能な全てのデータによればシリコン注入は自己免疫疾患および結合組織病を引き起こすものではないと結論付けた．またイギリス保健大臣によって設立された独立の検査団体 (Independent Review Group) はその後，シリコン豊胸手術が病気を引き起こすという「細胞病理学的証拠や決定的な免疫学的証拠，および疫学的証拠は存在しない」という同様の結論に達した（Bandow, 1998: A23）．その後まさに同じ年には，連邦地方裁判所で何千ものシリコン豊胸手術の事件を担当したサミュエル・ポインター裁判官が任命した科学専門家諮問委員会も「シリコン豊胸手術を受けた女性の間で免疫システム中の細胞の種類や機能に関してシリコンによって引き起こされた異常は認められない，というのが現在蓄積され

た研究から導かれる結論である」と発表した．この諮問委員会によると，シリコン注入が「報告された症状の原因となる局所的な炎症」を引き起こしているかどうかについては，はっきりしないという（Burton, 1998: B1）．

シリコン豊胸手術と結合組織病や癌との因果関係を否定するこのような多くの疫学的証拠があるなかで，これらの研究結果に反する原告勝訴評決が，いかにして出されたのか，読者は不思議に思うにちがいない．

事後的説明

皮肉な見方：最悪のジャンク・サイエンス（似非科学）

どうやって原告は多くの訴訟で勝つことができたのかについて，皮肉な見方をすれば，「ジャンク・サイエンス（似非科学）」が訴訟の場に出てくることを裁判所が誤って許してしまったからだということになる．恐らくは致命的なこのミスのせいで，善意に解すれば，本当の論点と情報を陪審員・裁判官が誤解してしまったのである．また悪意に解すれば，真実や正義など気にとめない強欲な損害賠償専門弁護士の欲求を満たすために科学や科学的研究方法が歪められてしまったということになる（Angell, 1996）．

「ジャンク・サイエンス」という言葉は，一般的に受け入れられている科学的知見と合致するとはみなされない科学的証拠を裁判の場に持ち出すことを指して使われてきた．ヒューバー（1991: 2）はジャンク・サイエンスについて以下のように説明している．

> ジャンク・サイエンス（似非科学）は，真実探求という本物の科学のちょうど対極に位置するものであり，本物の科学とは似て非なるものである．一方で本物の科学者として天文学者がいて，他方でジャンク・サイエンスとしての占星術師がいるようなものである．化学者がいかがわしい錬金術師と比べられ，薬学者が怪しい同種療法者と比べられる．アレルギーと免疫学についての正当な科学を取り去り，科学の詳細さと厳密さを払いのけたら，巷間の臨床環境学というジャンク・サイエンスができあがる．整形外科医のジャンク版が整骨医であり，理学療法士のジャンク版が脊柱指圧療法師であり，数学者のジャンク版が数秘術師とカバリストである…．ジャンク・サイエンス（似非科学）は化学や薬学，医学，工学の領域を横断して存在する．偏ったデータ利用，怪しい推論，論理のこじつけをごちゃまぜにしたものが，ジャンク・サイエンス（似

非科学）であり，能力不足の研究者が結論先取りを焦ってでっちあげるものである．ジャンク・サイエンス（似非科学）は，データのかき集め，恣意的解釈（こじつけ），乱暴な独断主義，そして時には完全なペテンなど，考えうるあらゆる種類の誤謬のカタログである．

かつてアメリカ保健教育福祉省と呼ばれていた役所が（1978: xii, quoted in Huber, 1990: 277）一般の医学専門家からは受け入れられていない診断や民間療法的活動に従事する人々の特徴を列挙したことがある——これこそ，ヒューバーならジャンク・サイエンスと呼ぶであろうものである

> [民間療法などの] 従事者は科学のマントをはおっているが，同時にその当時の信頼できる科学の品位を損なわせていた．
> 彼らは，医学者の間の偏見が自分らの努力を邪魔している，と主張した．
> 彼らは，その当時の硬直したドグマと敢えて戦った過去の医師や科学者の例を引いて自分らを正当化しようとした．
> 彼らは，自分たちの治療法は安全であり，癌の薬として効果的であることを示す証拠として，感謝状や逸話を非常に重んじた．
> 彼らは，科学的情報を伝達するときにも，学術雑誌などの通常の学術メディアを使わない．その代わりに，マスメディアや口コミを利用する．
> 彼らの主な従事者は，癌の治療や科学的手法の訓練を受けたり経験した者ではない．
> 彼らは病気の因果関係について過度に単純化された科学的理論で説明する．
> 正統的な医師が用いる治療が恐怖心を呼び起こすようなものであるのに対して，彼らの治療法は簡単で心地よい．
> そして彼らは薬の投与方法や治療方法は密教のように自分らだけから学ぶことができる，と主張する．

「ジャンク・サイエンス（似非科学）」は「グッド・サイエンス（正統科学）」と呼ばれているものと対比できる．

> 「グッド・サイエンス（正統科学）」は，科学の質を管理するための科学界のシステムを表す言葉として一般的に用いられている．このシステムは，根拠のない科学的分析から科学界と科学に依拠する人々を守ってくれる．「グッド・サイエンス」によれば，各々の命題は，その命題に依拠する前に，公表，再現性，

証明という厳しい3ステップを踏むことが要求されている（Brief of New England Journal of Medicine, Journal of the American Medical Association, and Annals of Internals Medicine, 1993）．

上の定義をそのまま使うとすれば，当該分野の科学界でコンセンサスを得ていなかったり，一般的に受け入れられていなかったりしたため，多くの科学的理論や見解までもが過去において，ジャンク・サイエンス（似非科学）として退けられてしまっていたであろうことは明らかである．そのような理論としては，地球球体論や，ダーウィンの進化論，ヴィエトナム戦争の退役軍人が心的外傷後ストレス障害（PTSD）を患っているという理論などが挙げられる（Carrigan, 1995）．これらの例は「従前の理論のなかで，徐々に知識が蓄積され統合されていく漸進的過程」を通じて科学は発展するものだという科学に対する見方（Trial Lawyers Public Justice Foundation, 1993, cited in Carrigan, 1995）と対立するものであり，反対に科学は「従前の学説の再構築や，既存の事実の再評価による，本質的に革命的なプロセス」で発展してゆくと主張する（Kuhn, 1970: 7）．

キーサン（Kesan, 1997）は特定の論点に関する科学的知見の発展に内在するプロセスを説明する時系列モデル（temporal model）を提示している．彼によると，科学の方法論は進化プロセスをたどるのであり，そのプロセスによればまず，(1)萌芽段階に始まり，(2)急速な発展期を迎え，(3)成熟期でその頂点に至る．萌芽段階では，先行研究に基づき，2，3の変数間の関係についての検証などが行われる．発展期では，萌芽段階での知見を反証しようとすることが特徴的である．最後の成熟期の特徴は，方法論が一般的に受け入れられる点である．第2段階の発展期から第3段階である成熟期へと方法論が発展するスピードは，事前の発見がどれほど重要だと認識されているか，科学のどの分野であるか，またその特定のテーマに携わる科学者の人数に左右される（Kesan, 1997）．基本となる方法論が争点となって法的判断の対象となることが多いのは発展期である．この場合，提出された証拠に対する法的信頼性と許容性の判断と，被告による曝露や行動とその曝露や行動によって引き起こされたとされる損害との間の因果関係を成立させるだけの証拠の十分性についての判断の両方において発展期の科学の方法論は争われることになる．ただし，次の点にも注意を要する．すなわち，キーサンのモデルは

多くの仮定を前提にしていることである．例えば，科学研究が進歩するのは非公開で秘密裡になされるときではなく公開でなされる場合であるという仮定や，数多くの研究者が当該理論や方法論に興味を持つという仮定である．これら両方の仮定とも，それ自体本当なのか疑わしい（Bourdieu, 1997）．

肯定的な見方：正義を実現する陪審

　法学者の中には以下のように指摘する者もいる．

　　　原告勝訴の評決を出す際，陪審員は科学を無視したり回避したりして無能な判断をしているのではない．むしろ陪審員は開発プロセスの早期の段階で製品の検査をすべきであったのに，それを実施するインセンティヴが被告企業に対して法的に課されていなかったことを問題としているのである．この法的インセンティヴ欠如を埋め合わせる結果を導き出すため，「過失判断と因果関係の判断を混合させ，合わせて一本の判断をし」たり，あるいは因果関係の原則をわざと無視したりしているのかもしれない．この考え方によれば，陪審員は弱い証明力しかない因果関係の証拠と，法的責任ありという判断を支える過失についての有力な証拠を混合させ，合わせて一本の判断をして被告の法的責任を総合認定しているとされるのである．このように陪審員が判断しているという可能性を支持する根拠もいくつかある．まず，豊胸手術事件における陪審審理や陪審評議についての陪審員自身の説明を根拠とすることができる…．また，原告勝訴の評決においては，懲罰的損害賠償が，高い頻度で認められ，その中央値・平均額も高いという事実も根拠とできる．類似の有毒物に関する不法行為事件においても陪審の同様の行動が報告されていることも根拠となる…．実際のところ，豊胸手術事件の陪審は，法制度が本来は公式に採用すべきルールを秘かに適用しているだけなのかもしれない．そのルールとは，安全性の調査がメーカー自身の懈怠によってなされなかったときは，証明責任を被告メーカーに移転し，因果関係がないことを被告が証明しなければならないというルールである（Dresser, Wagner, & Giannelli, 1997: 741-742）．

　この見方の妥当性は，シリコンプロテーゼメーカーが必要な検査を怠ったという有力な証拠の有無と，メーカーと豊胸手術を行う多くの医師が手術に内在するリスクを患者に事前に知らせなかったという有力な証拠の有無とに依存している．連邦議会小委員会のスタッフ・リポートには以下のように書かれていた．

豊胸手術には，30年にわたる歴史があり，通算すると約100万人のアメリカ人女性がこの手術を受けている．少なくとも1982年以降にはメーカーは安全性データの提出をさせられるであろうと知っていたにも拘わらず，また1988年には約30ヵ月以内にデータを提出するように警告されていたにも拘わらず，研究の多くは1990年か1991年になるまで始められなかった．将来にわたり何年間も女性を追跡調査する前向き研究が理想的だと考えられていたが，他方で，1990年段階でも手頃な代替的選択肢が存在した．すなわち，1970年代から1980年代初期に豊胸手術を受けた女性に，その後何か健康上の問題がなかったかを尋ねるという研究を1990年に開始するというものである．しかし，この種の徹底的な後ろ向き研究は，結局どのメーカーも行わなかった（Human Resources and Intergovernmental Relations Subcommittee on Government Operations, 1993: 27）．

ジャンク・サイエンスの誤用という皮肉な見方と同様，この肯定的な見方も豊胸手術裁判に対して批判的である．しかし，皮肉な見方のように，裁判所が証拠の許容（性）についてより適切に監視していなかったと批判するのではなく，肯定的な見方はむしろ，訴訟となるような社会問題を惹起させた責任者とそうでない者との間で，証明責任が公平に分配されていないという法制度の不備を批判しているのである．

上記見方に類似する別の見方として，原告勝訴の評決によって不法行為法の目的とされていたことのうち3つが達成された，というものがある．その3つの目的とは，過度に危険な行為や製品によって損害を受けた被害者へ資源を配分すること，過度に危険な行為や製品製造を抑止すること，過度に危険な行為を行った加害者に被害者に対して損害賠償をさせること，である（Feldman, 1995）．このように列挙された目標は，厳格な製造物責任ときわめて似ている．厳格な製造物責任は救済の根拠として原告が主張していた法理論のうちの1つである．この理論の正当化根拠は1944年に初めて表明された．

　欠陥のある製品によって損害を被った被害者にとって，その損害は予期せぬことである．損害額や健康上の被害，時間のロスなど，被害者にとってよほどの不運であろうし，被る必要のない不運である．なぜなら，損害のリスクは製造業者なら保険を購入することができ，それによってビジネスを行う上でのいわば必要経費として公衆にリスクを分配することができるからである．市民に損害を与える欠陥製品が市場に出回るのを阻止することはまさに公共の利益にかなっている．それにも拘わらず欠陥製品が市場に出回ってしまったとき，引

き起こされた損害がどんなものであろうと一切の責任を製造業者に課すことは，これもまさに公共の利益のためになる．製造業者はたとえ製品製造においてなんの過失がなくても，市場に製品を供給していれば責任が課される．損害発生がいかに間歇的であろうと，どれほど偶然であろうと，損害発生のリスクは常に存在し，一般的である．そのようなリスクに対し，一般的で一定の予防は必要であり，製造業者こそそのような予防策を提供するのに最も適している（Escola v. Coca Cola Bottling Co., Traynor, J., concurring, 1944: 441）．

この厳格な製造物責任の理論は，カリフォーニア州最高裁判所が1963年に被告に法的責任を認める判決の根拠としてより明確に判示された．

不法行為に基づく損害賠償として製造業者は以下の場合に厳格責任を負う．それは，欠陥があるかどうかの検査がないまま製品が使用されることを知りつつ製品を販売し，人体に損害をもたらす欠陥がその製品にあることがわかった場合である…．欠陥製品から生じたコストを負担すべきなのは，自らを欠陥製品から守るのに無力である被害者よりも，そのような製品を市場に放出した製造業者である，ということを確実にするのがこの厳格責任の目的である（Greenman v. Yuba Power Products, Inc., 1963: 900-901）．

欠陥のタイプとして以下の3つが挙げられるだろう．製造上の欠陥，設計上の欠陥，製品販売・使用の際に適切な使用上の注意・警告をしなかったという警告上の欠陥である．製造上の欠陥とは品質管理過程での故意ではない不備のことである．設計上の欠陥とは，製品がより安全なように設計されるべきだったのに，実際はそう設計されなかったことを指す．警告上の欠陥は製品を使用する際に伴う危険性について，提供すべき情報を製造業者は実際には十分提供していなかったということを指す．シリコン豊胸手術によって引き起こされたと主張された損害についての訴訟の多くでは，原告に製造物［シリコンプロテーゼ］使用に伴う危険性を警告しなかったという製造業者の欠陥をめぐって最も争われた．例えば，厳格責任の文脈で警告しなかったことを主張している訴状には，以下のように書かれていただろう．

1．本件被告会社は，その代理人，使用人，従業員が本訴訟の主題であるシリコンプロテーゼ（注入物）を設計，製造，販売し，流通に置いた会社である．
2．被告会社によって製造，供給されたシリコン豊胸注入物は，人体に注入す

ることにシリコンが適していたという被告の説明に合致していない．
　3．被告会社によって製造，供給されたシリコン豊胸注入物は，それが適切に機能しなかったという点で，設計および製造に欠陥があった．
　4．被告会社によって製造，供給されたシリコン豊胸注入物は，被告の手元から離れた際に，予見可能なリスクが設計や製造による利益を上回っていた点で，設計または製造に欠陥があった．
　5．代替的主張として，被告会社によって製造，供給されたシリコン豊胸注入物は，製造業者・販売会社の手元から離れた際に，一般の消費者の予想する以上の危険性が存在していたという点で，設計または製造に欠陥があった．
　6．被告会社によって製造，供給されたシリコン豊胸注入物は，警告や注意書きが不適切であった点で，欠陥があった．なぜなら，製造業者ならば製品に危険性があることを知っていた，または知るべきであったのに，被告会社はその危険性について警告しなかったからである．
　7．被告会社によって製造，供給されたシリコン豊胸注入物は，市場流通後の警告や注意が不適切であった点で，欠陥があった．なぜなら，被告会社は製品の危険性を知っていた，または知るべきであった後にも，被告会社は注入手術の患者に対して十分な警告を行っていなかったからである．
　8．欠陥のある豊胸注入物の施術による結果として，原告は身体的被害と経済的損失を被ったのであり，かつ今後も被り続けるのである．

　警告上の欠陥は過失の主張としても主張できる．この［過失責任の］理論の下で警告しなかった責任を証明するには，「製造業者または販売業者が適切な注意基準以下の注意しか払っていなかったために，言い換えれば合理的で慎重な製造業者なら知っていただろうし警告したであろうにもかかわらず，被告はそうしなかった」，ということを原告は立証しなければならない（Anderson v. Owens-Corning Fiberglass Corp., 1991: 558）．［一方］厳格責任の理論を使えば，原告は警告上の欠陥を主張する際に注意基準の立証も製造業者の行為の立証も必要ない．製造業者が注入に孕む危険性を警告しないことは，要するに，シリコン注入についてのインフォームド・コンセントを無効にするのである．なぜなら，意思決定の基礎となるべき情報が与えられていない．したがって，知るべき情報を知ってから，すなわちインフォームドの状態で，シリコン注入を受けるかどうかの意思決定をすることが決してできないからである．

ダイナミックな見方：段階的訴訟理論

シリコン豊胸手術事件は，個別の事件としてよりも，ある共通の特徴を共有している事件の集合として考えることができる．この事件の「集合体」は潜在的原告の努力が動員されたことと，被告側が訴訟の提起数と結果を変えようとした結果として生じたとされる（Galanter, 1990）．弁護士，裁判所，立法機関がそれぞれ様々な方法でこの現象に対応する．弁護士らは戦略をお互いに調整し，情報を共有するかもしれない．裁判所と立法機関は救済額に上限を設定しようとするかもしれない．最も簡単な事件はすぐに解決されて行き，事件がだんだん減少していくことで，原告勝訴がますます難しくなってゆくという，事件の「枯渇」が起こるかもしれない．また，結果が標準化されるかもしれない．そうなると，責任の有無の判断と損害賠償額はより予想しやすいものになる（Galanter, 1990）．この「大規模不法行為訴訟に関する段階的訴訟理論（cyclical theory）」は，以下のように説明される．

> 初期段階では，戦略と情報獲得の優位性によって原告より被告が勝訴することが多い．しかし，本案に何らかの根拠のある訴訟なら，原告は結局は有益な情報と有効な戦略を獲得し，かなり高い確率で訴訟に勝訴するようになる．次に，勝てそうな者の範囲を過度に広げて原告側弁護士は訴訟を起こすようになるとともに，被告はより効果的な対抗戦略を編み出すため，原告側の勝訴割合は下落する．情報がすべて集まり共有されるようになり，法が明確な形で確定し，戦略が完全に発展を終えたのち，最終的に裁判の結果は一つのおおざっぱな均衡に至る．あとは，陪審員がどのような層の人々によって構成されるか，弁護士の能力，裁判中の偶然の出来事によって多少結果が変化する程度である．直感に反するかもしれないが，和解もこの均衡を反映する．平均的な和解額は，陪審評決による損害賠償の平均額とほぼ同額となる．ただし賠償額の分散は和解と陪審評決とで大幅に異なるであろう．似たような状況の原告に対する和解額は極めて類似したものとなるであろう．他方，陪審評決による認容額は裁判過程に生じる特異性によって変動する（McGovern, 1986: 482）．

シリコン豊胸手術に関する訴訟において上のような段階的変化は明らかに存在する．初期の訴訟の多くは被告勝訴で終わった．しかし，必要な調査研究を被告会社側が行っていなかったことや，シリコン注入にはリスクが伴うことを手術を受けようとしている女性に知らせなかったことなど，被告の行為についての原告側有利な証拠を原告が次々に獲得するにつれて，原告に認

められる損害賠償額は増加していったと解すことができよう．

陪審員の能力の限界を強調する見方：誤導された陪審

さらにもう1つ別の見方をすれば，原告勝訴で損害賠償を認めた判断は，提出された証拠やその提示の仕方を理解することが陪審員にとって困難であったことを示している，と考えられる．まず，陪審員は専門家の肩書き（credential）や証言内容に基づいてどの専門家証言が正しいのか見分けようとするであろう（Shuman, Whitaker, & Champagne, 1994 を見よ）．もし陪審員がそのような基準を使ってもどの証言が正しいのか区別できなかったら，陪審員は専門家が提示する情報によってではなく，独断と偏見によって専門家を判断しようとするものである（Goodman, Greene, & Loftus, 1985）．専門家証言についてのある研究によると，以下のことが分かっている．

> コミュニケーションのスキル，専門用語を使わないで分かりやすく専門的な情報を伝える能力，そして確かな結論を導き出そうという意志が専門家証人にあれば，その証言はより効果的となる．身体的な魅力や人間的魅力を，陪審員は裁判官よりも重視した．学歴や当該分野の第一人者であることを，陪審員は裁判官よりも評価しなかった．確信していることとコミュニケーションのスキルがあれば，専門家証人としての仕事の確保だけではなく，効果的な証人になることができる，と専門家証人は考えていた（Shuman, Whitaker, & Champagne, 1994: 199-200）．

陪審員は，「正しい」証言内容とは最も多数の専門家証人によって表明されるものであり，よって最も多数の専門家を集めた側が常に正しいに違いない，と誤った結論を出すことがある（Pennington & Hastie, 1992）．また陪審員は，裁判で証言する専門家の考え方が当該専門的分野での一致した見解をそのまま反映したものだ，と誤って想定してしまったりもする．

> 民事訴訟において…専門家証人の証言の仕方は，相手方の専門家証人の証言を正面から反駁するというやり方である．

そのような専門家の「対抗型証言」によって事実認定者（陪審員）が証言を正しく評価できるかどうかは，また別の問題である．専門家証人について当てはめると，当事者対立型の手続きに沿うような専門家証人を原告と被告がそれ

それ探すことで，専門的知見はゆがめられることになる．たとえば，当該専門分野についての専門家1,000人のうち999人が同じ考えを持っていて，1人だけ別の考えを持っているとしよう．この場合，裁判所に出廷する2人の専門家の証言は，1対999という学界の意見分布とはかけ離れた結果になるであろう．事実認定者(陪審員)はこの事実を知る由もない(Saks & Wissler, 1984: 439-440)．

原告勝訴の結果になったのは，もっともらしいストーリーを原告が構成することができたからかもしれない．提出された証拠を一体として理解しようとして陪審員らが構想した事実経過のストーリーと，ありうる種々の法的結果について陪審員に対してなされる裁判官の説示とが，どれだけ一貫しているかによって，評決結果は左右されるであろう（Pennington & Hastie, 1992を見よ）．特に，陪審員は法的論点の概説を聞くよりも，ストーリーとして構成して提示された証拠の方に影響を受けやすい．そして，裁判中に提出された証拠全てに触れ，説明するようなストーリーを聞かされると陪審員はそれに影響されやすい（Pennington & Hastie, 1988, 1992）．ストーリーを語る話術が重要であることは，刑事裁判でも知られている．

　　検察による効果的な弁論は，必ずストーリーを形成するものである．それによって，検察の側に味方する陪審員は評議の際に首尾一貫したストーリーで説得することができるようになる．したがって，最も強力な弁護側の反駁弁論は，検察側とは異なるストーリーを必ず提示するものであり，証拠等の情報を検察とは別の方法で構築し，無罪評決へつながるべき首尾一貫したストーリーにまとめ上げるものである．弁護側に賛成している陪審員も，他の陪審員をうまく説得するためにストーリーが必要なのである．よって，少なくとも私の経験からは，刑事裁判の被告人弁護側の目標は証拠等の情報を加工して依頼人が無実だということを示すストーリーを組み立てるか，あるいは最低でも依頼人が有罪であることに対して合理的な疑いが残るようなストーリーを作り上げることである．このことの証明はできないが，我々はみな，ストーリーが陪審員によって非常に重視され，証拠等の情報がどのように処理され評価されるかに影響を与えることを実感している（Jonakait, 1991: 347）．

シリコン豊胸手術事件では，勝訴した原告はストーリーをうまく作り上げていた．すなわち，被告会社は冷淡で強欲な営利企業であり，製造した製品が実際に起こした被害など気にも留めず，自社の利潤のためには消費者の苦痛を冷淡にはねつけるような会社だと，原告は描き上げた．反対に，敗訴し

た原告は，根拠のない主張をしている浅はかな女性が，金儲けだけが目当ての悪徳弁護士に踊らされて訴訟を起こしただけだと，被告側によって描写されていた．

議論のための問い

1．訴訟における科学的証拠の証拠としての許容性については，大きな論争がある．論者のなかには「ジャンク・サイエンス」などは訴訟からすべて排除すべきだと主張している者もいるが，他方では，専門家証言は全て許容されるべきで，最終的な判断は陪審にゆだねられるべきだとする者もいる．上記それぞれの見解の長所と短所は何か．

2．製薬会社は，予見不可能な損害にまで課される責任に晒されつつも，抗生物質やワクチンなど最新で重要な製品の研究と開発のため，かなりの額を使ったと主張している．彼らの提案は，新しい薬品の開発と製造に対する製薬会社の責任を連邦政府が肩代わり（indemnification）して，製薬会社の責任は免除すべきだというものである．

  a．上記提案には，短期的・長期的にどのような科学的，経済的，倫理的な影響があると考えられるか．

  b．この政府による肩代わり案が採用された場合，損害を受けた消費者への補償について定めるガイドラインはどのように設計されるべきか．

  c．シリコン豊胸手術訴訟で示されたような，訴訟を通じて補償を行う現在の制度と比べて，上の提案で示された考え方の長所と短所は何か．

REFERENCES

Anderson, N. (1990). Testimony Before the Subcommittee of the Committee on Government Operations, House of Representatives, *Is the FDA Protecting Patients From the Dangers of Silicone Breast Implants*, Dec. 18, cited in Human Resources and Intergovernmental Relations Subcommittee of the Committee on Government Operations of the House of Representatives. (1993). *The FDA's Regulations of Silicone Breast Implants*, 102nd Congress, 2nd Session, December 1992. Washington, D.C.: Government Printing Office.

Angell, M. (1996). *Science on Trial: The Clash of Medical Evidence and the Law in the Breast Implant Case*. New York: W.W. Norton and Company, Inc.

Bandow, D. (1998). Many torts later, the case against implants collapses. *Wall Street Journal*, November 30, A23.

Blais, P. (1990, Dec. 18). Testimony Before the House Committee on Government Operations, *Is the FDA Protecting Patients from the Dangers of Silicone Breast Implants*, 101st Cong., 2d Sess.

Bourdieu, P. (1997). *Sociaux de la science. Pour une sociologie clinique du champ scientifique.* [Social uses of science. Towards a clinical sociology of the scientific field]. Paris: INRA.
Bryant, H., & Brasher, P. (1995). Breast implants and breast cancer—Reanalysis of a linkage study. *New England Journal of Medicine, 332,* 1535–1539.
Burton, T. M. (1998). Implant makers get a boost from a report. *Wall Street Journal,* December 2, B1.
Carroll, L. *Alice's Adventures in Wonderland.* Quoted in S. Robbins. (1990). *Law: A Treasury of Art and Literature.* New York: Hugh Lauter Levin Associates, Inc.
Chang, Y. H. (1993), Adjuvanticity and arthrogenicity of silicone. *Plastic and Reconstructive Surgery, 92,* 469–473.
Cook, R. R., Delongchamp, R. R., Woodbury, M., Perkins, L. L., & Harrison, M. C. (1995). The prevalence of women with breast implants in the United States—1989. *Journal of Clinical Epidemiology, 48,* 519–525.
Cook, R. R., & Perkins, L. L. (1996). The prevalence of breast implants among women in the United States. *Current Topics in Microbiology and Immunology, 210,* 419–425.
Deapen, D. M., & Brody, G. S. (1992). Augmentation mammoplasty and breast cancer: A five year update of the Los Angeles study. *Plastic and Reconstructive Surgery, 89,* 660–665.
Department of Health and Human Services. (1991). Silicone gel-filled breast prostheses; silicone inflatable breast prostheses: Patient risk information. *Federal Register, 56,* 49,098–49,101.
Dresser, R. S., Wagner, W. E., & Gaiannelli, P. C. (1997). Breast implants revisited: Beyond Science on Trial. *Wisconsin Law Review, 1997,* 705–776.
Edelman, P., Grant, S., van Os, W. A. (1994). Autoimmune disease following the use of silicone gel-filled breast implants: A review of the clinical literature. *Seminars in Arthritis and Rheumatism, 24,* 183–189.
Edworthy, S. M., Martin, L., Barr, S. G., Birdsell, D. C., Brant, R. F., & Fritzler, M. J. (1998). A clinical study of the relationship between silicone breast implants and connective tissue disease. *Journal of Rheumatology, 25,* 254–260.
Escola v. Coca Cola Bottling Co. (1944). 150 P.2d 436 (Cal.).
Federal Register (1982, Jan. 19). 47, 2810–2853.
Federal Register (1988, June 24). 53: 23,856–23,87.
Feldman, F., Finch, M., & Dowd, B. (1989). The role of health practices in HMO selection bias: A confirmatory study. *Inquiry, 26,* 381–387.
Fitzpatrick, J. M. (1996). MDL update: Breast implant cases. In J. M. Fitzpatrick and S.Shainwald (Eds.)., *Breast Implant Litigation* (pp. 2–6). New York: Law Journal Seminars-Press.
Galanter, M. (1990). Case congregations and their careers. *Law and Society Review, 24,* 371–395.
Goodman, J., Greene, E., & Loftus, E. F. (1985). What confuses jurors in complex cases: Judges and jurors outline problems. *Trial,* November, 65–77.
Greenman v. Yuba Power Products, Inc. (1963). 377 P.2d 897 (Cal.).
Hayes, H., Jr., Vandergrist, J., & Diner, W. C. (1988). Mammography and breast implants. *Plastic and Reconstructive Surgery, 82,* 1–6.
Hennekens, C. H., Lee, I. M., Cook, N. R., Hebert, P. R., Karlson, E. W., & LaMotte, F., et al., (1996). Self-reported breast implants and connective tissue diseases in female health professionals. *Journal of the American Medical Association, 275,* 616–621.
Hirmand, H., Latenta, G. S., & Hoffman, L. A. (1993), Autoimmune disease and silicone breast implants. *Oncology, 7,* 17–24.
Huber, P. (1991). *Galileo's Revenge: Junk Science in the Courtroom.* New York: Basic Books.
Huber, P. (1990). Junk science and the jury. *University of Chicago Legal Forum, 1990,* 273–302.
Human Resources and Intergovernmental Relations Subcommittee of the Committee on Government Operations of the House of Representatives. (1993). *The FDA's Regulations of Silicone Breast Implants,* 102nd Congress, 2nd Session, December 1992. Washington, D.C.: Government Printing Office.
Jonakait, R. N. (1991). Stories, forensic science, and improved verdicts. *Cardozo Law Review, 13,* 343–352.

Kesan A. (1997). A critical examination of the post-*Daubert* scientific evidence landscape. *Food and Drug Law Journal, 52*, 225–251.

Kessler, D. A. (1992). The basis of the FDA's decision on breast implants. *New England Journal of Medicine, 326*, 1713–1715.

Kuhn, T. (1970). *The Structure of Scientific Revolutions* (2nd ed.). Chicago: University of Chicago Press.

Kurland, L. T., & Homburger, H. A. (1996). Epidemiology of autoimmune and immunological diseases in association with silicone implants: Is there an excess of clinical disease or antibody response in population-based or other "controlled" studies? *Current Topics in Microbiology and Immunology, 210*, 427–430.

McGovern, F. (1986). Toward a functional approach for managing complex litigation. *University of Chicago Law Review, 53*, 440–492.

Nightingale, S. L. (1992). Moratorium on silicone gel implants. *Journal of the American Medical Association, 267*, 787.

Parsons, R. (1982, May 14). To G. Jukubczak, Dow Corning, released by Dow Corning February 10, 1992.

Pennington, N., & Hastie, R. (192). Explaining the evidence: Tests of the story model for juror decision making. *Journal of Personality and Social Psychology, 62*, 189–206.

Peters, W., Keystone, E., Snow, K., Rubin, L., & Smith, D. (1994). Is there a relationship between autoantibodies and silicone-gel implants? *Annals of Plastic Surgery, 32*, 1–5.

Public Law 94–295, 90 Stat. 539 (1976), codified at 21 USC § 360.

Reynolds, H. E. (1995). Evaluation of the augmented breast. *Radiologic Clinics of North America, 33*, 2231–1145.

Saks, M. J., & Wissler, R. L. (1984). Legal and psychological bases of expert testimony: Surveys of the law and of jurors. *Behavioral Science and Law, 2*, 435–449.

Sanchez-Guerrero, J., Colditz, G. A., Karlson, E. W., Hunter, D. J., Speizer, F. E., & Liang, M. H. (1995). Silicone breast implants and the risk of connective tissue diseases and symptoms. *New England Journal of Medicine, 332*, 1666–1670.

Shuman, D. W., Whitaker, E., & Champagne, A. (1994). An empirical examination of the use of expert witnesses in the courts—Part II: A three city study. *Jurimetrics Journal, 34*, 193–208.

Shusterman, M. A., Kroll, S. S., Reece, G. P., Miller, M. J., Ainslie, N., & Halabi, S. et al. (1993). Incidence of autoimmune disease in patients after breast reconstruction with silicone gel implants versus autogenous tissue: A preliminary report. *Annals of Plastic Surgery, 31*, 1–6.

Silverman, B. G., Brown, S. L., Bright, R. A., Kaczmarek, R. G., Arrowsmith-Lowe, J. B., & Kessler, D. A. (1996). Reported complications of silicone gel breast implants: An epidemiologic review. *Annals of Internal Medicine, 124*, 744–756.

Stolberg, S. G. (1998). Neutral experts begin studying dispute over breast implants. *New York Times*, July 23, A21.

Trial Lawyers Public Justice Foundation. (1993). Supreme Court rejects "general acceptance" requirement for scientific testimony. Public Justice. Cited in Carrigan, J. R. (1995). Junk science and junk research. *Trial Lawyers Guide, 39*, 230–254.

United States Department of Health, Education, and Welfare. (1978). FDA, Laetrile—The Commissioner's Decision [HEW Pub. No. 77-3056], *quoted in* Huber, H. W. (1990). Junk science and the jury. University of Chicago Legal Forum, 273–302.

第3章

事例研究(2) 大腸菌に関する疫学調査

佐伯昌彦訳

　第4条　その性質の如何にかかわらずあらゆる汚水，廃棄物やがらくた，および腐敗物を，前記都市やその周辺の道路や広場においてまき散らしたり廃棄したりすることを禁じる．また，澱んで汚れた水や尿は，安易に道路や広場に捨てたりせず，すべて自分の家の境界内に留めておくように命じる．それらを，川まで運んで捨てて，バケツのきれいな水で跡を洗い流すことを命じる．
　第15条　あらゆる飼い葉（飼料），動物の排泄物，すす，灰，それに言うに堪えない廃棄物を道路に置いて行ったり，捨て去ったりすることは，誰であっても許されない．豚をはじめ，あらゆる動物を燃やしたり屠殺したりすることに，これらの道路を使ってはならない．違反者に対しては，落した物や捨てた物を集め，家の中に持ち帰ることを命じる．そしてそれらを容器や枝編み細工のかごに詰めて，前記都市やその周辺の地域の外に運ばなくてはならない（パリ勅令，1539年11月；Laporte, 2000: 4-5における引用）．

　以下の場面について考えてみよう．州の農村地帯にあるカウンティの保健所は，次のような連絡を受けた．2人の子どもが，出血性の下痢で地元の病院に入院しているというのである．うち1人は，大腸菌O157：H7に感染していることが確認された．同日，同じ自治体の医師が，出血性の下痢に苦しんでいる子どもが，もう2人いることを保健所に伝えた．最終的に，それらの子どもたちの保護者たちが，小学校において子どもに提供する昼食用の肉が不適切に処理されていたために生じたと主張し，その損害の賠償を求めて，地区の学区に対して訴訟を起こした．疫学者が定義するような意味での，食肉と出血性の下痢との因果関係は実際にはあったのだろうか？　裁判では法的因果関係は証明されたであろうか？　推定される関連について，あなたなら，どのように調査を実施するであろうか？

大腸菌についての疫学

　大腸菌は，人間や恒温動物の腸管に遍く生息している．それは，基本的には無害であると長らく考えられていた．しかしながら，1971年11月に合衆国で発生した食中毒の大発生は，フランスから輸入されたカマンベール・チーズとブリー・チーズに含まれていた大腸菌によって引き起こされたものであることが分かった（United States Department of Health, Education, and Welfare, 1971）．

　食物経由の胃腸炎を引き起こしうる大腸菌の血清型は，病原として知られている．病原となる主要な血清型は4つある．(1)乳幼児に下痢を起こさせる古典的な血清型，(2)時折下痢を引き起こす，腸管内の正常フローラ(正常細菌叢)である血清型，(3)旅行者下痢症を引き起こす腸管毒素原性大腸菌，そして(4)胃腸管の侵襲的感染を引き起こしうるため，侵襲性（侵入性）大腸菌として知られている型，の4つである．

　侵襲性大腸菌の平均潜伏期間は，ほんの11時間であるのに対して，腸管毒素原性大腸菌の平均潜伏期間は26時間である．毒素原性大腸菌の特徴的な症状は，下痢や嘔吐，脱水症状，ショック状態である．これらの症状は全て，コレラによっても引き起こされるものである．侵襲性大腸菌の初期症状としては，腹部のけいれんや水様便，発熱，悪寒，頭痛が挙げられる．

　大腸菌は，華氏50℃（摂氏10℃）から104℃（摂氏40℃）の間で繁殖し，華氏98.6℃（摂氏37℃）が最適温度である．大腸菌にとって理想的なpH（水素イオン指数）は，中性に近い値である．ただし，pHが4から8の値であっても，大腸菌は生存することができる．大腸菌はあらゆる所に存在しているため，大腸菌による汚染は様々な原因によって発生していることが分かっている．例えば，水や埃，空気，食品，台所用品，齧歯類（ねずみの類），蠅，食品取扱業者といった原因が挙げられる．大腸菌の感染に対する一般的な予防法は，適切な温度による調理と低温殺菌である．

事実関係

　フィンリー（Finley）は，ワシントン州ベントン・カウンティの農村地域に位置する小さな町である．住居や灌漑システム，自営農業，放牧場で用いる水は，各自の井戸から供給されている．当該学区には，9年生から12年生

までの高校と，6年生から8年生までの中学校，そして就学前から5年生までの小学校がある．小学校だけで，55人の職員を雇い，466人の児童を受けもっている．

各学校では，朝食と昼食が支給される．食事はたいてい高校の中央調理場で調理されてから，それぞれの学校に運ばれる．そして，各学校において追加的な調理と，支給前の最後の準備がなされる．水は，その小学校の井戸から供給されている．その井戸は，保健所によって定期的に検査を受けている．下水処理は，小学校の浄化槽においてなされていた．

1998年10月16日，学区は，保護者全員に手紙を送付し，大腸菌O 157：H 7に感染したために体調を崩したことが確認されている3人の子どものうち2人は，フィンリー小学校に通学していた，と通知した．その通知には，さらに以下のように書かれていた．その2つの症例に共通しているのは，その子どもらが10月6日に小学校においてタコスの肉を食べていたことであると，地区の保健所が判断したというのである．しかしながら，3人目の児童は，タコスの肉を食べてはいないと言った．結局，保健所は，3人目の児童の感染の原因については，明らかにできなかった．保護者には，さらなる感染を防ぐために採られている予防措置についても知らされた．また，その通知には，もし子どもに以下に列挙する症状のいずれかが見られたら，その子にすぐに診察を受けさせるようにとあった．その症状とは，腹痛やけいれん，微熱，体調を崩してから4日経過した後の痛みを伴う出血性の下痢，吐き気，水様便，嘔吐である（Van Slyke, 1998a）．10月20日には，2回目の通知がなされた．タコスにバクテリアが隠れていたと考えられていること，および感染のさらなる拡大を避けるために必要かつ適切な措置は全て採られていることが，再度書かれていた．

疫学による調査

この感染発生に対して，保健所は多面的な調査を実施した．その調査の主要な内容は，保護者への面接調査，児童・生徒に対するケース・コントロール研究（症例対照研究），児童・生徒に対するコーホート研究，学校職員に対するコーホート研究であった．

最初の調査

地元の診療所や病院において患者の保護者に対して行った面接調査が，最初の調査であった．保健所の報告書によれば，全ての患者がフィンリー小学校に通っていた．保健所は，バクテリアへの曝露は5日（月曜日）から9日（金曜日）までの週に発生したに違いないという結論を出した．また，体調を崩した子どもの中に火曜日と木曜日しか登校していない者がいたので，タコスが出された10月6日（火曜日）か，ハムとチーズのサンドイッチが出され

図3－18（図A）

大腸菌O157：H7が，病因であると確認された，ないし病因でありうる下痢の開始日の疫学図：ケネウィックのフィンリーの学校

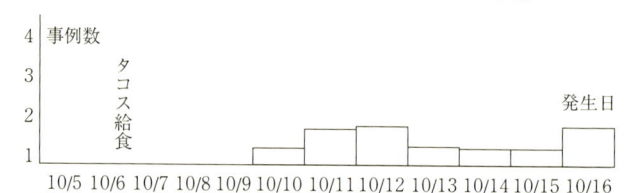

図3－19（図B）

大腸菌O157：H7が，病因であると確認された，ないし病因でありうる症状の発生日の疫学図：ケネウィックのフィンリーの学校

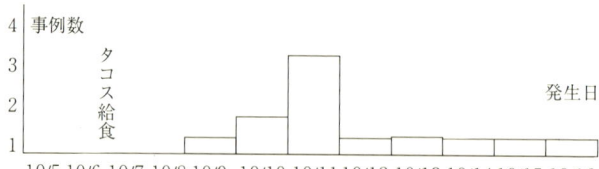

図3－20（図C）

大腸菌O157：H7が，病因であると確認された，ないし病因でありうる症例の数：フィンリー小学校，1998年10月

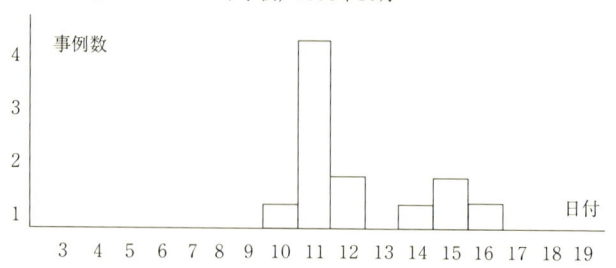

図3-21（図D）

大腸菌O157：H7が，病因であると確認された，ないし病因でありうる症例数：フィンリー小学校，1998年10月

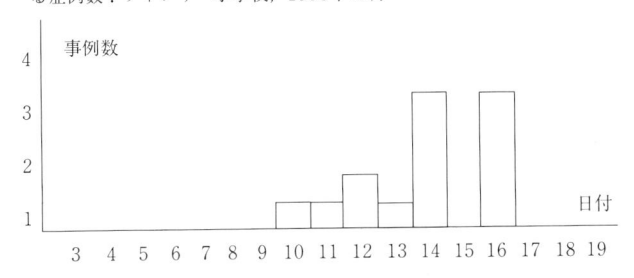

た10月8日（木曜日）のいずれかに実際に曝露した可能性が高いと，保健所は考えた．

曝露が発生した日付を特定するために，保健省は4つの疫学的分布図を作成した．どの図も，データや日時を添えてはいなかった．そのため，調査の推移に詳しくない者には，どの図が実際のデータを表わしていて，どの図が不要なのか区別することができないようにしたのである．これらの図については，図Aから図Dとして，記してある．

ケース・コントロール研究（症例対照研究）

大腸菌に感染するリスクが，タコスの肉を食べた者と食べなかった者とで異なるか否かを調査するために，保健所はケース・コントロール研究（症例対照研究）を実施した．大腸菌が病因であると確認された症例とは，1998年10月1日以降に発症した下痢が，大腸菌O157：H7によるものであると培養により確かめられた（culture-confirmed）フィンリーの居住者および訪問者で，フィンリー小学校と疫学的な意味で関係がある者と定義された．また大腸菌が病因でありうる症例とは，1998年10月1日以降に病因不明の出血性の下痢に見舞われたり，溶血性尿毒症症候群との合併症を引き起こしたりしており，かつフィンリー小学校と疫学的な意味で関係がある者と定義された．対照群は，発症者の同級生で構成され，クラス単位でマッチングされた．症例群のデータは，本人から直接面接法によって蒐集され，対照群のデータは電話による聞き取り調査で蒐集された．保健所の発表によれば，子どもの年齢，学年，学校のカフェテリアで食べたもの，家畜との接触，学校以外で食べたも

の，水への曝露，おむつを着けた幼児との接触，および旅行についてのデータが蒐集された．

児童に対するコーホート研究

保健所は，それぞれのクラスが学校のカフェテラスで昼食をとった順番についてのデータを蒐集した．

職員に対するコーホート研究

フィンリー小学校の職員や大人のボランティアには，自己記入式の質問票に答えてもらった．この質問票の質問事項は，10月の最初の3週までにかかった病気，その病気に対して受けた治療，学校で調理された食事の摂取などであった．

疫学調査の知見

保健所は，大腸菌O157：H7が病因であると確認された症例が9名あり，病因でありうる症例が2名いることを最終的に確認した．症例には，4年生を除いたフィンリー小学校の全ての学年の者が含まれていた．感染した子どもの年齢の平均値は8歳で，最頻値は10歳であった．どの食品の摂取にも，病気（症状）との統計的関連は認められなかった．保健所の疫学者は，蒐集データから表3−1と表3−2を作成した．両方の表において，オッズ比と信頼区間を計算するためにフィッシャーの正確確率の両側検定（Fisher's exact test, 2-tailed）が用いられた．

職員への調査の回収率はまずまずで，職員やヴォランティア55人中34人が質問票に回答した．62％の回収率である．彼らのうち5人が，下痢をしたことがあると答え，そのうち当該定義期間中に下痢をした者は3人であった．下痢を報告した職員のうち1人は，昼食を児童に配膳するカウンターに並んで，タコスもハムのサンドイッチも両方受け取り，食べていた．他にも2人の職員がタコスの肉を食べたが，何の症状も発生しなかったと報告した．ただし，彼らは，児童用の配膳カウンターに並んでタコスを受け取ったのではないと報告していた．

タコスに使われた牛ひき肉は，冷凍保存されていたものであり，中央調理場においてひとまとめにされてスチームケトルで調理されたものであること

表3-1 フィンリー小学校で提供された給食に関連する症状のオッズ比：1998年10月5日～8日

食材	食材を食べて発症した事例数	発症しなかった事例数	オッズ比（95％信頼区間）	p値
チキンナゲット	9	15	4.20 (0.38, 108.22)	0.38
タレのソース	5	9	1.81 (0.29, 11.61)	0.69
ミルク（10月5日）	8	15	1.87 (0.24, 17.09)	0.68
牛肉タコス	9	15	4.20 (0.38, 108.22)	0.38
チーズとレタスのタコス	6	10	1.50 (0.25, 9.33)	0.70
トマトのタコス	3	5	1.50 (0.19, 11.50)	0.67
コーン	7	9	2.59 (0.40, 18.43)	0.43
ミルク（10月6日）	9	18	1.42 (0.10, 41.64)	1.00
ホットドッグ	9	13	2.77 (0.38, 24.80)	0.43
トマト・スープ	5	4	3.54 (0.54, 24.86)	0.21
野菜スティック	5	6	1.94 (0.33, 11.96)	0.45
ハムサンド	7	11	1.91 (0.29, 13.25)	0.69
セロリのスティック	2	4	1.21 (0.12, 11.30)	0.76
梨	7	14	1.75 (0.22, 16.48)	0.68

表3-2 フィンリー小学校で提供された給食に関連する症状の相対危険度：1998年10月5日～8日

食材	食材を食べて発症した事例数	発症しなかった事例数	相対危険度（95％信頼区間）	p値
チキン	9	15	4.20	0.38
朝食（10月5日）	0	75	0.00	0.13
昼食（10月5日）	8	262	1.22 (0.33, 4.54)	1.00
朝食（10月6日）	1	89	0.34 (0.04, 2.60)	0.46
昼食（10月6日）	9	286	1.51 (0.33, 6.87)	0.73
朝食（10月7日）	0	77	0.00	0.13
昼食（10月7日）	8	260	1.25 (0.34, 4.65)	1.00
朝食（10月8日）	1	71	0.45 (0.06, 3.44)	0.69
昼食（10月8日）	9	194	1.35 (0.30, 6.14)	1.00

が，環境調査によって判明した．その肉は，各学校に必要な分量に小分けされ，それぞれの学校に運ばれていった．ひき肉を本件フィンリー小学校に運んだワゴン車には，保温設備（hot holding capacity）がついていなかった．そのため，問題の日にその小学校で提供された肉は，出される前まで保温庫（warming bins）に入れられていた．その他の学校では，肉を入れたトレイをコンロに乗せ，保温のために火を点けていた．また，問題のハムとチーズのサンドイッチについても，他の学校では通常のオーブンで加熱処理していた

のに対して，フィンリー小学校では保温庫に入れられていた．また，その小学校では水が井戸から供給されていた．そして下水処理は，校内の浄化槽で行われていた．

調理した肉の残りと冷凍保存されていた肉の残りについて実験室で検査したところ，大腸菌O157：H7について陰性という結果が出た．水についてもサンプルを取って調べたところ，糞便大腸菌について陰性であった．

大腸菌O157：H7が病因であると確認された患者の分離株についても，検査が行われた．その大腸菌の型を，以前に流行した型と比較したところ，ワシントン州や米国疾病予防センター（CDC）のデータベースに登録されている近年の事例におけるどの型とも一致しなかった．比較された型の中には，その年の夏に流行した感染原因不明の大腸菌の型も含まれていたと推測される．

大腸菌O157：H7に感染した子どもたちは一緒に遊んだりしていたのだが，保健所は以下のような結論を出した．

> 学校のカフェテリアで食事をとったこと以外に子どもたちは学校で一緒の活動をしていないので，合理的な結論としては学校で出された食事が病気の原因である可能性が高いということになる．牛が大腸菌O157：H7の保有宿主であることは周知の事実である．したがって，タコスに用いられた牛ひき肉が大腸菌を媒介したと考えられる．
>
> この結論を支持する事実として，以下のものが挙げられる．
>   a. 大腸菌O157：H7が病因であると確認された，ないし病因でありうる症例はフィンリー小学校に限られている．
>   b. 大腸菌O157：H7が病因であると確認された患者から採取した大腸菌O157：H7の分離株をパルスフィールドゲル電気泳動法（PFGE: pulsed-field gel electrophoresis）による分析にかけたところ，患者たちが感染した大腸菌は全て同じ型であることが判明した．
>   c. 大腸菌O157：H7が病因であると確認された，ないし病因でありうる症例は，その地域の他の学校からは，報告されていない．
>   d. ベントン・フランクリン保健局（BFHD: Benton-Franklin Health District）にも，ワシントン州保健省（WDOH: Washington Department of Health）にも，学校の教師や職員は病気を報告していない．職員の多くは，生徒用の食事を食べていなかった．
>   e. フィンリー小学校での患者の型と同じ型の大腸菌が病因であると確認

された，ないし病因でありうる症例は，当該地域一帯では報告されていない．
  f. 当該学区の全ての学校で，同様のメニューが提供されており，また，同じストックからの食材が用いられているが，食品の加工技法や輸送時間，保温技術は当該小学校と他の小学校とで違いがあったことが環境調査から判明している．特に，輸送方法の不備は，前回の調査の際にも指摘されていた．
  g. 症例群は，当該小学校の外ではその他の危険な曝露を共有していないことが，ケース・コントロール研究（症例対照研究）から判明している．
  h. 疫学研究において，当該期間に曝露が生じ得るような特別の学校行事（誕生日会や社会見学など）は，見いだせなかった．

　牛ひき肉が，大腸菌O157：H7を媒介することは知られている．また，肉の加工や処理，輸送の違いが，今回の調査で明らかにされた．その結果として当該小学校では，他の小学校とは異なる調理や冷却，再加熱が行われていた．今回の感染発生とそれに続く調査は，施設の調理場の定期的な検査の重要性と食品サービスの従業員への継続的研修（訓練）の必要性とを明らかにした．

　この報告書は，いくつかの限界についても触れている．そのような限界としては，カフェテリアで食事したか否かについての自己申告の内容を，食堂の売上記録で検証していない点や，思い出しバイアスの可能性，ケース・コントロール研究（症例対照研究）において対照群を選択する際に，過度にマッチングさせすぎた可能性などである．

ディスカヴァリ（証拠開示手続き）

原告側の主張
　原告側の代理人は，タコスの中の大腸菌に汚染された牛ひき肉を「摂取していなかったならば」，大腸菌に感染した子どもたちが他から感染することはなかったということを証明しようとした．この方針は，専門家証人に対する質問内容やそれに対する専門家証人の様々な返答内容から明らかである．被告（学校制度）側の専門家証人となった疫学者を，疫学者D1および疫学者D2と呼ぶことにする．原告（病気を発症させた子どもを代理して訴訟を起こした保護者）側の専門家証人となった2人の疫学者を，疫学者P1およ

び疫学者Ｐ２と呼ぶことにする．

疫学者Ｄ１は，微生物学の博士号（Ph.D.）を取得しており，急性の感染性の強い病気の専門家として州の保健省に勤務していた．疫学者Ｄ２は，疫学の博士号（Ph.D.）を取得しており，有名な医学部の教員を勤める疫学者であった．彼らの証言録取書の一部を，以下に引用する．

疫学者Ｄ１への原告側代理人による質問の証言録取書から

Q: 究極的な原因にまで遡ることができれば，大腸菌Ｏ157への感染の原因の大部分は，牛に行きつくというあなたの考えは，その通りなのですね？
A:「大部分」とは，どのような意味ですか？
Q: そうですね，60％以上くらいでしょうか．
A: それならば，考えは変わっていないですね．
Q: では，75％以上でしたら，どうですか？
A: 究極的な原因が牛である確率は，かなり高いでしょう．
Q: 分かりました．では，もし原因が牛にないとしたら，何か他の哺乳類が保有宿主となっていて，それが原因になっているとお考えになりますか？
A: 保有宿主という言葉を，大腸菌を持っていることが分かった動物すべてを意味するものとして使っている人がいます．そして，あなたがそのような意味でおっしゃっているなら，他の保有宿主たりうる哺乳類はいるし，人間への感染の原因として哺乳類以外のものもあると確かに私は考えます．
Q: 牛以外の主要な原因とは，何でしょうか？
A: 鹿科ですね．特に，ヘラジカは我々の経験によると感染の原因となっています．

それ以外にも微生物（organism）の媒介となり，症例の原因となりうるものとして知られている動物は，世界中にいっぱいいます．馬とか犬，羊ですね．それでも，今日までのところ，それらの動物は，せいぜい１つないし２つの症例で原因としてありうる，もしくは怪しいと考えられているにすぎません．

被告側の主張

被告側代理人は，大腸菌の感染には牛以外の別のメカニズムがあって，調査の期間中には他の曝露の可能性について調査がなされていないと主張した．この訴訟戦略は，原告側の専門家証人に投げかけられた質問に反映されている．

疫学者Ｐ１への被告側代理人による質問の証言録取書から

Q: 様々な原因が重複しているのだから，特定の食品が原因であると断定することはできないとおっしゃいましたが，それはどういった意味でしょうか？
A: 大腸菌が牛に寄生していることは，あり得るでしょう．それが人に感染することも，またあり得ることです．[それと同じで，]大腸菌が鹿に寄生していて，それが人に感染することもあり得るのです．
Q: 動物の世界において，大腸菌Ｏ157：Ｈ７が生存できる範囲に限界はあるのでしょうか？　それについて何か分かっていますか？
A: それは，分かっていません．それについての包括的な研究はなされていないのです．今のところ，行き当たりばったりの研究しかできていないのです．というのも，それを様々な動物に見つけるのは，たまたまその動物を研究していたからにすぎないのです．それら全ての動物を見て，それがあるか否か確かめようという大規模な研究があるわけではないのです．もし，そこにそれを見つけたとしても，たまたまちょうどその動物にいただけで，しかもその細菌に汚染した組織をたまたま取り出しただけかもしれないのです．２週間経ってその動物からサンプルを採取すれば，２週間後には細菌が見当たらなくなっているかもしれないし，あるいは，その動物と細菌が共存していて，同じ猫やアヒル，犬からサンプルを採ればいつも当該微生物を取り出せるかもしれません．
Q: 牛については，どうですか？　大腸菌と牛とは，寄生とか共生の関係にあるのでしょうか？　それとも，牛の中の大腸菌は一時的にいるだけなのでしょうか？
A: はい，それについては研究があります．それらのほとんどは，ワシントン州立大学の研究者によるものです．それによれば，いつも検査をするたびにいつも陽性となる牛もいるとのことです．そのような牛の場合，６ヵ月後に検査してもやはり大腸菌を持っているのです．逆に６ヵ月後には全てきれいに無くなっている牛もいます．１ヵ月の間は持っているが，その後はいなくなる牛もいます．しかし，大腸菌はいわば群れに寄生しているのです．例えばあなたが200から300頭の牛を１つの牧場で飼育しているとすると，大量のサンプリングを行えば，いつであってもサンプルのうちの数頭は感染しているものです．そして，大腸菌は群れの中でいわばグルグル回っているのです．
Q: 大腸菌Ｏ157：Ｈ７とは，牛にもともといる細菌なのですか？　それとも，牛も大腸菌を体外から拾ってくるものなのですか？　その辺りについて，何か知っておられますか？
A: それについてはまだよく分かっていません．
Q: 大腸菌Ｏ157：Ｈ７は，どのように感染していくものなのでしょうか？
A: どこからの感染についてですか？

Q: では，場合を分けましょう．ええと，大腸菌O157：H7は牛ひき肉に含まれていて，それを人が食べることがあるということは分かっています．これは大腸菌O157：H7の感染経路の1つですよね？
A: はい，感染経路の1つですね．
Q: 別の経路で感染することもあるのですか？ 例えば，人同士の接触なんかで感染するようなことは？
A: ええ，それはあり得ることです．
Q: その際のメカニズムはどのようなものですか？
A: それは糞口経路と呼ばれるものです．感染している人は，大量の細菌がその手に付いている場合があり，いわばそれを蓄えているのです．子どもに関して言えば，彼らは汚染した手で友達の口に触ったりします．これを二次感染 (secondary transmission) といいます．このような人から人への直接的な感染や，物の表面への細菌の付着を介した感染や，食品の汚染を介した感染がメカニズムとして考えられます．
Q: 牛の群れの中を歩いて，地面に落ちた牛の糞を踏んでしまったとすると，どうですか？ このような経路で大腸菌O157：H7に感染することはありえますか？
A: その糞が汚染されているとして，もし糞が靴に付着し，そのまま家に帰るとペットの犬が寄ってきて靴を一舐めし，その後犬がその人の顔を舐めたというような場合の感染のことですか？
Q: そうです．
A: それなら，ありうることです．
Q: ええと，「ありうる」とおっしゃられましたが…
A: ええ．
Q: もし大腸菌O157：H7が糞に含まれていて，それを誰かが手で触ったとすると，大腸菌O157：H7がその手に付いているということになるのでしょうか？
A: ええ，そうでしょうね．まさにその通りです．
Q: 他の動物はどうですか？ 他の動物も，感染経路となりうるのでしょうか？
 他の動物が野原を通ったり，大腸菌O157：H7に汚染された糞を踏んだりするとどうですか．そのような動物によって大腸菌O157：H7が運ばれて，二次的な感染を引き起こしたりするのでしょうか？
A: あなたがおっしゃっていることは，確かにありうることです．
Q: 言い換えると，この細菌は空気に触れると死ぬというわけではなくて，有酸素の環境でも生きられるということですね？
A: そうです．細菌が死ぬのは，彼らが干からびたときです．
Q: 分かりました．
A: 乾いてしまうと，死ぬのです．

Q: なるほど．では，昆虫を介した感染はどうでしょうか？ 大腸菌O157：H7は，蠅とか他の昆虫によって移動することはあり得るのでしょうか？
A: 大腸菌O157：H7でそのような経路をたどった事例は知りませんね．しかし，状況によるのでしょう．例えば，細菌の混ざった糞なんかが溜まった場所があるとします．そこで餌を食べた昆虫があなたの所へやって来て，あなたの食物を餌にしたとします．そうすれば，ある種の移動経路となるでしょう．これも，ありうることです．この可能性は排除できません．これらの経路は，熱帯医学の基本中の基本です．我々が知っている感染経路は，これで全てです（Samadpour, 2000: 46-50）．

大腸菌への感染は，フィンリー小学校における大腸菌の混ざった牛肉への曝露のみによって引き起こされた，というのが原告側の主張であったが，原告側の証人である疫学者P1の質問への回答自体は，原告側の主張に疑問を投げかけるものであった．疫学者P1は博士課程で微生物学を専攻しており，疫学の授業も1つ受講していた．彼は，分子疫学者として雇用されていたのであった．

疫学者P1へ被告側代理人による質問の証言録取書から

Q: 私の記憶が正しければ，あなたは先ほどの証言で，こうおっしゃられましたよね．大腸菌に感染した（4人の）子どもから採取した分離株を分析したところ，4人は同一の原因から感染したと思われる，というところまでは言えるが，その原因が何かということまでは分からない．それで，よろしいですね？
A: どう見ても彼らは同じ原因で感染しているということです．
Q: 同一の原因であることの方がよりもっともらしい，ということですね？
A: はい．
Q: しかし，あなたの分析結果からは，その原因が何かということまで分からないのですね？
A: まさにその通りです．
Q: そして，その分析では，子どもAが大腸菌O157：H7を持っていたとしても，その子が感染していたかどうかは，分からないということですね？ 感染していたのかどうかについては，確実には分からない，ということでよろしいのでしょうか？
A: 私の分析からは，彼が感染していなかったのか，それとも感染していたのか，それは分かりません．

Q: さらに言えば，彼が感染した原因が，他の4人の子どもと同じであるかどうかも分からないということですよね？
A: それについては，何とも言えません．
Q: 加えて，あなたに分離株を提出していない子どもで，大腸菌のために体調を崩したと主張しているその他の子どもについては，彼らが同一の原因から感染したのかどうかについては，何も言えないのでしょう．
A: 分離株を持っていない子どもについては，言えることはありません．
Q: 分析のために分離株を提出してくれなかった子どもに関して，何か考えはおありですか？
A: ありません．
Q: あなたが分離株を分析した子どもたちの大腸菌感染の原因について，考えはおありですか？
A: ありません．
Q: 分析のための分離株の提供を受けていない子どもに関して，彼らの主張する大腸菌感染の経路の原因について，考えはおありですか？
A: それについても，ありません（Samadpour, 2000: 32-34）．

　被告側の専門家証人は，疫学的調査を実施する際に利用された方法について数多くの弱点を指摘した．例えば，バイアスや，オッズ比を計算する際の数学的誤りなどである．

疫学者Ｄ１への原告側代理人の質問の証言録取書から
バイアス

A: 10月16日金曜日に起こったことを，疫学調査では再現しています．ここで，私はその説明について難癖を付けようとしているわけではないのですが，保護者や地域社会，メディアが感染発生の原因として考えられる要因［タコス牛ひき肉］についての一部の人の意見だけを最初に知らされたということは，不幸なことです．それでは，偏りのない調査をすることはどんな研究者であっても難しいでしょう（Keene, 2000: 37）．

数学的誤りと方法の誤り

A: 確か報告書の3頁あたりにケース・コントロール研究（症例対照研究）の結果が載せてありました．その表1には，ある種の食物について，計算に合わな

いオッズ比が示されていました．それらのうちいくつかについて，私も計算してみたのですが，その中に計算ミスと思われるものをいくつか見つけました．それは結論を大きく左右するものではないのですが，数学的誤りと思われるものがあることに，私はただただ驚いたのでした（Keene, 2000: 40）．
A: 私にとって最もはっきりしている問題点は，症例の発生時期についての分布です．私の理解では，タコスは10月6日火曜日の昼食でしか提供されていなかったはずです．大腸菌O157の通常の潜伏期間を考えれば，発症の時期がおかしいのです．それと——失礼しました．それと，タコスが水曜日とか木曜日，あるいはそれ以外の日に提供されたことを示唆する記録は，どこにもないのです．

　発症の時期には，かなりのばらつきがあり，どれが公式の発症時期なのか私には判然としません．しかし，通常の潜伏期間は3日から4日で，大腸菌の種類によっては平均して3日から5日ということですので，発症の時期は6日から3日ないし4日後あたりに分布すると考えられます．実際の発症時期は，予測される時期のかなり後に分布しています．それは私にとって，ハンバーガー［タコスの牛ひき肉？］を原因の候補から外すための最も強い証拠であります．結局，その結果は6日火曜日の曝露の可能性を完全に排除しているのです．

代替的説明

A: 症例の発生時期は，分布が尖っていません．つまり，発症時期は一時点に集中していないのです．

　大腸菌O157のような病気は，潜伏期間の幅がとても広い．従って黄色ブドウ球菌やウェルシュ菌，ましてやサルモネラ菌，サルモネラ中毒などに見られるような一時点に狭く集中した発症時期が見られるとは限らないのです．

　この潜伏期間の問題や，原因を特定する記録上の証拠が他にないことから，1食ないしは1時間から2時間の範囲よりも長い時間帯に曝露が発生した可能性を，私は少なくとも否定しません．しかし，それは，全く排除することは研究者としてできないという程度の可能性にすぎません（Keene, 2000: 46-47）．
Q: 事故後に行われた牛ひき肉に対する検査の結果が陰性であったことは，あなたの意見にとって重要なことですか？
A: それは私の意見を形成する要素の1つです．
Q: 分かりました．では，その要素がどれほどの重さをもったものか教えて下さい．
A: ええと，汚染された食品や，その食品の中の細菌が見つからなかったからといって，そこにそれが無かったことまでは意味しないと言うことは，疫学者な

らいつも口にすることです．しかし，問題の製品が入手可能で，それに対して検査を行うことができて，実際に検査をしてみると細菌が見つからなかったということになりますと，その製品が原因であるという可能性は減ります．

　質問の趣旨は，その減少割合についてですよね．例えば，可能性が99％から98.9％に下がるといった些細なものなのか，90％から5％にまで下がるようなものなのかということですね．それを数値で示すことはできません．それに，牛ひき肉の中に細菌が無かったことが，仮説を完全に否定するものであると考えていると言うつもりもありません．しかし，それはやはり私が判断を下すための要素になっているのです（Keene, 2000: 57-58）.

2人目の疫学者は，タコスと大腸菌感染との関連についての調査方法に対する評価について，原告側代理人によって重点的に証言させられた．彼女は調査の実施やデータの分析方法の様々な問題について意見を述べた．

　症例の発生日時と下痢の発生日時を記録する際に，かなりの食い違いが生じています．それは疫学的な分布を作成するのをとても難しくし，さらには潜伏期間がどの時点で生じていたかの理解を困難にします．また，他にも共通点があったのです．つまり，牛ひき肉には，発症した生徒の数人に共通する他の出所があったのですが，それらは調べられませんでした…そのどれ1つとて調べられていません…（Loue, 2000: 16）．最初に地域に向けて出された報告では，牛ひき肉が原因であると考えている旨記載されていたので，それによって保護者や学校職員，その他の人々にどれほどのバイアスを与えたかが問題なのです．そのバイアスの程度については，我々には分かりません（Loue, 2000: 18-19）．
　ここに，1つのグラフがあります．表題には，ケネウィックのフィンリー学校において大腸菌O157:H7が原因であると確認された，ないし原因でありうる下痢の開始日の疫学図と記されています．そして，ここに別のグラフがあります．これには，ケネウィックのフィンリー学校において大腸菌O157:H7が原因であると確認された，ないし原因でありうる症状の開始日の疫学図とあります．そして，さらに別のグラフもあります．それには，1998年10月においてケネウィックのフィンリー小学校で大腸菌O157:H7が原因であると確認された，ないし原因でありうる症例数とあります．もう一つ別のグラフもあります．これには，1998年10月においてケネウィックのフィンリー小学校で大腸菌O157:H7が原因であると確認された，ないし原因でありうる症例数とあります．加えて，症状の発症時期を記した度数分布の統計的アウトプットおよび，DIA開始日と記されたもう1つの度数分布の統計的アウトプットもあります．このDIA開始日とは下痢（diarrhea）の開始日を意味すると思われます．繰り返しに

なりますが，この度数分布表の数値は4つのグラフの数値とは，同じではないのです（Loue, 2000: 21-22）．

原告側の専門家証人でさえ，おそらく無意識のうちにであろうが，子どもの感染の原因を特定しようとする際に採用された方法の問題点を認めてしまっていた．

疫学者Ｐ2への被告側代理人による質問の証言録取書から

Q: あらかじめ特定の原因を疑って，その原因に向けて研究を組み立てることは，疫学者の観点から見て，良い手法ではないという点に関しては，私に賛成して頂けますか？
A: 良い方法ではないでしょう．そうとは言えない場合もあるでしょうが…．つまりですね…，そういう方法をやるのは，原因の範囲を絞り込んで行くときなのです（Alexander, 2000: 13-14）．
Q: 疫学的関連や陽性の検査結果が出る前に，大腸菌Ｏ157の原因の候補について結論を出しておいて，それから大腸菌Ｏ157：Ｈ7についての検査を行ったということはありますか？
A: いいえ，これまでにそんなことをしたことはないと思います．
Q: にもかかわらず，疫学者の視点からは，原因について妥当な科学的結論を引き出すために，あれかこれかと候補をあらかじめ特定しておかなければならないとおっしゃられるのですか？
A: それは，その通りです…（Alexander, 2000: 23-24）．
Q: ケース研究，コントロール研究の結果が出る前に，原因を仮定して，その仮定を念頭に置きながら調査を開始することが，疫学的調査として妥当な方法であるとおっしゃるのですか？
A: そういうことをしたいといっているわけではありません．別の言い方をさせて下さい．言い直してもいいですか？
Q: ええ．
A: 公衆衛生の調査研究においては，原因が完全に証明されなくても，かなり可能性の高い原因を指摘する必要に迫られることが，しばしばあります．実のところ，それは時として問題を生じさせます．そうなると，疫学者にとって非常に大きな問題となります．しかし…．確かにそういう指摘をした後では，得られる結果が歪められてしまいうることは確かです．しかし，それとは別の何らかの理由で，可能性の高い原因を指摘しなければならない場合があるとしても，

今回のケースについていえば，給食が原因であると指摘する通知がかなり初期の段階で出されましたが，それがどんな意図で出されたのか私には分かりません．人々が，もはやタコスが原因だと思いこんでしまっているので，質問票から得られる結果は，かなり歪められている可能性が生じますから，私ならもうちょっと慎重になっただろうと思います．そして，それが［分析の結果に］影響を与えるかもしれません…（Alexander, 2000: 50-51）．

Q: あなたご自身は，フィンリーでの感染発生と，10月8日に出されたハムとチーズのサンドイッチとの疫学的関連があるか否かについて，調査をしたり，また何らかの結論に達したりしましたか？

A: この報告書に書かれていることを読んだ以上の調査をしていません．この報告書は，つまりここでなされた研究からは，明確な結論を出すことができないように思います．疫学的研究然り．ケース・コントロール研究（症例対照研究）や分析的研究も然り．コーホート研究もまた然りです（Alexander, 2000: 52）．

事実審理（トライアル）

原告側の主張

原告側の専門家証人は，ディスカヴァリの間に被告側によって繰り返し強調されてきた調査方法の問題点の影響を最小限に抑えようと試みた．

疫学者P1に対する主尋問

Q: 次の論点に移りましょう．この争点は，誰にとっても混乱しやすい問題であると考えます．すなわち，病気になった11人の子どものうちの1人は，学校で出された昼食を食べていないのに，どうして学校で出された昼食が，つまり学校の昼食として出されたタコスが大腸菌O157：H7の感染源であると指摘することができるのでしょうか？　あなたのお考えによれば，このようなことも起こりうることを，分かりやすく説明して下さい．

A: それは，これが物理学や化学とは違うからです．これは，人から話を聞くという作業なのです．それも若い人，つまり子どもから話を聞くという作業なのです．子どもの記憶は，いつも正確であるとは限りません．本日も先ほど明らかにされたように，本当は子どもは食べていたかもしれないのです．あるいは，子どもは，食べ物を分け合うなどしていたかもしれません．いろいろ考えられます．しかし，それらのことを答えなかったりしますし，あるいは十分に質問されなかったのかもしれないのです．また，これは私の経験にすぎませんが，1つや2つ外れ値があることは珍しいことではありません．それにこれもよくあることですが，これらの外れ値もよくよく調べれば，それらの外れ値の説明

が突然つくようになった例を私の経験から多数挙げることができますよ．面接調査の被験者がこれこれの時にこれこれをしたことを忘れていた，ということが後で分かったとか，です．こんなことが何度あったか数えきれないほどです．実際さっきの事例は，後で被験者のところへ戻って質問しなおして分かったのです．どの程度あったか言えませんが，外れ値が出ることは，おかしなことではないのです．

Q: あなたの言うところの外れ値があることによって，つまり，本件での外れ値があることによって，当該証拠に基づいて，原因は学校の食事ではない，つまり学校で出されたタコスが原因ではないという結論を引き出すことができますか？　つまり，タコスの牛ひき肉が本件病気そして今回の感染を引き起こしたものではないという結論を出すことができますか？

A: できません．外れ値のことだけで，タコスの牛ひき肉が原因であることを排除することはできません（Alexander, direct testimony, 2001: 605-606）．

興味深いことに，原告側でさえも，牛ひき肉が大腸菌感染の原因であると断定することはできないと，その立証において認めているのである．原告側の2人目の疫学者は，その主尋問において以下のように証言している．

> 本件において…，原因が10月6日のタコスの牛ひき肉にあると，断言することはできません．我々が用いた疫学的手法では，統計的に有意な結果を出せなかったのです．タコスの牛ひき肉の中に大腸菌を見つけることもできませんでした．
> 確かに，病因が大腸菌O157であると断定することはできません．しかし，我々の感覚では，タコスの牛ひき肉が原因であるという十分な証拠はあると思いましたし，それは非常にありそうなことだし，最も可能性の高い原因がタコスの牛ひき肉だと思いました．食物経由の感染の他の例では，原因の特定が皆目できないこともあります．それは，珍しいことではありません．我々は，様々な感染を毎年40から50件調査していますが，特定の病因物質を挙げられないことはよくあるのです．今回の事例については，我々は，タコスの牛ひき肉が原因であるという強い疑いを持っていました（Kobayashi, 2001: 173）．

被告側の主張

ディスカヴァリにおいて取り上げられた問題は，事実審理においても再び提起された．被告側の専門家証人は2人とも，今回の食中毒事件の原因を特定することができないと証言し，原告が自らの主張を立証するために援用している研究に内在している方法論上の問題点を強調した．

疫学者Ｄ１に対する被告側の主尋問

Q: 感染の原因は10月6日に出されたタコスの牛ひき肉ではなく，原因を特定することができないという結論を導く上で，あなたが最も重要であると思う主要な特徴とか証拠，調査は何ですか？
A: そうですね．まず，疫学における既存の指標をどれも満たしていないのだから，原因が特定されているとは言えないでしょう．牛ひき肉が原因だとする疫学的証拠は事実上は何もありません．あえて言えば，過去において牛ひき肉が多くの原因の中の1つであったという歴史的事実があるにすぎません．確かに牛ひき肉が原因であった例は，最も有名で，一般の人々にとって一番耳にするものでしょう．しかし，本件証拠関係においては牛ひき肉を原因として指し示すものは，ほとんどないのです．
Q: 調査に関してお聞きします．あなたから見て，牛ひき肉が原因ではない，少なくとも10月6日の牛ひき肉が原因であるとは結論できないという点について最も説得的だと思う本件調査の特徴を1つお聞かせ下さい．
A: 他の何かを原因として特定するのではなく，私が牛ひき肉を原因から排除すべきだと考えるようになった最も決定的な理由は，発症時期の分布と潜伏期間です．——失礼しました，つまり子どもが発病したことが分かった時期です．その発症時期は，タコスが出されてからかなり後なのです．タコスが出されたのが10月6日です．そして，潜伏期間と発症時期からすると，曝露が10月6日にあったというのは，辻褄が合わないのです．ええと，潜伏期間というのは，本件のような感染病の多くについて重要な概念なのです．食物経由の病気を引き起こす細菌の中では，大腸菌Ｏ157：Ｈ7は，潜伏期間が比較的長くてばらつきが大きいのです．潜伏期間がより長い細菌もありますが，大腸菌Ｏ157：Ｈ7のだいたいの潜伏期間は2日から6，7日くらいです．多くの場合，曝露から症状の開始までは平均して3日から4日といったところでしょう．

　最短では1日ということもありますし，長ければ8日とか10日ということもありますが，それは例外であって原則ではありません．もし，集団が問題の場合，その集団における平均に注目するのが通常であり，それによってイメージをつかむことができます．しかも曝露が生じたと推定される時期についての最も確実なイメージを得ることができるでしょう．

　さて，メディアン（中央値）は，そのような平均を表現するための1つの方法です．メディアンとは，真ん中の点であって，それより上の値の人の数が半分，それより下の値の人の数が半分，それぞれいるような値のことです．ここでは11人いるのですから，グラフにあるように，あなたはただ順に並べればよいのです．後は，6番目の人を探すだけです．6番目より上の人は5人いるし，

6番目より下の人は5人いることになるからです．このグラフで6番目の人は，14日の所にいます．14日に発症した人は，3番目の人，4番目の人，5番目の人そして6番目の人となっています．そうですね？［その上にも下にも，］5人ずついますね．従って，潜伏期間のメディアンは，——失礼しました，発症時期のメディアンは，14日なのです．

　あと，考慮すべき重要なことであるのに触れられていない要素が1つあります．それは，曝露が一定の期日に全て起きたという仮定です．数日とか数週間にわたって曝露が起こったとは考えずに，1回の曝露から全ての感染が始まったと考えているのは，この調査の暗黙の前提であったと思われます．確かに1回の曝露から広まる感染発生は多いのですが，もし原因が1つで曝露も1つであると仮定するのであれば，14日から遡って，9日あたりに本件の曝露があったと考えるべきでしょう…（Keene, direct examination, 2001: 1637-1640）．

疫学者D1は，バイアスの存在についても触れた．

A: ええと，ここで私がバイアスと言っているのは，感染発生の存在が認識されたそのほとんど直後に，タコスの牛ひき肉が原因らしいという報道が公にされ，新聞を読んだ全ての人々やフィンリー小学校の児童に周知されたという事実に主として由来するものです．その結果，公式な調査が実際に始まる前から，タコスの牛ひき肉が人々の頭に浮かぶものとなってしまっていたのです．
Q: あなたと同じ職域や仕事に携わっている人々や地元の医療従事者としては，そのような情報の流布は避けるべきだったものですか？　それとも，構わないのですか？　人々の念頭にタコスの牛ひき肉があることは，何がいけないのですか？
A: ええと，もし，我々の州でそのようなことが起きれば，私たちはそれをあまり歓迎しないでしょう．
Q: それが調査に，どのような影響を与えるのですか？
A: そうですね，我々にとっては，人々から情報をどうやって得るかが一番大事なことです．われわれが人々から情報を聞き出す場合，使われる手法は極めて単純です．例えば，質問票に答えてもらうとか，出来事について尋ねたりするといった手法です．しかも，聞きたい出来事は，さして記憶に残りやすくないものが多いのです．例えば，2，3週間前に食べた昼食が何であったかとか，どのような症状が出たかといったような出来事です．どんな年齢の人間を採っても，ましてや小学生の子どもであれば，暗示の力がどれ程のものか，想像できるでしょう．たとえば母親が，「あなたはタコスなんて食べてないわよね？食べてないに決まっているわ」とか，「病気になったんだから，きっとタコスを食べちゃったのね」と言っていれば，その子から正確な情報を得るのは，

とても難しくなります．理想的な条件下であっても，歪みのない意見を引き出すのは難しいことなのです．それなのに新聞やテレビは，あなたがたが調査を始める前に，原因について報道してしまっている．調査を行う上で，これらがもたらす大きなバイアスの問題を回避することは難しいでしょう（Keene, direct examination, 2001: 1645-1646）．

2人目の被告側の専門家証人は，主尋問における証言で，方法論上の問題点について補足した．

疫学者D2に対する主尋問

Q: 今回の調査では感染発生の原因を特定することはできないとあなたが考えるに至ったその他の要因について，説明して下さるのですね？
A: ええ，そうです．例えば，子どもたち全員を対象とした質問票のいくつかを見返していましたところ，ある子どもが，肉を摂取したことは断じてないと言っているのに，別のアンケートでは肉の摂取があったどうか，よく分からないと答えているという事実に加えて，多くの共通した曝露ないし共通しているのではないかと思われる曝露で，結局調査されることがなかったものがたくさん出てきたのです．

例えば，感染した11人中6人の子どもの家庭では，ウェアマート店（Waremart）で肉を買っていたと思われます．もちろん，その肉が感染源であるならば，地域において他にも症例が出ると予想されるでしょう．とはいえ，同じ論理で，学校で出された肉が感染源であるならば，フィンリー学校でもっと症例が出ていたはずだとも予想できるでしょう…．牛のいる牧草地や，牛自体も含めて，動物の糞に触ったと断言している子どもが6人いるのです．そして，動物の糞が，大腸菌の感染の原因になりうることを我々は知っています．また，感染した子どものうち2人は，動物や動物の糞に触ったかどうか，定かでないと報告しています．つまり，11人中5人［6人？］が，確実に動物の糞と接触しており，2人が接触している可能性がある，ということになります．この点は，疫学者として私がさらに究明したい点です．なぜなら，大腸菌を手につけた者がいて，それが噴水を汚し，共用の水道蛇口やドアノブを汚し，そうやって大腸菌を広めたかもしれないのです．子どもは，手から口への接触をすることでも知られています．しかしながら，これについては，調査がなされていません．

この事例でなされたケース・コントロール研究（症例対照研究）など，行われた調査を見てみると，全ての分析は，タコスの牛ひき肉への曝露と実際の症

状の進展との間に，統計的に有意な関連はないことを示しています．疫学者であれば，そのように読むでしょう．

　検査されたサンプルからは，大腸菌について陰性の反応が出ていました．これら全てを勘案した結果，私は牛ひき肉以外に疫病の原因があるのだろうと考えるようになりました．もちろん，その原因は明らかに共通のものであります．そして少なくとも，子どもたちが皆フィンリーにいたことは，共通しています．

　この事例に限っては，その日の食事を購入した人を示す記録が，コンピュータに残されていました．それは，重要な情報源であると考えられます．その情報を使えば，今回の調査担当者が質問票を用いて回収した情報についての報告の正確性を確かめることができるのですから．この記録は，質問票の回答の信憑性をチェックするもう1つの情報源となります（Loue, direct testimony, 2001: 514-516）．

議論のための問い

1．被告勝訴評決が出された場合の，経済的および政治的影響は，何か？また，原告勝訴評決が出された場合であれば，どうか？

2．あなたは，陪審員で，本件の牛ひき肉が大腸菌の感染の原因であるか否かについて判断を求められているとする．
　a．疫学的見地から，因果関係は十分立証されているか？　また，その理由は何か？
　b．法によって要求されている因果的関連は，立証されているか？　また，その理由は何か？
　c．陪審員として判断する際に，さらに必要と思う情報があるか？　もしあるならば，それはどのような情報か？　また，何故その情報が欲しいのか？

3．この質問に答えてもらうためだけとして，陪審は原告勝訴評決を下したと仮定しなさい．疫学的調査に関する方法論的問題や，細菌にまみれたタコスの牛ひき肉の摂取が感染の原因であると断定的に言うことができないことを示唆する全ての証拠に照らして，このような評決に至りえた過程を想像しなさい．

REFERENCES

Alexander, E. R. (2000). Deposition, *Almquist et al. v. Finley School District*, Benton Superior Court Cause No. 99-2-01123-3. December 14.

Alexander, E. R. (2001). Direct testimony, *Almquist et al. v. Finley School District*, Benton Superior Court Cause No. 99-2-01123-3. January 17.

Keene, W. E. (2000). Deposition, *Almquist et al. v. Finley School District*, Benton Superior Court Cause No. 99-2-01123-3. October 20.

Keene, W. E. (2001). Direct testimony, *Almquist et al. v. Finley School District*, Benton Superior Court Cause No. 99-2-01123-3. January 29.

Kobayashi, J. (2001). Direct testimony, *Almquist et al. v. Finley School District*, Benton Superior Court Cause No. 99-2-01123-3. January 12.

Kornacki, J. L., & Marth, E. H. (1982). Foodborne illness, caused by *Escherichia coli*: A review. *Journal of Food Protection, 45*, 1051–1067.

Laporte, D. (2000). *History of Shit*. (trans. N. Benabid, R. el-Khoury). Cambridge, Massachusetts: MIT Press.

Loue, S. (2000). Deposition, *Almquist et al. v. Finley School District*, Benton Superior Court Cause No. 99-2-01123-3. December 7.

Loue, S. (2001). Direct testimony, *Almquist et al. v. Finley School District*, Benton Superior Court Cause No. 99-2-01123-3. January 17.

Samadpour, M. (2000). Deposition, *Almquist et al. v. Finley School District*, Benton Superior Court Cause No. 99-2-01123-3. April 18.

United States Department of Health, Education, and Welfare, Public Health Service. (1971). *Morbidity and Mortality Weekly Report, 20*, Dec. 11.

Van Slyke, G. R. (1998a). Letter from superintendent of schools, Finley School District #53, Kennewick, Washington, to parents, Oct. 16.

Van Slyke, G. R. (1998b). Letter from superintendent of schools, Finley School District #53, Kennewick, Washington, to parents, Oct. 16.

第4章

疫学，立法，および規則制定

ノミンチメグ・オドスレン訳

民主主義が完全であるとか賢明であるとかと言い張る者はいない．実のところ，民主主義は最悪の政治形態であると言われてきた．とはいえ，これまでに人類が試したその他のあらゆる政治形態を除けば，のことだが．（ウィンストン・チャーチル（Churchill, 1947））

立法機関

連邦レヴェルと州レヴェルで，立法機関の構造や機能，権限の由来がまったく同じとまではいえないが，それらは似通ったものである．したがって，以下では，アメリカ合衆国の立法機関と立法について連邦レヴェルに焦点を当てて議論する．

立法権

アメリカ合衆国の連邦議会の存在根拠，構造，および機能は合衆国憲法に由来する．合衆国憲法は，全州の共同防衛と一般福祉の提供，税の徴収，経済規制，裁判所および軍隊の設営，宣戦布告，および条約の批准に関する権力および権限を連邦議会に付与している．合衆国憲法はさらに，連邦議会に一定の行為を禁止する規定を設けている．そのような禁止される行為としては，各州から輸出される物品に対し関税を賦課することや，私権剥奪法（裁判を経ないで人を有罪とする法律），および事後法（過去の行為や出来事の法的地位を変える法律）の制定が挙げられる．

一方，法律を制定する権限は3つの機関に共有されている．それらのうち2つは，連邦議会を構成する上院と下院である．3つ目の機関は合衆国大統領府である．連邦議会は，人口比にほぼ応じた代表制の議院（下院）と，人

口にかかわらず各州2議席の代表制の議院（上院）とを備えた構造になっている．また，連邦議会と大統領の行動の合憲性を確保するため，その行為を司法機関が違憲審査の対象とし，その正統性を審理判断する（Marbury v. Madison, 1803）．

法律制定過程（立法過程）

連邦議会の行動

　法案の策定は，種々の方法のいずれかによって行われる．第一に，議員が独自に法案を作成し，それを両院で承認させようと試みることができる（議員立法）．あるいは，市民や利益団体の活動による立法もある．市民や利益団体は，議会における代表者，すなわち議員を通じて法案という形で自分たちの意見を議会に提出しようとする（Sinclair, 1997）（市民運動については本書の第7章から第9章を参照）[「ロビイング」と呼ばれる]．また，特定の法案を提案するかわりに，自分たちの意見を立法委員会が作る法案に組み入れてもらったり，他の議員が提出する法案の修正案として提案したりすることもある．

　どのように法案が策定されたかに拘わらず，法案自体は連邦議会の議員によって提出されなければならない．法案提出は上院・下院のいずれに対してもできる．議会にひとたび提出された法案には，確認番号がつけられる．しかし，法案は確認番号でよりもその法案名の方で知られることもある（Smith, 1995）．連邦議会の上院または下院に提出された法案を，事務総長が適当な委員会に付託する．法案の対象事項や内容によっては，複数の委員会に付託されることもある．これを複数付託と言い，法案がいくつかの委員会の管轄範囲にまたがる問題を取り扱っているときに起こる．法案は，委員会の中の小委員会にしばしば審議付託される．委員会と小委員会は，調査を行ったり公聴会を開いたりする権限を有し，そこで利害関係者や専門家に証言を求めることができる．

　委員会は議案修正作業（markup）を行うこともある．議案修正作業が行われたということは，委員会が提出された法案の細部まで検討し，必要であると判断した部分につき修正を加えたことを意味する．そして担当委員会は下院または上院の本会議に法案を送付するが，その送付決定は当委員会の委員

の過半数が委員会に出席している場合に限ってできる．法案を本会議（議会）に送付するとき，委員会は報告書を作成して提出しなければならない．その報告書はしばしば委員会のスタッフ・メンバーによって作成される．報告書には少数意見が付記されることも多い (Smith, 1995).

　委員会にはまた，何もしないという選択肢もある．すなわち，提案された法案について審議することを拒否することもできるのである．このような場合，その法案は「委員会段階で廃案になった」と呼ばれる．

　委員会による法案の検討，修正および議案修正作業に続き，法案を初めに発議した議院で審議するのが一般的な流れである．議会の1つの院を通過した法案の最終案を「浄書済み法案 (engrossed bill)」という (Smith, 1995). 法案を大統領府に送付するには，まず議会の両院で法案が可決されていなければならない．最初の審議をする議院が可決した法案を，第2の議院がそのまま可決する場合もあるが，両院が互いに一致するまで法案に修正を加え続ける場合もある．また，法案に関して両院に意見対立があるとき，法案は両院の代表によって構成される両院協議会に移送されることもある．両院協議会の委員は各委員会長によって任命され，法案の各条項に関する両院の対立点を調整するように努める．上下両院で可決された最終版の法案を「登録法案 (enrolled bill)」という．登録法案は羊皮紙に印刷され，下院事務総長か上院事務総長がそれを正文であると認証する．いずれが署名するかは，どちらの院が先に可決したかによる．その後，上下院議長と上院議長代行が，法案に大統領分のスペースを残して署名する．

　とはいえ，法案を審議する手続きは下院と上院で異なる．重要法案が審議されるときには下院では，法案を提出した議員が議事運営委員会に特別な議事進行規則の適用を要求することができる．もしその特別な議事進行規則が採択されれば，法案に関して行われる一般議事の時間が1時間に制限される．また，法案に対する複数の修正案への投票順なども決めることができる．さらに，議員は法案の複数の候補を対象として投票をすることもできる．

　一方，上院には議事運営委員会がない．上院の本会議に法案を上程するためには，議案審議動議を提出し，議事日程に入れる必要がある．しかし，議案審議動議自体が討議されることもあり，その場合，反対する議員の長い演説のためにときとして法案自体は審議されることなく事実上廃案となることもある (talked to death と呼ばれる)．これを議事妨害戦術（フィリバスター）

という，議事時間を制限しない上院ゆえの戦術である．フィリバスターは討議終結（cloture）の手続きによって阻止できる．つまり，上院の全議員が出席している場合，上院議員100人のうち少なくとも60人の議員が討議終結を要求する動議に賛成すれば，討議終結手続きが採択され，1時間以内に議事妨害戦術の議員は発言を中止しなければならなくなり，フィリバスターは阻止される．

行政機関に関する法律制定には権限を付与するためのものと歳出予算配分のためのものがある．権限付与の法律制定とは行政機関の組織および規則制定権限に関する立法であり，歳出予算立法はこれらの行政機能を実施するために必要な予算を配分するためのものである．委任された権限によって，行政機関がどのように規則制定をするかについては以下で議論する．

大統領権限

法案が両院を通過し，大統領に送付された時点で連邦議会が会期中の場合，大統領は以下のうちいずれかの処理をする．第1は，送付された法案に署名し法律を成立させることである．第2は，法案に対し拒否権（veto）を行使し，拒否した法案の条文とその理由について文書を付し議会に送り返すことである．第3は，何の行動もとらないことである．大統領の拒否権発動を覆すには，両院において3分の2を超える票が必要である．大統領が法案に対して何の行動もとらない場合，その法案は10日後に法律となる．

法案を大統領に送付した日から10日以内に連邦議会が休会に入る場合，大統領には上記と同じ選択肢がある．しかし，休会中の議会は大統領の拒否権の発動を覆すことができないので，もし大統領が拒否権を行使するか，あるいは何の行動もとらなかった場合，法案は廃案となる．何の行動もとらないで法案を拒否することを，「握りつぶし拒否（pocket veto）」と呼ぶ．

立法への影響力行使

ロビイストと圧力団体

ロビイストや圧力団体（special interest group）は立法過程において重要な役割を果たしうる．なぜなら，一定の状況においては，ロビイストや圧力団体は議員に対して，特定の問題を立法議題にのせるよう働きかけ，あるいは

特定の問題を立法議題から排除するように働きかけ，議員を説得することに成功する場合があるからである．ロビイストは「議会に働きかけをするために雇われた人」と定義されてきた (Smith, 1995: 326)．そして，ロビイストの影響力は連邦議会の議員によってさえも批判されてきた：

　残念なことではあるが，連邦議会の議員たちは国民全体のため，すなわち公共の利益のため行動しているのではなく，ベルトウェイ［ワシントンＤＣの連邦政府機関の多くが存在する地域をめぐって走る高速道路から転じて連邦の政治の中心部の意．日本における「永田町」に相当］内の特別利益，すなわち内部者利益に従って行動しているというイメージが広くいきわたっている．多くの一般国民から見ると，連邦議会議員たちは一般のアメリカ市民の生の声に耳を傾けなくなっている．連邦議会議員たちが一般の人々には望むべくもないような，国会議員としてのさまざまな役得と特権をほしいままにできることが，その一つの原因であるといえる．
　さて，私の同僚の連邦議会議員の多くは，誰かに食事に誘われたりプレゼントを差し出されたりしたからといって，法案や立法議題に対する立場や態度を曲げることはない，ということを私は分かっているつもりだし，心から深く確信してもいる．しかしながら，連邦議会議員に対する上述のような否定的イメージを国民が持っているという問題は現実のものである．そして実際にも，多くの連邦議会議員たちが，普通のアメリカの人々にはない役得や特権に恵まれ，それを享受していることも事実である．これらの役得や特権の多くは連邦議会議員の公務遂行に影響を及ぼすようにと設計されている．
　その典型的な例は…たくさんのロビイストたちが連邦議会議員にプレゼント攻勢を仕掛けることである．ロビイストは連邦議会議員に，例えばショーやコンサート，スポーツ・イヴェントの無料ティケットをプレゼントしたり，イヴェントの前に連邦議会議員にディナーをおごったり，後でコーヒーやおいしいデザート，ひょっとしたらシャンパンもおごったりすることは少なくない．ロビイストの中には議員を定期的に高級レストランの贅沢な食事に連れて行く者もいる．われわれはレストランに対して営業妨害をしようと言うのではもちろんないが，こうした悪弊は正す必要がある．
　ロビイストは連邦議会議員を，無料の旅行に招待することもある．そのような旅行は，得てして風光明媚な観光名所にある高級ホテルでの滞在が含まれており，様々なエンタテイメントを伴っている．エンタテイメントの内容としては，テニスやゴルフ，スキーなど，ありとあらゆるものがありうる．
　連邦議会議員たるもの，そのような無料の食事の饗応やカリブ海の豪華な旅行などによってさえ，何らの影響を受けるものではないと，多くの私の同僚の

連邦議会議員が思っていることは，私も分かっている．そして，私自身その通りだと思っている．この機関のメンバーすなわち連邦議会議員たちは，真面目で献身的な公務員である．連邦議会議員たちは，選挙区の有権者および国全体にとって正しいことだけをしたいと願っている．
　しかし，このようなプレゼントや饗応が，アメリカ国民の政府への不信，とりわけ連邦議会への不信を深めさせる原因となっていることには議論の余地がないであろう．そして，これは深刻な問題である．なぜなら，国民の信頼が薄くなるということは，国家が直面する深刻な問題に取り組む連邦議会の能力が弱くなるということに他ならないからである（Lautenberg, 1993: S5502）．

　圧力団体は多くの場合，業界団体や労働組合，そして国民の一部の利益を代表して活動する組織のことを指している．圧力団体の約20％は市民団体である．そのような市民団体としては以下のようなものがある．

　　圧力団体として活動する市民団体は，環境汚染や基本的人権の侵害，女性の社会的地位の変化などのもたらした諸問題に関する幅広い社会運動の結果として結成されるのが通常である．社会運動の一環として活動する市民団体は多くの場合，政治的起業家，すなわち政治活動を積極的に展開する個人によって設立されている．そのような政治的起業家は，資産家や，私的な財団，あるいは，政治家の支援を受けて活動していることが多い．そのような支援者たちは，政治的起業家に対して，擁護者，財政援助者や後援者として行動する（Walker, 1991: 10）．

　1986年の圧力団体に対する調査によれば，圧力団体の4分の3以上が立法に影響を及ぼすための戦術として次の方法のそれぞれを用いていた．それらは，議会での証言，政府の役人との直接的な接触，党大会などでの政府の役人との非公式な接触，研究結果や専門的な情報の提供，組織の会員に自分たちの活動について知らせるための手紙の送付，他団体との連携，政策実施に影響を及ぼそうとする試み，マスメディア関係者たちとの交流，立法戦略（legislative strategy）の策定についての政府役人との相談，法案起草の支援，［要望・要請・抗議などの］手紙キャンペーンへの参加，草の根ロビイング活動の組織化，そして，影響力のある有権者を説得して地域の代表者に接触させる活動などである（Schlozman and Tierney, 1986）．（市民運動の役割および市民運動と立法過程の相互関係の理解を深めるには第7章から第9章を参

照.)

　圧力団体の努力によって実現し，圧力団体の重要な影響力の一例となった事案として，知的障害者に関する連邦法の制定と実施がある．第二次世界大戦後，知的障害児に対する処遇についての以下の事実が明らかとなった．

　　資源をますます切り詰めつつ，知的障害者収容施設はますます多くの障害者を収容していた．収容された者たちは，以前より障害が重いようだった…（施設内での）労働不足を補うため，能力のある患者ほど，一世代前の同程度の知的障害を有する者たちと比べると施設を出所しにくくなっていた．その意味で，暴力，搾取，放置，退屈な仕事のルーティン化は例外ではなく，日常化していた…．アメリカ国民は，知的障害の子供をもつことは何も恥ずべきことではないし，遺伝は知的障害の原因としては小さいものであると教えられていた．そして，アメリカ国民は，多くの施設は混雑した不快な場所で，そこに送られた知的障害者は親によって捨て去られた子どもであり，安楽死させられたのと同程度に無視されていることを知らされたが，同時に報道は，そのような施設に子供を送ることは…非難されるべきことではないとも告げていた（Trent, Jr., 1994: 237-238）．

　知的障害児の親たちは，親としてやるべきことであると信じて，各地で知的障害児を持つ親の会を組織し始めた．重度の知的障害児のための公的介護はほとんど提供されておらず，施設に預けられずに家庭で育てられている重度の知的障害の子供たちは，公立学校を通じてのサーヴィスはほとんど受けられないのが普通であった．メディアによる曝露によって，知的障害児を収容していた最も悪質な施設が閉鎖されることとなった．知的障害児を抱える家族や知的障害者のためのサーヴィス改善を訴える人々，および影響力のある国会議員たちの連携によって，連邦議会は知的障害をもたらす原因の究明と知的障害者収容のための公的施設の建設に充てる追加的財源を確保するために法律を制定した．裁判所は公立学校への知的障害児の受け入れと個々の子どもに合わせた教育プログラムの開発を命じる判決を出した（Trent, 1994）．

疫学と疫学者の役割

　疫学者は健康（衛生）関連の法律を制定する際に考慮されうる，また考慮されるべき疾病伝播とその予防に関する知識と専門的技能を持っている．議

員やそのスタッフ，あるいは特定の変更とか現状維持とかを目指してロビイング活動をする組織が，疫学者による専門的支援を求めることがある．あるいは，疫学者の側がイニシアティヴを採って，立法の政策決定過程にとって重要と判断する情報を提供するために，圧力団体に働きかけたり，書面による陳情や地域の代表者に接触を図るといった上述の戦略を利用することもある．疫学による可能な貢献を理解するには，実例を見るのが一番である．

1990年以前，健康状態を理由にアメリカ合衆国の永住者としての法的地位（永住権）を獲得することが，外国人には法で禁じられていた．そのような健康状態には，知的障害や全ての精神病が含まれていた．さらに，アメリカ合衆国の移民法においては，同性愛を一種の精神病質と解していた．その結果，米国精神医学会がその10年以上も前に同性愛を精神障害の分類から外していたにも拘わらず，移民法上は同性愛であることが永住を拒否する理由の1つとして扱われていた．法学会や医師，利益団体，関係する議員の努力の結合によって，このような拒否事由は1990年の移民法制定により廃止された．移民法の改正を望む多くの団体により集められた意見書の中には，疫学者や弁護士，医師，その他の公衆衛生の専門家によるものが含まれていた．

行政機関

行政機関の権限

第1章では規則の制定およびその執行のプロセスについての概要を説明した．ここでは，疫学が行政規則制定の基礎となった具体的な例を採り上げながら，より詳しく考察する．

第1章で示したように行政機関は規則の制定を担う．この過程は，連邦レヴェル，州レヴェルで主として行われるが，地方レヴェルでも頻繁に行われる．行政機関は，制定法に定められた任務を遂行するために，制定法によって設置される．行政機関の権限は，関連する法律によって授権される．理論的には立法機関はその権限を行政機関に委任することができないことになっている．しかし実際上は，立法機関は行政機関に規則制定の権限を委任する．その場合にも，行政機関の規則制定にタガをはめる基本的政策は立法機関が策定し，かつ，立法機関が委任した権限の範囲内でのみ行政機関は規則を制定することができる．

以下の議論では，連邦レヴェルの規則制定プロセスにのみ焦点を当てる．ただし，連邦の規則制定プロセスは，州や地方レヴェルのプロセスにも重要な点で反映している．

行政監督と行政活動

行政機関の活動に対する監督

　アメリカ合衆国連邦政府は以下のいくつかの方法によって行政機関の活動を監督する．まず，連邦議会の下院と上院には常任委員会が設置されており，その委員会は特定の分野における行政機関の活動を審査し，必要に応じて修正法案を起草する．また，連邦政府の他の委員会も行政機関の活動を調査することができる．例えば，連邦議会はシリコン豊胸手術に関する連邦食品医薬品局（FDA）の処置あるいは不作為について調査した．また，アメリカ合衆国行政会議（Administrative Conference of the United States）は連邦の行政機関および行政法を分析する職責を負い，さらに必要な法改正について連邦議会に勧告をすることができる．連邦の行政機関の一部では，オンブズが特定の行政活動に対する国民の苦情を調査し，必要ならば是正を提言する．最後に，国会議員は自分の選挙区の有権者に関する行政問題に介入することがある．

　このように，行政機関の活動に対する連邦議会の監督を一定程度可能とするメカニズムがいくつか存在するが，その範囲は無制限ではない．例えば，連邦議会は規則制定や裁決に携わる行政機関の役人を任命することができない．また，連邦議会は，行政官を解任することができない．

　さらに，大統領府は行政機関の活動をある程度監視することができる．例えば，アメリカ合衆国大統領は上院の承認を得て，連邦の行政機関の長官を任命する権限を持つ．また，法律により，大統領は連邦の行政機関を設立，廃止，再編成することができる．

行政機関の規則制定に対する監督

　行政機関の規則制定活動は，司法府，立法府および大統領府によって監督される．裁判所は，制定された規則が法律に委任された範囲内のものであること，および，規則を制定するために適正な手続きを経ていることを確保す

るために，行政機関の制定した規則を審査する．立法機関は行政監督の責任および権限を持つほか，予算配分を決定する．大統領府は行政機関の役人（スタッフ）との接触を通じて規則制定に関与する．また，大統領府は特定の活動をしている行政機関に一定の手続きに従うよう命じることができる．例えば，国家環境政策法は規則制定に関与している行政機関に対し，提案した政策の環境アセスメントを実施するよう要求するほか，環境に与える害がより少ない選択肢の検討も要求する．

行政機関による規則の作成

規則制定過程

　行政機関は規則制定に際して，公式の手続きと非公式の手続きの両方を行いうる．公式の規則制定においては，規則を採択するために公聴会を行う司法的な手続きを実施しなければならない．公式な規則制定が要求される場合か否かは，関連する制定法に明記されている．公式な規則制定は極めて非効率であり，そのため，この手続きはあまり使われない．

　非公式の規則制定は，「行政手続法（Administrative Procedure Act）」の規定に従う．しかしながら，この規定の適用を受けるためには，審議や検討の対象となっている規則は行政手続法の目的範囲内のものでなければならない．ここでの「規則（rule）」とは「規制（regulation）」と同じ意味である．

　行政手続法において規則とは，「一般的または個別的な対象に適用され，法律や政策の実施や解釈などの将来にわたる効果を有する行政機関の言明（ステートメント）の全部または一部」と定義されている（5 U.S.C. §551）．この定義によれば，いくつかの重要な要素があることがわかる．それらは，(1)規則とは，将来起こる状況に適用されるということ，(2)一般に，規則の適用対象は一部の人々や団体・組織であること，である．行政機関が規則を制定する権限を持つのは，連邦議会が特定の制定法に従い規則を制定するよう行政機関に権限を授権したか，または命じたことによる．規則は，それを授権した制定法および連邦憲法と矛盾してはならない．上述の定義に示したように，規則は，特定の制定法の条項を単に実施するだけのものであることもある．あるいは，制定法の条文や用語を解釈するものであることもある．さらに，規則は，その準拠した制定法の目的をどのように達成するかについて解釈す

ることもある．例えば，米国職業安全衛生法（OSHA: Occupational Safety and Health Act）は「全国の労働者のためにできる限り安全で，健康的な労働条件を確保する」ことを目的としている（29 U.S.C §553）．そして，ここでの「安全」と「健康的」の意味を定義するのが，職業安全衛生管理局なのである．

1930年代後半には既に，規則制定が政府の重要な機能となっていた．しかし，規則を制定する手続きや，規則をどの程度制定するかは行政機関によって様々であった（Kerwin, 1999）．さらに，いったん制定された規則を行政機関の決定がどの程度逸脱できるかも，行政機関によってまちまちであった．その上，特定の状況を規制する規則制定の市民への通知方法も同じように様々であった．なぜなら，関連する規則を公表し，索引に載せ，周知させるための統一的手段が，当時はなかったからである．

このような不統一性を解決するため，1946年に行政手続法が制定された．現行の行政手続法の下では，規則案を国民に通知することを要求している．この通知により，その規則に関して利害関係を持つ人々は規則の最終決定，採択と実施に先立って，その規則の様々な側面にコメントする機会を確保されるのである．以下，このような手続に関する制定法の規定（5 United States Code Section 553）を説明する．

「通知とコメントの手続き」（いわゆるパブリック・コメント手続き）の最も重要な要素は，以下の点である．第一は，国民の規則制定への参加手続きの時期，場所，性質についての記述である．第二は，規則が提案される基となった法的権限の明示である．そして第三に，提案された規則の要件や内容，または解決されるべき対象や問題についての説明である．この手続きの一環として，行政機関は規則に関するすべての重要なデータを国民に公表するか，入手可能な状態にしなければならない．それによって，国民は有意義なコメントができるようになるのである．

規則案にコメントするために，行政機関が国民にどれくらいの通知をすべきかについて特別な規定はない．しかし，行政機関が最終版の規則を公表してからその規則が施行されるまでには，少なくとも30日間が経過しなければならない．

行政機関はパブリック・コメント（国民意見）を受領した場合，そのコメントを実際に検討しなければならない．それらのコメントを受けて規則を発布する際，行政機関は規則を採択した論拠を説明するためのステートメント

を用意しなければならない．このステートメントは受領したパブリック・コメントに応答し，どのコメントを採用し，また採用しなかったか，さらにその理由を説明したものでなければならない．この手続きを規定した制定法の条文は以下の通りである．

(a) 本節の規定は，本節の各規定に従って適用される．ただし，次に挙げる事項に該当する場合はその限りではない．
　(1) アメリカ合衆国の軍事または外交関係に関する事項または
　(2) 行政機関の運営，人事，または，公的財産，公債，助成金，給付金や契約に関する事項．
(b) 通知される関係者が特定され，個別的にまたは法律に従って実際に通知された場合を除き，規則案は『官報（Federal Register）』において公表されなくてはならない．通知は以下の事項を含まなければならない．
　(1) 規則制定への市民の参加手続きの時間と場所，および規則の性質についての記述，
　(2) 規則が提案される基となった法的権限の明示，および
　(3) 提案された規則の文言もしくは内容，または，解決されるべき対象や問題についての説明．
　制定法により通知または公聴会が要求されている場合以外では，本節の (b) は以下に挙げるものには適用されない．
　(A) 解釈的規則，政策の一般的言明，または行政機関の構成，手続きや業務に関する規則，または
　(B) 行政機関は，通知，それによるパブリック・コメント手続きが，実行不可能である，不必要である，または公共の利益に反すると判断するにつき正当な理由がある場合（その際には，公表される規則にその判断および理由の短いコメントを組み入れる）．
(c) 本節が規定する適切な通知がなされた後，行政機関は利害関係を持つ人々に規則制定に参加する機会を与えなければならない．その参加方法は，口頭による発表の機会の有無を問わず，書面によるデータ，意見，または議論の提出による．提出された資料を検討した後，行政機関は，自らが下した判断の根拠および趣旨を，簡潔で概括的な言明として，採択した規則に組み入れなければならない．行政機関による公聴会の後，規則制定の公表が要求される場合，本節の (c) の代わりに第556条および第557条が適用される．
(d) 法の要求する実体的規則の公表または通知は，以下の場合を除いて，規則施行日の少なくとも30日前に行わなければならない．

(1) 施行の30日前には公表しなくてはならないという規定の免除を認めるかそれを前提としている，ないしはそのような制限を緩めている実体的規則が存在する場合，
(2) 解釈的規則と政策の一般的説明，
(3) 30日前に公表または通知するべきではないと行政機関が正当なる理由をもって判断し，それを当該規則と同時に公表した場合．
(e) 各行政機関は利害関係を持つ人々に規則の公布，修正，または廃止のための申立てをする権利を与えなければならない．

　規則案に対して提出されたコメントは，通常，公開の公的文書として取り扱われる．行政機関への一部利害関係人のみによる接触（ex parte contact），つまり非公式で公開されない接触も，規則制定過程においては認められる．とはいえ，行政機関の中には，規則制定者との書面および口頭によるすべての一方的接触を規則制定過程の中で公開しなければならないとするものもある．しかし，立法府および行政府の側が，一方的接触を通じて規則制定者に影響を及ぼそうと試みることは禁じられていない．例えば，アメリカ合衆国大統領が行政機関と会談することは適切であると解されている．なぜなら，アメリカ合衆国憲法上，大統領はすべての行政決定の最高責任者だからである（Sierra Club v. Costle, 1981）．規則制定者が規則を制定するにあたって，一方的接触により影響を受けることは事実である．しかし，そうであってもそれは禁止されておらず，また，規則制定者がそのために不適格とされることはない．なぜなら，規則制定過程は政治的プロセスそのものに他ならないからである．規則制定者が偏向のゆえに不適格とされるのは，「規則制定について決定を下すにあたって重要な問題につき，規則制定者が対立する意見に頑として耳を貸さない偏向タイプであることの明白かつ確信を抱くに足るだけの証明」がある場合に限られる（Association of National Advertisers, Inc. v. Federal Trade Commission, 1979）．

　行政機関の中には，「交渉による規則制定」として知られる手続きを試みてきたものもある．この手続きでは，規則制定によって影響されるすべての利害関係の代表者たちを行政機関が呼び集め，関連する問題に関し合意に達することを目指す．そのような合意の上で作成された規則案は，その後は上述した通知とコメントの手続きの対象となる．交渉による規則制定が最もうまく行くのは，特定可能な利害の数が限られており，またその利害関係を代表

する個人が特定できる場合である．「交渉による規則制定の手続き」を利用したい行政機関は，その旨の通知を『官報』に公表しなければならない．『官報』による通知の内容としては，委員会のメンバー構成案と議題案，および日程案が，記載されなければならない．

　連邦の行政機関が制定した規則に関する唯一の公式の規則集を提供するため，1938年に『連邦規則集（Code of Federal Regulations）』の刊行が始まった．また，『連邦法典集（United States Code）』は行政機関が制定する規則が準拠する制定法を収録している．連邦規則集は連邦法典集の類似の編名に相当するように，編名順に編集されている．例えば，連邦法典集の第8編ではアメリカ合衆国への入国を拒否する健康上の理由の規定などの入国管理に関する制定法の条項が収録されている．これに対応する規則は連邦規則集の第8編と第42編に登載されている．それらの規則は，入国を拒否する根拠となる病気のリストや，合衆国への入国を希望している者が入国を拒否され得る健康状態にあるか否かを決定するために，いつ，どこで，どのように健康診断が行われるべきかを詳細に規定している．

　『連邦規則集』の個々の編は1年か2年に1度だけ刊行される．しかし，既存の規則や規則への改定はもっと頻度に行われる．さらに，連邦議会は行政機関に関連する規則制定を委任するが，その規則実施には多数の規則の制定を要する場合がある．その場合，規則制定過程は階段的で漸増的なものとなる．その1つの例は，1990年のクリーン・エア法（大気汚染防止法）の制定により，米国環境保護庁（EPA）がその執行に関し約300から400の新しい規則の制定と実施が必要であるとの見積もりをしたことである（Kerwin, 1999）．したがって，修正された規則や新規則はまず『官報』に登載されるのであるが，『官報』の発行はほとんど毎日のようになされる．

規則の分類

　上記の制定法の条項は，解釈的規則や実体的規則などの様々な類型の規則の制定を指示している．多くの場合，規則はその果たす機能によって分類される．「立法的規則」あるいは「実体的規則」は，議会から委任された権限に従って行政機関が制定する．そのような規則は，いったん制定され，実施されると，その規則に規定されている手続きや基準に行政機関が従わなければならなくなる．また，立法的規則・実体的規則は必ず通知とコメントの手続

きを経て実施され，執行される．「解釈的規則」は，既存の法律や政策の解釈を示すために用いられる．立法的規則と異なり，解釈的規則が新しい法的義務を課すことはなく，特定の法律に基づいて，行政機関が法的義務をどのように解釈するかを説明するものである．解釈的規則は性質的に勧告的であるとされるが，多くの場合『官報』に公表される．しかし，上記の制定法の条項に述べたように，解釈的規則は通知とコメントの手続きの対象とはならない．最後に，「手続的規則」とは，組織やそれが利用する手続きを規定するものである．

規則は通常，将来の効果を目的とするものであり，たいていの場合に遡及効（事後的効力）はない．これは特に，立法的規則に当てはまる．一方，解釈的規定には，連邦議会がそのような権限を明示的に行政機関に委任した場合，遡及効が認められる．

さらに，行政機関は刑事制裁を規定する規則を制定することができる．しかし，行政機関はそのような規則に違反した者を起訴したり，自由刑に処したりすることができない．なぜなら，裁判所だけが規則違反の制裁として自由刑を命じることができるからである．行政機関は違反者に対し民事罰を課すことができるが，懲罰的損害賠償を課すことはできない．

非公式な規則制定の手続要件に対する例外

規則制定手続きにおいて通知とコメントを要求する原則には，多くの例外がある．そのような例外として，無条件の例外（categorical exception），手続的例外，および正当な理由による例外がある．その他，解釈的規則と「政策の一般声明」も通知とコメントの手続きを経ることを要しない．

無条件の例外

軍事および外交事項は行政手続法における通知とコメントの手続きの適用を受けない．また，行政機関の運営や人事または公有の財産に関する規則は上記と同様に通知とコメントの手続きの対象とならない．

手続的例外

行政手続法は「行政機関の構成や手続き，業務」に関する規則には，通知とコメントの手続きの適用を除外すると規定している．また，これらの規則

には「規則施行日の猶予要件」も適用されない。この施行日の猶予要件とは，規則が公表されてから少なくとも30日間が経過しなければ，規則が施行されないという原則のことをいう．

正当な理由による例外

「行政機関が，通知とコメントの手続きが，実行不可能であるか，不必要であるか，または公共の利益に反すると判断するにつき正当な理由がある場合（その際は，公表される規則にその判断および理由の短いコメントを組み入れれば）」，通知とコメントの手続きに従わなくてもよい(5 U.S.C. §553(b)(B))．「不必要である」とは，その規則が国民にもたらす影響がわずかであるか，または規則によって規制される当事者の負担を軽減する規則である場合をいう．通知とコメントの手続きが公共の利益に反する，または実行不可能であるとは，規則制定の迅速な措置が要求され，通知とコメントの手続きによる規則制定の遅延が，国民の安全を害し，または，規則の根底にある立法目的の実現を妨げる場合をいう（Union of Concerned Scientists v. Nuclear Regulatory Commission, 1983）．

解釈的規則

既に述べた通り，解釈的規則とは，制定法や既存の規則における特定の用語の意味を説明するために制定される．しかし，実際にどの規則が解釈的であり，どの規則が立法的であるかは，区別が困難である．その区別をする際，裁判所は行政機関の規則制定の意図に焦点を当てて判断する．行政機関が立法的規則を制定する権限を有し，かつ，その権限を行使する意図があった場合，その規則は立法的規則とされる．それに対し，行政機関がそのような権限を有しない場合や，権限があってもそれを行使する意図がなかった場合，その規則は解釈的規則とされる．裁判所はこうした判断をする際，行政機関が規則をもともとどのように位置づけていたかを非常に重視する．しかしながら，行政機関が規則を解釈的規則と位置付けていたとしても，その規則が特定の行為を強制している場合，裁判所はそれを（実質的に）立法的規則であると判断することがある（Chamber of Commerce v. OSHA, 1980）．

政策の一般声明

政策の一般声明とは，行政機関がその裁量権を行使する際にどのように遂行するかを示すものである．たとえば，刑事訴追，調査・検査，訴え提起などに関する将来の方針がある．このような政策の一般声明には，通知とコメントの手続きおよび施行日の猶予の対象とはされない．

　政策の一般声明と，通知とコメントの手続き等の対象となる行政機関の他の性質を持つ公式見解とを区別することは，また難しい．そして行政機関の公式見解も，それが暫定的なものである場合，政策の一般声明であると判断され，通知とコメントの手続き等の対象とはならない場合がある．つまり，市民および行政機関の職員に当該行政機関がどのように裁量権を行使するかを明示するものであっても，それが最終的なものではない場合，暫定的なものとされ，政策の一般声明と見なされる．逆に，行政機関の公式見解が最終的なものである場合，その公式見解は立法的規則とみなされ，通知とコメントの手続きの対象となる．

行政機関が制定した規則に対する不服申立て

　行政機関が制定した規則に対して，裁判所に不服が申し立てられることは少なくない．そのような場合に裁判所に提出される記録としては，規則案，規則制定の通知，受領されたパブリック・コメント，すべての公聴会の反訳（テープ起こしなど），規則制定の根拠と目的を示す行政機関の声明などがある．裁判所は，行政機関が規則制定に関する決定をした時点で行政機関の手元にあった資料だけを審理の対象とするのが原則である (Camp v. Pitts, 1973)．もっとも，審理対象の記録に含まれている専門的な資料を理解するために裁判所が支援を必要とする場合，専門家の証言を採用することができる (Bunker Hill Co. v. Environmental Protection Agency, 1977)．行政機関による規則に対して，誰がどのような要件の下に不服を申し立てることができるかの判断は非常に専門的であり，ここでは説明を省略する．

不確実性下での行政機関の行動

　連邦の行政機関の多くは，潜在的に有害な物質の規制や取締りに携わっている．例えば，米国環境保護庁（EPA）は，生の農産物の残留農薬，飲料水の品質，空気の品質，および合成廃棄物を取り締まる責任を負う．連邦食品医薬品局（FDA）は，食品添加物，化粧品，医薬品，および医療器具に関し

て監督する責任を負う．そして，米国職業安全衛生管理局（OSHA）は，職場での化学物質への曝露に関して規制し，職場での衛生と安全の基準を設定し，その取締りを担う．

　複数の行政機関が同じ物質を規制する権限を同時に持つことはしばしばある．とはいえ，それらの行政機関が規制する状況や背景は異なる．1つの例を挙げてみると，1970年に制定された米国職業安全衛生法に基づいて，米国職業安全衛生管理局は工場での塩化ビニールへの従業員の曝露を規制した．一方，米国環境保護庁もクリーン・エア法（大気汚染防止法）に基づいて，工場から排出される塩化ビニールについて規制した．家庭用エアロゾルに含まれる塩化ビニールに関しては，連邦有害物質取締法に基づいて，米国消費者製品安全委員会が規制をした．それに対し，連邦食品医薬品局は（連邦食品医薬品化粧品法に基づいて）化粧品用エアロゾルに含まれる塩化ビニールと（1962年の新薬のための修正法に基づいて）エアロゾル製剤に関して規制をした（Doniger, 1978）．また，数多くの行政機関が，鉛による曝露の抑制に関して職責を共有している．つまり，米国環境保護庁は自動車や工場からの有害物質の大気への排出についての規制を担当し，米国職業安全衛生管理局は製造工程や産業プロセスにおける鉛排出についての規制を担当し，米国環境保護庁は産業廃棄物およびその川や湖への投棄についての規制を担当し，連邦食品医薬品局は陶磁器や食品に含まれる鉛についての規制を担当し，その他の様々な行政機関に加え米国衛生研究所（NIH）も，鉛の健康への影響に関する研究を担当している（Billick, 1981）．

　潜在的有害物質への曝露がもたらす危険に対処するために，行政機関が規則を制定する際には，しっかりしたデータと情報に基づかなければならない．行政機関に規則制定の権限を委任した制定法が，行政機関が規則制定プロセスにおいて利用することのできる情報を特定していることも多い．例えば，米国職業安全衛生法は次のように規定している．

　　米国職業安全衛生法における基準の設定は，研究，実証，実験，その他の適切な情報に基づかなければならない．労働者の健康および安全の最高水準を達成する目的に加えて，最新の科学的データ，その基準の実現可能性，および本法律やその他の健康と安全に関する法律の下で得られ　る経験が考慮されなければならない（29 United States Code Section

655 (b)(5)）．

基準設定

　行政機関が基準を設定する際に，一部の制定法はもっぱら健康に及ぼす影響のみを考慮するよう要求する．それに対し，健康への影響だけでなく，経済的課題をも考慮するよう要求する制定法もある (Doniger, 1978)．異なる基準の適用を要求する複数の制定法に準拠して，行政機関が潜在的な曝露を規制しなくてはならない場合がある．例えば，米国飲料水安全法は米国環境保護庁に対して，飲料水の基準として「既知のあるいは予期しうる有害な影響が起こりえない最大汚染濃度」の設定を要求している．もっともこの基準は「適切な範囲の誤差」を認めている．それに対し，連邦殺虫剤・殺菌剤・殺鼠剤法（FIFRA）は「経済的，社会的，および環境的なコストと便益」を比較考量したうえで，「非合理に有害な影響」を予防するに足りる水準の設定を要求している．

行政機関の規則制定に対する影響力の行使

　立法過程と同様に，疫学者は規則制定過程において決定的に重要な情報を提供する．まず，米国職業安全衛生管理局や米国環境保護庁など，健康に関する規則を制定する様々な行政機関に疫学者は雇用される場合がある．そして疫学者は当該職場の地位および資格に基づいて，規則案の作成や検討に携わることができる．また，特定の行政機関に所属していなくても，疫学者は規則制定に影響力を行使する機会を有する．それは，上述した通知とコメントの手続きにおいて，規則案への意見やコメントを提出することによって行われる（市民運動に携わる疫学者の倫理については第14章を参照）．

議論のための問い

1．注射器支給プログラムの評価に関して激しい議論が行われている．注射針や注射器を購入するのに処方箋を要求し，また処方箋なしでそれらを所持することを禁止する法律を維持し続けている州では，特にそうである．カリフォルニア州はその1つである．州立法機関は注射器による薬物使用者やその性的パートナーの間でのHIV感染を減少させるため，注射器支給プログラムを認める法案を検討し，何回か可決した．しかし，そうするたびにその法

案は州知事の拒否権行使によって廃案となった．この問題について，疫学者はどのような役割を果たしうるか？

2．米国職業安全衛生管理局が，室内や公共の場での喫煙を禁止する規則を制定しようとしていると想定しなさい．すなわち，当該規則は，副流煙による健康被害を防止するため原則的に室内や公共の場所での喫煙を禁止するものである，としよう．

　a．米国職業安全衛生管理局の立場を支持するものとしては，どのような疫学的証拠があるか．

　b．米国職業安全衛生管理局の提案した規則に対して，どのような批判がなされうるか．

　c．米国職業安全衛生管理局に所属しておらず，かつ，米国職業安全衛生管理局と何らの関係のない疫学者として，あなたはこの問題においてどのような役割を果たしうるか．そして，あなたはどのような役割を果たしたいか，そして，それはなぜか，説明しなさい．

REFERENCES

Administrative Procedure Act, 5 U.S.C. §§ 551, 553.
Association of National Advertisers v. Federal Trade Commission. (1979). 627 F.2d 1151 (D.C. Cir.), cert. Denied, 447 U.S. 921 (1980).
Billick, I. H. (1981). Lead: A case study in interagency policy-making. *Environmental Health Perspectives, 42,* 73–79.
Bunker Hill Co. v. Environmental Protection Agency. (1977). 572 F.2d 1286 (9th Cir.).
Camp v. Pitts. (1973). 411 U.S. 138.
Chamber of Commerce v. OSHA, 636 f.2D 464 (D.C. Cir. 1980).
Churchill, W. (1947). Speech, Hansard, col. 206. November 11. Quoted in D.L. Faigman. (1999). *Legal Alchemy: The Use and Misuse of Science in Law.* New York: W.H. Freeman and Company.
Doniger, D. D. (1978). *The Law and Policy of Toxic Substances Control: A Case Study of Vinyl Chloride.* Baltimore: Johns Hopkins University Press.
Environmental Protection Agency. (1988). *Regulation Development in EPA.* Washington, D.C.: Author.
Kerwin, C. M. (1999). *Rulemaking: How Government Agencies Write Law and Make Policy.* Washington, D.C.: Congressional Quarterly, Inc.
Lautenberg, F. (1993). *Congressional Record,* May 3.
Marbury v. Madison. (1803). 5 U.S. 137.
National Research Council, National Academy of Science. (1983). *Risk Assessment in the Federal Government: Managing the Process.* Washington, D.C.: National Academy Press.
Schlozman, K. L., Tierney, J. T. (1986). *Organized Interest and American Democracy.* New York: HarperCollins Publishers, Inc.
Sierra Club v. Costle. (1981). 657 F.2d 298 (D.C. Cir.).

Sinclair, B. (1997). *Unorthodox Lawmaking: New Legislative Processes in the U.S. Congress.* Washington, D.C.: Congressional Quarterly, Inc.
Smith, S. S. (1995). *The American Congress.* Boston: Houghton Mifflin Company.
Trent, J. W., Jr. (1994). *Inventing the Feeble Mind: A History of Mental Retardation in the United States.* Berkeley: University of California Press.
Union of Concerned Scientists v. Nuclear Regulatory Commission. (1983). 711 F.2d 370 (D.C. Cir.).
Walker, J. L., Jr. (1991). *Mobilizing Interest Groups in America.* Ann Arbor, Michigan: University of Michigan Press.
5 U.S.C. § 553.
29 U.S.C. § 655.

第5章

事例研究(3) 連邦食品医薬品局とシリコン豊胸手術

平田彩子訳

「真実を話すことは，世界を変えることだ」(Freire, 1978: 60)

連邦食品医薬品局と医療器具規制

連邦食品医薬品局には1938年の連邦食品医薬品化粧品法によって，医療器具に対して規制をかける権限が付与されている．この法の目的は「法定基準を満たしていなかったり，不正な商標が表示されたりしている食品，医薬品，器具，化粧品が州間で取引されることを禁止する」ことである．この法では，連邦食品医薬品局による市場販売認可の前に製造業者に対し医療器具の安全性を証明することが求められているのだが，実際はそのような認可を受ける前に医療器具を市場で販売することが容認されていた．そこで連邦食品医薬品局は，医療器具が市場に出回った後に，安全性が欠落していることを証明するという負担を負うことになった．この制度上の不備は，医療器具に関する1976年改正で訂正された．1976年改正では，連邦食品医薬品局に以下のことが求められた．

> 医療器具使用に関するデータを収集すること，医療器具の品質基準を制定すること…，安全性と有効性について取り締ること，潜在的に危険であると分類された医療器具について市販前検査を要求すること…，製造管理および品質管理基準を確立し規則を作成すること，製造業者の施設を検査すること（Congressional Quarterly, 1990）．

医療器具法によると，全ての医療器具はそれが持っている潜在的な危険性によって分類されることが求められていた．レヴェル1に分類された器具は，

危険性がとても低いと考えられ市販前検査が不要なものである．例えば舌圧子などがレヴェル1である．レヴェル2の器具にはX線機器などが含まれ，達成基準によって規制されうる．レヴェル3には心臓病患者のペースメーカーなど，損傷や病気を引き起こすリスクのある生命維持装置が含まれている．改正法によると，レヴェル3に該当する器具の製造業者には，器具についての安全性と有効性の証拠を提出するため短くても30ヵ月が与えられる．［しかし］連邦食品医薬品局は改正法制定以前に市販されていた同種の多くの器具と「実質的には同じ」であろうとみなして新しい器具を市場販売する許認可審査を簡略化する方針をとっていた．多くのそのような医療器具が死亡や損害と関連していたのにも拘わらず，である（O'Keefe & Spiegel, 1976）．このようなやり方によって，連邦食品医薬品局は器具の安全性と有効性について製造業者から提出された資料を検討することなく，新しい器具全体の約94％に対し自動的に市場販売の許可を与えていた（Congressional Quarterly, 1990）．1990年の安全医療機器法は製造業者に患者リストの作成および保管と，起こり得る問題に関する患者への警告とを要求することで，この問題に対応しようとした．だが，この法律には遡及効がない（Goldberg, 1991）．

連邦食品医薬品局とシリコン豊胸注入物

　連邦食品医薬品局が豊胸手術に対して規制をかける権限は，連邦食品医薬品化粧品法の医療器具に関する1976年改正から導かれる．先述したように，この制定法の下では連邦食品医薬品局は全ての医療器具を3つのレヴェルのうちどれか1つに分類しなければならない．レヴェル3にはリスクが最も高い医療器具が該当し，それら医療器具に対して連邦食品医薬品局は安全性と有効性の証拠を提出させなければならない．医療器具に関する1976年改正以前は，シリコン豊胸手術に対して規制がなされていなかった．

　改正法の成立後，シリコン豊胸手術は「改正法の規制を免除されていて」，製造業者は安全性と有効性の証拠を提出することなく，シリコン注入物の生産・販売を続けることができた（Levine, 1992）．当初製造業者や形成外科医は，シリコン注入物は安全に使用できると主張し，連邦食品医薬品局はこの主張の根拠を要求しなかった．

　しかし1970年までには研究者の中にはシリコン注入物の安全性について疑問視する者も出てくるようになった．1978年連邦食品医薬品局の諮問委員会

は，シリコン豊胸手術を安全性と有効性の証明が製造業者に要求されないレヴェル2に分類するように提言した．しかしこの提言にも拘わらず，連邦食品医薬品局は1982年1月に，シリコン豊胸注入物をレヴェル3に分類するという規則案を発表した（General and Plastic Surgery Devices, 1982）．続いて1983年1月に開かれた諮問委員会では，委員会はシリコン注入物をレヴェル3に分類すべきだと提言した．1988年6月，連邦食品医薬品局はシリコン注入物と塩水注入物の両方をレヴェル3に分類した(21 Code of Federal Regulations, 1988)．

豊胸注入物がレヴェル3に分類されたことにより，連邦食品医薬品局は製造業者に安全性と有効性を証明するため市販前許可申請（PMA）を提出させることが可能であった．しかし，シリコン豊胸注入物をレヴェル3に分類する最終的な規則の発表から少なくとも30ヵ月たってはじめて連邦食品医薬品局はこの申請提出を求めることができるとされていた．この30ヵ月という期間は安全性と有効性を判断する際に必要な研究やデータ分析のためとされていた．30ヵ月の期間は1990年12月で終了する．しかし，もし最終規則がその期日よりも最低90日以前に発布されていない場合，さらに最終規則発表後から少なくとも90日後にならないと連邦食品医薬品局は市販前許可申請（PMA）の提出を求めることができない．実際，30ヵ月の期間が1990年12月で切れるとき，連邦食品医薬品局は最終規則をまだ作成していなかった．この最終規則は1991年4月10日にやっと発布された．よって製造業者はさらに90日の間市販前許可申請（PMA）の提出を求められなかった．

連邦食品医薬品局は1991年7月，必要なデータの提出を求めた（"Amid heavy lobbying," *New York Times*, 1991）．しかし製薬会社から提出されたデータでは，シリコン豊胸の安全性と有効性に関して結論を出すことができなかった．というのも，用いられた被験者が少なすぎ，また追跡調査の期間が不十分であったためである（"Amid heavy lobbying," *New York Times*, 1991）．続く1991年11月に，連邦食品医薬品局はダウ・コーニング社が豊胸手術の安全性に対し疑問を生じさせるような証拠を開示しなかったことを知ることとなる．例えば，1983年上級管理者は以下のように報告している．

　これらのゲルを人体に注入することの長期的安全性を実証するものは間接的なデータしか存在しない…．私はこれらゲルが安全であることを証明するため

に必要な研究を計画し実行する許可を与えるよう強く促さなければならない．このことは最優先事項だと私は思う．その理由としては，現在の豊胸手術のビジネスとしての普及の程度やすでに豊胸手術を受けた患者の多さが挙げられる．さらに重要な理由として，このゲルを用いた技術に代替するより進んだ技術を開発する計画を立てているビジネスが無いことが挙げられる．

この新しい情報の結果，連邦食品医薬品局は1992年1月6日，外科医にシリコンゲル注入を控えるように，また製造業者にシリコンゲルを供給しないように促す自発的使用禁止を発表した．同年の4月，当時連邦食品医薬品局長官であったデイヴィッド・ケスラーはシリコン豊胸手術ができるのは臨床試験に限られるという発表をした（Hilts, 1992; Kessler, 1992）．ケスラーは，シリコン豊胸手術を禁止するのは，シリコン豊胸手術が危険であることが証明されたからではなく，安全であることが証明されなかったからだ，という点を強調した．

 豊胸注入物が体内で破裂した際に体内に漏れるゲルの化学組成は分かっていない．これら注入と免疫に関する障害やその他の全身性疾患との関係についても，もしあるとしても，分かっていない．製造業者が信頼できる品質のシリコン注入物を厳しい品質管理の下で生産することができるかという重大な疑問はまだ残っている．これらの問題が解決されるまで，連邦食品医薬品局はシリコンゲルを使用した豊胸手術の一般的利用について法的に認可することはできない（Kessler, 1991: 1713）．

この発表は女性がシリコン豊胸手術を利用できるかどうか決定する基準を明記している．以下の場合に，女性は第Ⅰ区分の者としてシリコンゲル注入が受けられる．

 乳房切除後胸を復元するため一時的にエキスパンダー［膨張剤］を使用しており，胸の復元を完成させる必要がある女性…；
 シリコンゲル注入を受けていて，破裂やゲルの漏れ，激しい拘縮など医学的理由によって取り換えが必要な女性，そして
 豊胸手術についての研究がなされる以前に乳房切除を受けていて，後に注入するよりも直ちに胸を復元することが医学的にも外科的にもよりふさわしいとされる女性．この区分に属する女性には，塩水注入は十分な代替手段ではないことを医師が文書で提出しなければならない．

この手続きによって，医師は患者がこれら3つの区分のうちの1つに当てはまることを認証することを求められていた．一方，女性は特別な用紙にサインすることが求められ，これによって彼女は豊胸手術のリスクを知らされたということになる．また入手可能になった豊胸手術に関する新たな情報を得ることができるように，記録簿に登録されることに同意する必要があった．しかし，連邦食品医薬品局は，米国形成外科医協会（ASPRS）と米国医師会（AMA）が懸念を表明したことに対応して，豊胸手術のリスクの詳しかった記載を簡略化した（後述）（Food and Drug Administration, 1992, May 27）．

第Ⅱ区分として豊胸手術が認められるためには，以前乳癌の外科手術を受けたこと，胸部の深刻な損傷を受けたこと，胸部の深刻な異常を引き起こす病状を患っていること，または，医学的な理由により注入物の取り換えが必要であること，などの要件を満たす必要がある．第Ⅰ区分と同様に，患者は潜在的なリスクを知らされ，記録簿に登録されるとされていた．

その上連邦食品医薬品局は，製造業者が今後とも市場で販売したいと考えているシリコンの型についての安全性と心理的効用を評価するためにコントロール研究を行うよう，注入物の各製造業者に対して求めた．これらの研究には胸を大きくした患者も復元した患者も含まれているが，登録される患者の数は安全性に関する問題に答えるのに必要な数に限られた（Food and Drug Administration, 1992, May 27）．

ケスラーは一方で規制をかけすぎている点と，他方で規制が十分にかけられていない点の両方に対して最終的に批判された．中には一時禁止の措置は本質的に個人の選ぶ権利を剥奪しているとして批判する者もいた．ケスラー（192: 1715）はこの非難に対して以下のように反論している．

> 自分自身のリスクは自分で選ぶことができるべきであり，政府はたとえ不適切な情報が目の前にあったとしても個人の決定に介入すべきではないと主張することは，人々が製造業者の主張に最も取り込まれやすいときに非現実的な負荷をかけることとなる．そのような時として例えば，病気の容態が深刻であるときや，治る見込みがないのに望みをかけているとき，自分の身体的魅力を高めたいと切望しているときなどが挙げられる．

連邦食品医薬品局が表明した懸念は1992年政府事業委員会の人的資源と政

府機関間関係分科会（the Human Resources and Intergovernmental Relations Subcommittee of the House Committee on Government Operations）でのスタッフ・レポートの結果と全く対照的なものであった．1993年に公開されたそのスタッフ・レポートは，連邦食品医薬品局がシリコン豊胸手術の患者を保護しなかった，という最終的な結論を出した．そのレポートは以下のことをはっきりと示していた．(1)連邦食品医薬品局は12年以上の間豊胸手術規制の必要性に関する警告を無視していた．(2)研究者は1975年以来豊胸手術が孕む健康リスクについて懸念を表明していた．(3)医師らは1970年代から破裂や漏れなどの問題について危惧を表明していた．(4)連邦食品医薬品局は1991年に受けた自局の研究者からの助言を無視した．その助言は，連邦食品医薬品局が製造業者の提出した市販前許可申請（PMA）を認可しないように強く示唆していたのだった．(5)製造業者を代表して活動していたプロのロビイストには，元連邦食品医薬品局の職員も含まれており，そのロビイストは患者たちのロビイストに対して誤解を与える情報を提供していた．(6)連邦食品医薬品局職員と注入物製造業者は1991年の諮問委員会が必要な情報を精査できないようにした．(7)製造業者は連邦食品医薬品局に対して豊胸手術の安全性についての証拠を1回も提出しなかった．(8)癌のリスクがあるという連邦食品医薬品局の懸念によって，ポリウレタンで覆われたシリコンは，1991年に市場から回収された．(9)1992年の連邦食品医薬品局諮問委員会はマンモグラフィーに関する重要な情報を与えられなかった．(10)1992年，ダウ・コーニング社は動物実験で安全性の十分な証明ができないまま医師にシリコン注入物を販売したこと，シリコンが抱える問題について公表しなかったこと，品質管理についてねつ造したデータを提供したことを認めた．(11)少なくとも15年間，患者は豊胸手術の安全性について誤解させられていた．(12)患者は連邦食品医薬品局公認のインフォームド・コンセント用紙によってさらにまた誤解させられ続けた．(13)1992年，マクギャン社が製造管理および品質管理基準を満たしておらず，またその不備を訂正する前にも拘わらず，連邦食品医薬品局はマクギャン社にシリコンの再販売の許可を与えた．(14)長官が実施すると約したにも拘わらず，連邦食品医薬品局は1992年の4月からシリコン豊胸手術の利用についてモニタリングを実施しなかった．(15)連邦食品医薬品局は，弁護士がシリコン製造業者から得た安全性に関する情報を評価しなかった．(16)連邦食品医薬品局は癌患者へ行う豊胸手術の安全性に関する研究を支援しなかった．

そして最後に(17)医学的理由によりシリコンを胸から除去する費用を，メディケアやメディケイドが支払わなければならないとされていた（Human Resources and Intergovernmental Relations Subcommittee, 1993）．

製造業者が連邦食品医薬品局に提出した不十分な研究は，特に衝撃的である．連邦食品医薬品局の研究者・統計学者は製造業者の研究とその結果を検証して，以下の結論を出した．

> 1．ほとんどの研究は女性を対象として2年間かそれ以下の期間しか行っていない．これは生涯に亘って使用されるよう作られている医療器具の安全性を評価する上では不十分なものである．特に4，5年以上の後に破裂するかもしれないという主張がなされている場合にはなおさら不十分である．
> 2．多くの研究では，女性の大部分は数ヵ月で調査対象から外れている．したがって，外科手術を受けた女性の大部分についてのデータが全くないことから，豊胸手術は安全であるかどうか述べることは不可能である．
> 3．いくつかの研究では，患者は結合組織病・自己免疫疾患，癌，またシリコン豊胸手術と関連している他の疾患の症状があるかどうか質問されていない．形成外科医が記したカルテを調べるだけでは不十分である．というのも，合併症を発症した患者が形成外科医のもとに再びやってくるのは，それが豊胸手術と関係があると思った場合のみだからである．
> 4．胸の復元を行った患者は，ほとんどの研究において極めて少数であるため安全性の証拠として説得的ではありえなかった．
> 5．製造業者中には，自社が販売している特定のタイプのシリコン注入物について何も研究をしていなかったり，あるタイプのシリコン注入物に関しては10人未満の女性しか研究の対象にしていなかったりしたものもあった（Human Resources and Intergovernmental Relations Subcommittee, 1993: 28-29）．

動物実験での不備も多数指摘された．

安全性と有効性という製造業者の主張を支持するための研究から導かれた適切なデータが存在しないにも拘わらず，ダウ・コーニング社は「科学的データと調査によってそれら［シリコン豊胸手術］は100％安全である」，「シリコンが体内にあることで有害な影響がもたらされることはない」と断言した（Human Resources and Intergovernmental Relations Subcommittee, 1993: 36-37）．さらに，安全性に関する十分なデータがないにも拘わらず，米国形成外科医協会（ASPRS）と米国医師会（AMA）はシリコン豊胸の安全性と有効性に対して表明されたあらゆる懸念をなくすため，または最小にするために，

必要なインフォームド・コンセント用紙の改訂を連邦食品医薬品局に強く求めた．例えば，もともとのインフォームド・コンセント用紙には「シリコン豊胸手術を受けることで，授乳の際に支障がでるかもしれません…．これは周知のリスクですが，リスクの程度は分かっていません」と書かれていた．米国形成外科医協会（ASPRS）は連邦食品医薬品局に対して，「豊胸手術を受けたことで授乳の際に支障をきたすという証拠は存在しません．豊胸手術を受けた多くの女性はちゃんと授乳ができています」という文言に書き換えるように要請した．最終的に，インフォームド・コンセント用紙の文言は「豊胸手術を受けた多くの女性はちゃんと授乳ができています．…豊胸手術を含むあらゆる胸部外科手術は，理論的には授乳に支障をきたす恐れがあります」というものになった．この「理論的には」という言葉を使うことは実際には非常に誤解を招くものであった．というのも，豊胸手術を受けた女性のうち40％もの人々に生じるカプセル状の拘縮や，体内にあるシリコンによる痛みのせいで，授乳ができなることがあると，当時知られていたからである（Human Resources and Intergovernmental Relations Subcommittee, 1993: 39-41）．

連邦議会は連邦食品医薬品局の対応の遅さと対応のまずさに対し非難した．

> えー，よろしいですか…，私が大変遺憾に思うのは，8年以上もの間行政機関は非常に深刻であると分かっていた問題に対して対応をしぶっていた事実です．外部の人からの批判はさておき，あなたがた連邦食品医薬品局自身の研究者が，実施された研究に基づいて科学的見地からの懸念を表明し始めたにも拘わらず，科学者でない管理職は研究の結論の論調を弱めることを決めています．あなたがたは服すべきでない圧力に対して屈伏していない限り，なぜこのようなことになるのか私は理解に苦しみます．あなたがたの仕事は製造業者や外科医，他のだれかにへつらうことではなく，アメリカ国民の健康を守ることだからです（Weiss, 1990: 153）．

連邦食品医薬品局の対応についての評価

シリコン豊胸手術をめぐる議論の文脈において，連邦食品医薬品局の対応を評価する理論的枠組みは4つある．公共の利益の理論からは，政府は公共の利益の擁護者としてふるまうべきであると主張される．とりこ理論（Capture Theory）によると，規制は実際には規制される側の利益となるように働くことになると主張される．官僚制理論では権力を規制機関の内なる起源とみる．最後に，経済理論は規制の効率性について焦点を当てる（Gerston, Fraleigh, & Schwab, 1988）．

議論のための問い

1．当該製品や器具についての科学的知識の状態が発展途上にある中で規則は制定され，訴訟は解決されなければならないという点で，規則の制定や訴訟は不確実性の下で起こる．シリコン豊胸手術の事件について考えてみよう．もしそのような時点があるとすれば，理想的にはいったいいつの時点で連邦食品医薬品局は規制の発表という形で介入すべきだったのだろうか．そのような規制のタイミングによって，訴訟の開始や継続はどのような影響を受けたであろうか．

2．訴訟手続きにおいて，シリコン豊胸手術によって引き起こされたと主張された損害につき疫学を用いることと，行政機関の規則制定手続きという文脈において，医療器具としてのシリコン豊胸手術について疫学を用いることとを比較対照してみよう．それぞれの手続きが(1)メディアや消費者団体，職業団体，政治的影響などによってどの程度影響を受けるのか，(2)疫学からの知見をどの程度考慮し盛り込むのか，(3)疫学による研究をさらにどの程度促進するのか，についてあなたはどう考えるか．

3．上記に記した各4つの理論的枠組みを使い，連邦食品医薬品局の対応を評価してみよう．枠組みによって評価分析の結果はどのように異なるか．この違いの含意は何か．

REFERENCES

Amid heavy lobbying, government is considering ban on breast implants. (1991). *New York Times*, Oct. 21, A1, A12.

Angell, M. (1992). Breast implants—protection or paternalism. *New England Journal of Medicine, 326,* 1695–1696.

Bolton, D. C. (1992). The evolution of breast implant litigation. In A. M. Levine (Chair). *Litigating Breast Implant Cases—A Satellite Program. Litigation and Administrative Practice Course Handbook Series, Drug and Medical Device Litigation,* PLI Order No. H451, Nov. 12 (pp. 127–236). New York: Practicing Law Institute.

Congressional Quarterly's Federal Regulatory Directory. (1990). Washington, D.C.: Congressional Quarterly Press.

Food and Drug Administration. (1992). Update on Silicone Gel Filled Breast Implants, Press Release, May 27.
Freire, P. (1978). *Pedagogy of the Oppressed*. New York: Penguin.
General and Plastic Surgery Devices. (1982). 47 *Federal Register* 2810, 2820, codified at 21 C.F.R. part 878.
Gerston, L., Fraleigh, C., & Schwab, R. (1988). *The Deregulated Society*. Pacific Grove, California: Brooks/Cole.
Goldberg, M. Z. (1991). FDA panel recommends that breast implants stay on market. *Trial, 27*, 74–77.
Hilts, P. J. (1992). FDA acts to halt breast implants made of silicone. *New York Times*, Jan. 7., A1.
Human Resources and Intergovernmental Relations Subcommittee of the Committee on Government Operations of the House of Representatives. (1993). *The FDA's Regulations of Silicone Breast Implants*, 102nd Congress, 2nd Session, December 1992. Washington, D.C.: Government Printing Office.
Kessler D. (1992). The basis of the FDA's decision on breast implants. *New England Journal of Medicine, 326*, 1713–1715.
Levine, A. M. (1992). Introductory remarks. In A. M. Levine (Chair). *Litigating Breast Implant Cases-A Satellite Program. Litigation and Administrative Practice Course Handbook Series, Drug and Medical Device Litigation*, PLI Order No. H451, Nov. 12 (pp. 11–13). New York: Practicing Law Institute.
Lloyd, M. (1992). Testimony. General and Plastic Surgery Devices Panel Meeting, 1, Feb. 18–20 (pp. 84–90). Bethesda, Maryland: Food and Drug Administration.
Medical Device Amendments of 1976, 21 United States Code § 360C (effective May 28, 1976), 21 United States Code §§ 301–393 (1976).
O'Keefe, D. F., Jr., Spiegel, R. A. (1976). *An Analytic Legislative History of the Medical Devices Amendments of 1976*. Washington, D.C.: Food and Drug Law Institution.
Weiss, Rep. (1990). Statement to FDA official. In *Is the FDA Protecting Patients from the Dangers of Silicone Breast Implants?* Hearings Before the Human Resources and Intergovernmental Relations Subcommittee of the Committee on Government Operations of the House of Representatives. 101st Congress, 2nd Session.
21 Code of Federal Regulations § 878.3540 (1990).
21 Code of Federal Regulations §§ 897.14, -.30, -.32, -.34 (1996).

第6章

事例研究(4) タバコ規制

佐伯昌彦訳

　タバコという有害な商品は，毎年1億フランもの税収をもたらす．それでも私は，このタバコという金のなる木を即座に禁止するであろう——もしも同じだけの税収をもたらす有益な商品を見つけることができればの話だが…．(Goodman, 1993: 191 に引用されるナポレオン三世の言葉)．

　ウェイン・マクラーレンが亡くなったのは，彼が51歳のときだった．彼は，タバコの広告で男臭い「マルボロ・マン」を演じたが，その後，肺癌の発症を契機に反タバコ運動に生涯を捧げた．彼の母親によれば，彼の末期の言葉は次のようなものであった．「子どもたちを，頼む．タバコは人殺し商品だ．俺がその生き証人だから．」…マクラーレンは，ロデオ乗りであり，俳優であり，そしてハリウッドのスタントマンであった．彼は，1日に1箱半ものタバコを吸う生活を，25年続けた．先週のインタビューで，マクラーレンは「こんなことになったのも，俺の習慣のせいだ．おかげで，人生の最期のひと月を保育器のような装置に閉じ込められて過ごす羽目になった．断言するが，タバコなんてやるもんじゃない」と語った（『ガーディアン』誌1992年7月25日号，Goodman (1993: 239) における引用）．

連邦食品医薬品局と薬品規制

　タバコ規制の是非をめぐる論争での連邦食品医薬品局の役割を検討するには，タバコ規制でのその役割の展開だけでなく，規制機関としての連邦食品医薬品局の役割一般について理解しておいた方がよい．

　1862年，米国連邦農務省（Federal Agriculture Department）に化学薬品局（Bureau of Chemistry）が設けられ，1880年には食品医薬品法が提案された（Food and Drug Administration, 1995b）．連邦議会が薬品を取り締まるための法を初めて制定したのは，1906年の純粋食品医薬品法（Pure Food and Drug

Act）であった．この法律の対象は狭く，不適切なラベルの貼られた薬品が市場に出回ることを防ぐことに重点が置かれていた．同法のこの目的には，この法律可決を導く推進力となった事柄が反映されている．すなわち，米国連邦農業省（United States Department of Agriculture）化学薬品局の局長を務めていたハービー・ウィリー博士による衛生に関する誇張された主張とともに，アプトン・シンクレアの小説『ジャングル（*Jungle*）』に描かれている不衛生な実態が背景にあった（Young, 1972 参照）．1912年，連邦議会はシャーリー修正条項を制定して，連邦食品医薬品局の権限をより明確にした．

　続く1938年の連邦食品医薬品化粧品法も，これまでと同様，悲劇的な事態に対応する形で制定されたものである．すなわち，抗生物質であるスルファニルアミドは，マッセンギル社（Massengill Company）が万能薬として販売していたものであるが，その物質は非常に毒性が強いことが分かった．この抗生物質の使用により100人以上が亡くなったのである．にも拘わらず，当時の連邦食品医薬品局にできたことは，製品のラベルについて規制することだけであった．すなわち，「万能薬」という言葉をラベルに使用する場合は，その物質にアルコールが含まれていることが義務付けられていたにも拘わらず，スルファニルアミドにはアルコールが含まれていなかった，という点のみであった（Jackson, 1970）．

　このことの反省から，連邦食品医薬品化粧品法は，医師による処方箋制度を確立するための規制を作成し，採用する権限を連邦食品医薬品局に認めた．処方箋制度によって，薬品の使用に関する意思決定が，医学素人の消費者である患者から専門家たる医師の手に移ったのである．しかしながら，医師がこの決定をする際に依拠する情報は，もっぱら薬品会社から提供されるものであった．連邦食品医薬品局の規制権限設定とともに，連邦食品医薬品化粧品法は消費者保護の規定も有していた（Temin, 1980; Temin, 1979）．

　1938年法（連邦食品医薬品化粧品法）によれば，製造業者は新薬を市場で販売する前に，連邦食品医薬品局に新薬申請（NDA）をすることが要求された．その新薬申請には，薬品の安全性の詳細および安全性を確かめるために採用された検証手続きについての詳細を付すことが要求された．連邦食品医薬品局は，申請書に記された情報を検査できたが，自身で製品の安全性の検査をすることはなかった．60日以内に連邦食品医薬品局から異議が出されない限り，新薬申請は有効となる．有効となった時点で，製造業者は申請して

いた薬品を市場で販売できるようになる．

1958年，製薬業界に対して連邦議会が調査を始めた．その背景には，薬品が高額であること，そして，製薬業界が異常なまでの利益を上げていることに対する疑念があった．この調査の指揮には，連邦上院議員であるエスティーズ・キーフォーバーがあたった．彼は，当時，米国上院反トラスト小委員会（Senate Subcommittee on Antitrust and Monopoly）の委員長を務めていた．1962年にキーフォーバー＝ハリス修正条項が，サリドマイド事件の余波を受けて可決された．サリドマイド事件とは，妊娠中にサリドマイドを服用した多くの女性が，手足が萎縮した赤ちゃんを産んだという一連の事件のことである（Mintz, 1962）．キーフォーバー＝ハリス修正条項は，1938年以降に新薬申請が有効とされた全ての薬品も含めて，新薬の販売にはその安全性と有効性についての連邦食品医薬品局の新たな承認がなければならないとした．

この有効性についての見直し作業を実施するために，連邦食品医薬品局は，全米科学アカデミー（NAS: National Academy of Science）にその作業を委託した．全米科学アカデミーは，専門家により構成される委員会を多数設け，それらに1938年から1962年の間に市販された薬品の有効性に関するデータの検証を任せたのだった．委員会は，再調査した薬品を6つのカテゴリーに分類した．そのカテゴリーとは，「有効である」，「たぶん有効である」，「有効である可能性がある」，「有効ではない」，「他の薬品との併用の場合には有効でない」，「留保付き有効である」である．連邦食品医薬品局は，全米科学アカデミーが作成した報告書を検討し，「有効である」以外に分類された製品の製造業者に対して，警告通知を発した．これは薬効再評価通知（DESI: Drug Effectiveness Study Implementation）と呼ばれる．

ここで中心的となる問題の1つは，どのように「薬品」を定義すべきかということである．何故なら，もしある物質が分類不能だったり，薬品として分類されていなかったりすれば，連邦食品医薬品局はそれを薬品として規制できなくなるからである．連邦食品医薬品化粧品法において，「薬品」は以下のように定義されている．

　　(A) 公式のアメリカ薬局方（US Pharmacopoeia）や，公式のアメリカ同種療法薬局方（US Homeopathic Pharmacopoeia），公式の国民医薬品集（National Formulary），ないし，それらの追補（supplement）において認定されている品

目，(B) 人やその他の動物の病気の診断や治癒，症状の緩和，治療，予防のために使用されることが意図されている品目，(C) 人やその他の動物の身体の構造や何らかの機能に影響を与えるために用いられる品目で，食品以外の物，(D) この節の(A)，(B)，(C)のいずれかの項で指定された品目の構成要素として使われることが意図されている品目を，「薬品」という (21 U.S.C. §321(g)(1))．

タバコとその影響

　全米の喫煙者の数は非常に多い．1993年では，アメリカ人の約25％が喫煙していた．この数字は，1970年から喫煙率が下がっていることを示している (World Health Organization, 1998)．全喫煙者のほとんど80％が，16歳になる前から喫煙を始めている．数字の上の全体的な喫煙率の低下に対しては，多くの解釈が示されていた．そのような解釈としては，禁煙教育の努力やタバコ広告に対する規制の実施，タバコ税の値上げ，タバコが人々の健康に及ぼす害悪に関する警告の増大，未成年者に対するタバコの販売規制の実施と強化，公共の場での喫煙の取締りなどが挙げられている (Hersch, 1988; Viscusi, 1988; World Health Organization, 1988; Lessig, 1995; Comprehensive Smokeless Tobacco Health Education Act of 1986, 1994; Viscusi, 1992: Federal Cigarette Labeling and Advertising Act, 1965)．

　しかしながら，若者の間では，喫煙率は劇的に増加している．1995年において，高校生の5分の1以上が喫煙しており，これは1992年の高校生の喫煙率から大幅に増加している (World Health Organization, 1998)．10代の喫煙者のうち70％ほどが，18歳になる前に常習的喫煙者になってしまう (United States Department of Health and Human Services, 1994)．若者の間での喫煙率の急増の原因は，若者を特別に対象としたタバコメーカーの積極的なキャンペーンに求められる．以下の文章は，R．J．レイノルズ社の研究開発部副部長であったクロード E．ティーグ，Jr．が1973年にしたためたメモから引いたものである．このメモは，「若者市場に向けた新ブランド・タバコに関する提案についての研究計画の覚書」と題されており，若者に対する積極的姿勢がうかがわれる．

　　現実的に見れば，自社を長期にわたって存続させ，繁栄させたいならば，若者の市場においてシェアを得なければならない．私の考えでは，そのためには

若者市場向けの新ブランドが必要となる．
　タバコを未成年者の市場で販売する戦略としては，ストレス解消のための商品，…，気まずさを誤魔化すための商品，十代であることの退屈さをしのぐための商品，そして，仲間に入れてもらう儀礼としての商品，などとしての宣伝販売が有効であると考えられる．若者集団の重視する主要な価値は粋がって気取ることだからである．
　まだタバコを吸い始める前の若者や「タバコを覚え始めた段階の若者」にとって，身体に対するタバコの悪影響はあまり知られていないか，余計なお世話の情報であるかであり，実際にも全くもって不愉快で厄介なものである．喫煙により期待される，ないしは引き出される心理的効果こそが，未喫煙者がタバコを試してみる主要な原因である．そして，それはまた，「タバコを覚え始めた若者」が身体的な不愉快さや厄介さを我慢して，喫煙し続けることの動機として十分なものである．逆に，ひとたび「学習期」を卒業してしまえば，身体への影響の方が喫煙常習者にとっての最大の関心事ともなり，吸いたくなる気持ちをそそらせる動機ともなるのである．そして，緊張を和らげる効果を除けば，タバコの心理的効果は，ほとんど重要でなくなってくるか，あるいは全くなくなってしまう（Schwartz, 1995: A2）．

　アメリカ合衆国で，喫煙は予防できる，早朝死亡の唯一最大の原因であることが分かっている．1990年における全米の死者のほぼ20％は，その原因をタバコに求めることができる（Center for Disease Control, 1993）．1995年の癌による死亡のほぼ3分の1，すなわち約17万人の死亡の原因は，タバコであった（American Cancer Society, 1995）．全米における心臓血管疾患に起因する死亡の約20％は，タバコが原因であることが分かっている（American Cancer Society, 1995）．喫煙者は非喫煙者と比べて，大動脈瘤やアテローマ性動脈硬化症，冠状動脈性心疾患，脳梗塞，および心臓発作のリスクが高まる（Newcomb & Carbone, 1992）．喫煙は，健康に種々の悪影響を与えることが分かっている．例えば，脈管疾患や口腔疾患，生殖能力の異常などである（Wald & Hackshaw, 1996）．
　自分ではタバコを吸わなくても，タバコの煙に曝露すると，健康への悪影響を受けうる．いわゆる受動喫煙や二次喫煙によって，子どもの呼吸器官系の障害や循環器系疾患のリスクが増大する（Environmental Protection Agency, 1994; Glants & Parmley, 1991）．
　喫煙と癌との間の因果関係や，喫煙とその他多くの病気との間の因果関係

を確証する科学的データは不適切なものであるという主張を，タバコ会社はつい最近まで堅持していた (Sergis, 2001; Glantz & Balbach, 2000; Glantz, Slade, Bero, Hanauer, & Barnes, 1996). 今日までに行われてきた人体に対する研究は，観察研究であった. 観察研究とは，例えば喫煙者の癌になるリスクを，非喫煙者のそれと比較して確定しようとする研究のことである. それらの研究は，ある種の癌や様々な病気について喫煙者ではリスクが高まるということを，かなり一貫して示していた. しかしながらタバコ会社は，それらの研究の知見は因果的関連を明確に示すには不十分であるという立場を原則として採用してきた. 喫煙と病気の連関を明確に示すためには，そのような観察研究のほかに，実験による研究も必要となってくるであろう（実験的研究の概観については，第1章を参照）. しかしながら，実験による研究は行うことができない. そのような研究は，研究に関する基本的な倫理原則を破るものとなるからである. ここでの倫理原則とは，例えば，人間に対する尊重，人間の利益のためにするということ，人間に対して害悪を与えるものではないということ，正義にかなうこと，などを指している (Loue, 2000).

連邦食品医薬品局の対策とタバコ

1890年版のアメリカ薬局方では，タバコはもともと薬品としてリストアップされていた. しかし，その後1905年版からは薬品の欄から抹消され，以後タバコは公式の薬品リストに載せられることはなかった. 結果として，1906年に食品医薬品法が可決されたとき，タバコは連邦食品医薬品局が規制できる薬品の中に含まれていなかったのである (Neuberger, 1963). 概して，連邦食品医薬品局は，1980年代以前にはタバコの規制に取り組もうとしなかった. タバコ規制を試みるとしたら，タバコが健康に良いとして売り出されたときだけだと連邦食品医薬品局は，実際に言明していた (Public Health Cigarette Amendments of 1971, 1972). この言明は，タバコが健康に良いという1950年代から既に始まっていた宣伝戦略に対してなされたものであった. タバコ会社の多くは，タバコには体重や呼吸器系疾患の頻度を減らす効果が見込めると主張していた (United States v. 354 Bulk Cartons, 1959; United States v. 46 Cartons, 1953). 1930年代からタバコの広告を規制していた連邦取引委員会 (FTC) は1955年に，タバコの広告において虚偽の主張をすることを禁止するというガイドラインを公にした (In re Philip Morris and Co., 1955).

イギリスの研究者リチャード・ドール卿は，喫煙と癌との関連を示す研究論文を1952年に公表した（Doll & Hill, 1952）．この研究論文によって喚起された人々のタバコに対する不安に対応して，タバコ業界はフィルター付きのタバコを販売したり，タール含有量を下げたりした（60 Federal Register, 1995）．しかしながら，タール含有量を減らしたが，タバコ会社はニコチン含有量を増やし続けた．

　1964年には，喫煙と健康に関する公衆衛生局長官（Surgeon General）の報告書の公表に続いて，連邦取引委員会がタバコ会社に対してある行政行為を開始した．その行政行為とは，タバコの潜在的購入者にタバコが健康に害悪を与えるものであることを周知せしめるため，全てのタバコのパッケージおよび広告に注意書きを添えることをタバコ会社に要求するためのものであった．喫煙に関する危険を消費者に対して警告しなかった場合は，連邦取引委員会法における「不公正な取引慣行および詐欺的な取引慣行」に該当すると連邦取引委員会は主張した．この行政行為が実施されていれば，パッケージに「喫煙は，健康に対して有害です．喫煙は，癌をはじめとする種々の病気による死亡の原因となりうるものです」と書いておかなくてはならなくなるはずであった（29 Federal Register 8325, 1964）．その後1969年には，連邦通信委員会（FCC）が，ラジオとテレビにおけるタバコの広告を禁止するという規則制定案を公表した（34 Fed. Reg. 1959, 1969）．タバコ広告を規制しようとするこれら2つの試みは，最終的には連邦議会によって阻まれ，妨害された（Kelder & Daynard, 1997）．続いて，消費者製品安全法の下でタバコの広告と販売にさらなる規制を加える試みもなされたが，これも同様に失敗した（Kelder & Daynard, 1997）．

　1970年代後半，禁煙団体である「喫煙反対運動の会（Action on Smoking and Health）」が，連邦食品医薬品局にタバコを薬品として規制させようとしたが，連邦食品医薬品局はそれを拒否した．その時点において連邦食品医薬品局はタバコが，人体の構造または機能に影響を与えることが意図されたものであることを示す証拠は不十分であるという結論を出していた（Action on Smoking and Health v. Harris）．

　その後1988年に，米国心臓協会（AHA）は，連邦食品医薬品局に対してタール含有率の低いタバコを薬品として取り締まるように申し入れた．1996年，連邦食品医薬品局は，この申入れを受け入れた（Food and Drug Administration, 1996). この決定をするにあたって, 連邦食品医薬品局は, 多くの疫学的研究の知見に依拠した. それらの研究は, 喫煙が毎年数十万人の死亡の原因となっているとともに, 人体へ多種多様な害悪を与えている, ということを示すものであった. 連邦食品医薬品局がこの決定を下すまでに, 米国精神医学会や米国心理学会, 米国公衆衛生局などが, ニコチンが常習性のある物質であるという結論を出していた. さらに連邦食品医薬品局は, タバコ会社はある時点からタバコの持つ悪影響に気付いていたこと, および, 実際にも喫煙の覚醒作用や鎮静作用をニコチンが持っていることを利用しようとしていたと述べた (FDA, 1996). 例えば, すでに1963年の段階において, ブラウン・アンド・ウィリアムソンタバコ会社の顧問弁護士は, 内部文書に以下のように書いていた. 「ですから, 我々はニコチンを売る事業, つまり常習性のある薬品を売る事業に従事しているのです…」(60 Federal Register, 1995: 41,611). なお, この内部文書がディスカヴァリ (証拠開示手続き) によって公になるのは, ずっと後になってからであった.

タバコは薬品であるという知見に加えて, 「タバコの目的の主要部分は…, 注意深くコントロールした量のニコチンを, それを吸収する人体の器官に運ぶことにある」のだから, タバコは薬物送達装置 (drug delivery device) として連邦食品医薬品局の規制の対象となると結論づけた (Food and Drug Administration, 1995a). 関連法の該当部分において, 薬物送達装置を以下のように定義している.

> 道具, 器具, 設備, 機械, 仕掛け, 注入物 (プラテーゼ), インヴィトロ試薬 (in vitro reagent), または, それらと類似もしくは関連するその他の品目で, その構成要素や部分, 付属品で, 以下の属性を有するものを指す. …
> (3)人またはその他の動物の身体の構造または機能に影響を与えることが意図されたもので, 人またはその他の動物の身体の内部または表面における化学作用を通してその主要な意図が達成されるのではないもの, かつ, その主要な目的の達成にとって代謝されることが必要ではないもの (21 U.S.C. §321(h), 1994).

タバコのニコチン含有量を操作しようとするタバコ会社の努力に鑑みれば, 連邦食品医薬品局のこの立場は非合理なものではないといえる. 例えば, 様々なタバコ会社からの特許申請を審査する中で, 連邦食品医薬品局は, フィ

ルターや包装紙にニコチンを添加することでタバコのニコチン含有量が増やされていることを発見した（Kessler, 1995）．消費者はタール含有量の低いタバコはあまり吸いたがらないことが知られていたので，タバコ会社はタール含有量の低いタバコのニコチン含有量を引き上げたのである．あるタバコの品種はニコチン含有量を上げるために特別に品種改良された．R.J.レイノルズ社の幹部であるクロード E.ティーグ，Jr．は，以下のように書いてさえいる．

> ある意味でタバコ産業は，特化し，高度に儀式化され，形式化された薬品業界の一部門であると考えることができよう．タバコ製品は，ニコチンを含んでおり，それを人体に運ぶ．ニコチンは，様々な生理的効果をもたらす強力な薬品なのである（60 Federal Register, 1995: 41,617-41,618）．

これらの知見にもかかわらず，連邦食品医薬品局は，タバコの使用を禁止しないと決定した．そのような禁止をしても，密輸やブラックマーケットでの売買によって骨抜きにされてしまうと考えたからである．加えて，既にニコチン中毒になってしまった人には，今更禁止したところで，健康への悪影響はどのみち生じてしまうであろう．従って，連邦食品医薬品局は，子どもや若者が喫煙を始めることを防ぐ戦略を採用した．その内容としては，18歳以下の者へのタバコの販売を禁止し，身分証明書によって購入者の年齢を確認するよう販売者に要求し，無料の試供品の配布や自動販売機によるタバコの販売を禁止し，そして，タバコの広告や宣伝の規制を実施したことなどが挙げられる（21 C.F.R. §§897.14, 897.32, 897.34, 1996）．

そもそも喫煙に対して規制すべきか否かという問題自体，激しい倫理的議論の的となっている．人々の健康を守るために喫煙を規制する権限を政府が持っているという前提自体については，広いコンセンサスが形成されている．未解決の問題として残っているのは，その権限の範囲と実施方法についてであり（Jacobson & Wasserman, 1997），また，そのような政府の権限と「ライフ・スタイルを自由に選ぶ」という個人の権利とのバランスをいかにとるか（Leichter, 1991: 3）という点である．喫煙を規制する根拠は，以下の点に求められる．まず，タバコを吸っていない人にまで，例えば二次喫煙などを通して害を及ぼすということ，次に，タバコがもたらす健康上のリスクについて知らされていなかった喫煙者にも健康リスクが及ぶということ，第三に，子

どもをタバコの煙から守る必要性があるということ,そして,第四に,タバコを吸うのを止められない,つまりニコチン中毒になってしまった人を守る必要性があること,などである (Ferrence, Slade, Room, & Pope, 2000). このような規制は,ライダーにヘルメットの着用を義務付け,自動車の運転手や同乗者にシートベルトを締めることを義務付ける法律に似ている.しかしながら,タバコ産業は,規制の必要性を次のように表現して茶化している.すなわち彼らは,喫煙の規制は危険な坂道のほんの滑り出しであり,それは最終的には喫煙の規制と同じ論拠で飲酒やバター摂取,バンジー・ジャンプを規制することに行きつくと主張している (Ezra, 1993).

議論のための問い

1. 連邦食品医薬品局がタバコとシリコン豊胸手術を規制しようと試みた時期や文脈について両者を比較しなさい.それらの事例における連邦食品医薬品局の作為ないし不作為は,どのように似ているか? また,それらはどのように異なっているか?

2. タバコの販売や喫煙,およびシリコン豊胸手術において,行政的規制も司法的規制も重要な役割を担っていた.これらの事例で提起された問題を解決する上で,いずれの規制的手法の方が疫学的データをより効果的に活用していたか? 人々の健康を守るためには,行政的規制と司法的規制のいずれの戦略の方が有効だったか?

REFERENCES

Action on Smoking and Health v. Harris. (1980). 655 F.2d 236 (D.C. Cir.).
American Cancer Society. (1995). *Cancer Facts and Figures—1995.*
Centers for Disease Control. (1993). Cigarette—smoking attributable mortality and years of potential life lost—1990. *Morbidity and Mortality Weekly Report, 42,* 645–649.
Comprehensive Smokeless Tobacco Health Education Act of 1986, Pub. L. No. 99-252, 100 Stat. 30, codified at 15 U.S.C. §§ 401–4408 (1994).
Doll, R., & Hill, A. B. (1952). A study of the aetiology of carcinoma of the lung. *British Medical Journal, 2,* 1271–1285.
Environmental Protection Agency. (1992). *Respiratory Health Effects of Passive Smoking: Lung Cancer and Other Disorders. Washington, D.C.: United States Government Printing Office.*
Ezra, D. B. (1993). Get off your butts: The employer's right to regulate employee smoking. *Tennessee Law Review, 60,* 905–955.
Federal Cigarette Labeling and Advertising Act, Pub. L. No. 89-92, 79 Stat. 282 (1965), codified as amended at 15 U.S.C. §§ 1331–1340 (1994).
Food and Drug Act of June 30, 1906, 34 Stat. 768 (1906).
Food and Drug Administration (FDA)(1995a). Analysis Regarding the Food and Drug

Administration's Jurisdiction Over Nicotine-Containing Cigarettes and Smokeless Tobacco Products. 60 Fed. Reg. 41,453–41,787.
Food and Drug Administration (FDA). (1995b). Fiscal Year 1995 Almanac.
Food and Drug Administration. (1996). Regulations Restricting the Sale and Distribution of Cigarettes and Smokeless Tobacco to Protect Children and Adolescents, 61 Fed. Reg. 44,396, codified at 21 C.F.R. parts 801, 803, 804, 807, 820, 897 (1997).
Glantz, S. A., Balbach, E. D. (2000). *Tobacco War: Inside the California Battles.* Berkeley, California: University of California Press.
Glantz, S. A., Slade, J., Bero, L. A., Hanauer, P., & Barnes, D. E. (1996). *The Cigarette Papers.* Berkeley, California: University of California Press.
Goldman, L., Glantz, S. (1998). Evaluation of antismoking advertising campaigns, *Journal of the American Medical Association, 279*, 772–777.
Goodman, J. (1993). *Tobacco in History: The Cultures of Dependence.* London: Routledge.
Harris, R. (1964). *The Real Voice.* New York: Macmillan.
Hersch, J. (1998). Teen smoking behavior and the regulatory environment. *Duke Law Journal, 47*, 1143–1170.
In re Philip Morris and Co. (1955). 51 F.T.C. 857.
Jackson, C. O. (1970). *Food and Drug Legislation in the New Deal.* Princeton, New Jersey: Princeton University Press.
Jacobson, P. D., Wasserman, J. (1997). *Tobacco Control Laws: Implementation and Enforcement.* Santa Monica, California: Rand.
Kefauver-Harris Amendments of 1962, Pub. L. No. 87-781, 76 Stat. 780 (1962).
Kelder, G. E., Jr., Daynrad, R. A. (1997). The role of litigation in the effective control of the sale and use of tobacco. *Stanford Law and Policy Review, 8*, 63–87.
Kessler, D. (1995). Statement. *Regulation of Tobacco Products (Part 3). Hearings Before the Subcommittee on Health and the Environment of the Committee on Energy and Commerce.* 103d Cong. 5.
Leichter, H. M. (1991). *Free to Be Foolish: Politics and Health Promotion in the United States and Great Britain.* Princeton, New Jersey: Princeton University Press.
Lessig, L. (1995). The regulation of social meaning. *University of Chicago Law Review, 62*, 943–1045.
Loue, S. (2000). *Textbook of Research Ethics: Theory and Practice.* New York: Kluwer Academic/Plenum Publishers.
Mintz, M. (1962). Heroine of FDA keeps bad drug off market. *Washington Post*, July 15, 1.
Mroz, L. C. (1987). Smoking ban? What next? *Philip Morris Magazine*, Summer, 29.
Newcomb, P. A., Carbone, P. P. (1992).The health consequences of smoking: Cancer. *Medical Clinics of North America, 76*, 305–331.
Public Health Cigarette Amendments of 1971. (1972). Hearing on S. 1454 Before the Consumer Subcommittee of the Senate Committee on Commerce, 92d Cong. 240.
Shirley Amendments, Act of August 23, 1912, 37 Stat. 416 (1912).
Schwartz, J. (1995). 1973 cigarette company memo proposed new brands for teens; RJR official cited need for "share of youth market." *Washington Post*, October 4, A2.
Sergis, D. K. (2001). *Cipollone v. Liggett Group. Suing Tobacco Companies.* Berkeley Heights, New Jersey: Enslow Publishers, Inc.
Temin, P. (1980). *Taking Your Medicine: Drug Regulation in the United States.* Cambridge, Massachusetts: Harvard University Press.
United States Department of Health and Human Services. (1994). *Preventing Tobacco Use Among Young People: Surgeon General's Report.* Washington, D.C.: United States Government Printing Office.
Viscusi, W. K. (1998). Constructive cigarette regulation. *Duke Law Journal, 47*, 1095–1131.
Viscusi, W. K. (1992). *Smoking: Making the Risky Decision.* Oxford: Oxford University Press.
Wald, N. J., Hackshaw, A. K. (1996). Cigarette smoking: An epidemiological overview. *British Medical Bulletin, 52*, 3–11.
World Health Organization. (1998). Tobacco or Health: A Global Status Report. Geneva: Author.

Young, J. H. (1972). *The Toadstool Millionaires: A Social History of Patent Medicine in America Before Federal Regulation.* Princeton, New Jersey: Princeton University Press.
29 Federal Register 8,325 (1964).
34 Federal Register 1,959 (1969).
60 Federal Register 41,453–41,683 (1995).

第7章
法，疫学，およびコミュニティと市民運動

ノミンチメグ・オドスレン訳

われわれが最も誇れる点は，失敗しないことでは決してなく，失敗する度に立ち上がれることなのである．

ラルフ・ワルド・エマーソン

思慮深くて熱心であれば少人数の市民でも世界を変えることができる点は，疑いを容れない．実際，これまでの世界の変化は，そのような一部の市民によってなされたものばかりなのである．

マーガレット・ミード

市民運動の定義

市民運動は以下のように定義されてきた．

> 市民運動とは，単に…声を上げることである．われわれは誰もが，より大きなコミュニティが関心を払うべき問題を経験している．積極的市民活動とは，市民運動をもう数段階ほど発展させたものである．すなわち，問題を発見し，その問題にコミュニティの注目を集めさせ，そして問題解決に向けて取り組むのである．…積極的市民活動とは，他の人々とともにリーダーシップを採ることである．それはコミュニティを活性化し，（どんなに小さなものであれ）そのコミュニティの中に変化をもたらす活動である（Chang, 1993）．

それでは，コミュニティはどのようにして活性化し，組織化されるのであろうか．

コミュニティおよび市民運動の発展の段階

ブレイスウェイトらは（Braithwaite, Bianchi, & Taylor, 1994），コミュニテ

ィが基本的人権を剥奪された状態から活性化し，そして公衆衛生改善を最終的に達成するまでの道筋を描いた．コミュニティが基本的人権を剥奪され，無気力に陥る原因としては，貧困や疎外，人種差別，性差別，構造的失業，乏しい教育，自滅的な行動，環境から生じるストレスなどがある．コミュニティ内で連携を形成することで（連携を形成するとは，リーダーを決定すること，会合を組織すること，および連携のルールを策定することなどを指す），コミュニティは自己の利益を向上させるという最終的な目的を達成するため，多数の基盤的な活動に乗り出すことができる．このような活動としては，関係者や注目集団（フォーカス・グループ）との会合の実施，ケース・スタディ（事例研究），参与観察，ヴィデオ記録や実地研究が挙げられる．これらの活動およびその他の活動による成果と知見が，コミュニティ活動の資源開発，戦略的計画および政策的イニシアティヴ提言の基礎として使われる．

　市民団体は，特定の問題に関して組織されることが多い（Labonte, 1994）．市民団体は，個人レヴェルのニーズ，運動の組織化，各市民団体の連携，政治活動，およびグループの発展に際して，公衆衛生の専門家やその組織の支援を受けることがある．それら各々の活動領域は，組織の異なるレヴェルで取り扱われる．つまり，個人の活性化は個人間レヴェル，少人数グループの発展はグループ内レヴェル，市民団体の組織化はグループ間レヴェル，市民団体の連携形成および市民運動と政治的活動は組織間レヴェルでの問題である．(Labonte, 1994; Isreal, Checkoway, Schulz, and Zimmerman, 1994)．したがって究極的には，思想と方向性とは市民団体によってもたらされるが，そのプロセスにおいて専門家は資源と触媒の役割を果たし得る（Rifkin, 1985）．最初のコミュニティ動員は，市民に対して追加的な知識や教育を与えることによって起こり得る（Freire, 1970）．

　スピーアとヒューイ（Speer and Hughey, 1995）は市民団体の発達および編成における4つの異なる段階を同定した．第1の段階はアセスメント（評価）段階であり，ここでは決定的に重要な問題点が特定され，定義が与えられる．この段階のプロセスでは，人と人とを結びつけ，相互のコミュニケーションを促進させるために，コミュニティ内での1対1のコミュニケーションを通じて行われる．第2の段階，つまり研究段階はアセスメント段階で同定された問題の根本的原因を分析する枠組みを提供する．第3の段階である活動段階では，市民団体の力の共同行使が試みられたり，力を行使するための戦略

が共同で作成されたりする．最後の第4段階である反省段階とは，市民団体のメンバーたちが，これらの諸段階の繰り返しにおいて，自分たち市民団体がどのように変化し発達してきたかを分析し，また市民団体の将来の努力と活動の方針を決定する段階である．

様々なグループが連携し市民団体を形成する際，各グループの内部規則のようなグループ内制約条件を相互に承認しあうことが非常に重要である（Chang, 1993）．われわれは，社会組織や社会運動のカルチャーを分析することによって，無力なコミュニティがなぜ，どのようにして有意義に連携を設立し，成長していくかについて，より良く理解することができるだろう．

第1段階：コミュニティにおけるニーズ・アセスメント

特定のコミュニティの中に存在するニーズは，ニーズ・アセスメントによって特定することができる．ニーズ・アセスメントとは「計画策定や組織改善について，および資源配分について，優先順位の設定と意思決定をするために踏まれる系統的な一連の手続きである．そして，優先順位の設定は，特定されたニーズに基づいて行われる」（Witkin & Altschuld, 1995: 4）．「『あるもの（現状）』，つまり団体と利害関係の状況についての現状と『あるべきもの（理想）』，つまり望ましい事態との間の食い違いないし乖離」をニーズとして概念化することができる（Witkin & Altschuld, 1995: 4）．

ニーズ・アセスメントを実施するには，様々な方法がある．最も一般的な方法の一つとして集約的方法が挙げられる．この方法は複数のレベルのデータ群（インプット・レヴェル）と，その複数のデータについての複数のデータ蒐集戦略（データ蒐集法）を使って行われる．ここで，インプット・レヴェルとは情報源に対応し，データ蒐集法は手段である．例えば，1991年に制定されたライアン・ホワイト法（ないし「ケア法」）（Ryan White Comprehensive AIDS Resources Emergency (CARE) Act）に従って1998年に実施されたオハイオ州北東部におけるHIV/AIDSのニーズ・アセスメントを紹介しよう．この研究では3つのインプット・レヴェルと4つのデータ蒐集法が用いられた（Loue, Faust, and O'Shea, 2000）．3つのインプット・レヴェルとは(1) 2次データとしての疫学データと国勢調査のデータ，(2)（HIV感染者のための）サーヴィス提供者のデータ：これらはフォーカス・グループ調査や社会調査法によって得られた，(3)消費者（HIV感染者）のデータ調査，これらは

インタヴューと社会調査法を通じて蒐集された．そして，蒐集方法として(1) 2 次データ (疫学的データと国勢調査)，(2)フォーカス・グループへの調査，(3)社会調査，および(4)インタヴューを使用した．これらの調査方法が組み合わせて使用されたのは，対象となったコミュニティにおける HIV 感染の様々な段階にある人口の割合の特定，コミュニティにおける HIV に感染した人口の割合の推定，HIV 感染者のためのサーヴィスの現在の利用状況に関するデータ，現在利用不可能であるが HIV 感染者から必要とされているサーヴィスに関するデータ，介護やサーヴィスの供給源情報，消費者（HIV 感染者）がサーヴィスを受ける際の障害，必要とされている体系的な変化（変革），推定されるサーヴィスの需要量，および資金配分についての消費者とサーヴィス提供者の観点からの優先順位などを明らかにするためであった．そして現在満たされているニーズ，現在満たされていないニーズ，および将来のニーズについて，これらのデータによってより良く理解することができ，また，資金配分の優先順位を決定する上での決定的に重要なデータを提供してくれた (Loue, Faust, & O'Shea, 2000)．

疫学の使用

コミュニティのニーズを特定するために疫学や疫学的手法を利用し，コミュニティの今後の活動の目的と方針を定めるためにそれらのデータを使用した成功例は多数存在する．前述の通り，1998年に実施されたオハイオ州北東部における HIV/AIDS 感染者のニーズ・アセスメントにおいては，HIV/AIDS に感染したコミュニティの割合を推定するために疫学的データが基礎として使用された．ワシントン州における性転換のニーズ・アセスメント調査 (Washington Transgender Needs Assessment Survey) も，どのように疫学が利用可能かを示してくれる調査の 1 例である．このアセスメント調査は性転換を経たと自認する263人を対象とした調査である (Xavier, 2001)．(性転換の定義については本書の第11章を参照．) 調査によって，調査対象の 4 分の 1 が HIV に感染しており (HIV 陽性であり)，ほぼ 4 分の 1 が自分たちの血清の状態が HIV 陽性か陰性かを知らないことが報告された．また，調査に答えた人々の 3 分の 1 以上が自殺について考えたことがあり，そのうちの約半数が実際に自殺を試みたことがあると報告した．さらに対象者の 3 分の 1 以上が，「飲酒の問題を抱える者」であると答え，また 3 分の 1 以上が違法薬物を濫用

していると答えた．これらの知見は公衆衛生の専門家や政策立案者が性転換のコミュニティにおける様々なニーズを知るために役立った．そのようなニーズとしては，HIV/AIDSの予防教育のために適切な資料の作成や，薬物濫用に対する適切な治療プログラムを開発する必要性，そのような努力を性転換を経た人たちのコミュニティに届けるためのアウトリーチの必要性などがある（Xavier, 2001）．

第2段階：調査のための疫学の利用

市民団体や市民運動の文脈で疫学者が言及されることは滅多にない．市民団体や市民運動の文脈で公衆衛生の専門家が登場するのは，市民団体が公衆衛生に主な焦点を当てて活動する場合だけである．その際も，「社会運動団体および彼らが政府に対して行っている抗議に対する対応」という形で，専門家が登場するのが通常である（Labonte, 1994: 254）．しかし，前述の通り疫学的な調査や分析は市民運動の戦略形成の重要な要素になり得るのである．そして，このような調査を一番よく実施できるのは疫学者なのである．

ラボント（Labonte, 1994）は市民運動の焦点となる公衆衛生問題を，3つに分類した．それらは，(1)疾病（例えばHIV/AIDS），(2)行動（例えば喫煙や，コンドームを利用しない性交渉），(3)社会環境（例えば貧困や公害，差別）である．そしてラボントはそれぞれのカテゴリーごとに異なる公衆衛生へのアプローチ，つまり医学的アプローチ，行動的アプローチ，そして社会環境に対するアプローチを必要とすると主張した．しかし，このようなラボントの主張にも拘わらず，個別の公衆衛生問題に上手に取り組むには上記の3つの領域，つまり医学，行動，社会環境のすべての領域にわたる取り組みが必要となる．そして，そのような複数の領域にまたがった問題へのアプローチは，いくつかの重要な基礎的要素を共有している．

疫学はその基礎的要素の1つである．例えば，当該コミュニティにおける特定の病気の罹患率と有病率を特定し，その病気の感染を予防し，あるいは加速する特定の行動の役割を評価し，その病気や行動に関わる外的な要素を分析する道具として疫学を使用することができる．そのような外的な要素としては，例えば思春期の暴力行為の頻度に近隣での暴力の発生頻度が与える影響などが挙げられる．こうした疫学の役割は，環境的正義を例にして説明すると最も理解しやすいであろう．

米国環境保護庁（EPA）は，環境的正義を以下のように定義した．

　環境的正義とは，環境に関する法律や規制，政策の作成，実施および執行において，人種や民族，所得，国籍，教育水準にかかわらず，すべての国民が公正に扱われ，すべての国民が有意義な参加を達成することである．公正な扱いとは，公害による人間の健康や環境への悪影響，または，産業や地方自治，商業の活動や，連邦，州，地域，および部族の政策やプログラムの実施の結果として発生した環境への悪影響について，何人も政治的ないし経済的弱者であることを理由に過度の負担を強制されないことをいう（Environmental Protection Agency, 1998: 2）．

　上記における「健康」とは「肉体的，精神的および社会的に完全に健全な状態であり，単に疾病または病弱さの存在しないことをいうのではない」と定義されてきた（World Health Organization, 1986）．また，「環境的な公衆衛生（environmental health）」とは，「有毒な物質や人の健康に潜在的に有害なその他の環境への曝露による疾病や被害が存在しないこと」とされる（Institute of Medicine, 1995: 15）．環境的正義はその基本的前提として次のように主張する．つまり，人種や民族的マイノリティ，および低所得者の割合が高いコミュニティは，不相当に多数の危険な環境やその負担にさらされており，その結果，そのようなコミュニティにおける人々は健康への不相当に大きな悪影響を受けているのである（Institute of Medicine, 1999）．
　疫学は，問題となっているコミュニティにおける人々の健康状態を評価し，その健康状態に対して特定の環境要因が果たす影響を究明する手段として使われ得る．例えば，疫学は特定の病気の発生に対して特定の曝露が果たす役割（影響）を判断する方法として使われ得る．その際，経済的地位，医療施設へのアクセス可能性の差異，人種や民族，および日常の仕事や喫煙を初めとする生活習慣などの曝露と病気の発生についての真の因果関係を交絡させ得る様々な要因を，疫学は統制する．セクストン（Sexton, 1996）の環境的正義に関する仮説を作り出す概念モデルはそのような例の1つである．セクストンは次の問いによって概念モデルを説明している．「社会階層と人種が健康上のリスクにもたらす効果の違いは何か？」（Sexton, 1996: 75）．この問いに答えるには，個人をその人種や民族，社会経済的階層によって分類することが必要となる．社会経済的階層とは所得や教育，職業から構成される．次

に彼は,「社会階層と人種は,曝露関連因子や感染のし易さ(罹病性)に関連する要素にどのように影響するであろうか?」と問いかけた.ここで,曝露関連因子とは,曝露源との距離や職業,行動パタン,食生活,飲料水の供給源,喫煙量などである.他方,感染のし易さ(罹病性)に関連する要素には,遺伝的要素や健康状態,栄養状態,年齢,性別などが含まれる.最後に,セクストンは「曝露関連因子と感染のし易さ(罹病性)に関連する要素は健康上のリスクにどのように影響するか?」と問いかけた.この問いに答えるには,排出源や環境濃度,その物質の人体への曝露,内部摂取量,およびその物質の有害な影響を分析する必要がある.疫学はこのモデルの主要な方法となり,人種や社会階級,曝露関連因子と感染のし易さ(罹病性)に関連する因子の,直接の効果と間接の効果を理解するのに役立つであろう.

調査の計画と実施を手伝う市民団体のメンバーの支援によって,疫学専門家の蒐集するデータは,質的にも量的にもよいものになる.また,この市民団体のメンバーやその他の人々は,実施された調査の評価と調査結果の普及も手伝うことがある (Banner, DeCambra, Enos, Gotay, Hammond, Hedlund, Issell, Matsunaga, & Tsark, 1995; Drevdahl, 1995).

このように市民団体が調査に参加した例は多数存在する.例えば,アリゾナ州ツーソン市のある学区のソーシャル・ワーカーであるキャロル・ルースは,その地域で比較的に高い率で発生していた病気について調査するために4ヵ月にわたって地域の家庭を訪ねてまわった.その病気は地域の企業が飛行機整備作業のためによく使用するトリクロロエチレン(TCE)という毒性溶媒への曝露のせいであると考えられていた.この調査からは,毒物(トリクロロエチレン)の曝露と様々な疾病の発生との間に一貫した関係を見出すことはできなかった.とはいえ,この調査はコミュニティにおけるトリクロロエチレン汚染による危害についての意識を高め,また,コミュニティや企業,行政機関がこの汚染問題に取り組み,解決策を模索するように促すことはできた (Brown, 1993).アメリカ合衆国マサチューセッツ州のウーバン市における環境(地下水)汚染の事例は,公害による被害の認定とその損害賠償を求めて展開された法廷闘争でよく知られている.その模様は,『シビル・アクション (A Civil Action, Harr 1995)』という本や,ジョン・トラボルタ主演の同じタイトルの映画に描かれている.とはいえ,実際には,ウーバン市の市民もこうした公害の実態を世間に知らしめ,白血病などの病気の高い発

生率を衛生基準監督官や弁護士に注目させるために重要な役割を果たした．

科学者である疫学者と市民が互いに信頼し尊重し合い，疫学者がコミュニティをよく知りまた理解し，そもそも調査を行う目的となっている政策的問題を疫学者とコミュニティが明確に理解し，意思決定プロセスが明確であり，そしてコミュニティの専門性と規模の拡大のために努力することで，疫学者とコミュニティの協力は強固なものとなるであろう（Lillie-Blanton and Hoffman, 1995）．

第3段階：市民団体と市民運動のための戦略形成

市民団体と市民運動は，明示的な目標であれ黙示的な目標であれ，それを達成するために数多くの戦略を用いることができる．そのような戦略としては，マスメディアを利用すること，特定の状態や法律を裁判所で争うことで立法的ないし行政的な提案をすることにより法改正を達成するために努力すること，および関心ある問題について特定の立場をとる役人を援護する，ないし非難する政治運動を起こすことによって政治変化をもたらすために努力することなどが挙げられる．その他の戦略としては，人々への啓蒙活動を行うこと，地域や州，連邦レヴェルの政府に対しロビイング活動をすること，および調査と分析を実施することなどがある（Chang, 1993）．特定の成果を求めて活動する市民団体は，複数のレヴェルにおける活動によって目標を達成することもある．活動のレヴェルとしては，個人レヴェルや組織レヴェル，コミュニティ・レヴェル，政治レヴェル等がある（Loue, 1996）．

どの戦略を用いるにせよ，市民運動が目的を達成し成功するためには，当該コミュニティにおいて何が重要であるかを特定する能力が，最低限要求される．チャン（Chang, 1993）は，市民運動を始める前に考えておかなければならない5つの事項を提示した．それらは，

1. 解決されるべき問題は何か．
2. 取り組むべき目標を，どの程度広くないしは狭く設定するか．
3. 短期と長期の計画や目標は何か．全ての利害関係者が，活動の計画を立てるプロセスに参画したか．
4. 市民運動を効果的にするために，市民団体内には誰が必要か．もしくは，何が必要か．
5. 市民運動の計画は現実的であるか．計画において設定された問題は市民団

体の実際のニーズを反映しているか.

である.
　総体的で,包括的,柔軟かつ敏感な市民団体の連携が,最も成功を収める. このような市民団体の連携は,集団意識を強め,住民の市民団体参加を促進し,市民団体が活性化するための手段として役立ち,多様性を促し,かつそれを重視し,そして既存の問題に対して革新的な解決策を作成することを促進するのである (Wolff, 2001).

社会運動としての市民運動
　社会運動は,以下のように捉えることができる.

　　社会運動とは,「物語ること(ナラティヴ)」である.参加者が相互作用する活動領域において参加者によって語られるとき,物語はメンバーたちの,共有された組織の目標へのコミットメントと,コミュニティ・メンバーとしての社会的地位に基づくアイデンティティへのコミットメントを強化する.しかも,外部の敵対者に直面している場合において,物語はメンバーのコミットメントを強化することもある (Fine, 1979).

　社会運動は「場」の中に存在し,かつ相互作用のための「場」を提供する.

　　社会運動は,正規のロビイング団体として組織化されたか,あるいは特定の立場を非公式に支援する団体や特定の問題につき意識昂揚を図るために活動する団体であるかに拘わらず,市民社会の連携,…「社会的な場」,または非公式で未統合の部分社会として「そこに存在する(out-there)」のである (Labonte, 1994: 225).

　「場」としての社会運動は,「行動の舞台」(Fine, 1979, Fine, 1981),あるいはカルチャーの上演舞台の機能を果たす (Fine, 1979).
　社会運動団体は,その規模と目的に関係なく,メンバー間の相互作用と,繰り返し言及され共有される参照点として認識されることとによって,固有のカルチャーを内部に発生させる.この団体への言及は,最終的に団体としてのアイデンティティが生成するのを助ける.従って,団体の固有のカルチャーは,団体のメンバーたちに共有される知識,信念,行動,および慣習か

ら成る．このような固有のカルチャーは，団体のメンバーたちに参照点（point of reference）を提供し，将来の活動の基盤となり，そして「外部者」とされる者たちから「内部者」を識別する役割を果たす（Fine, 1979）．

どの特定の社会運動のカルチャーも，次の3つの主要な要素を含む．それは，アイデンティティ形成，儀式，および資源である．アイデンティティ形成は，団体のイデオロギーを通じて促進され，強化されることがある．

> 政治的イデオロギーは，活動によって団体としてのアイデンティティの形成を図る．団体のメンバーたちはこのアイデンティティを得ることによって，ある特定の意味において互いに関係し合うものであると了解するようになる．この関係性は，この団体の（潜在的な）メンバー各人が特定の時点で数多くの人々と持つ関係の1つに過ぎない．しかし，団体のイデオロギーによればこの関係性は，個々のメンバーが持つ諸関係のすべてを包括すべき唯一の関係とされる…．この団体内部の関係性を優先するメンバーたちのコミットメントがなければ，団体は，そのイデオロギーから見て健全であるとされるものと両立しない関係を排除し，切り離すことを通じて，状況を変えてゆくことはできない（Manning, 1976: 154-155）．

儀式的行動は，メンバー間の対話以上に，団体のメンバー間の結びつきを強め，メンバーたちを団体に融合させるのに役立つ（Fine, 1989; Turner, 1988）．儀式的行動を形成してゆく上で，物語（ナラティヴ）を利用することについては後に議論する．

社会運動のカルチャーは，当該団体に既存する資源からの産物であり，また，追加資源を集める基盤ともなる．資源には，物質的な資源とシンボリックな資源とがある．さらに，行動を相互調整するためのコミュニケーション・ネットワークや，メンバーに対する社会統制や行為のルーティン化を維持するための，コンセンサスに立脚した正統性システムなどもある．（Fine, 1995）．

戦略としての物語

物語は，社会運動についての意味の共有を団体メンバー間に形成し，集団としてのアイデンティティと凝集性とを促進することに役立つ（Hardesty & Geist, 1987; Martin, Hatch, & Sitkin, 1983）．多くの場合，これらは，個人の人

生や経験についての物語である．ファイン（Fine, 1995: 134）は，物語について以下のように主張した．

> 枠組みを例示するプロセスは，メンバーが物語を共有することと，当該社会運動のイデオロギーにとって重要とされる物語をみんなで語り合うことを通じて行われる…．社会運動は信念や行動，行為者の単なる組み合わせというだけではなく，「物語ること」でもある．社会運動がメンバーの献身の対象となるためには，個々のメンバーの献身の物語が蓄積してゆくことが重要である．なぜなら，個々のメンバーの献身の物語は，運動へのさらなる努力の注入が価値あることであり，他のメンバーも同様の経験や気持ちを共有していることを具体的に明確化させるからである．

物語を利用することは，演者（物語の語り手）と観衆（聞き手）の両方がいることを前提としている．物語は，3つの種類に区別できる．すなわち，(1)苦難の物語，(2)戦いの物語，そして(3)ハッピー・エンドの物語である．

苦難の物語とは，演者が受けた侮辱などの体験を物語るものであり，社会運動へのメンバーの積極的な参加を促進するために使われる．このような否定的な経験を語ることで，演者は自分たちに対する社会的スティグマを指摘することができ，それによって社会における自分たちの不利な立場を利点に変えてしまうことができる（Fine, 1995）．また，否定的な経験を語ることによって，同情的であると思われる観衆たちを説得することができる（Rice, 1992）．解決のための行動を必要とする「社会問題」を描写するこのような物語は，観衆の中で怒りと同情の両方を引き起こす．その結果，苦難の物語は当該社会問題の解決へ向けての行動へと立ち上がらせる檄ともなる（Fine, 1995）．そのような苦難の物語の例として，心理療法を受けている患者たちのものがある．実際に性的虐待を受けた過去はなかった患者に対し，あなたは過去に性的虐待を受けたことがあるのだ，とセラピストが説得しようとした，と患者たちは主張した．

それに対して，団体のメンバーたちが社会運動の実施中や活動中に直面した状況を物語るのが，戦いの物語である．このような物語は，有意義であると考えられる出来事を共有し，承認し，またそれを団体のカルチャーに溶け込ませることを通じて，コミュニティの価値を強調する．戦いの物語の例として，デモと反デモに対する社会の反応を語るものが挙げられる．

ハッピー・エンドの物語は，予想外の利益や褒賞についての物語である．従って，この物語によって，自分たちの目的を支持する者が存在するとメンバーを説得することができる．また，ハッピー・エンドの物語は，社会運動の参加者の士気を高揚させるためにも役立つ．

社会運動がどんなイデオロギーに基づいているかによって，利用される物語の性格も異なってくる．例えば，個人的な物語は政策に関する社会運動に比べて権利に関する社会運動においてよく利用される．個人的な物語は，次の2つの戦略のいずれかによって，演者と観衆との間を結びつける．第1の戦略は，欠点や過ちがあったが，後にそれが救済されたり，自ら克服した者を受け入れてもらおうとするものである．この戦略の好い例となるのは，「米国アルコール中毒者更生会（Alcoholics Anonymous）」の会員による物語である．米国アルコール中毒者更生会の会員たちの物語は，アルコールに溺れた自分の欠点や過ちの説明と，自分がアルコール中毒から立ち直る上で米国アルコール中毒者更生会とその活動が果たしてくれた役割の説明であることが多い．

第二の戦略は，スティグマ逸らし（stigma-deflection）の戦略である．この戦略は，欠点のない人物のはずの演者に，そのままでは固着してしまうようなスティグマを，逸らしてしまおうとするものである．この戦略の最も好い具体例は，「児童虐待法による犠牲者の会（Victims of Child Abuse Law: VOCAL）」のメンバーたちの物語である．児童虐待法による犠牲者の会は，子どもを虐待したとして多くの親が訴追された事件を契機として，1984年にミネソタ州で設立された．彼らの物語の多くは苦難の物語であり，演者を不当な制度の犠牲者として描き，法改正などの制度改革を求める根拠とするものである（Fine, 1995）．

マスメディアの利用

マスメディアによる市民運動は次のように定義されてきた．

マスメディアによる市民運動とは，世論の焦点を，単なる個人への非難から，当該公衆衛生問題の根底にある社会状況と社会制度という，より適切な問題に当てるよう努力することである．究極的に，マスメディアの利用は，市民団体がその追及する問題点を世間に周知させ，社会政策の変更へ向けての社会的支

持を得る上で，市民団体の力の源泉となるものである（Russell, Voas, DeJong, and Chaloupka, 1995: 240）．

世論の対象は単にニューズによって報告される出来事にとどまらず，スローガンや映画などをもその対象とする（Gamson, 1995）．そのような出来事や映画などが与えるイメージは，これといった特定の意味をそれ自体としては持たないことがある．むしろ，そのようなイメージの意味は，多様な視聴者や読者たち（以下便宜上合わせて観衆と呼ぶ）との対話のプロセスを通じて作られてゆく．すなわち，イメージが人々にもたらす様々な連想や個人的経験がイメージの意味の中へと持ち込まれ，そのようにしてイメージの意味が生成してゆくのである．観衆がイメージの意味を解釈し，意味を持ち込むことによって，対話のプロセスの中で形成されてゆくイメージの意味は，当初意図されていた意味とは全く異なるものとなることがある（Gamson, 1995）．

マスメディアとフレーミング（枠組み設定）

マスメディアは特定の問題や社会運動に一定の枠組みを与えることで，その問題や社会運動についての関心を呼び起こし，またそれらを正当化する上で決定的な役割を果たし得る．不正義，代弁者，およびアイデンティティの3つの要素が集合行為の枠組みを設定する．集合行為の枠組みとは「行動へ向けての信念と意味付けであり，社会運動の諸活動を呼び起こしたり，それらを正当化する枠組みである」と定義される（Snow & Benford, 1992; Gamson, 1992）．

不正義の枠組み

不正義の枠組みにおいては，ある主体を，部分的にであれ，損害や苦痛をもたらした加害者として描く．名指しされる主体としては，例えば，企業や「システム（「組織」）」が挙げられる．枠組みの焦点があまりにも具体的過ぎると，必要となる広範な人々の参加の可能性をなくしてしまうことがある．逆に，例えば漠然とした「システム」のように，枠組みの焦点が一般的に過ぎると，集合行為の実効性にとって決定的に重要な怒りと憤りの気持ちを薄め，静めてしまうことがある（Fine, 1995）．

マスメディアは，不正義の枠組みで出来事を物語ることが多い．あるニュ

ーズ・パースナリティが言ったように,「すべての報道は,不誠実と無責任に堕すことのない限度で,フィクションの要素,そしてドラマの性格を持たなければならない」(Epstein, 1973: 241). また,すべての報道は紛争と問題に関するものとして物語られなければならない.

代弁者

マスメディアは,社会運動の活動家を注目の的にすることによって観衆にその重要性を知らしめるために役立つ. 要するに,社会運動や市民運動の団体と活動家について真摯に受け止めるよう観衆に伝えるのである. 例えば,活動家の逮捕や抑圧は,提起された問題状況の深刻さを裏付けることとなる.

多くの一般市民は,時間とエネルギーのほとんどを日常生活の維持のために費やさなくてはならないので,社会の代弁者であるとか,変革をもたらす能力があるとかいった感覚を持たない(Gamson, 1995). 実際,社会運動に参加し変化をもたらす機会に恵まれる人は,ごく僅かである(Flack, 1988). さらに,マスメディアが社会運動を報道する際,評価の確立した社会運動のリーダーたちの発言や意見のみに頼る傾向があり,そのために,社会運動への市民の参加の幅を狭めてしまう. なぜなら,そうしたリーダーたちの発言や意見のみの報道は,一般の市民の無力感を強めてしまうからである. (Bennett, 1988).

とはいえ,市民の消極的態度や,自らの活動によって日常生活の状況を改善するという能力への自己不信を変える影響力を,マスメディアは持っている. 様々な社会問題への取組みに成功した市民活動を報道し,状況に対して受身の客体(影響を受ける市民)としてではなく,状況の主体(働きかける市民)として市民活動家を物語ることによって,マスメディアは市民の態度や行動に変化をもたらすことができる(Gamson, 1995 を参照).

アイデンティティ

集合行為に参加することは,「彼ら(they)」から識別された「われわれ(we)」の一員としての自己アイデンティティの確認を意味する.「われわれ」をどう定義するかは時間とともに進展し,変わり得る(Melucci, 1989). 集団としてのアイデンティティ,つまり「われわれ」は,3つの異なる層を持つ. それらの層は,相互に分離可能である場合もあるし,全面的にあるいは部分的に

重複する場合もある．この層とは，組織，運動，そして連帯の三層である (Gamson, 1995)．各層における焦点は，個人レヴェルよりも社会文化的レヴェルに向けられる．このようなアイデンティティは，独特の服装や隠語・符牒など様々なシンボルと固有化した言語を通じて表現される(Gamson, 1995)．例えば，精神障害を持つ人々は，特定の組織と協力し，精神障害者の権利のためのより大規模な社会運動の一部となることで，彼らが置かれている状況について社会の理解を促したいと願うかもしれない．

　アイデンティティの枠組みは，「総論」的であることもあれば，「集合行為」を具体的に表現したものであることもある．アイデンティティの総論的な枠組みは，特定できるような「われわれ」に結びつけられることなく，例えば世界的飢饉や不正義などといった抽象的問題を対象とする傾向がある．一方，アイデンティティの集合行為的枠組みは，明確な標的を持っていることが多い．その標的とは，「彼ら」であり，「われわれ」が敵対する相手方である (Gamson, 1995)．このような集合行為的アイデンティティは，コンセンサスに基づく社会運動（consensus movement）における決定的要素である．コンセンサスに基づく社会運動とは，「社会変化をもたらすために組織され，その目的のために幅広い支持を受けており，国民全体あるいは地理的範囲内の全住民の中に組織的な反対者がほとんど存在しないような社会運動」として定義される (McCarthy & Wolfson, 1996)．コンセンサスに基づく社会運動に対して，マスメディアは反対の立場を取ることもあれば，協力者となることもある．マスメディアが世論に基づく社会運動の協力者になる場合，当該社会運動のメッセージの対象者である観衆の範囲を広げ，当該社会運動が高く掲げる目的を好意的に物語り，また，社会運動のリーダーたちを好意的に報道する．

マスメディアを利用するための戦略

　マスメディアの利用に関する様々な戦略が存在し，それらの戦略は市民運動の成功に大きく影響する．そのような戦略として，(1)情報が幅広く報道される可能性を高めるために，プレス・リリース（報道発表）やイヴェントのタイミングを調節すること (Russell, Voas, DeJong, & Chaloupka, 1995; Chang, 1993)，(2)目標の観衆に伝えたい情報を，可能な限り単純化しておくこと (Russell, Voas, DeJong, & Chaloupka, 1995)，(3)物語の内容を，タイムリーな

ものとし，明快なメッセージと人間味とを加味し，主要な対立を含んだものとすることで，それを「報道価値のある」ものにすること（Chang, 1993），(4)社説や投書の他に，テレビやラジオ，新聞などの様々なメディアを総動員すること，そして(5)重要な事実関係を簡潔かつ正確にとりまとめてプレス・リリースの内容とすること（Chang, 1993），が挙げられる．

疫学，市民運動，そして倫理

社会運動家として市民運動に疫学者が参加することに関しては，以下の引用のような観点から倫理についての懸念が表明されている．

> 疫学者は政策決定プロセスにおいて様々な役割を果たすことができる．そのような役割としては，データを蒐集し，そのデータを解釈すること，具体的な政策選択肢を提示し，選択肢それぞれの効果を推定すること，および具体的政策提案を作成し，当該政策が実施された後にその効果を評価することなどがある．ここで提起される重要な疑問は，疫学者が研究者であると同時に特定の政策を支持する社会運動家でもあり得るかという問題である．この問題はもっと議論する必要があると考える．特定の社会政策を強く支持する立場にコミットすることで，われわれの科学的信用性に悪影響が及ぶであろうか．そして，仮に答えが「イエス」であると考えるにしても，自分の信念に沿った市民運動への参加を放棄することが，逆に倫理に反しないかどうかを，われわれは問う必要がある（Gordis, 1991: 12S）．

反面，次の引用のように，疫学者が市民運動に対して活動家としての役割を果たすことは可能であるし，またそれは望ましいことであると強く主張する者もいる．

> 疫学者も人間としての弱さを持っている点では，他の科学者たちと全く同じである．そして他のすべての科学者と同様に，疫学者は専門家として科学的誠実性，知的廉直性，中立性の最高の水準を維持しなければならない．しかし，ときとして，これら3つの徳目の最後に挙げた科学者の中立性に関して問題が起こる．生物学・医学の中の他の多くの分野に比べて，疫学は公衆衛生に関するリスクを見つけ出し，それを予防することを目的としてより明確に打ち出している．公衆衛生に関するリスクを効果的に処理するためには，特定の立場を支持する市民運動に参画する必要が生じてくる場合が多い．そして，このような特定の立場を擁護することは，科学者の中立性とは相容れない．疫学者は，

公平な科学者であることと，熱心な活動家であることを同時になし得るか．これは非常に難しいバランスを取ることである！　しかし，ここで問題となっているのは，実は中立性ではなく，科学的判断の妥当性の問題である．そして，科学的判断の妥当性を維持しつつ，市民運動家でもあることは疫学者に可能なのである（Last, 1991: 171-172）．

　われわれ疫学者は，教育や解釈についても関与できる．そのような役割は，われわれへの信頼を損なうどころか，むしろそれを高めてくれるものである．さらに考慮されるべきことは，われわれ疫学者が蒐集するデータは重要な社会的意味を持つのであるから，われわれの研究努力を社会に支持し続けてほしければ，公衆衛生のための疫学的研究の価値を実証し続けなければならないということである．そして，研究の価値を実証する唯一の方法は，研究だけしかしない者という視野狭窄的役割から殻を破って，政策関連の機能をも果たす者という政策的役割へと，われわれ疫学者の責任を拡張することである（Gordis, 1991: 12S）．

実際，純粋に研究者として参加する場合は別として，社会全体に対する疫学者の責任は，複数の国際的な倫理ガイドラインにおいて言及されている．これらのガイドラインも，市民運動に携わる疫学者の役割の適切性を黙示的に認めている．

　疫学研究に参加することによって，コミュニティや団体，個人が合理的に期待し得る利益の1つは，そのコミュニティや団体，個人の健康に関する知見を知らせてもらえる点である．コミュニティの公衆衛生を改善するための対策において，疫学研究の知見が利用されるためには，それらの知見が公衆衛生当局に伝達されなければならない…．疫学研究の研究計画書には，対象となったコミュニティや個人に，公衆衛生改善対策についての情報を伝達するべきことを定める規定が置かれるべきである．研究の知見やそれに基づくコミュニティへのアドヴァイスは，利用可能で適切な手段によってコミュニティに周知されなければならない…（CIOMS, 1991: Guideline 13, 14）

議論のための問い

1．市民運動が利用する物語を形成する上で，疫学者はどのような役割を果たせるだろうか？　環境的正義以外の例としては，どのような市民運動において疫学がそれと同様の役割を果たしただろうか？

2. マスメデイアを利用した市民運動と社会運動において, 疫学はどのように利用されているか? 例を2つ挙げながら, そのような状況で疫学を使用することはなぜ成功し(成功した例の場合), あるいは成功しなかったか(失敗した例の場合) を説明せよ. この文脈で「成功」とは, そもそもどのように定義されるべきか?

REFERENCES

Banner, R. O., DeCambra, H., Enos, R., Gotay, C., Hammond, O. W., Hedlund, N., Issell, B. F., Matsunaga, D. S., & Tsark, J. A. (1995). A breast and cervical cancer project in a Native-Hawaiian community: Wai'anae cancer research project. *Preventive Medicine, 24,* 447–453.

Bennett, W. L. (1988). *News: The Politics of Illusion.* New York: Longman.

Braithwaite, R. L., Bianchi, C., & Taylor, S. E. (1994). Ethnographic approach to community organization and health empowerment. *Health Education Quarterly, 21,* 407–416.

Brown, P. (1993). Popular epidemiology challenges the system. *Environment, 38,* 16–41.

Chang, R. (1993, July 26). *In Many Tongues: Advocacy Training 101.* San Francisco, California: Asian/Pacific AIDS Coalition (A/PAC).

Council for International Organizations of Medical Sciences (CIOMS). (1991). *International Guidelines for Ethical Review of Epidemiological Studies.* Geneva: CIOMS.

Drevdahl, D. (1995). Coming to voice: The power of emancipatory community interventions. *Advances in Nursing Science, 18,* 13–24.

Environmental Protection Agency, Office of Federal Activities. (1998). *Final Guidance for Incorporating Environmental Justice Concerns in EPA's NEPA Compliance Analyses.* Washington, D. C.: United States Government Printing Office.

Epstein, E. J. (1973). *News from Nowhere.* New York: Random House.

Fine, G. A. (1981). Friends, impression management, and preadolescent behavior. In S. R. Asher, & J. M. Gottman (Eds.), *The Development of Children's Friendships.* New York: Cambridge University Press.

Fine, G. A. (1989). The process of tradition: Cultural models of change and content. In C. Calhoun (Ed.)., *Studies in Comparative Historical Sociology.* Greenwich, Connecticut: JAI Press.

Fine, G. A. (1995). Public narration and group culture: Discerning discourse on social movements. In H. Johnston, & B. Klandermans (Eds.). *Social Movements and Culture: Social Movements, Protest, and Contention* (pp. 127–143). Minneapolis: University of Minnesota Press.

Flack, R. (1988). *Making History.* New York: Columbia University Press.

Flick, L. H., Reese, C. G., Rogers, G., Fletcher, P., & Sonn, J. (1994). Building community for health: Lessons from a seven-year-old neighborhood/university partnership. *Health Education Quarterly, 21,* 369–380.

Freire, P. (1970). *Pedagogy of the Oppressed.* New York: Seabury Press.

Gamson, W. A. (1995). Constructing social protest. In H. Johnston, B. Klandermans (Eds.). *Social Movements and Culture: Social Movements, Protest, and Contention* (pp. 85–106). Minneapolis: University of Minnesota Press.

Gamson, W. A. (1992). The social psychology of collective action. In B. Klandermans, H. Kriesi, S. Tarrow (Eds.). *International Social Movement Research: From Structure to Action.* Greenwich, Connecticut: JAI Press.

Gordis, L. (1991). Ethical and professional issues in the changing practice of epidemiology. *Journal of Clinical Ethics, 44,* 9S–13S.

Hardesty, M., & Geist, P. (1987). Stories of choice and constraint in the pursuit of quality medical care. Paper presented to the Society for the Study of Symbolic Interaction, Urbana, Illinois. Cited in Fine, G.A. (1995). Public narration and group culture: Discerning dis-

course on social movements. In H. Johnston, B. Klandermans (Eds.). *Social Movements and Culture: Social Movements, Protest, and Contention* (pp. 127–143). Minneapolis: University of Minnesota Press.
Institute of Medicine. (1995). *Nursing, Health, and the Environment: Strengthening the Relationship to Improve the Public's Health.* Washington, D.C.: National Academy Press.
Institute of Medicine. (1999). *Toward Environmental Justice: Research, Education, and Health Policy Needs.* Washington, D.C.: National Academy of Sciences.
Israel, B., Checkoway, B., Schulz, A., Zimmerman, M. (1994). Health education and community empowerment: Conceptualizing and measuring perceptions of individual, organizational, and community control. *Health Education Quarterly, 21*, 149–170.
Labonte, R. (1994). Health promotion and empowerment. Reflections on professional practice. *Health Education Quarterly, 21*, 253–268.
Last, J. (1996). Professional standards of conduct for epidemiologsts. In S. S. Coughlin, T. L. Beauchamp (Eds.). *Ethics and Epidemiology* (pp. 53–75). New York: Oxford University Press.
Last, J. M. (1991). Epidemiology and ethics. *Law Medicine & Health Care, 19*, 166–173.
Lillie-Blanton, M., & Hoffman, S. C. (1995). Conducting an assessment of health needs and resources in a racial/ethnic minority community. *Health Services Research, 30*, 225–236.
Loue, S., Faust, M., & O'Shea, D. (2000). Determining needs and setting priorities for HIV-affected and HIV-infected persons: Northeast Ohio and San Diego. *Journal of Health Care for the Poor and Underserved, 11*, 77–86.
Loue, S., Lloyd, L. S., & Phoombour E. (1996). Organizing Asian Pacific Islanders in an urban community to reduce HIV risk: A case study. *AIDS Education and Prevention, 8*, 381–193.
Manning, D. J. (1976). *Liberalism.* New York: St. Martin's Press.
Martin, J., Feldman, M. S., Hatch, M. S., & Sitkin, S. B. (1983). The uniqueness paradox in organizational stories. *Administrative Science Quarterly, 28*, 438–453.
Melucci, A. (1989). *Nomads of the Present: Social Movements and Individual Needs in Contemporary Society.* Philadelphia: Temple University Press.
Rifkin, S. (1985). *Health Planning and Community Participation.* London: Groom Helm.
Rice, J. S. (1992). Discursive formation, life stories, and the emergence of codependency: 'Power/knowledge' and the search for identity. *Sociological Quarterly, 33*, 337–364.
Russell, A., Voas, R. A., DeJong, W., & Chaloupka, M. (1995). MADD rates the states: A media advocacy event to advance the agenda against alcohol-impaired driving. *Public Health Reports, 110*, 240–245.
Sexton, K. (1996). Environmental justice: Are pollution risks higher for disadvantaged communities? *Health and Environment Digest, 9*, 73–77.
Snow, D. A., & Benford, R. D. (1992). Master frames and cycles of protest. In A. Morris, C. M. Mueller (Eds.). *Frontiers on Social Movement Theory.* New Haven. Connecticut: Yale University Press.
Speer, P. W., & Hughey, J. (1995). Community organizing: An ecological route to empowerment and power. *American Journal of Community Psychology, 23*, 729–748.
Turner, J. (1988). *A Theory of Social Interaction.* Stanford, California: Stanford University Press.
Witkin, B. R., & Altschuld, J. W. (1995). *Planning and Conducting Needs Assessments: A Practical Guide.* Thousand Oaks, California: Sage.
Wolff, T. (2001). Community coalition building-Contemporary practice and research: Introduction. *American Journal of Community Psychology, 29*, 165–172.
World Health Organization. (1986). Constitution. In World Health Organization. *Basic Documents.* Geneva, Switzerland: World Health Organization.

第8章

事例研究(5) アルコールと飲酒運転

平田彩子訳

　ワインとビールはアルコール飲料である．このことはワインとビールを「文化的なもの」ととらえることになる．すなわち，パンのように文明化（洗練）された管理と組織化にワインとビールは依存しているのである．言い換えれば，ワインとビールのため人は懸命に長時間働かなければならない．手入れや計画，技術，組織がアルコールとパンの製造の両方に必要なのである．アルコールは大切に扱われるものだが，それはパンのように「生命の糧」だからではなく，むしろその正反対だからである．アルコールは快楽を与えてくれるが，たいていは不必要であり潜在的に危険なものである．古代ギリシャ神話では，人類の歴史においてワインは新参者である．このことの意味は，とりわけアルコールがなくても人々は生きていけることを指している．アルコールを飲むと，宗教に対する畏敬の念が生じ，また，ワイン，エクスタシー，一体となって活動する集団，そして，個のアイデンティティ喪失の象徴神であるディオニュソスとの直接遭遇を引き起こすとされた（Visser, quoted in Murdock, 1998）．

アルコールと飲酒運転

アルコールの生理的効果

　アルコールは主に小腸から血中に吸収される．アルコール摂取の主要な効果として中枢神経系の機能を低下させることが挙げられる．多くの州では，血中アルコール濃度が血液1デシリットルあたり100ミリグラムかそれ以下で運転することを法律で定めている．この基準は酒気帯び運転かどうか判断する際によく使用されている（Berkow, 1992）．

　大量のアルコールを常習的に摂取している者は，アルコール摂取による身体の効果が生じにくくなるかもしれない．そうなると，同じ量のアルコールを摂取しても酔わないことになる．軽度のアルコール禁断症状としては，体

の震えや体力減衰，発汗などがある．長期にわたって大量のアルコール摂取を続けると，肝硬変や末梢神経障害，胃炎，膵炎を引き起こす．

アルコール飲用の特性

　アルコールは一番最初の入植者とともに，イギリス植民地へもたらされた．アルコールは頭痛や感染症などに対する医薬品として用いられたり（Murdock, 1998），インディアン［アメリカ先住民］との交易で商品として扱われたりした（Mancall, 1995）．植民地で人々が飲酒にふけるさまは現在と比較してひどく，平均して一日約7杯の酒が飲まれていた．ピューリタン派の聖職者を含め道徳主義者は，聖書の数節を引いて過度の飲酒の果てにもたらされる恐怖を入植者に警告した．聖書では，酔っぱらって裸になっているところを子どもに見られ，しかも，机の上には飲み過ぎによる嘔吐物がまき散らされていることに気づき，心底恥ずかしい思いをするノアの様子が描かれている（Mancall, 1995）．しかしこのような訓戒にも拘わらず，アルコール摂取や販売を取り締まる本格的な対応は独立革命後までなされなかった．

　かなり後の禁酒法制定運動やアルコール節制の運動が起こった背景には，少なくとも部分的には，禁欲をすることで貧困や家庭内暴力，遺棄から女性を救うある種の救済がもたらされるという考え方があった（Murdock, 1998）．1800年代の中盤から後半の間，禁酒法を制定する州は増えていった．禁酒法はアルコールを商業目的で製造，販売し，人前で消費することを禁止している．特に女性の飲酒について重大な懸念が表明されていた．というのも，飲酒癖は遺伝による特性で，これは世代が進むにつれよりひどくなると考えられていたからである．このような女性の飲酒に対する解決策として，不妊手術が提案された．

　1900年代初期になると，女性は自宅外で飲酒する権利を主張し始めた．女性は当初は自分たちを守る方法として禁酒法を擁護していたが，いまや禁酒法廃止のために積極的に運動を始める女性の団体も出てきた．1933年，連邦禁酒法は結局廃止されることとなった（Murdock, 1998）．

　多くの大衆誌は，20世紀初頭に採っていたアルコール依存症に対する道徳主義的立場から，1960年代にはより「自然な」立場に変わって行った．これに対応して，アルコール依存症はかつては体内の生物学的な要因や精神的要因のせいだと考えられていたが，外的要因との関連で説明されるようになっ

た．マッケンジーとギースブレクト（1981）によれば，世論の注目は，1950年代にはアルコールの私生活に与える影響であったのが，1960年代には飲酒運転の問題に変わり，1970年代には飲酒の経済的影響に変わっていった．

時代によって，メディアが採り上げるアルコール関連の問題は変化している．ヒングスンとその同僚（1988）によると，飲酒運転に関する記事の数は1980年には20以下であったのに，1983年と1984年には150を超えるまでに増加したことが分かっている．レメンスとその同僚（1999）によれば，1985年から1991年の期間に発行された5つの全国紙の記事を調べた結果，アルコールに関する記事では，時代が下るにつれ人々の健康についての問題がますます強調されてアルコール依存症の臨床的側面は軽視され，アルコールがらみの行動を定義したり説明したりする外的な環境要因に注意が向けられるようになっていった，ということがわかった．

例えば，アルコールの消費傾向は身体症状よりも文化的規範に関連していることが分かっている．具体例を挙げると，新しい社会の文化により大きく適応を迫られた移民ほど，その後より多く飲酒するようになるという関係が見出されており（Li & Rosenblood, 1994），また教育水準や職業的地位とアルコールがらみの問題との間にも関連が見出されている（Nawakami, Haratani, Hemmi, & Araki, 1992）．

運転による傷害や死亡に関する疫学

全米幹線道路交通安全局の統計によると，1996年には17,126人がアルコール関連での交通事故で死亡している．これは同年の交通事故による死亡数の40.9％にあたる．事故時に1人以上の人が法定制限値である0.1％以上の血中アルコール濃度を有していた死亡事故だけを数えると，死亡数は13,395人まで下がりこれは死亡事故全体の32％にあたる（Barr, 1996）．アメリカ合衆国と比較すると，イギリスでは，1人以上の者の血中アルコール濃度（BAC）が法定制限値の0.08％以上であったものは，交通事故死全体のうち約15％である．

アルコールがらみの交通事故死を減らすことに焦点を当てている議論では一般的に，許容される血中アルコール濃度（BAC）を0.08％に引き下げること，飲酒が可能な最低年齢を全州統一して21歳にすることが強調される．しかし，最低飲酒年齢を21歳にする提案は反対も受けている．この反対論は

「血液の国境ルール (blood border)」の存在を根拠の1つとしている。これは，21歳以下の者でも，飲酒可能な年齢が18歳であるカナダやメキシコに車を運転して入国してもよいとするルールである (Barr, 1996). ラットガーズ大学のレヴィとアッシュは研究結果から以下のような結論を導いている．

> 法定の飲酒可能年齢を引き上げることで，新しく酒を飲むようになった人々の間の高い交通死亡事故リスクが改善されうるとは思えない…．「若すぎる」のに飲酒を許しているからではなく，法的に運転が可能であるときに「初めての飲酒」という目新しいことの体験を認めているから問題が生じるのである．もし運転よりも飲酒を先に経験するようになれば，おそらく多くの命が救われることになるだろう (Quoted in Barr, 1996: 279-280).

全米幹線道路交通安全局は，約3分の2の交通事故死は乱暴な運転が原因だと推定している．乱暴な運転と運転中の携帯電話使用もまた自動車事故による損害の原因である (Cellar, Nelson, & Yorke, 2000; Irwin, Fitzgerald, & Berg, 2000). しかし，この研究にも拘わらず，ほとんどの交通事故による怪我と死亡は飲酒運転が原因だと，大多数の人々は思っている (Barr, 1996).

飲酒運転を許さない母の会 (MADD)

レイナーマン (1988：81) は飲酒運転反対運動について，以下のように力強く議論している．

> 飲酒運転反対運動は，飲酒運転の増加や飲酒運転の広がり，飲酒運転が原因と考えられる交通事故件数の増加などを契機として始まったわけではない．実際，アメリカの交通事故件数は他のヨーロッパのほとんどの先進国よりも少ないのである．飲酒運転をすると，最終的には悲劇的な事故を起こし，命や手足，財産などを犠牲にしてしまうと，広く考えられている．しかし，飲酒運転反対運動をしている団体やその代表者らは誰も，飲酒運転による交通事故が急増したことが運動を起こすきっかけであるとは言っていない．むしろ，飲酒運転禁止法によってもたらされる不正義が長い間問題となっており，立法者や裁判所はこの問題について今まで何も真剣な対応をしてこなかったという事実から飲酒運転反対運動を起こしたのだ，とみな言っている．

そうすると，飲酒運転によって死亡や手足の喪失が引き起こされたという

ことが飲酒運転反対運動成功の根拠でないならば，一体何がこの運動の基盤になっているのだろうか．この問題に対する答えは，飲酒運転を許さない母の会などの団体のレゾン・デートル（存在意義）と道徳心に対する訴えの中にあるかもしれない．

道徳心に訴える

「飲酒運転を許さない母の会」（MADD）は，主にキャンディー・ライトナーによるひたむきな努力によって1980年8月に非営利団体（NPO）として設立された．ライトナーは飲酒運転によって起きた交通事故で13歳の娘キャリーを亡くした母親である．事故が起きたとき，その運転手は飲酒運転で有罪判決を受け執行猶予中であり，またキャリー・ライトナーが巻き込まれた交通事故の数日前に，別の飲酒・ひき逃げ事故を起こし，妻が保釈金を積み保釈中であった（Reinarman, 1988）．この「飲酒運転を許さない母の会」は，キャリーの保険金やキャンディー・ライトナー自身の貯金，それに全米アルコール問題審議会や幹線道路交通安全局，レヴィ基金からの様々な少額の補助金によって資金を得ている（Reinarman, 1988）．

初めから，「飲酒運転を許さない母の会」は被害者の声を代表するものとして自らを位置づけていた．ウィード(1990)は，「飲酒運転を許さない母の会」のメンバー構成を反映させて，交通事故被害者を3つに分類している．それぞれの被害者タイプによって異なった状況が生じる．その3つの状況とは，自分自身が被害にあった被害者本人，被害者の遺族，および一般的な市民運動家である．

事故被害者本人

事故被害者本人とは，飲酒運転事故に遭ったことがある人のことである．よって，この人々は飲酒運転について「経験による知識」があるとされ，自分の経験に基づき特別な理解や知識を持っている（Weed, 1990）．被害経験によって高められた理解と知識があることで，組織内での意思決定の際，事故被害者本人はリーダーシップや地位，権威の基礎を有しているとされる（Borkman, 1976）．この立場で，飲酒運転事故の被害経験者は飲酒運転に対する怒りや恐れ，苦痛，フラストレーションを表明できる（Wortman, 1983）．そのような被害者本人のうちある者は以下のように語っている．

私は松葉づえは不要だし，車いすにも乗っていない．脳の障害もない．事故に遭う前と同じように，見たり聞いたり，感じたり，考えたりできる．実際，私には目に見える被害は何も残っていない．でも私の心の中には，飲酒運転による交通事故被害者としての傷跡が深く刻まれている．
　私は「飲酒運転を許さない母の会」の代表なので，ほとんどの人は，私が自分の子供を飲酒運転による交通事故で亡くしたのだと思うようだ．しかし，私は自分の子供を殺された悲しみを知っているなんて言うことは絶対にできない．でも交通事故の被害者であることの辛さについては，私は心の底から知っている（Sadoff, 1989: 4）．

被害者の遺族

　サイモス（1979：227-228）によれば，市民運動は喪失経験から生まれるのだろうという．というのも，「社会運動や社会的大義を通じてアイデンティティの確認をすることで自信が得られ，それ相応の権力や名声を引き出すことができる」からである．ウィード（1990:461）はさらに以下のように述べている．

　　「飲酒運転を許さない母の会」のような組織では，遺族は死亡した被害者本人に代わって被害者の役割を果たさなければならない．事故被害者本人と同様に，遺族は喪失感を人前で話すことで，飲酒運転が引き起こした被害について「経験による知識」があることを証明する．遺族は，事故被害者本人と同じく，家族が受ける苦しみについて経験による知識があると主張できる．この家族が受ける苦しみこそ，遺族がこの飲酒運転による交通事故という問題についてはっきりと意見を述べることができる土台となっている．被害者遺族が重視する点と事故被害者本人の重視する点との間には若干の相違点がある．なぜなら，将来の飲酒運転による死亡事故を防ぐと考えられる計画を促進することで「他人を助ける」ために被害者遺族が運動をするとき，それは死亡した被害者の名においてなされなければならないからである（Borkman, 1976 も参照せよ）．

　「飲酒運転を許さない母の会」のパンフレットにはそのような被害者が紹介されている．

　　あなたや，あなたの息子，あなたの娘，あるいはその他の愛する人が飲酒運転事故によって殺されたり怪我を負わされたりしてしまいました．しかし，そ

のような経験は，あなただけのものではないのです．被害者や遺族になったあなたは，多くの人々が置かれているのと同じ状況にあなたも置かれているのです．愛する人を突然事故で亡くし，悲しみに打ちひしがれ，怒りがこみ上げ，どうしようもできない気持ちを事故の被害者遺族はみんな味わっているのです．
　犯罪被害者として，自分のような悲劇が繰り返されないために，飲酒運転者が完全に刑事訴追されることを確実にするには，自分たちに何ができるかを知ることが大事なのです（MADD, 1985: 3）.

　被害者遺族が持つ道徳に訴える力は，死亡した被害者が「罪のない被害者」であると認識された場合により強くなる．研究によると，「罪のない被害者」という地位を獲得することは比較的難しいことが分かっている．なぜなら，人々はたいてい，被害者が受けた苦痛を自分の身に起こったものと同じように考えることはないし，むしろ被害者の側に何らかの落ち度を探しがちで，それによって責任や罪の意識から解放されようとするものだからである（Lerner, 1980）．以下に挙げる5つの特徴を有する状況があれば，死亡した，または負傷した被害者は「罪のない被害者」の地位を得やすい．それは，(1)被害者が弱者である，またはそう認識されていること，(2)被害者が何か立派なことをしている最中に事故に遭ったこと，(3)事故の発生した場所にその時いたことについて，被害者に何らの非難可能性もないこと，(4)加害者は「悪い」と認識されていること，(5)被害者と加害者の間には何も関係がないということ，である（Christie, 1986）．これについて，ウィード（1990：462）は以下のように説明している．

　　これらの特徴や動機，行動が，当該事故の状況にどの程度当てはまると人々が考えるかによって，罪のない被害者として当該被害者が位置付けられる程度が決まる．これら上記の特徴と当該事故状況が異なれば異なるほど，人々は被害者にも落ち度があると考えるようになる．

　キャリー・ライトナーの場合，被害当時13歳の少女であり，近所にある教会での謝肉祭に行くため道の端を歩いているときに事故に遭った．彼女は背後から轢かれ，その加害者は飲酒運転中であり，しかも以前にも飲酒運転で有罪判決を受けていた者であった．そして事故が起きる前まで，加害者はキャリー・ライトナーやその家族の誰とも全く関係のない者であった（Weed, 1990; Reinarman, 1988）．

一般的な市民運動家

　一般的な市民運動家は，事故被害者本人や被害者遺族よりも利害関係が薄い．彼らには当該市民運動の目的と個人的なつながりはない．むしろ，彼らが運動に従事するのは，当該活動や組織が「正義」を象徴しているという信念ゆえであるか，当該市民運動への市民の広い参画が社会問題の解決や不正義の回復の鍵となるという信念ゆえであるか（Knoke, 1988），あるいは，支援を必要とする社会の犠牲者として他の人々を位置づける考え方のゆえである（Lerner, 1980 を見よ）．歴史的には，ミドル・クラスの女性が，他のどの社会経済的階級の者よりも飲酒に注目し，アルコールが家庭や地域にある道徳心に対する潜在的脅威であるとみなすことが多かった（Bordin, 1981 を参照）．一般的な市民運動家は，飲酒運転をする者の責任感の欠如が地域社会の全員に危険をもたらすというように，飲酒運転者をみなす．それゆえ，飲酒運転は犯罪として処罰の対象にしなければならない，と考える（Rock, 1973; Duster, 1970）．

目標と戦略

　「飲酒運転を許さない母の会」の支部組織化のための1984年資料では，活動の主要3分野について焦点を当てている．その主要3分野とは，国民への啓発活動，法分野での運動，被害者支援である．

　　1．国民の啓発と教育：各支部は地域社会に対し，飲酒運転がいかに深刻な問題か，またアメリカ国民は飲酒運転をするという意思決定に対し各自が個人責任を負うという事実を周知させなければならない…．地域社会への啓発と教育の活動としては，メディア（新聞，テレビ，ラジオ，雑誌など）との協力，講演会への講演者の派遣事業，飲酒運転禁止ポスターのコンテスト，毎年参加者がろうそくを灯して行う夜間集会，就学年齢の児童生徒や青少年対象の教育プログラム，などがある．
　　2．法分野での運動：法律を厳罰化することで飲酒運転を効果的に抑止できるのは，それらの法律がその通りに取り締まられている場合だけである…．「飲酒運転を許さない母の会」のメンバーは，刑事司法制度の関係者や立法者に，法律の具体的な内容や首尾一貫した法の強制，法違反者に対する迅速で確実な処罰の必要性を知らしめるよう努力しなければならない．

3．被害者支援：「飲酒運転を許さない母の会」の主要な目的は被害者とその家族への支援であるから，支部は訪ねてきた被害者にマンツーマンの支援が当初からできるようでなければならない…．「飲酒運転を許さない母の会」のボランティアは被害者に対して，地域の適切な市民団体を紹介し，被害者情報一覧やパンフレットなどの資料を提供する…．ヴォランティアは訴訟手続きについても通暁し，被害者が自分に権利があるという自信の下に訴訟を通じて自らの主張をしっかりできるように被害者を支援できなければならない（MADD, 1984: 1-2）．

「飲酒運転反対同盟（Alliance Against Intoxicated Motorists: AAIM）」や，「大学生の健康についてアルコールに対する意識を高める会（Boost Alcohol Consciousness Concerning the Health of University Students: BACCHUS）」，「飲酒運転撲滅協会（Remove Intoxicated Drivers: RID）」，「飲酒運転を許さない学生の会（Students Against Driving Drunk: SADD）」などの競合団体とは異なり，「飲酒運転を許さない母の会」はアルコール業界や放送業界から資金を提供されることを厭わなかったし，アルコール飲料の価格引き上げによってアルコール消費量削減とアルコール中毒治療への資金提供を導こうという主張もしなかった．「飲酒運転を許さない母の会」の基本方針はむしろ，個人の責任や，飲酒という個人選択の（非）道徳性の強調，そして飲酒者，アルコール業界，メディア，広告スポンサーなどの自己規律を通じた問題の解決を特に強調している（Reinarman, 1988）．したがって，「飲酒運転を許さない母の会」の活動はアルコール業界とメディアの双方からも支援された．

「飲酒運転を許さない母の会」の［連邦議会における］痛々しい証言を放送することで，テレビはこの運動の高まりの起爆剤となった…．テレビがこれを放送したのは，単にこの証言が重要であると考えたからだけではない．事実，複雑でつまらないが重要な証言はいつも行われているが，それらがテレビ放映されることなど想像もできない．そうではなく，この証言は感情に訴え，涙をそそるものだったからである．普通のニュース・ディレクターならば悲嘆に暮れ嗚咽する母親を取り上げないことはありえない．これこそテレビが視聴率を稼ぐ悲劇の基本像である…．この証言は飲酒運転がメディアで大騒ぎになる始まりだった．10秒で無難なコメントができるホット・トピックを探しているテレビのニュース・ディレクターは，まるでアメフト選手がエンドゾーンでファンブルしたときのように，飲酒運転を責め立てた．テレビは繰り返し，ほとん

ど毎週のように,「飲酒運転の厳罰化」を訴えた…. このトピックはテレビにとって願ってもない棚ボタだった. だれにでもすぐに理解できるし, 反対者はいない…. 同時に, 全米放送事業者協会はこの問題に関する大規模な広報活動を開始した…. もちろん放送会社も馬鹿ではない. テレビの飲酒運転への注目の背後にある動機は, [アルコール飲料に関する]広告を禁止しようとの動きに対して機先を制して予防線を張ることであった(Freund, 1985: 1).

個人の責任を強調し, 飲酒運転の社会構造的な側面に焦点を当てることをしないという「飲酒運転を許さない母の会」の方針は, 1980年代合衆国のレーガン政権と新右派双方の政策方針とレトリックに親和的であった. その結果, 運動のタイミングも運動の成功をもたらす要因となった(Marshall & Olson, 1994; Reinarman, 1988).「飲酒運転を許さない母の会」はその政治的な信頼性を利用して大成功を収めた. 具体的には, 飲酒運転の加害者については司法取引を廃止して軽い罪の自白と引き換えに重い罪の訴追を免れることができないようにすること, 執行猶予なしの必要的実刑判決を制度化すること, 飲酒に関する傷害や死亡事故を重罪に再分類すること,「酒場(dram shop)」(アルコール提供者)に飲酒運転事故の法的責任を負わせる法律を策定し実施すること, ランダムに検査をする飲酒検問所を設けること, 飲酒運転者には強制的に治療を受けさせる法律の制定や, 最低飲酒可能年齢を21歳にする法律の制定, などが達成された(Reinarman, 1988).

その政策方針を推し進めるために,「飲酒運転を許さない母の会」は「州の格付け」(Rating the States: RTS)プログラムを考案し, 各州が取り組んでいる飲酒運転対策の程度を公にした. 1993年のプログラムの一環として,「飲酒運転を許さない母の会」は各州を以下の評価分野ごとにランク付けを行った. その評価分野とは, 知事のリーダーシップ, 統計データと記録, 法執行, 行政罰や刑事罰, 行政規制と利用可能性, 立法努力, 予防努力や啓発努力, 若者についての問題, 自給自足的なプログラム, 革新的なプログラム, 被害者問題, である. 各州はそれぞれ成績が付けられ, F (最低)からA (最高)まで格付けされる. 調査報告が公にされると, それによって新たな飲酒運転対策を州が行うようになることもしばしばであった(Russell, Voas, Dejong, & Chaloupka, 1995). いくつかの要因がこのプログラムの成功に極めて重要であったことが分かっている. つまり, (1)団体として「飲酒運転を許さない母の会」がすでに高い信頼性を確立していたこと, (2)他の州と比較して自分

たちの州がどのように位置付けられているのかについて，人々の抱く関心が高かったこと，(3)AからFのランク付けは（学校の成績評価と同じなので）一般の人々ほぼ全員にとって馴染みのあるものであること，(4)特定の政治リーダーたちに焦点を当てることで，結果的に政治論争を生じさせ注目と活動が増加したこと，そして(5)マーケティングの専門知識のある外部コンサルタントやメディアとのコネのある外部のコンサルタントを使ったこと，が成功の要因として挙げられる（Russell, Voas, Dejong, & Chaloupka, 1995）．

　しかし，他のメディアを通じた立法努力はそのようなめざましい成功には至らなかった．例えば，1991年にマサチューセッツ州議会は，酒気検査を拒否したという事実自体を飲酒運転容疑者に対する訴追側証拠として刑事裁判に顕出できるという法案を審議していた．しかし，ある議員が議会での駆け引きによってこの法案の通過を阻止しようとした．「飲酒運転を許さない母の会」はメディアを通じて大規模な運動を行い，一般の人々にこの問題に対して注意を喚起した．この法案は最終的に議会で可決され州知事によって署名されたが，「飲酒運転を許さない母の会」がとった行動により立法府内部の分裂が表面化してきて，それが法の持っていた基本的な有効性を減退させることとなった（Dejong, 1996）．

組織的特徴

　「飲酒運転を許さない母の会」が組織として収めた成功は注目に値する．1986年までに，「飲酒運転を許さない母の会」の年間予算は790万ドル（1986年当時の為替レート1ドル約240円で計算して約19億円），49の州に385の支部を擁し，アメリカ49の州とカナダ，ニュージーランド，イギリスに約60万人の会員を有するようになっていた（Schaet, 1986）．

　「飲酒運転を許さない母の会」とその様々な支部はフランチャイズの仕組みと似たような構造をしている．個人からなるグループが支部を設立するには「飲酒運転を許さない母の会」に直接連絡を取ることが求められる．また，支部を設立するには，10人以上のメンバーが必要である．支部は地元で会費を徴収するとともに，寄付を募って支部の経済基盤を拡充することもできる．支部は支部長を自分たちで決めることができ，さらに，各支部独自のプログラムを自由に展開することができる．支部は様々な問題について会の本部に反対することも自由にできる．全会で統一的に実施する運動では本部と協力

しなければならないが，成功を収めている支部の中には独自の方向性を打ち出すものが増えている（Weed, 1991）．

「飲酒運転を許さない母の会」の成功の原因にはたくさんの要因が指摘されている．例えば，(1)幹線道路の安全問題に関する他の多くの問題，特に意見が分かれそうな問題を除外して，飲酒運転にのみ注目することで明確なニッチ（固有の運動領域）を発展させたこと，(2)最小主義的な特性，つまり初期コストが比較的低く，維持コストも低かったこと，状況に応じて団体資源を追加的に増やす戦略を採用したこと，また環境条件への適応能力が高かったこと，がある（Halliday, Powers, & Granfors, 1987）．ヴォランティアの働きも「飲酒運転を許さない母の会」の成功には欠かせない（McCarthy & Wolfson, 1996）．被害者支援を強調することで「飲酒運転を許さない母の会」は多くの寄付金を集めることができた（McCarthy & Wolfson, 1996）．

議論のための問い

1．飲酒運転反対運動は，総じて疫学的知見に基礎を置く運動ではなく，むしろ個人的な経験に根差した運動であったといえる．
   a．運動によって主張された飲酒と交通事故との間の関係は，アルコールと交通事故との関係についての疫学的知見をどの程度反映したものといえるか（そのような疫学的知見はそもそも存在するか？）．
   b．疫学的知見に基づくのではなく，個人的な経験に根ざした運動によって，法律や政策が形成されることの短期的，長期的含意は何か．
2．目標を達成するため「飲酒運転を許さない母の会」が採った戦略について考えよう．「飲酒運転を許さない母の会」の成功は，メディアを使った運動にどの程度起因するか．また立法に対する運動にはどの程度起因するか．

REFERENCES

Barr, A. (1996). *Drink: A Social History of America.* New York: Carroll & Graf Publishers, Inc.
Berkow, R. (1992). *The Merck Manual of Diagnosis and Therapy.* Rahway, New Jersey: Merck Research Laboratories.
Bordin, R. (1981). *Women and Temperance: The Quest for Power and Liberty, 1873–1900.* Philadelphia: Temple University Press.
Borkman, T. (1976). Experiential knowledge: A new concept for the analysis of self-help groups. *Social Service Review, 50,* 445–456.
Cellar, D. F., Nelson, Z. C., & Yorke, C. M. (2000). The five-factor model and driving behavior: Personality and involvement in vehicular accidents. *Psychological Reports, 86,* 454–456.

第 8 章 事例研究(5) アルコールと飲酒運転　199

Christie, N. (1986). The ideal victim. In E. A. Fattah (ed.), *From Crime Policy to Victim Policy* (pp. 17–30). New York: St. Martin's Press.
DeJong, W. (1996). MADD Massachusetts versus Senator Burke: A media advocacy case study. *Health Education Quarterly, 23,* 318–329.
Duster, T. (1970). *The Legislation of Morality.* New York: Free Press.
Freund, C. P. (1985). Less filling, tastes great. *City Paper* (Washington, D.C.), Feb. 1–8.
Halliday, T., Powell, M. J., & Granfors, M. W. (1987). Minimalist organizations: Vital events in state bar associations, 1870–1930. *American Sociological Review, 52,* 456–471.
Harr, J. (1995). *Civil Action.* New York: Vintage Books.
Hingson, R., Howland, J., Morelock, S., & Heeren, T. (1988). Legal interventions to reduce drunken driving and related fatalities among youthful drivers. *Alcohol Drugs Driving, 4,* 87–98.
Irwin, M., Fitzgerald, C., & Berg, W. P. (2000). The effect of the intensity of wireless telephone conversations on reaction time in a braking response. *Perceptual and Motor Skills, 90,* 1130–1134.
Knoke, D. (1988). Incentives in collective action organizations. *American Sociological Review, 53,* 311–329.
Lemmens, P. H., Vaeth, P. A. C., & Greenfield, T. K. (1999). Coverage of beverage alcohol issues in the print media in the United States, 1985–1991. *American Journal of Public Health, 89,* 1555–1560.
Lerner, M. J. (1980). *The Belief in a Just World: A Fundamental Delusion.* New York: Plenum Press.
Li, H. Z., & Rosenblood, L. (1994). Exploring factors influencing alcohol consumption patterns among Chinese and Caucasians. *Journal of Studies on Alcohol, 55,* 427–433.
Linsky, A. (1971). Theories of behavior and the image of the alcoholic in popular magazines, 1900–1960. *Public Opinion Quarterly, 34,* 573–581.
MADD. (1984). *Organizing a Chapter.* Hurst, Texas: Mothers Against Drunk Driving.
MADD. (1985). *Victim Information Pamphlet.* Hurst, Texas: Mothers Against Drunk Driving.
Mancall, P. C. (1995) *Deadly Medicine: Indians and Alcohol in Early America.* Ithaca, New York: Cornell University Press.
Marshall, M., & Oleson, A. (1994). In the pink: MADD and public health policy in the 1990s. *Journal of Public Health Policy,* Spring, 54–68.
McCarthy, J. D., & Wolfson, M. (1996). Resource mobilization by local social movement organizations: Agency, strategy and organization in the movement against drinking and driving. *American Sociological Review, 61,* 1070–1088.
McKenzie, D., & Giesbrecht, N. (1981). Changing perceptions of the consequences of alcohol consumption in Ontario, 1950–1981. *Contemporary Drug Problems, 10,* 215–242.
Murdock, C. G. (1998). *Domesticating Drink: Women, Men, and Alcohol in America, 1870–1940.* Baltimore: Johns Hopkins University Press.
Nawakami, N., Haratani, T., Hemmi, T., & Araki, S. (1992). Prevalence and demographic correlates of alcoholl-related problems in Japanese employees. *Social Psychiatry and Psychiatric Epidemiology, 27,* 198–202.
Reinarman, C. (1988). The social construction of an alcohol problem: The case of Mothers Against Drunk Drivers and social control in the 1980s. *Theory and Society, 17,* 91–120.
Rock, P. (1973). *Deviant Behavior.* London: Hutchison University Library.
Russell, A., Voas, R. B., DeJong, W., Chaloupka, M. (1995). MADD rates the states: A media advocacy event to advance the agenda against alcohol-impaired driving. *Public Health Reports, 110,* 240–245.
Sadoff, M. (1989). Voiceover. *MAADVOCATE, 2,* 4.
Schaet, D. (1986). *MADD Newsletter,* February.
Simos, B. G. (1979). *A Time to Grieve: Loss as a Universal Human Experience.* New York: Family Service Association of America.
Weed, F. J. (1987). Grass-roots activism and the drunk driving issue: A survey of MADD chapters. *Law and Policy, 9,* 259–278.
Weed, F. J. (1991). Organizational mortality in the anti-drunk-driving movement: Failure among

local MADD chapters. *Social Forces, 69,* 851–868.
Weed, F. J. (1990). The victim-activist role in the anti-drunk driving movement. *The Sociological Quarterly, 31,* 459–473.
Wortman, C.B. (1983). Coping with victimization: Conclusions and implications for future research. *Journal of Social Issues, 39,* 195–221.

第9章
事例研究(6)　注射器支給プログラム

佐伯昌彦訳

　この悲嘆の叫び声は，決して鎮まることはない．不正の犠牲者たちには，文句を言い，抗議をする権利がある．その悲嘆の叫び声は，彼らの被害への苦悩と正義への信頼の表れなのだ（Gutierrez, 1987: 101）．

注射器支給プログラムとは何か

注射器支給と危害の軽減

　注射器支給プログラムの主要な目的は，「注射器による薬物使用者（IVDU: Intravenous Drug Users）や，その性的パートナー，一般市民の間で，肝炎やHIVなどの感染病が広がること」を軽減することにあると説明されている（Ferrini, 2000: 173）．注射器支給は，「危害の軽減プログラム（harm reduction）」として知られるプログラムのうちの1つであって，薬物使用者更生支援の1つである．危害の軽減プログラムの考え方によれば，麻薬問題は，薬物使用そのものではなく，薬物の生活一般への影響にある．従って，プログラムは，薬物使用に舞い戻らず安定した生活を維持するために，長期的な支援を重視し，個々人とそれぞれのニーズに合わせて運営されなくてはならない（Sorge, 1991）．

　薬物使用者更生支援の他の多くのアプローチとは異なり，危害の軽減プログラムの最終的な目標は，薬物をやめさせることではない．むしろ，薬物に対する態度の一方の極にあるのが薬物を止めることであると位置付けられている（Sorge, 1991）．個々人の薬物使用の現状とその完全な回復との間にある様々な段階が，価値あるものと見なされている．我慢しきれず再び薬物に手を出してしまってもそれが失敗とはみなされることはなく，薬物使用から完

全な回復に行きつく際に誰にも共通して起こる出来事と捉えられる．従って，薬物濫用と完全回復との間には様々な行動の幅があり，それらは安全性を基準にして位置づけられる．

　危害の軽減プログラムは，薬物使用をめぐる社会的側面および環境的側面に焦点を当てる．介入政策は，経験や組織，個人の薬物使用度に関する情報を基に実施される．薬物使用者のほとんどは治療の後も，薬物使用の環境条件から逃れることが困難である．そこで危害の軽減プログラムは，注射器による薬物使用者が地域社会とその社会的環境を積極的に活用することによって立ち直ることに焦点を当てて支援している．このアプローチにおいては，注射器による薬物使用者も，自己選択の能力，特定の行為を修正したりやめたりする能力，および自分自身を守る能力を持っていると考えられている (Sorge, 1991)．多くの場合，危害の軽減プログラムは，社会福祉事業や薬物療法などの，治療を提供する公式的な制度との接触の乏しい人々に焦点を当てる．

注射器支給プログラム：歴史と具体例

　注射器支給プログラムの普及と疫学との間に，何か関係があるのか疑問に思われるかもしれない．しかし，ある研究者は以下のように述べている．

> 　HIV対策に関しては，注射器支給プログラムの普及において，疫学は重要な役割を果たした．初期の研究により，以下のことが分かっていた．すなわち，注射器による薬物使用者はHIVやその他の血液感染性の病気罹患の重要なリスク・グループであること，注射器による薬物使用者間での感染の主な経路が，汚染した注射器の使い回しであること，異性愛の女性や子どもの感染における重要な原因が注射器による薬物使用者であることなどである．さらに，初期の研究により，注射器入手に処方箋が必要で，かつ薬物使用のための道具を取り締まる法律が存在するために，殺菌された注射器を合法的に受け取ることができないことが，注射器の使い回しの主な原因であることも分かっていた．
> 　疫学は，個別の公衆衛生のプログラムを立案する上で非常に重要な経験的根拠となる情報を提供してくれている．疫学は，単に研究調査をするだけではすまされない．新しい研究成果が蓄積されて行くにつれ，従来の見解との矛盾が明らかとなってくれば，その矛盾を解決するために必要な研究を実施するのも責務であるとともに，政策決定や実務を導くために必要な研究を実施するのもまた，疫学の責務である…．より広い視野で考えれば，公衆衛生とは政治過程

の中にあるものとして位置づけられる．そして，公衆衛生の基礎科学たる疫学も，そのような政治過程において欠かせないものなのである（Vlahov, 2000: 1390-1391）．

　現在までに，少なくとも40の注射器支給プログラムが存在している（Lloyd, O'Shea, & the Injection Drug Use Study Group, 1994）．このようなプログラムが地域社会の支援を受けてアメリカ合衆国で最初に開始されたのは，1988年ワシントン州のタコマにおいてである．そのようなプログラムの多くは，薬物使用者から使い古しの注射器や注射針を回収し新品と取り換えている（Lurie et al., 1993b）．かなりの数の研究によると，注射用の器具の回収率は高いとのことである（Buning, 1991; Lurie et al., 1993a）．

　アメリカ合衆国における注射器支給プログラムの約半分は，合法的なプログラムである．しかしながら，ヨーロッパやカナダにおける多くの注射器支給プログラムとは異なり，連邦政府は，そのようなプログラムの設立に関わっていない．ルーリーとチェン（Lurie & Chen, 1993）は，注射器支給プログラムを合法性の程度を基準として分類した．(1) 合法プログラム：医療機器入手に処方箋を要求する法が存在しないか，またはそのような法が存在しても注射器が規制対象から除外されている州．(2) 違法ではあるが黙認されているプログラム：医療機器入手に処方箋を要求する法が存在するが，地域の選挙により選ばれた者からなる組織が，注射器支給プログラムを支持ないし承認することを投票で決めた州．(3) 違法なためアンダーグラウンドで実施されているプログラム：注射器支給プログラムに対する上記(2)のような支持が得られず，違法とされている州．

　注射器支給プログラムは，4つの運営モデルに区別できる．(1) 運動家による注射器支給プログラムの運営，(2) 州政府の支援がなく，地域主体の組織での運営，(3) 州政府の支援を受けた地域主体の組織での運営，および(4) 州や地域の支援による運営の4つである（Lurie and Chen 1993）．上記4つのモデルそれぞれの注射器支給プログラムを以下に紹介してゆく．

運動家による運営：カリフォーニア州サン・ディエゴ

　サン・ディエゴ・カウンティには，注射器による薬物使用者が7,153人から23,381人いると推定されている（Green, 1993）．連邦司法省により作成された

サン・ディエゴのランキングを見れば，この数字は驚くほどのものではない．サン・ディエゴは，ヘロイン陽性の逮捕者の率では全米で第3位であり，多種類の薬物使用者の率は全米で1位か2位であり，ヒロポン（メタンフェタミン）の使用者の率は全米で1位なのである．それに加えてサン・ディエゴは，「薬物取引が集中する地域（麻薬取引多発地帯）」に指定されているのである（San Diego Department of Health Services, Office of AIDS Coordination, 1994）．さらに，サン・ディエゴはメキシコ国境に近く，メキシコでは注射器や注射針，注射器で注入する様々な薬物が処方箋なしに薬局で手に入るのである．そのため，ビタミンやステロイド，ホルモン，抗生物質だけでなく注射器や注射針もメキシコで購入し，それらを自宅に持ち帰って勝手に処方したり注射器具を他の者と共有したりしているであろう．薬物中毒治療プログラムを受けている注射器による薬物使用者の5％から10％が，HIV検査で陽性であると推定されている（San Diego Department of Health Services, Office of AIDS Coordination, 1993）．

サン・ディエゴの注射器支給プログラムは，1992年1月8日に，「パワー解放のためのエイズ連合（ACT-UP: AIDS Coalition to Unleash Power）」のヴォランティアによって始められた（ACT-UPについては後述する）．当時は違法ではあったが，篤志家による寄付や支援，および私的な助成金のおかげで続けることができている．1994年7月からは，サン・ディエゴ・クリーン注射器支給プログラム（San Diego Clean Needle Exchange）と呼ばれるようになった（Lloyd, O'Shea, & the Injection Drug Use Study Group, 1994）．

このプログラムは，1992年1月8日から1994年2月までに，5,000人以上の薬物使用者の32,000本の注射器を交換した．しかし，1994年の2月には，プログラムのメンバー1人が逮捕された．この逮捕以来，注射器交換は薬物使用者の自宅で行われるようになっている．薬物使用者の自宅をメンバーが訪れることは，清潔な注射器や注射針を配布するためだけではなく，HIVの予防や検査に関する教材，およびコンドームや消毒用の漂白剤，薬物濾過に使うコットン，アルコールの染みた消毒用のガーゼ，その他の関連する地域社会の資料を配布する機会ともなっている．このプログラムは，平均して週に600から1,000本の注射器を交換している．プログラムの利用者は，20代から60代まで幅がある．人種別にみると，約60％がアフリカ系アメリカ人で，約30％がラテン系アメリカ人，約10％が白人である．

州政府支援のない地域主体の組織：ブロンクス＝ハーレム

　ニュー・ヨーク市の大都市圏には，注射器による薬物使用者が約20万人住んでいる．1978年から1986年の間に薬物関連の原因で死亡した8,447人のうち，半分以上がエイズによるものであった．ニュー・ヨーク市での注射器による薬物使用者のHIVの感染率は55％から60％であると推定されており，全米で最も高い数値となっている．ニュー・ヨーク市には，薬物依存症治療の施設が約39,000から43,000あるが，ヘロイン以外の薬物使用者治療やメタドン維持療法以外のプログラムに当てられている施設は，その内の20％にすぎない．ブロンクス行政区（borough）の人口の38％を占めるサウス・ブロンクスには，行政区内の注射器による薬物使用者のうち66％が住んでいる．ブロンクスの人口の約1％が，HIVに感染している（Lurie et al., 1993a）．

　1988年1月，ニュー・ヨーク市の衛生局長は，注射器支給プログラムの設立を許可した．地域の反対のため，最終的にプログラムの実施箇所は警察署の近くの1ヵ所に限定された．しかし，様々な場所的制約や行政上の制約のため，プログラムの効果は乏しかった．そのため，最終的にニュー・ヨーク市長は1990年2月にプログラムを廃止した（Lurie et al., 1993a）．

　1990年2月，市によるプログラムの廃止に抗議して，「パワー解放のためのエイズ連合（ACT-UP）」が注射器支給プログラムを開始した．この非合法（アンダーグラウンド）の注射器支給は，2つの地点で行われた．1つは，ブロンクス＝ハーレムで，もう1つがマンハッタンのロウアー・イースト・サイドである．ニュー・ヘイブンにおける注射器支給プログラムの評価研究を検討して，ニュー・ヨーク市長は公式にこれらのプログラムを支援することを発表した（ニュー・ヘイブンの注射器支給プログラムについては後述）．1992年7月19日，ニュー・ヨーク州の衛生局長は，上記2つのプログラムに対して州の処方箋法の適用除外を認めた．これによって，処方箋なしでの注射器所持が認められることとなった（Lurie et al., 1993a）．

　ブロンクス＝ハーレムの注射器支給プログラムは，昔から薬物の売買が行われていた場所で実施されている．この注射器支給プログラムは，ニュー・ヨーク州によって運営されているアメリカ・エイズ研究財団（AmFAR）から財政的支援を受けている．

州政府の支援を受けた地域主体の組織：コネティカット州ニュー・ヘイブン

ニュー・ヘイブンには，注射器による薬物使用者が約1,910人から2,660人いる．注射器による薬物使用者におけるエイズの罹患率は，10万人中13人である．ゲイや両性愛者の注射器による薬物使用者の間では，10万人中0.04人である（Lurie et al., 1993a）．ニュー・ヘイブンの注射器支給プログラムは，後に全米エイズ団体（NAB, National AIDS Brigade）と呼ばれるようになる団体によって1986年に開始された．ニュー・ヘイブン市長によるエイズ・タスク・フォースを母体として，注射器支給プログラムはニュー・ヘイブン市保健省によって公式に立ち上げられた．1990年，コネティカット州議会において，このプログラムは法的に認可され，25,000ドル（1990年当時の為替レートを1ドル約145円として，約360万円）が予算配分された．1992年までに，合計20万ドル（1992年当時の為替レートを1ドル約140円として，2,800万円）が予算配分された．その後1992年には，薬剤師が処方箋なしで一度に10本までの注射器を店頭で売ることを認める州法が制定された．この州法は，注射器支給プログラムが他の市へ拡大することも公式に認めた．

このプログラムを通して様々なサーヴィスが提供された．例えば，注射器や薬物濾過に使うコットン，薬物混合用容器，消毒用の漂白剤，コンドーム，殺菌された洗浄用の水，健康のための教材，HIVの検査，およびHIV感染者に多い結核の場合の結核治療所への移送，HIVをはじめ性交渉により感染する病気の検査への移送，一次医療，社会福祉事業，カウンセリング，住宅の紹介（移送）である．プログラムが配布した注射器は，追跡調査のため印がつけられていた．注射器支給プログラムによって提供された注射器のうち，戻ってきたのは全体で68％である．ニュー・ヘイブンの注射器支給プログラムは，ニュー・ヘイブンの注射器による薬物使用者の48％から68％に行き渡っていると推定されている．自己申告の個人属性によれば，利用者のうち約41％はアフリカ系アメリカ人，約34％が白人，約25％がラテン系アメリカ人である．

注射器支給プログラムは，HIVの検査で陽性となる注射器の率を減少させ，薬物依存症治療サーヴィスの端緒となることが分かっている（Heimer, Kaplan, Khoshnood, Jariwala, & Cadman, 1993）．プログラムの利用者のうち約3分の1が，薬物使用からの更生プログラムへ参加するための助力を求めている．注射器支給プログラムは，助力を求めた利用者のうち半分以上の人を

そのようなサーヴィスに参加させることに成功した．

地域の支援による注射器支給プログラム：ワシントン州シアトル

シアトルのキング・カウンティには，約12,000人の注射器による薬物使用者が住んでいる．そのうち最大で5％の人々がHIVに感染していると推定されている（Lurie et al., 1993a）．

パワー解放のためのエイズ連合（ACT-UP）の努力により，1989年3月にシアトルで注射器の交換が始められた．この試みは，シアトルの保健所も支持した．保健所はプログラムのアウトリーチ・ワーカー（訪問相談員）に，プログラム利用者用の薬物濫用に対する治療やHIVの感染予防に関する資料を提供した．州の薬剤師会が，最初に支給する注射器を提供してくれた．州の保健所は注射器支給プログラムを，注射器による薬物使用者への接触の機会であると捉え，翌月には事業を引き継いだ（Lurie et al., 1993a）．

シアトルの注射器支給プログラムは複数の地点において実施されている．1990年までには，年間約2,342人が注射器支給プログラムに接触を取るようになっていた．州の保健所は，1989年の第2四半期から1993年の第1四半期までの間に，100万本以上の注射器を支給した．加えて，注射器支給プログラムは，利用者が薬物からの更生サーヴィスを受ける手助けとしても成功している．

注射器支給プログラムの基盤

なぜ注射器支給プログラムは普及したのか？ なぜ従来の自己抑制を重視したプログラムでは十分でなかったのか？ このような疑問は，誰しもが持つものであろう．この問いへの答えは多面的であり，その答えを得るためには注射器による薬物使用とその結果についての理解が必要となる．

注射器による薬物使用：行動と生物学

注射という行動は，使われる薬物の内容によってその態様が異なってくる．例えば，コカインのような薬物であれば，高揚感・陶酔感を持続し禁断症状の発作を防ぐために，より高い頻度で注射をしなくてはならない（Des Jarlais et al., 198）．薬物によって薬理作用が異なるため，注射後の行動も使われる薬物によって同様に異なってくる．例えば，コカインを使うと，興奮した

り，はしゃいだり，多弁になったり，そしてまた積極的になったりする．他方でヘロインを使うと，「意識がもうろうとしてガクン（nod out）」となるだろう．つまり，発話量が減少したり，自発運動量が減ったりするのである (Chiasson, Stoneburner, Telzak, Hildebrandt, Schultz, & Jaffe, 1989)．急性の禁断症状を避けたり，その発生回数を減らそうとしたりしてより頻繁に注射をする者は，常に清潔な注射針を使用するということを守らなくなりやすいだろう (Chiasson, Stoneburner, Telzak, Hildebrandt, Schultz, & Jaffe, 1989)．

　経口摂取する薬物は，分解され，消化され，そして拡散する．その後，消化管を通して血流に吸収される．血流に吸収された薬物は，やがて脳に到達する．薬物の多くは，肝臓で代謝され，そこで毒性が薄められる．このようなプロセスのため，経口摂取される薬物は，1時間やそこらでは効き目が出ないだろう．しかしながら，注射器による薬物は，血流や筋肉，皮膚の上層に直接打ち込まれる．薬物は消化吸収される必要がないため，効果は経口のものよりも遥かに迅速に出るだろう．そのため注射器による場合は経口の場合よりも，同じ高揚感，要するに「ハイな状態（high）」を得るために薬物の量は少量で済む．静脈に注射する場合，薬物はボーラス剤として知られる小さな球状になって，約10から20秒で脳に到達する．この場合の効果は，極めて急激で，非常に強烈なものである．これが，いわゆる「ラッシュ（rush）」というものである．「ラッシュ」は完全に薬物に対する生理的作用であるから，個人の薬物の使用歴に関係しない．肝臓の代謝機能によって薬物の効果が抑制されないので，経口に比べて注射器による場合の方が，薬物の副作用は深刻である (Stryker, 1989)．

　血管壁は比較的鈍感なので，刺激性物質であっても注射することはできる．しかし，同じ静脈に繰り返し注射していると，血管の壁は強度と伸縮性を失い，ついには崩壊してしまう．そうなると，注射をするために他の静脈を探さないといけなくなる (Ray & Ksir, 1990)．刺激性物質の皮下注射の繰返しによって，注射した周辺の皮膚が死んで脱落し「スキン・ポッピング状（注射跡の黒ずんで硬化した状態）」になってしまう (Ray & Ksir, 1990)．

薬物の使用と濫用による影響

　薬物の使用は，疾病率にも死亡率にも多大の影響を与える．毎年全米で約50万人が薬物濫用のため死亡している (Robert Wood Johnson Foundation,

1993)．薬物濫用による死亡のうち，ほぼ40％は30歳から39歳の大人が占めている．新しくエイズに発症した者のうちの3分の1以上は，注射器による薬物使用者か，そのような者と性的関係を持った者である（Robert Wood Johnson Foundation, 1993）．

薬物使用者の1部では，全体としては薬物消費量の減少が窺われるが，毎日あるいは毎週薬物を使用するという意味での重度の薬物使用者の率は変わらない．国立薬物濫用研究所（National Institute on Drug Abuse）は，少なくとも7,400万人のアメリカ国民が違法薬物を生涯に1度以上経験をしており，130万人のアメリカ国民が違法薬物を年に1度以上注射していると推定している．その者たちのうち，約半数はヘロインを使用しており，残りの半数はコカインやヒロポンを使用していると推定されている（AIDS Alert, 1994）．

薬物使用の影響は，妊娠中に薬物を摂取した母親から生まれた子どもにも現れる（Faden & Graubard, 2001; Pollard, 2000）．長期にわたる違法薬物の使用は，様々な臓器の障害につながる．薬物やアルコールに耽る者はそうでない者よりも，コンドームを着用しない危険な性交渉を行う傾向があるため，アルコールと違法薬物の使用はHIV感染リスクの増大と関連している（Weinhardt, Carey, Carey, Maisto, & Gordon, 2001; Stein, Hanna, Natarajan, Clarke, Marisi, Sobota, & Rich, 2000）．

薬物使用者が職場で無駄にする時間や日々，薬物に起因する怪我とその治療などのために，薬物使用は雇用主にコストをもたらす（Robert Wood Johnson Foundation, 1993）．薬物使用がもたらすアメリカ合衆国の経済的損失は，2,380億ドル（1993年当時の為替レートを1ドル135円として，32兆1,300億円）を超えると推定されており，この数字はアメリカ合衆国の全医療費の4分の1にあたる（Robert Wood Johnson Foundation, 1993）．

HIV，エイズ，および注射器による薬物使用

HIVとエイズ：初歩的知識

ヒト免疫不全ウィルス（HIV）は，後天性免疫不全症候群（エイズ）の原因であると考えられている．エイズは，1981年に他の病気と区別される症候群として初めて認定され，その症状は死に至りうるものである．

HIVに感染して数週間から数ヵ月後に，だいたい1週間から2週間ほど続

く単核球症（単核細胞症）のような症状を催す．たいていの場合は，その後何年もの間何らの症状も発症させることなく過ごした後に，エイズの臨床症状が出てくる．エイズの初期症状としては，リンパ節症，無食欲症，慢性的下痢，体重減少，発熱，疲労感などがある．症状が進行すると，カポジ肉腫（特発性多発性出血性肉腫）や中枢神経系のトキソプラズマ症（発熱・リンパ節腫脹・発疹・肺炎などトキソプラズマ感染で起きる症状），肺外結核症など多くの日和見感染症を起こす．日和見感染症とは，通常は感染しにくい病原体が，免疫など感染防御機構の機能低下に乗じて感染して起こす症状のことである．HIVは，精液や膣液，血液などの体液との接触を通じて感染する．従って，性交渉，汚染された注射器の使用，汚染された血液による輸血や血液製剤の投与が，主たる感染経路となる．また，母から子への垂直感染も主たる感染経路である（Osmond, 1999）．

注射器による薬物使用と HIV 感染

米国疾病予防センター（CDC）によれば，1996年現在で，エイズを発症した女性の46％が薬物を注射しており，18％が注射器による薬物使用者と性的関係を有していたことが分かっている．また，エイズと診断された幼児の54％が，薬物を注射するか注射による薬物使用者と性的関係を有していた女性から生まれていた．さらに，エイズであるアフリカ系アメリカ人の36％およびエイズであるヒスパニックの37％が，注射による薬物使用者であった（CDC, 1996）．

HIVは，HIVに感染している注射器による薬物使用者から，他の注射器による薬物使用者へ，汚染された器具の使い回しにより感染する．「レジスタリング（registering）」や，「ブーティング（booting）」などによって，血液は注射針や注射器に付着する．薬物が静脈に注射されるように，注射針がちゃんと静脈に刺さっているかを確かめるために注射器に血を吸い上げる行為が「レジスタリング」である．注射器に残った薬物も全部注入するために，何回も注射器のピストンを前後運動させて血を吸いだしたり注入したりを繰り返す行為を「ブーティング」という．HIVに感染した血液が，注射器の中にごく微量しか残っていなくても，その人から次に注射器を使う人へHIVが感染しうる（Center for Disease Control, 1993）．汚染された注射器を用いた薬物注射によるHIVへの感染の確率は，注射1回当たり0.0067と推定されている．

それは，注射針による刺傷で HIV に感染する確率よりも高く，感染した男性との膣内性交によって女性が感染する確率より3倍も高い（Kaplan & Heimer, 1992a, 1992b）．感染は，注射器以外の汚染された器具を共有することでも起こりうる．そのような器具としては，薬物混合用容器（薬物を水で溶かして温めるための瓶のふたやスプーン），薬物を注射器に入れるときの濾過に使うコットンや綿棒などが挙げられる．

　他の行為も，感染のリスクを高めうる．そのような行為としては，汚染された注射器の薬物溶液を，薬物を混ぜる容器やスプーンに噴出させ，それを別の注射器で吸い上げる行為や，既に使われたプランジャー（ピストン）を再利用する行為，汚染された注射器で薬物と水を混ぜる行為，残った薬物を絞り取ろうとして既に使われたコットンを「締め上げる（beating）」行為，注射による薬物使用者が少しでも同じ薬物を得るために，前に使って汚染された注射器に残る薬物と水の混合液を薬物混合用容器に空け，それを別の注射器に移すという「ほんのひと口の絞り出し（kicking out a taste）」，注射器による他の薬物使用者がその注射器を洗ったり薬物を溶かしたりするために使う水で，既に使って汚染された自分の注射器をすすぐ行為，そして最後に，既に使って汚染された注射器を用いて，薬物を溶かすための水を吸い上げる行為などが挙げられる（Academy for Educational Development, 1997）．

　注射器による薬物使用者について社会に広まっているイメージとは異なり，多くの注射器による薬物使用者は，お互いに支え合い，家や食料，お金，衣類などの価値のあるものを分かち合っている．薬物を共有することで，薬物や注射器を手に入れる際の競争の熾烈さを多少とも和らげている．注射器による薬物使用者たちは，お互いを援助し合い，保護を与え，お金や薬物を手に入れるため，2人組とか少数の集団を作って働くことが多い（Des Jarlais, Friedman, Sotheran, & Stoneburner, 1988）．注射器による薬物使用を新たにやろうとする者に，友達や恋人，売人などが薬物や器具を与えることもよくある．注射器による薬物使用者の多くは，自分よりも薬物使用の経験を積んだ人の援助や手解きを求める（Grund, Blanken, Adriaans, Kaplan, Barendregt, & Meeeuwsen, 1992）．以前から器具を共有している者との器具の共有を拒否すれば，それは疑いや不信のシグナルであると捉えられるであろう（Stryker, 1989）．様々な要素が合わさって，注射器による薬物使用者の絆を強めているのである．そのような要素としては，薬物使用者が世間から村八分を受け

たり，疎外（周辺化）されたりしていることや，経済的窮乏を押し付けられていることなどが挙げられる（Feldman & Biernacki, 1988）．

肝炎と注射器による薬物使用

注射器の共有によって肝炎は感染するので，注射器による薬物使用者の50％から80％には，現在ないし過去におけるB型肝炎感染の血清学的証拠がある．また，注射器による薬物使用者の50％から85％は，C型肝炎に感染した血清学的証拠を示す（Gerfein, Vlahov, Galai et al., 1996; Kaplan & Heimer, 1992b; Centers for Disease Control, 1990）．検査でC型肝炎ウィルスの抗体について陽性となることは，長期間にわたり注射器による薬物注入を続けてきたことや（Diaz, Des Jarlais, Vlahov, Perlis, Edwards, Friedman, Rickwell, Hover, Williams, & Monterroso, 2001; Lorvick, Kral, Seal, Gee, & Edlin, 2001），薬物濾過用のコットンを共有していること（Diaz, Des Jarlais, Vlahov, Perlis, Edwards, Friedman, Rickwell, Hover, Williams, & Monterroso, 2001），薬物混合用容器を共有していること（Hagan, Thiede, Weiss, Hopkins, Duchin, & Alexander, 2001），薬物依存の治療プログラムを受けていること，および24歳以上であることと統計的に関連している（Diaz, Des Jarlais, Vlahov, Perlis, Edwards, Friedman, Rickwell, Hover, Williams, & Monterroso, 2001）．C型肝炎に感染した者のうち約20％から30％が，20年から30年のうちに肝硬変ないし肝細胞癌，またはその両方を進展させる（National Institutes of Health, 1997）．

注射器支給プログラムが，肝炎の感染率を現在の3分の1ないしはそれ以上に引き下げうるものであることを，多くの研究は一貫して示している（Hagan, Des Jarlais, Friedman, Purchase, & Alter, 1995; Hagan, Reid, Des Jarlais et al., 1991; Taylor, 1991）．

公共政策と注射器支給プログラム

違法薬物に対する一般市民の態度は，時代と共に変化してきた．ヘロインは1950年代から60年代にかけては今より広く使われていた．一般に違法薬物の使用は1970年代に，大衆に広く浸透した．結局のところ，ほとんどの薬物の使用は1970年代に頂点を迎えている．1980年代および90年代においては，アメリカ合衆国のほとんどの階層において違法薬物の使用は減少しているようである（Robert Wood Johnson Foundation, 1993）．

しかしながら，相対的に使用が稀となっていた期間の後，1970年代後半になると，ヘロインは再び人気を取り戻した．ヘロインの使用歴のある人は，吸引よりも注射の方を好み，コカインを注射するか，「スピードボール」と呼ばれるヘロインとコカインの混合物を注射した．しかしヘロインとは違って，そのような薬物使用に対する治療方法は，ほとんど存在しなかった（Des Jarlais, Friedman, Sotheran, & Stoneburner, 1988）．

注射器支給プログラムの効果を検証しようとする研究は，一貫して以下のような結果を示している．すなわち，清潔な注射器や注射針の支給は，注射器による薬物使用者の間だけでなく，その性的パートナーのHIV感染のリスクをも引き下げるのに有効な手法であり（Krip & Bayer, 1992），また，注射器の支給のために，注射による薬物使用の量や程度をあらわす廃棄注射針数が増加することはない，という結果を示している（Doherty, Junge, Rathouz, Garfein, Riley, & Vlahov, 2000）．注射器支給プログラムは，器具の貸し借りの低下（Watters, Estilio, Clark, & Lorvick, 1994; Schwartz, 1993），注射器による薬物使用の頻度の低下（Watters, Estilio, Clark, & Lorvick, 1994; Guydish, Bucardo, Young et al., 1993），薬物依存からの更生プログラムや社会福祉事業への紹介・移送件数の増加（Kaplan & Heimer, 1992b; Carvell & Hart, 1990）などとも関連していることが明らかとなっている．ごく最近では，注射器支給プログラムの設立に対して，アメリカ予防医学学会（American College of Preventive Medicine）が支援を表明している．その学会は，以下のように述べている．

　　注射器支給プログラムは，静脈注射による薬物濫用者の多い地域で実施され拡大されるべきである．未だデータは予備的なものであるが，公衆衛生上の介入を支持している．すなわち，注射器支給プログラムは，安価であり（特にHIV感染者を治療する社会的コストに比べれば安価である），薬物使用者やその性的パートナーや子どもの間で，死に至り得る血液感染性の病気の感染を抑えることをデータは示している．これらのプログラムには，教育やカウンセリング，薬物依存からの治療プログラムへの紹介・移送，HIVや肝炎の検査，およびコンドームの配布を組み込むべきである．注射器支給プログラムは，薬物使用者の自発的利用に委ねられるべきであり，また，匿名性を担保し，かつ，利用が容易なものでなければならない．さらに，大衆への感染リスクを減らすために支給した注射器を全て回収するよう努めるべきである．全ての注射器支給プロ

グラムは，その有効性と必要性を評価するために，常に評価を加える組織を組み込んでおくべきである…．注射器支給プログラムの実施をもって，薬物依存からの更生治療や予防のための包括的アプローチに力を注がない理由としてはならない（Ferrini, 2000: 174-175）．

しかしながら，注射器支給プログラムについては，(1)アメリカ予防医学学会による上記の支持と推奨，(2)注射器支給プログラムが有効であるという研究成果，および(3)注射器支給プログラムの必要性を減じるであろうはずの薬物更生プログラムが多くの場合に利用できないという事実にも拘わらず，アメリカの現状は以下のようである．

アメリカ合衆国の政治家の主流派はいまだに，薬物使用者に清潔な注射器を与えるという考え方は誤っており危険であるとして，退けている．注射器支給プログラムは，政府が推し進める「麻薬に対する戦争」（war on drug）の最中にあって「誤ったメッセージを送る」ものになるというのである．アメリカ合衆国の法は，注射器支給プログラムに対するこのような敵対心を反映している．注射器による薬物使用がかなり蔓延している州も含め，多くの州では注射器を購入するのに医師の処方箋が必要である．また，ほとんどの州では違法薬物使用のために注射器を所持することは，薬剤用器具規制法の違反となる．注射器支給プログラムの効果を国際的に比較する研究において，アメリカ合衆国は図らずも対照群(注射器支給プログラムのない国)となってしまっているのである（Krip & Bayer, 1993: 78-79）．

この「対照群」は病気罹患のリスクが高まっていることが，データから分かる．薬店の窓口で処方箋なしに注射器を販売することを法律で禁止することと，注射器による薬物使用者のHIV感染率との関係について，クロスセクション（国際比較）による分析を行ったところ，注射器使用を法律で制限することとHIVの感染とは関連があった．しかも，注射器使用を法律で制限することと，注射器による薬物使用者の人口中の割合の低さとは関連が無いことが分かった（Friedman, Perlis, & Des Jarlais, 2001）．

注射器支給プログラムに反対する政策は，薬物使用に対する「ゼロ・トレランス（不寛容）」という連邦政府の方針や，注射器による薬物使用者への連邦政府の敵対心を反映している．共和党保守派のジョージ・H・W・ブッシュ大統領の任命に係る連邦麻薬問題担当長官（Drug Czar）であったロバート

・マルティネスは，清潔な注射針や注射器を，注射器による麻薬使用者に支給することは，「麻薬に対する戦争からの退却」に他ならないとして，公然と非難した（Executive Office of the President, 1992）．また，ロス・アンゼリスの前警察署長ダリル・ゲイツは，「違法薬物使用者を捕まえて，射殺してしまえ」と公式に発表していた（Kleiman, 1992）．マルティネスは，自分の立場を以下のように正当化している．

> 我々は大きな犠牲と苦労を払って「麻薬に対する戦争」政策を進めてきたのである．注射器支給プログラムの導入によってこの成果を台無しにすべきではない．注射器の支給を支持する議論があるが，それらは全て，注射器の支給が違法薬物の使用を促進するものであり，薬物の使用は違法であり道徳的に間違っているという社会のメッセージの信用力を貶めるものであるという事実を反駁できていない（Martinez, 1992）．

しかし，多くのアフリカ系アメリカ人の政治家やリーダーが提唱する注射器支給プログラムへの異議と，この共和党保守派の政策は皮肉にも一致している．アフリカ系アメリカ人の中には，注射器支給プログラムを，アフリカ系アメリカ人の福祉に無関心な白人支配層によって強制される，（歴史的に迫害されてきたアフリカ系アメリカ人への）さらにもう一つの社会的人体実験であるとみなす者もいる．また別の者たちは，注射器支給プログラムを，アフリカ系アメリカ人に対するもう一つの集団虐殺であると見る（Krip & Bayer, 1993）．

積極的な市民運動と注射器支給プログラムの設立

多くの場合，上述したような注射器支給プログラムの設立は，以下のようなカリスマ的な個人の努力によって達成されている．そのような者のうち，ある者は対立的な戦略をとり，他のある者は社会福祉事業利用の非対立的戦略を採用している（Krip & Bayer, 1993）．ジョン・パーカーは，かつては注射器による薬物使用者であり，アメリカ合衆国において注射器支給プログラムを実施した最初の人物ではないまでも，注射器支給を公然と行った最初の人物のうちの1人である．彼は，少なくとも8つの州で逮捕されており，処方箋なしで注射針や注射器を購入することが依然違法である全ての州における法律に挑戦して注射器支給を実践している（Lane, 1993）．同様に，デイヴ

・パーチェイスは，注射器支給プログラムに興味を持ってくれそうな役人に通知した上で，ワシントン州タコマで注射器支給プログラムを組織した．サン・フランシスコの薬物使用予防所（Prevention Point）のヴォランティアのスタッフが，「死者の日（El Dia de los Muertos）」である1988年11月2日に注射器支給プログラムを開設した．これらのスタッフの多くが，注射器支給プログラムを明示的に市民的不服従（権力に対する異議申立て）の一環として発足させた市民運動家であった．スタッフのうちの1人は，以下のように説明している．

> 注射器支給プログラムの利用者は……われわれには逮捕されるリスクがあることに気づいていた．われわれが逮捕のリスクを犯したことは，薬物使用者のコミュニティでは大事な社会的意味を持っていた．われわれは，注射器支給プログラムを毎晩実施した．サン・フランシスコで地震が発生した1989年10月の夜も，われわれは懐中電灯を持っていつもの場所で実施していた…．そして，彼らの目には失うものがあると見えるわれわれがそのようなリスキーな行為をしているのを見て，薬物使用者たちは，われわれを自分たちにより近い者であると感じてくれた．薬物使用者はポケットにヘロインを忍ばせていて，それは違法であった．我々は注射器を忍ばせており，やはり違法であった．こうして，薬物使用者と我々の社会的距離は埋められたのだった（Patricia Case, 1992, quoted in Lane, 1993: 5）．

注射器支給プログラムを支援する私的財団は，いくつかある．しかし，特に重要なのは，基本理念とプログラムを，公衆衛生の政策指導者たちに支持してもらうことである．

議論のための問い

1．飲酒運転を減らそうとする「飲酒運転を許さない母の会」の運動と，注射器支給プログラムの設立の支援者の運動とを，比較対照せよ．
 a．2つの運動を比較すると，それぞれの運動は，戦略の基盤として疫学的データをどの程度利用しているだろうか？
 b．2つの運動は，それぞれどのような戦略を採用していたか？　また，それはどの程度成功，ないし，失敗したか？
2．「飲酒運転を許さない母の会」の成功を分析した研究者は，「飲酒運転を許さない母の会」が被害者の声を代弁するものとして自らを位置づけた点を

重視した.
a. 注射器支給プログラムには, 被害者の声はどの程度反映されているか?
b. 注射器支給プログラムに被害者というものがあるとすれば, その属性は「飲酒運転を許さない母の会」の運動において描かれた被害者の属性と同じか, それとも異なるか?
c. 被害者の属性に両運動の間で異同があるとすれば, それは注射器支給プログラムが目的を達成する上で, プログラムの運動推進能力に影響を与えたか?

REFERENCES

Academy for Educational Development. (1997). *HIV Prevention Among Drug Users: A Resource Book for Community Planners and Program Managers.* June.

AIDS Alert. (1994). Common sense about AIDS avoiding alcohol, illegal drugs may reduce HIV exposure risk. *AIDS Alert, 9,* insert.

Buning, E. C. (1991). Effects of Amsterdam needle and syringe exchange. *International Journal of the Addictions, 26,* 1303–1311.

Carvell, A. M., & Hart, G. J. (1990). Help-seeking and referrals in a needle exchange: A comprehensive service to injecting drug users. *British Journal of Addiction, 85,* 235–240.

Centers for Disease Control. (1993). *Facts About Drug Use and HIV/AIDS.* Atlanta, Georgia: Centers for Disease Control and Prevention.

Centers for Disease Control. (1996). *HIVAIDS Surveillance Report.* Atlanta, Georgia: Centers for Disease Control and Prevention.

Centers for Disease Control. (1990). Protection against viral hepatitis: Recommendations of the Immunization Practices Advisory Committee. *Morbidity and Mortality Weekly Report, 39,* 1–26.

Chiasson, M. A., Stoneburner, R. L., Telzak, E., Hildebrandt, D., Schultz, S., & Jaffe, H. (1989). Risk factors for HIV-1 infection in STD clinic patients: Evidence for crack-related heterosexual transmission. Presented at the Fifth International AIDS Conference, Montreal, June.

Des Jarlais, D. C., Friedman, S. R., Sotheran, J. L., & Stoneburner, R. (1988). The sharing of drug injection equipment and the AIDS epidemic in New York City. In *Needle Sharing Among Intravenous Drug Abusers: National and International Perspectives.* Institute on Drug Abuse Research Monograph Series.

Diaz, T., Des Jarlais, D. C., Vlahov, D., Perlis, T. E., Edwards, V., Friedman, S. R., Rockwell, R., Hoover, D., Williams, I. T., & Monteroso, E. R. (2007). Factors associated with prevalent hepatitis C: Differences among young adult injection drug users in lower and upper Manhattan, New York City. *American Journal of Public Health, 91,* 23–30.

Doherty, M. C., Junge, B., Rathouz, P., Garfein, R. S., Riley, E., & Vlahov, D. (2000). The effect of a needle exchange program on numbers of discarded needles: A 2-year follow-up. *American Journal of Public Health, 90,* 936–939.

Executive Office of the President, Office of National Drug Control Policy. (1992). Needle exchange programs: Are they effective? *ONDCP Bulletin, 7,* 1–7.

Faden, V. B., & Graubard, B. I. (2001). Maternal substance use during pregnancy and developmental outcome at age three. *Journal of Substance Abuse, 12,* 329–340.

Feldman, H. W., & Biernacki, P. (1988). The ethnography of needle sharing among intravenous drug users and implications for public policies and intervention strategies. In *Needle*

Sharing Among Intravenous Drug Abusers: National and International Perspectives (pp. 28–39). National Institute on Drug Abuse, Research Monograph Series.

Ferrini, R. (2000). American College of Preventive Medicine public policy on needle-exchange programs to reduce drug-associated morbidity and mortality. *American Journal of Preventive Medicine, 18*, 173–175.

Friedman, S. R., Perlis, T., & Des Jarlais, D. C. (2001). Laws prohibiting over-the-counter syringe sales to injection drug users: Relations to population density, HIV prevalence, and HIV incidence. *American Journal of Public Health, 91*, 791–793.

Gerfein, R. S., Vlahov, D., Galai, N. et al. (1996). Viral infections in short-term injection drug users: The prevalence of hepatitis C, hepatitis B, human immunodeficiency, and human T-lymphotropic viruses. *American Journal of Public Health, 86*, 655–661.

Green, J. O. (1993). *Estimates of Drug Users in San Diego County, 1990–1992, Final Report.* Prepared for the San Diego County Department of Health Services, Alcohol and Drug Services, San Diego, California. June.

Grund, J. P. C., Blanken, P., Adriaans, N. F. P., Kaplan, C. D., Barendregt, C., & Meeeuwsen, M. (1992). Reaching the unreached: Targeting hidden IDU populations with clean needles via known user groups. *Journal of Psychoactive Drugs, 24*, 41–47.

Guydish, J., Bucardo, J., Young, M. et al. (193). Evaluating needle exchange: Are there negative effects? *AIDS, 7*, 871–876.

Hagan, H., Des Jarlais, D. C., Friedman, S. R., Purchase, D., & Alter, M. J. (1995). Reduced risk of hepatitis B and hepatitis C among injection drug users in the Tacoma Syringe Exchange Program. American Journal of Public Health, *85*, 1531–1537.

Hagan, H., Reid, T., Des Jarlais, D. C. et al. (1991). The incidence of HBV infection and syringe exchange programs. *Journal of the American Medical Association, 266*, 1646–1647.

Hagan, H., Thiede, H., Weiss, N. S.,, Hopkins, S. G., Duchin, J. S., & Alexander, E. R. (2001). Sharing of drug preparation equipment as a risk factor for hepatitis C. *American Journal of Public Health, 91*, 42–46.

Heimer, R., Kaplan, E. H., Khoshnood, K., Jariwala, B., & Cadman, E. C. (1993). Needle exchange decreases the prevalence of HIV-1 proviral DNA in returned syringes in New Haven, Connecticut. *American Journal of Medicine, 95*, 214–220.

Kaplan, E. H., & Heimer, R. (1992a). A model-based estimate of HIV infectivity via needle sharing. *Journal of Acquired Immune Deficiency Syndromes, 5*, 116–118.

Kaplan, E. H., & Heimer, R. (1992b). HIV prevalence among intravenous drug users: Model-based estimates from New Haven's legal needle exchange. *Journal of Acquired Immune Deficiency Syndromes, 5*, 163–169.

Kirp, D. L., & Bayer, R., eds. (1992). *AIDS in the Industrialized Democracies: Passions, Politics, and Policies.* New Brunswick, New Jersey: Rutgers University Press.

Kirp, D.L., Bayer, R. (1993). The politics. In J. Stryker, & M.D. Smith (Eds.)., *Dimensions of HIV Prevention: Needle Exchange* (pp. 77–97). Menlo Park, California: Henry J. Kaiser Family Foundation.

Kleiman, M. (1992). *Against Excess: Drug Policy for Results.* New York: Basic Books.

Lane, S. D. (1993). A brief history. In In J. Stryker, & M. D. Smith (Eds.)., *Dimensions of HIV Prevention: Needle Exchange* (pp. 1–9). Menlo Park, California: Henry J. Kaiser Family Foundation.

Lloyd, L. S., & O'Shea, D. J., Injection Drug Use Study Group. (1994). *Injection Drug Use in San Diego County: A Needs Assessment.* San Diego: Alliance Healthcare Foundation, October.

Lorvick, J., Kral, A. H., Seal, K., Gee, L., & Edlin, B. R. (2001). Prevalence and duration of hepatitis C among injection drug users in San Francisco, California. *American Journal of Public Health, 91*, 46–47.

Lurie P, Reingold, A. L., Lee, P. R., Bowser, B., Chen, D., Foley, J., Guydish, J., Kahn, J. G., Lane, S., & Sorenson, J. (1993b). *The Public Health Impact of Needle Exchange Programs in the United States and Abroad, Volumes 1 and 2.* Prepared for the Centers for Disease Control and Prevention (CDC) by the School of Public Health, University of California, Berkeley, and the Institute for Health Policy Studies, University of California, San

Francisco. Atlanta, Georgia: CDC.
Lurie. P., Reingold, A. L., Lee, P. R., Bowser, B., Chen, D., Foley, J., Guydish, J., Kahn, J. G., Lane, S., & Sorenson, J. (1993). *The Public Health Impact of Needle Exchange Programs in the United States and Abroad: Summary, Conclusions, and Recommendations.* Prepared for the Centers for Disease Control and Prevention (CDC) by the School of Public Health, University of California, Berkeley, and the Institute for Health Policy Studies, University of California, San Francisco. Atlanta, Georgia: CDC.
Lurie, P., & Chen, D. (1993). A review of programs in North America. In *Dimensions of HIV Prevention: Needle Exchange* (J. Stryker, M. B. Smith, eds.). Menlo Park, California: The Kaiser Forums, The Kaiser Family Foundation.
Martinez, R. (1992). Executive Office of the President, Office of National Drug Control Policy. Letter to ONDCP Bulletin, 7, Needle exchange programs, Are they effective? July.
National Institutes of Health. (1997). *Management of Hepatitis C. Consensus Statement 15.* Washington, D.C.: National Institutes of Health.
Osmond, D. H. (1999). Epidemiology of HIV/AIDS in the United States. In P. T. Cohen, M. A. Sande, P. A. Volberding (eds.). *The AIDS Knowledge Base: A Textbook on HIV Disease from the University of California, San Francisco, and the San Francisco General Hospital* (pp. 13–21). Philadelphia: Lippincott Williams & Wilkins.
Pollard, I. (2000). Substance abuse and parenthood: Biological mechanisms-bioethical challenges. *Women and Health, 30,* 1–24.
Ray, O., & Ksir, C. (1990). Drugs, Society, and Human Behavior. St. Louis, Missouri: Times Mirror/Mosby College Publishing.
Robert Wood Johnson Foundation. (1993). *Substance Abuse: The Nation's Number One Health Problem. Key Indicators for Policy.* Prepared by the Institute for Health Policy, Brandeis University, October.
San Diego Department of Health Services, Office of AIDS Coordination. (1993). *Baseline HIV/AIDS Needs Assessment for San Diego County.* San Diego, California: San Diego County Department of Health Services, Office of AIDS Coordination, September.
San Diego Department of Health Services, Office of AIDS Coordination. (1994). County of San Diego FY 1994 Supplemental Application for Ryan White Comprehensive Emergency Act of 1990 Emergency Relief Grant Program. San Diego, California: San Diego County Department of Health Services, Office of AIDS Coordination, January 11.
Schwartz, R. H. A. (1993). Syringe and needle exchange programs: Part I. *Southern Medical Journal, 86,* 318–322.
Stein, M. D., Hanna, L., Natarajan, R., Clarke, J., Marisi, M., Sobota, M., & Rich, J. (2000). Alcohol use patterns predict high-risk HIV behaviors among active injection drug users. *Journal of Substance Abuse Treatment, 18,* 359–363.
Stryker, J. (1989). IV drug use and AIDS: Public policy and dirty needles. *Journal of Health Politics, Policy and Law, 14,* 719–740.
Taylor, F. (1991). Decline in hepatitis B cases. *American Journal of Public Health, 81,* 221–222.
Watters, J. K., Estilio, M. J., Clark, G. L., & Lorvick, J. (1994) Syringe and needle exchange as HIV/AIDS prevention for injection drug users. *Journal of the American Medical Association, 271,* 115–120.
Weinhardt, L. S., Carey, M. P., Carey, K. B., Maisto, S. A., & Gordon, C. M. (2001). The relation of alcohol use to HIV-risk sexual behavior among adults with severe and persistent mental illness. *Journal of Consulting and Clinical Psychology, 69,* 77–84.

第10章
疫学，法，そして社会的文脈

佐伯昌彦・平田彩子訳

　疫学は，社会と不可避的に結びついている．したがって，抽象的理論の中だけで病気の原因を研究することは，実行不可能であるのみならず望ましくないことでもある（Pearce, 1996: 682）．

　過去15年にわたる科学についての社会学的研究から得られた最も重要な知見は，科学は「社会的に構築されたものである」という見方である…．「事実」とは，科学という制度と手続きを通して製造される人為的なものである．したがって，それら「科学的事実」は常に社会的な要素を含んでいる…．社会学的観点からすれば，科学的主張が絶対的に真であるということはありえず，関係する科学コミュニティにおいて合意された実験や解釈における約束事といった要素に常に「依存している」のである…．我々が科学と言うとき，通常それは文書や何らかの「記されたもの」の形式をとる．例えば，方眼紙上の曲線であるとか，写真用フィルムの上に散りばめられたドットであるとか，スーパーマーケットのバーコードのようなX線の像である…．記入されたものは現実の代替物である…．科学を研究する社会学者にとって，脱構築（deconstruction）とは，社会的に構築されたものである事実というものを，いわば「ほぐしてゆく」作業以上のことを意味するものではない（Jasanoff, 1993: 77-82）．

　多くの研究は，個別の病気の流行を，政治や経済の変化というより広いパターンに結びつけてきた．そのような病気の流行としては，マラリアや発疹チフス，天然痘などが挙げられる．しかしながら，分析に一定の比較的短い時間枠を設定したために，そのような病気と政治経済との繋がりが，より長い時間軸の中でどのように展開してきたかや，政治的利害や経済的利害の特定の組合せの変容が，どのように健康と医療のより長期的な歴史を形成してきたかを説明することができなくなってしまっている（Packard, 1989: 20）．

逸脱行動の社会的文脈

1965年にアメリカ合衆国で行われた逸脱行動の社会認知に関する調査によって，何を逸脱であると人々が考えるかは，人によって大きく異なることが分かった．いくつか例を挙げてみよう．回答者のうち逸脱にあたると答えた者の割合は，同性愛が49％，薬物中毒が47％，アルコール中毒が46％，売春が27％，殺人が22％，レズビアンが13％，精神障害が12％，性的変質が12％，共産主義が10％，無神論が10％であった（Simons, 1965）．逸脱行動の性質や，逸脱行動に対する人々の理解にばらつきや類似性が存在するのは何故かをより良く理解するために，様々なアプローチが提案されてきた．オーカット（Orcutt, 1983）は，逸脱行動は以下の2つの見方のうちどちらかで理解できるとした．1つは，社会規範に反する行動として逸脱を捉えるものであり，もう1つは行動を見る社会の構成員（以下では「観衆」と便宜上呼ぶ）が逸脱行動であると定義した行動を逸脱とする見方である．前者の定義を，「規範的視点」といい，後者を「相対主義的視点」という．

逸脱行動に対する規範的な見方

規範からの逸脱

逸脱行動に対する規範的な見方は，行動に対するルールや期待，すなわち社会規範が集団や社会の構成員に共有されているという考え方を前提としている（Orcutt, 1983）．エジャートン（Edgerton, 1985）は，逸脱行動をルール違反ととらえることを前提として逸脱について論じているが，その議論は社会規範の概念と深く関係している．例えば，エジャートンは，「人々がどのように行動すべきかについての共有された理解と，そのような理解に反した行動を他者がとったときに，何がなされるべきかという点についての共有された理解」をルールであると定義したが（Edgerton, 1985: 24），このルール概念は社会規範の定義そのものである．エジャートンは，さらに以下のような説明を行っている（Edgerton, 1985: 24）．

> ルールは，それが知られている程度や，認知されている程度，正しいとか適切であるとして受け入れられている程度，そして社会の構成員に一律に適用さ

れる程度の点で様々であるだろう．ルール違反に対して課される制裁（サンクション）の厳しさや，その強制の一貫性の点でも，ルールは様々であるだろう．また，ルールが内面化されている程度や，それが人々に伝わる態様，遵守される程度の点でも様々である…．ルールの中には明示的なものもあれば，黙示的なものもある．またルールの意味内容が明確なものもあれば，曖昧なものもある．他のルールと抵触するルールもあれば，その大部分が他のルールと抵触しないルールも存在する．

「社会規範」には，様々な定義がなされている．いくつかの例を紹介しよう．
・社会規範とは，われわれが参加している社会的状況においてわれわれの行動を律するルールや基準である．それは，社会的な期待である．そしてそれは，われわれが実際に遵守するかしないかに拘わらず，われわれが従うことが期待されている規準なのである（Bierstedt, 1963: 222）．
・集団の構成員にとって適切である行動と適切でない行動についての確信が，社会規範である．それは，ある状況においてできること，すべきこと，してもよいこと，しなくてはならないこと，すべきではないこと，しない方がよいこと，してはならないことについての集団の構成員の合意である（DeFleur et al., 1977: 620）．
・2人以上の個人からなる集団において，各々がとる公の行動を長年にわたって拘束してきたルールを社会規範という．社会規範には，以下のような特徴が見られる．(1)ルールであるためには，社会集団内の少なくとも1人の構成員には知られている内容を含んでいなくてはならない．(2)拘束力のあるルールであるためには，社会内のどの個人の行動にも制約を課すものでなくてはならない．制約を課す手段としては，(a)個人がルールを内部化すること，(b)ルール違反者に対して，ルール違反者以外の社会構成員の1人以上が，ルールを守らせるために外的な制裁を課すこと，(c)当該社会集団外の当局が，ルールを守らせるために，ルール違反者に対して制裁を課すこと，あるいは，これら(a)から(c)を組み合わせたものが存在すること，である（Dohrenwend, 1959: 470）．
・社会規範とは，行動するにあたってのルールや基準，行動パタンのことである…．社会規範とは，行動のルールである．行動を評価し，それを承認ないし不承認する場合に参照される基準が，社会規範である．この意味での社会規範は，実際の行動の統計的平均値ではなく，むしろ文化的な（共有された）望ましい行動を定義するものである（Williams, 1968: 204）．

上述の定義から，われわれが逸脱行動のよりよい定義を行う上で有益な要素が，いくつか見えてくる．すなわち，(1)何がルールであり，何がそのルールの逸脱であるのかについてのコンセンサスと，(2)逸脱行動に対する反応と

しての帰結（制裁）についての合意である．逸脱行動についてのいくつかの定義を検討することで，この結論の妥当性が支持される．

> ・逸脱行動とは，社会規範と異なる行動のうち，承認されえない方向に乖離した行動で，かつ社会集団による許容限度を超える程度の行動のみをさす．そのため，逸脱行動は，それが発覚した場合に，負の制裁（ネガティヴ・サンクション）を引き出す，ないしは負の制裁を引き出す可能性が生じる（Clinard & Meier, 1979: 14）．
> ・逸脱行動とは，あまり権力を持たない個人や緩やかに組織化されている少数派が，大きな権力を有する強固に組織化された相当規模の少数派や多数派によって強く恐れられている状況を表す用語であり，この状況は「対立ゲーム（conflict game）」と呼ばれる（Denisoff & McCaghy, 1973: 26）．
> ・逸脱行動とは，当該社会的地位の者に対して課せられた規範から大きく乖離した行動を指す（Merton, 1966: 805）．
> ・われわれは，逸脱行動を人々のコンセンサスという点から定義できる．われわれは，逸脱行動を「人々の間のコンセンサスにおいて逸脱とみなされる行動」として定義できる．ただし，そのコンセンサスの程度は最大限のものから最低限度のものまでありうる（Thio, 1978: 23）．

しかしながら，これらの定義は多くの問題を残したままである．コンセンサスというとき，それは誰の間のコンセンサスを意味するのであろうか？コンセンサスを「測る」場合，誰の意見が斟酌されるのか？　そして，コンセンサスを「測る」うえで，誰の意見にどの程度の重み付けがなされるのであろうか？　コンセンサスがあるといえるためには，どれだけの人が賛成しなくてはならず，あるいは，集団内の何割の人々が賛成しなくてはならないのか？　ある行動や行為に対する帰結が存在しないとき，それだけで，その行動は規範に沿う行動として正当化されるのか？　逸脱であると定義されるか，あるいはそのように考えられていると言えるためには，当該行動に対して，どのような反応がなされるべきなのか？　時代によって規範が変化した場合，「逸脱行動」もまた変化するのであろうか？　もしそうであれば，何がそのような変化をもたらすのか？

逸脱行動の定義から，さらなる問題も発生する．上述の定義のいくつかによれば，逸脱行動は，権力者（逸脱を定義する人々）や権力のない者（「逸脱者」であると定義される人々）と関係している．逸脱行動を規定する要素が，

社会的地位と関係しているのである．そして，逸脱行動は社会的許容性の程度の終端の先，すなわち許容できないものと位置付けられることになろう．しかしながら，逸脱行動という位置付けが，社会的地位や権力と関係しているのであれば，ある場合には逸脱行動であるとされた行動が，文脈や評価者（観衆）によっては「逸脱ではない」とされるかもしれない．個人の行為や行動に関する社会的許容性が連続量の程度として存在するならば，逸脱であるとされた行動に対して課されうる帰結（制裁）にも許容性の程度が存在するのであろうか？

規範の誇張

レヴィン（LeVine）は，社会規範やルールの違反からだけではなく，規範の誇張からも逸脱は発生すると主張した．文化的な環境は，「正常」で，かつ，文化的に特徴的な行動を，過度に誇張したかたちで人々に行動させることがある，と彼は主張した．例えば，日本人の自殺率が比較的に高いのは，実際には自己犠牲という文化的価値の誇張のためであるかもしれない，と彼は論じた．

規範をどの程度遵守するかは，人によって違いがありうる．例えば，レヴィン（LeVine）はJ曲線という概念を創造した．曲線の最も低い側（左側）は，日常的に規範を破るのは少数であることを示している．曲線の中間部分は，まれには規範を破るが，通常は規範を守っている人の割合を示している．曲線の右側は，社会の中で最も多い割合を占める人々に当たる．そのような人々は，一貫して規範を守って行動している．

例外：逸脱ではないルール違反

エジャートン（Edgerton, 1985）は，ルール違反が逸脱行動とはみなされないような状況を研究した．例えば彼は，ルールには例外が存在する点を指摘した．あるルールはとても緩やかに強制されるだけだが，驚くほど厳格に強制されるルールもまた存在する．ルール違反に対して制裁が発動されないルールもあるのに，制裁が発動されるルールがあるのは，どうしてか？　例外を含むルールが存在するのは何故か？　それらは，既に指摘したように，ある程度まではルールの性質や違反者の社会的地位に依存している．しかしながら，ルール違反の帰結は，違反者が主張する違反の理由にも依存すること

がある（Edgerton, 1976）．違反についての弁明や釈明は，違反者の立場を却って悪化させることもあれば，それを免責させることもあり，さらには当該行為を正当化することもある（Edgerton, 1976; Scott & Lyman, 1968）．違反に対する説明を加え，違反に対する帰結を決定するプロセスは，「社会的優先順位を堅持したり正義を実現したりするための機械的ないし中立的な努力よりも，交渉に似ていることが多い」（Edgerton, 1976: 30）．

逸脱行動に対する規範的アプローチにおいては，コンセンサス（合意）によって「正常」であると捉えられている範囲の外にあったり，そのような範囲を乗り越えようとしたりする行動や状況は，逸脱と捉えられ，制裁という帰結に曝される．このような行動には，様々なものが含まれる．例えば，飲酒（MacAndrew & Edgerton, 1969）や暴力的な行為（Edgerton, 1976），違法な薬物やタバコについてのある種の中毒が挙げられる．このような見方からすると，「理想的である」とか規範的である状況からの乖離も，逸脱に含まれる．したがって，普通と異なった風貌や話し方の人々が，逸脱者とされ，ひいては疑わしい人物であると見なされてしまうのである．例えば「酒癖が悪い」人々のように，いかがわしい行動をすると看做されている集団の多くが，逸脱者として怪しまれるということがしばしば起きてきたことをわれわれはよく知っている．

社会的観衆アプローチ

「社会的観衆（social audience）」アプローチにおける逸脱行動の定義は，逸脱に対する規範的アプローチのそれとは全く異なる．社会的観衆アプローチは次のように，規範の違反よりもそのような違反行動を観察する人々の方に重点を置いている．

> 基本的に，何が逸脱行動であるかについての究極的な指標は，権力や影響力の点で社会的に重要な人々が，どのように行動を定義づけるかに依存する．．．．人は，どのような行動もとることができるのであり，その行動に対して社会を構成するどの部分も反応しない限り，それは社会的な意味では逸脱行動でないということになる（Bell, 1971: 11）．

社会規範を破る行為やその行為者は，「ルール違反行動」とか「ルール違反者」と呼ばれる．それに対し，「逸脱者」や「逸脱行動」という言葉は，社会

的観衆が逸脱であるとラベルを貼る行為や行為者だけを指すためのものである (Cullen & Cullen, 1978: 8).

> 逸脱行動は, ある種の行動に「本来的に備わっている性質」ではない. それは, ある行動を直接的であれ間接的であれ目撃する観衆によって「付与される性質」なのである (Erikson, 1962: 308).

リマート (Lemert, 1951) は, このようなダイナミクスがどのようにして起こるかを説明した. 彼は, 規範とは時と場所によって変化するものであり, 社会の構成員は規範が破られて初めてそれを意識するようになると指摘した. そのような逸脱行動は, 客観的に測ることができる.

> 社会規範からの行動の乖離度に, そのような行動をとった人の数を掛けることにより, ある状況における逸脱の総量が規定される (Lemert, 1951: 51).

逸脱行動に対する社会の反応は, 逸脱の度合いとその可視度に対応する. 実際の違反に比して反応が過剰となる場合もある. リマート (Lemert, 1951: 56) は, このような「誤った」反応を,「権力を求め, 自らの地位を保持しようとする集団間の競争や対立」の結果であると説明している.

リマートは1次的逸脱 (primary deviation) と2次的逸脱 (secondary deviation) を区別した. 1次的逸脱とは, 行為者自身は逸脱であると思っていない規範違反を指す. 2次的逸脱は, 1次的逸脱に対する社会の反応から生じるものである.

> 逸脱行動の結果として行為者に向けられた社会の反応がもたらす問題から, (1次的) 逸脱者が自らを防禦したり, それに対して反撃を加えたり, あるいはそれに適応する目的で, さらに何らかの逸脱行動に従事し始めたり, 逸脱行動に基づく役割を引き受け始めた場合, その人の逸脱行動は2次的逸脱となる (Lemert, 1951: 76).

観衆の役割

ベッカー (Becker, 1963) は, 社会的観衆の役割に特定の内容を区別することで, リマートの理論を拡張した. それによれば, 社会的観衆の役割には, (1)ルールの創造, (2)それらのルールの適用, (3)特定の個人にアウトサイダ

ーや逸脱者というラベルを貼ること，がある．ある個人がそのようなラベルを貼られる過程は，問題となっている行動の性質自体よりも，誰がラベルを貼り誰がラベルを貼られるかに依存していることが多い．そのために，行動に対する反応が生じない限り，その行動が逸脱であるとラベルを貼られることはない．この点を，ベッカー (Becker, 1963: 9) は以下のように説明している．

> 違反することが逸脱行動であるとされるようなルールを作り，それを個人に適用し，その個人に「アウトサイダー」というラベルを貼ることで，社会は逸脱を生み出している．この観点からすると，逸脱行動とは，ある人が行った行動自体の属性ではない．むしろそれは，行為者に対して他者がルールや制裁を適用した結果なのである．逸脱者とは，そのようなラベルが貼られた人のことである．逸脱行為とは，人々が逸脱というラベルを貼った行動なのである．

ジョン・イツロウ・キツセ (Kitsuse, 1962) は，観衆は次の3段階のプロセスを経て逸脱を創造すると主張した．すなわち，(1)ある行動を逸脱であると解釈する段階，(2)当該行動をした個人を逸脱者とする段階，そして(3)当該逸脱に対して適切であるとされる方法で，逸脱者に反応する段階である．行動に対する言語的ないし身体的反応に曝される第3段階に至るまで，個人は逸脱者であるとはみなされない．

ベン・イェフダ (Ben-Yehuda, 1990: 36) は，「誰が誰の行動を，何故，どこで，そしていつ解釈するかが，決定的に重要なのである…」と主張した．彼は，2つの具体的な例を挙げた．それらは，ジャンヌ・ダルクの例と，ノーベル賞を受賞した化学者ライナス・ポーリング (Linus Pauling) の例である．ジャンヌ・ダルクは，1431年に異端であるとして処刑された．しかしながら彼女は後に，ローマ法王ベネディクト15世によって聖人と認められた．ポーリングは，世界中の何千人という科学者からの支持を受けて，1950年代に核実験をやめるように国際連合に働きかけた．そのような活動のため，ポーリングはマッカーシーの赤狩り時代の米国連邦議会の上院によって尋問を受け，彼は科学の国際会議に参加することを禁じられた．しかし，ジャンヌ・ダルクと同様に，彼も1962年には平和を促進しようとした努力が認められ，ノーベル平和賞が授与された．

しかしながら，規範的アプローチと同様，「社会的観衆アプローチ」による

逸脱行動の定義も，全ての問題に満足のいく答えを出してはくれない．キツセ（Kitsuse, 1962: 253）による逸脱行動の定義は，社会的観衆アプローチの難点のいくつかを図らずも曝露するものとなっている．

> ある行動が逸脱であろうとなかろうと，その行動の形態自体に違いはない．社会学的にある個人を逸脱者に変容させるものは，社会ルールに従っている従順な社会構成員の反応であり，彼らが逸脱行動を同定し，逸脱であると解釈するのである．

しかしながら，どのような反応があれば，ある行動が逸脱であると分類されるのに必要ないし十分であるのかについては，その反応の性質の点でも程度の点でも明らかではない．また，必要かつ十分な反応を引き出すのに必要ないし十分な行動も，その性質および程度の点で明らかではない．もし，殺人や拷問といった行動に対して何らの反応もなければ，それらの行動は「逸脱」ではないと言えるのであろうか？　しかし，観衆の反応に拘わらず，それらの行動を本質的に「逸脱」であるとするならば，当該行動の「逸脱」への分類は，規範を参照することなく，全て観衆の定義のみに依存していると言うことができるであろうか？

逸脱に対する反応

「逸脱者」や「逸脱行動」を目撃した者の反応は，多種多様である．「逸脱者」の示す反応には，逸脱行動の弁明の提示や2次的逸脱，逸脱の隠蔽工作などがある．

「逸脱者」の反応
逸脱行動の弁明

スコットとライマン（Scott & Lyman 1968: 46）によれば，「弁明」は「ある行為が評価判断の対象として調べられているときに，いつも用いられる言語上の方策」と定義されている．彼らは以下のように詳しく説明している．

> 弁明とは，予期しなかった，または都合の悪い行動を釈明するために社会的アクターが行う言明である，とわれわれは考えている．対象となる行動の主体は，説明者自らのものであるときもあれば，他者のものであるときもある．ま

た，そのような言明を行う原因は，アクター自身のためである場合もあれば，誰かほかの者のためである場合もある．逆に，ある行為がルーティン化され，常識的であると考えられている文化的環境において，そのような行為をしているときは，弁明は要求されない．

スコットとライマン（Scott & Lyman, 1968）は弁明を言い訳としてのものと正当化のためのものと，2つに区別している．言い訳をすることでアクターは責任が軽減するか，責任から解放される．言い訳としては，偶然の事故だ，取り消し可能だ，生物的衝動だ，スケープゴートにされたのだ，などと主張することが挙げられる．正当化は逸脱行動やその結果の消極的イメージをなくすだけではなく，行為の積極的な価値をも主張する．正当化としては，損害発生の否定，犠牲者の存在の否定，非難する人への非難，忠誠心への訴え，などが挙げられる．弁明が受け入れられるかどうかは，その弁明が行われる社会集団の特徴や，弁明の聞き手が抱いている期待によって左右される．

弁明の受け手の反応は，述べられた弁明の性質に依存している．例えば，聞き手の反応が抑止の1形態，つまり刑罰になりそうな場合，犯罪行為の弁明によって，(a)実際に何か罰を受けるのか否か，(b)もし刑罰を科される場合，それはどの程度のものになるのか，ということが決定される．弁明が周囲の反応にとって最も決定的である例としては，飲酒運転が挙げられる．

2次的逸脱

1次的逸脱とは，行為者自身は逸脱であると考えていない規範違反を指す．2次的逸脱は，1次的逸脱に対する社会の反応から生じるものである．

> 逸脱行動の結果として行為者に向けられた社会の反応がもたらす問題から，（1次的）逸脱者が自らを防禦したり，それに対して反撃を加えたり，あるいはそれに適応する目的で，さらに何らかの逸脱行動に従事し始めたり，逸脱行動に基づく役割を引き受け始めた場合，その人の逸脱行動は2次的逸脱となる（Lemert, 1951: 76）．

隠蔽

隠蔽とは，非逸脱行為に「溶け込む」ために，他人から逸脱行為を隠そうとすることをいう（French, Wilke, Mayfield, & Woolley, 1985）．逸脱行動の隠

蔽には，癌の化学療法によって禿げた頭を隠すためにかつらを使用するとか，知的障害を「隠す」ために習慣的なルーティン行動を苦心して念入りに行うといったことも含まれる．例えば，ゴフマン（Goffman, 1963）によれば，ある盲目の男性は，彼の交際相手に自分が盲目であることを気付かれないようにしていたことを報告している．何回ものデートや映画鑑賞の間中，彼は彼女と手をつないでいたため，彼女は無意識のうちに彼を行きたい場所へ導いていた．したがって，交際相手の女性は，男性は目が見えると思い込んだままであった．また，エジャートン（Edgerton, 1993）は，かつて施設に収容されていた知的障害者が，通常人の「フリをする（pass）」ために以下のような努力をしていたことを詳細に報告している．その試みとしては，以前施設にいたことを知られないように，どこの出身か嘘を言うこと，普通に見えるように，そして（知的障害者施設に収容されないという意味で）自由な地位にあることを強調するために結婚をすること，普通の経歴を持っているように偽るために「思い出の品」を入手しておくこと，車を所持していないことを説明する言い訳を用意しておくこと，他人からの返答が単純になるように工夫をこらすこと，例えば正確な時刻を尋ねるのではなく（その場合の返事は，8時40分，9時20分前などになる），もう九時になったかと尋ねること（返事としては，だいたい，いいえ，なったばかりなどになる）などであったという．隠蔽，または「フリをすること（passing）」が用いられている場面としては，白人のみに特権や利益が認められていた時代にそれらを得るために黒人コミュニティのメンバーが使ったり，同性愛者だということで受ける社会的・経済的不利益を避けるために，ゲイの人々が使ったりした場合が挙げられる（Chauncey, 1994; Lopez, 1994; Polednak, 1997）．他にも，アルコール中毒者は，自分の飲酒の程度を隠すことで，アルコール中毒の事実を隠蔽しようとする．

逸脱行為に対する観衆の反応

ゴーヴ（Gove, 1982）は，逸脱行為に対する観衆の反応には様々なものがあることを紹介している．そのような観衆の反応としては，社会的再定義，抑止，予防，誘引，治療，改善，自己治療が挙げられている．また，これらに加えて受容もあるだろう（Bogdan & Taylor, 1987）．上記それぞれの戦略に関する文献は膨大に存在するため，以下では軽く触れる程度に止める．

社会的再定義

社会的再定義とは，ある状況を再定義することで，当初問題とみなされた行為がそうみなされなくなるということである．例えば，注射器支給プログラムの創設について，違法な薬物使用が可能になるような仕組みが提供されることで違法な薬物使用が本質的に再定義され，よって状況も再定義されて違法な薬物使用はもはや問題と認識されなくなるようにしている，と主張する者が出てくるかもしれない．

刑罰・抑止

刑罰または抑止は逸脱行動に対する最も一般的な戦略の一つである．抑止アプローチを使うことは，オペラント理論（operant theory）を前提にしている．この理論は，人はある行動をするのにかかる費用よりも多くの利益をもたらす場合にその行動をとる，とするものである（Gove, 1982）．よって，オペラント理論によれば，刑事司法システムにおいて，刑罰は体系的に，迅速に科されなければならないとされる．飲酒運転に対する取締りが強化されたことは，このアプローチの好例である（Robertson, 1997）．しかし，裁判所に課される過度の負担や答弁の取引など様々な理由によって，刑罰，抑止のどちらもなされないこともある（Gove, 1982）．

予防

予防とは，複雑な因果プロセスの中で比較的つながりが間接的だと思われているものを特定し，逸脱行動が将来起こらないようにそのつながりを操作することである．この戦略は衛生関連の文脈で広く用いられる．立法を含め広範囲な介入をすることも，この戦略の一部である．立法例としては，たとえば銃規制措置や（Gove, 1982），タバコ規制（Cummings, 1997），教育（Gove, 1982），スクリーニング（Champion & Miller, 1997）などが挙げられる．

誘引

ゴーヴ（Gove, 1982）によれば，逸脱行動をとらなければ褒賞がもらえるという誘引をつくることで，逸脱行動を抑止し同時に逸脱行動をとらないように仕向けるという方法があるが，この方法はめったに使われないという．1つの例としては，出席を促し病気による欠席を思いとどまらせるために，従業員に対し出席の誘引付与プログラムを用いることが挙げられる．

治療

治療は逸脱に対して最も一般的に用いられるものの1つで，アルコール依

存症や薬物中毒など治療対象とみなされた逸脱形態への対応として用いられることが多い．どのような治療になるかは，逸脱行動や病気によって変わる．
自己治療
　ゴーヴ（Gove, 1982）によれば，逸脱行動の中には自己治療，つまり自分からその逸脱行動を「卒業」する，と考えられているものもある．
受容
　ボグダンとテイラー（Bogdan & Taylor, 1987: 35）は受容を以下のように定義している．

> 受容とは，長期的で，親近感や好意があり，逸脱者がスティグマ（烙印）を押されておらず道徳的に信用できない人物であるとみなされていないような，逸脱者とその他の人との間の関係である．受容関係は，差異の否定に基づいているのではなく，むしろ他人と違う行動を採ったからといってその人の人格を非難することはしないということに基づいている．

　そのような関係の基礎をなしているものは，一般的に，家族間の感情とか，宗教的義務感，人道主義的な志向，友情などがある．受容関係は，長い期間にわたり徐々に形成されてゆく点が特徴的である．つまり，関係が深まるにつれ信頼感と安心感が増し，不快感の象徴たる「部外者」に対して共同して「逸脱者」と非逸脱者が侮蔑し，差異を重視せずに関係の良い側面を強調し，「逸脱者」が経験した差別や拒否に共感するようになる．

疫学と法との連結部分に位置する逸脱

　ピアース（Pearce, 1996）が述べるように，疫学は社会と無関係に行われているものではない．むしろ，何が研究されるべきかということは，何が病気を構成しているのか，何が望ましい状態から現実を引き離しているのかについての理解と密接につながっている．どのように当該病気や病気にかかっていない状態を説明するのかは，現在分かっている知識水準だけでなく，何が逸脱か，何が通常の状態から大きく外れているかといった以前から抱かれている考えも反映する．
　例として，疫学者が当初 HIV 流行について行った描写を見てみよう．1982年6月26日，米国移民帰化局によってフロリダのクロム勾留施設に勾留されたハイチからの難民がトキソプラズマ症によって死亡した．死亡した彼女と

HIV に感染していることが分かった他のハイチ難民は同性愛的行動も，注射器による薬物使用もしていない，と主張した (Farmer, 1992). 彼らの母国であるハイチでは，1979年6月から1982年10月までの間に61のエイズ症例が見つかった．感染者には，男性，女性，異性愛者，両性愛者，同性愛者がいた．

他によい説明がないので，アメリカ合衆国の医者や科学者は，ハイチ人とHIV 感染に関連があるのではないか，と推測した．政府機関の医師の中には，これらの症例は「伝染性のハイチのウイルスがアメリカ合衆国の同性愛者の間に持ち込まれたという HIV の来歴」を示唆するものであるかもしれない，と公に発表した者もいるし (Chabner, 1982)，ブードゥー教の風習に感染の原因があると考えた者もいた (Moses & Moses, 1983). 権威のある医学雑誌は，ハイチのブードゥー教の風習から何らかのメカニズムで HIV が発生したという神話を定着させた．

> 今でも，ハイチ人の多くはブードゥー教の信者 (serviteurs) であり，儀式に参加している…．ビザンゴ (Bizango) などの秘密組織や「カブリ・トマゾ (cabrit thomazo)」と呼ばれる「穢れた」宗派のメンバーである者もいる．この「穢れた」宗派は，いけにえ崇拝の中で人間の血を使っているのではないか，と考えられている．HTLV-III/LAV ウイルスは水溶液の中で室温状態で少なくとも1週間は安定していることが分かっているため，末端信徒のブードゥー教信徒は，性行為のほか，儀式の汚染された祭祭や生贄などの摂取や吸引，皮膚接触によって，エイズに知らぬ間に感染しているかもしれない (Greenfield, 1986: 2200).

1990年2月連邦食品医薬品局がハイチ人が献血することを禁止したことで，ハイチ人が病原菌を持った集団であるとするこの見解はさらに広がった．疫学者も含んだ衛生専門家が表明した全く配慮がなされていない見解の結果，ハイチ人はその他「リスク・グループ」とみなされたメンバー（同性愛者，ヘロイン使用者，血友病患者）とともに，逸脱者となった (Centers of Disease Control, 1993). 上記集団の1員であることは，すでに別の異なった価値観と生活様式と関連していたが，さらに HIV 感染と同義になった．これらの集団が「高リスク」だとみなされる際，疾病対策（予防）センター (CDC) は，これらの集団メンバーに起こるであろう社会的，経済的，政治的な悪影響を全く無視しており (Oppenheimer, 1988; Nachman & Dreyuss, 1986), またセンターのそのような立場は客観的な科学的調査に大きな不都合をもたらすこ

とに気づいていなかった．

　　高リスク集団を作った結果，社会の「差別を受けた集団のメンバー」と当該病気との結びつきの観念が強化された．HIV の場合，各集団は血液や性交という媒介を通じて，当該集団以外の社会の人々を表面的には脅かしていたのにも拘わらず，公衆衛生に関する勧告はそのような汚染を阻止できるものとされた．その結果，境界上で多数派とは「異なって」いて，病気と結び付けられた集団の成員であるが高リスクでない人々を，高リスク集団に巻き添えにする形で境界線が引かれ，HIV 問題は押さえ込まれたことにされた．
　　人をステレオタイプに基づいて科学的に分類しようとすることの危険性の1つは，このように，提起された問題をステレオタイプに沿って歪めて定義し，しかもそれに沿う形で強引に解決しようとすることである（Oppenheimer, 1992: 62）．

　残念なことに，疫学調査が不十分であったことと，メディアが行った軽率で不正確な発表とから生じた悪影響をこの HIV 感染の事例は如実に示している．

　ひどい貧困およびデュバリエ政権とその部下による政治的暴力から逃れるため，多くのハイチ人はハイチから合衆国へ移民しようとしていた．しかし米国移民帰化局（INS）は多くの場合，これら避難民の多くを，保護のため合衆国入国が認められる政治的難民としてではなく，実際に入国した場合母国に戻る帰りの切符を与えるにすぎない経済的難民とみなした．

　あるハイチ難民の集団は入国を禁止されグアンタナモ湾にある米軍基地で処理手続きがされた（Haitian Centers Council v. Sale, 1993）．HIV 陽性とされた人々は難民としてアメリカ合衆国に入国することが認められなかった．だが後に政治亡命について再検査してみると，彼らは実際には難民としてアメリカ合衆国入国が認められる法的基準を満たしていたことが分かった．さらに，彼らはキャンプ・バルクリーとして知られる仮収容所の隔離された部分に収容された．これら200人の難民は何も罪を犯していないのに囚人のように扱われた．彼らはキャンプ施設に近づくことが禁止された．また，彼らはエイズ患者を十分に治療するのに必要な技術を持たない軍医によって診療を受けていた．軍自体も被収容者が適切な医療を受けられるようにキャンプから彼らを出すことを要請したが，米国移民帰化局はこの要請がなされるたびに却下した．当時，米国移民帰化局の連邦議会・広報担当官に対する特別補

佐（INS Special Assistant to the Director of Congressional and Public Affairs）であった，ドゥウェイン・「デューク」・オースティンは「彼らはどっちにしたって死ぬんだろ？」と発言した．

ハイチ難民を代表して，米国移民帰化局を相手取り訴訟が提起された．訴訟では，米国移民帰化局の行為は多くの憲法規定に違反していると主張された．その憲法違反とは，勾留の長さが不定期であったこと，勾留までの手順は当時のどの手続き規定にも適合していなかったこと，必要不可欠であった医療措置を否定したことである．連邦地方裁判所は，「グアンタナモでのハイチ人キャンプは全員が HIV 感染陽性の難民であって，知られている限りそのような難民キャンプは世界中で唯一である」と認定した（Haitian Centers Council v. Sale, 1993: 1045）．裁判所は HIV 血清反応陽性者である難民の勾留を禁止し，ハイチ以外の地に解放するように命じた．

議論のための問い

1．HIV によるハイチ人隔離以外にも，ある病気とおそらく関連があるということから，ある特定の民族や国民の人々を隔離した例は人類の歴史上に数多く存在する．例えば，アメリカ合衆国は，ハンセン病を運んでくるとして中国人の入国を厳しく制限していたし，精神疾患に容易にかかりやすいとしてアイルランド人の入国を厳しく制限していた．1900年代の初頭には，フィリピン人の「汚物」からコレラ菌が発生するとして，アメリカ人保護のためフィリピン人の隔離を強制していた（Hayes, 1998）．これらの各状況において，衛生に関する専門家でさえ，病気の原因として低い道徳心や道徳の違いが関係しているとしていた．

　a．ある特定の病気を患っている人に関する，疫学者の倫理的責務について議論せよ．加えて，より広い，一般的な社会に対する疫学者の責務についても議論せよ．上記のような見解表明に際し，疫学者が関わることは，国際医科学評議会（CIOMS, 1991）や，世界保健機構（WHO, 1993）が公表したガイドラインにどのように適合するのか，または適合しないのか．

　b．上で紹介した事例は規範的アプローチを反映しているのか，ラベリング理論を反映しているのか，それとも両方を反映しているのか．理由をつけて説明せよ．事例をどのアプローチ（理論）に分類するかは，病気と集団とに関係する誤解を将来招かないようにすることと，どのように関係し

ているか.
c. 今日の疫学者はどうやって将来このような過ちを繰り返さないことができるか. 研究結果を広めつつも,研究対象である集団や地域社会へスティグマを押すことを避けるには,どのような戦略を使えばよいか.
2. 「飲酒運転を許さない母の会」の運動を考えてみよう. 飲酒や酩酊, 飲酒運転について逸脱か逸脱ではないかについての一般的な認識を変化させることで,この運動はどの程度成功したか. 飲酒運転という出来事に対する措置が社会的に変化していることを評価する際,以下の要因はどの程度このような変化をもたらすことに影響を及ぼしているか.
 (1) 逸脱に対する一般的な認識の変化
 (2) 疫学による知見
 (3) 消費者・利益団体の持つ政治的影響力
 (4) 立法や規制の変化

REFERENCES

Becker, H. S. (1973). *Outsiders: Studies in the Sociology of Deviance*. New York: Free Press.
Bell, R. B. (1971). *Social Deviance*. Homewood, Illinois: Dorsey.
Ben-Yehuda, N. (1990). *The Politics and Morality of Deviance: Moral Panics, Drug Abuse, Deviant Science, and Diverse Stigmatization*. Albany, New York: State University of New York Press.
Bierstedt, R. (1963). *The Social Order*, 2nd ed. New York: McGraw-Hill.
Bogdan, R., & Taylor, S. (1987). Toward a sociology of acceptance: The other side of the study of deviance. *Social Policy, 18*, 34–39.
Centers for Disease Control. (1983). Acquired immunodeficiency syndrome update. *Morbidity and Mortality Weekly Report, 32*, 465–467.
Chabner, B. (1982). Cited in *Miami News*, Dec. 2, at 8A.
Champion, V. L., & Miller, A. (1997). Adherence to mammography and breast self-examination regimens. In D. S. Gochman (Ed.). *Handbook of Health Behavior Research II: Provider Determinants* (pp. 245–267). New York: Plenum Press.
Chauncey, G. (1994). *Gay New York: Gender, Urban Culture, and the Making of the Gay World, 1890–1940*. New York: Basic Books.
Clinard, M. B., & Meier, R. F. (1979). *Sociology of Deviant Behavior*, 5th ed. New York: Holt, Rinehart, and Winston.
Council for International Organizations of Medical Sciences (CIOMS). (1991). *International Guidelines for Ethical Review of Epidemiological Studies*. Geneva: CIOMS.
Council for International Organizations of Medical Sciences (CIOMS), World Health Organization (EHO). (1993). *International Guidelines for Biomedical Research Involving Human Subjects*. Geneva: World Health Organization.
Cullen, F. T., & Cullen, J. B. (1978). *Toward a Paradigm of Labeling Theory*. Lincoln, Nebraska: University of Nebraska.

Cummings, K. M. (1997). Health policy and smoking and tobacco use. In D. S. Gochman (Ed.). *Handbook of Health Behavior Research IV: Relevance for Professionals and Issues for the Future* (pp. 231–251). New York: Plenum Press.

DeFleur, M. L., Antonio, W. V., DeFleur, L. B., Nelson, L., & Adamic, C. H. (1977). *Sociology: Human Society*, 2nd ed. Glenview, Illinois: Scott, Foresman.

Dohrenwend, B. P. (1959). Egoism, altruism, anomie and fatalism: A conceptual analysis of Durkheim's types. *American Sociological Review, 24,* 466–473.

Edgerton, R. B. (1993). *The Cloak of Competence*, rev. ed. Berkeley, California: University of California Press.

Edgerton, R. B. (1976). *Deviance: A Cross-Cultural Perspective*. Menlo Park, California: Benjamin Cummings Publishing Company.

Edgerton, R. B. (1985). *Rules, Exceptions, and Social Order*. Berkeley, California: University of California Press.

Erikson, K. T. (1962). Notes on the sociology of deviance. *Social Problems, 9,* 307–314.

Farmer, P. (192). *AIDS and Accusation: Haiti and the Geography of Blame*. Berkeley, California: University of California Press.

French, F., Wilke, A. S., Mayfield, L., & Woolley, B. (1985). The physician's role in covering deviance: Assisting the physically handicapped. *Psychological Reports, 57,* 1255–1259.

Goffman, E. (1963). *Stigma: Notes on the Management of Spoiled Identity*. New York: Simon and Schuster, Inc.

Gove, W. R. (1982). The formal reshaping of deviance. In M. M. Rosenberg, R. A. Stebbins, A. Turowetz eds. *The Sociology of Deviance* (pp. 175–201). New York: St. Martin's Press.

Greenfield, W. (1986). Night of the living dead II: Slow virus encephalopathies and AIDS: Do necromantic zombiists transmit HTLV-III/LAV during voodooistic rituals? *Journal of the American Medical Association, 256,* 2199–2200.

Gutierrez, G. (1987). *On Job: God-Talk and the Suffering of the Innocent*. Maryknoll, New York: Orbis Books.

Hays, J. N. (1998). *The Burdens of Disease: Epidemics and Human Response in Western History*. New Brunswick, New Jersey: Rutgers University Press.

Haitian Centers Council v. Sale. (1993). 823 F. Supp. 1028 (E.D.N.Y.).

Jasanoff, S. (1993). What judges should know about the sociology of science. *Judicature, 77,* 77–82.

Kitsuse, J. I. (1962). Societal reaction to deviant behavior: Problems of theory and method. *Social Problems, 9,* 247–256.

Lemert, E. M. (1951). *Social Pathology*. New York: McGraw Hill.

Lopez, I. F. H. (1994). The social construction of race: Some observations on illusion, fabrication, and choice. *Harvard Civil Rights—Civil Liberties Law Review, 29,* 1–62.

MacAndrew, C., & Edgerton, R. B. (1969). *Drunken Comportment: A Social Explanation*. Chicago: Aldine Publishing Company.

Merton, R. K. (1966). Social problems and sociological theory. In R. K. Merton, R. Nisbet (Eds.) *Contemporary Social Problems*, 2nd ed (pp. 775–823). New York: Harcourt, Brace, and World.

Nachman, S., & Dreyfuss, G. (1986). Haitians and AIDS in South Florida. *Medical Anthropology Quarterly, 17,* 32–33.

Oppenheimer, G. M. (1992). Causes, cases, and cohorts: The role of epidemiology in the historical construction of AIDS. In E. Fee, D. M. Fox (Eds.). *AIDS: The Making of a Chronic Disease* (pp. 49–83). Berkeley, California: University of California Press.

Oppenheimer, G. M. (1988). In the eye of the storm: The epidemiological construction of AIDS. In E. Fee, D. Fox (Eds.). *AIDS: The Burdens of History* (pp. 267–300). Berkeley, California: University of California Press.

Orcutt, J. D. (1983). *Analyzing Deviance*. Homewood, Illinois: Dorsey Press.

Packard, R. (1989). *White Plague, Black Labor: Tuberculosis and the Political Economy of Health and Disease in South Africa*. Berkeley, California: University of California Press.

Pearce, N. (1996). Traditional epidemiology, modern epidemiology, and public health. *American Journal of Public Health, 86,* 678–683.

Moses, P., & Moses, J. (1983). Haiti and the acquired immune deficiency syndrome. *Annals of Internal Medicine, 99,*565.
Polednak, A. P. (1997). *Segregation, Poverty, and Mortality in Urban African Americans.* New York: Oxford University Press.
Reiss, I. (1986). *Journey Into Sexuality.* Englewood Cliffs, New Jersey: Prentice-Hall.
Roberston, L. S. (1997). Health policy, health behavior, and injury control. In D. S. Gochman (Ed.). *Handbook of Health Behavior Research IV: Relevance for Professionals and Issues for the Future* (pp. 215–230). New York: Plenum Press.
Scott, M. B., & Lyman, S. M. (1968). Accounts. *American Sociological Review, 35,* 46–62.
Simmons, J. L. (1965). Public stereotypes of deviants. *Social Problems, 13,* 223–232.
Simon, W. (1994). Deviance as history: The future of perversion. *Archives of Sexual Behavior, 23,* 1–20.
Thio, A. (1978). *Deviant Behavior.* Boston: Houghton Mifflin.
Williams, R. M. Jr. (1968). The concept of norms. In D. L. Sills, ed. *International Encyclopedia of the Social Sciences.* New York: Macmillan, 11: 204–208.
Williams, W. L. (1992). *The Spirit and the Flesh: Sexual Diversity in American Indian Culture.* Boston: Beacon Press.
Young, J. (1977). The police as amplifiers of deviancy. In P. Rock (Ed.). *Drugs and Politics* (pp. 99–134). New Brunswick, New Jersey: Transaction Books.

第11章

事例研究(7)　性，ジェンダー，および性的特質

平田彩子訳

　ものごとを単純な分類に当てはめることを人々は安易にやりすぎる．だがそうやって採りうる選択肢を初めから狭めてしまうことは，しばしば後々の混乱の元になる．例えば，科学と宗教を対比する際，われわれはよく単純な二分類に頼ってしまう．一方には，科学，証明，確実性を置き，他方には宗教，憶測，信仰を置く…（Kitcher, 1982）．

性とは何か

　性やジェンダーは性的二形的であると一般的に考えられている．つまり，系統学的に遺伝する2つの型，すなわちオス（男性）とメス（女性）が存在するとされている（Herdt, 1994）．リリー（Lillie, 1939）の行った考察は，そのような性的二形性に関する初期の説明の代表的なものである．

> 　自然界においては，それぞれの種にオス個体とメス個体の区別，すなわち性的二形性が見られる．それぞれの種のオスとメスは二項対立的に相違する特徴を持っている．つまり分類基準が生物学的なものであろうと心理学的なものであろうと社会的なものであろうと，オス的形態とメス的形態をすべての種において区別できる．性がこのような差異を作り出す力なのではない．むしろ性は，これらの差異についての全般的な印象に対してわれわれが付した単なる名称でしかないのである…．歴史的な用語法としてのみ見れば，オスとは精子を作る個体であり，メスとは卵子を作る個体である．ないし，少なくともこのような生殖機能に関連する特徴をそれぞれ備えた個体である．

　人間の場合に，個体を生物学的なオス（男性）とメス（女性）のどちらと同定するかは，以下に挙げる要素のうちの1つ以上についての評価によって

決まる．その要素としては，染色体の性，生殖腺の性，形態としての性および2次性徴，心的・社会的な性ないしジェンダー・アイデンティティ（gender identity）がある（Herdt, 1994）．最初の3つの要素のうち1つ以上によって決定されるものである生物学的な性が，ジェンダー・アイデンティティとともに男女の社会的役割（gender role），社会的アイデンティティ，性的指向に密接に関連していると一般的に考えられている（Bolin, 1994）．社会に広まっているこの前提は，近年ますます論議の的になってきている．これら各要素については以下に詳しく考察する．

以下の生物学的性の発達についての概観では，解剖学と人間の生殖について基礎的な知識があることを前提としている．より深く学びたい者はムーアとパーソードの共著文献（Moore & Persaud, 1993）を参照されたい．

胚にある染色体の性は，卵がX染色体をもつ精子によって受精するかY染色体をもつ精子によって受精するかによって決定される．卵がX染色体をもつ精子で受精するとXXの接合体となり，通常は成長して女性になる．反対に，Y染色体をもつ精子で受精すればXY接合体となり，通常は成長して男性となる（Moore & Persaud, 1993）．しかし，受精後7週間目以前では，男性と女性の生殖腺は見た目では全く同じである．この期間，これは未分化生殖腺と呼ばれる．

両性具有性ないし中性が起こるのは，生殖腺形態（精巣と卵巣）と外性器の形体が一致していないときである（精巣と卵巣の発達については，ムーア・パーソード（Moore & Persaud, 1993）を参照）．厳密な意味での両性具有性が起こるのは極めてまれであり，精巣組織と卵巣組織が同時に存在しているときにのみ起こる．しかし，両性具有性の場合これらの組織はたいてい機能しない（Krob, Braun, & Kuhnle, 1994; Moore & Persaud, 1993; Talerman, Verp, Senekjian, Gilewski, & Vogelzang, 1990）．

ジェンダー・アイデンティティと社会における男女の役割

ストラー（Stoller, 1968: vii-ix）では，生物学的機能としての性と文化における機能としての性，すなわちジェンダーとを区別している．

> 辞書では，生物学的な意味での性（sex）が主要なものとして重視されている．例えば「性的関係」とか「男性」といった言葉に使われる場合である……．一

方，心理的な現象（行動，感情，考え，そして空想）をさす時に，ジェンダーという言葉が使われる．われわれは男性，女性と言うことができるが，男性らしさ，女性らしさの意味でも使うことができ，後者の場合は必ずしも解剖学や生理的意味を指しているわけではない．

ジェンダーは以下のように定義されている．

> ジェンダーとは，社会的，文化的差異の明確なパタンを包括する，人間についての多面的な区分カテゴリーである．ジェンダーの区分は両性の身体間に見られる解剖学的，生理学的差異の認識に基づいていることが多いが，このような認識は文化カテゴリーや文化的意味によって常に変容する…．ジェンダー区分は差異を「説明するモデル」だけではなく…，差異を「作り出すモデル」でもある．行動，気質，性的指向，親族関係と対人間関係における役割，職業，宗教上の役割，およびその他の社会的パタンなどについて，ジェンダー区分は男女どちらか一方に特化した社会的期待をもたらす．ジェンダー区分は「社会的現象の総体」であり…多様な制度や考え方がジェンダー区分に反映されている．この点でジェンダー区分は，他の社会的地位とは区別される（Roscoe, 1994: 341）．

この定義にも拘わらず，（生物学的）性はしばしば，ジェンダー（社会的役割）の同義語か，ジェンダーと強く関連するものと考えられてきた．以下の引用は，生物学的性が社会的役割を決定するものとされていたことを例証している．

> したがって女性の脳重量の小ささと脳構造の不完全さは，より劣った人種の脳を連想させるものであり，女性の劣った知能はこれを土台に説明される，と主張された．女性は黒人同様，幅が狭く，子供のようなもろい頭蓋骨をしていて，「より優れた」人種の男性に特徴的な頑強で丸い頭とは全く異なる，と言われていた．同様に，より高等な人種の女性はあごがやや突き出ている傾向があり，サルに似ていると誇張するまではいかなくても，より劣った人種に見られる突き出たあごを連想させるものであるとされた．<u>より劣った人種と女性は，生まれつき衝動的で，感情的で，創造的ではなく他者の真似ばかりし，白人男性に見られるような抽象的思考をする能力がないと考えられていた</u>（Stepan, 1990: 39-40）（下線による強調は著者による）．

ジェンダー・アイデンティティと男女の性役割は異なる概念である．ナンダ（Nanda, 1994: 395-396）による以下の説明は有益である．

> ジェンダー・アイデンティティは，男女の性役割に関する個人的な経験として定義されてきた．それは，男性，女性または両性具有であるという自己の個としてのアイデンティティの，同一性，統一性，持続性の経験であり，それが自意識と行動の両方に表れる．社会における男女の性役割とは，自分が男性，女性，または両性具有である度合いを他人または自分自身に示すため，言ったり行動したりすることの全てである．よって，社会における男女の性役割としては，服装，言葉によるコミュニケーション，言葉によらないコミュニケーションなどによる人前での自己表現が挙げられる．人は経済的役割や家庭での役割を果たしており，人は性的感情（性的欲求）を抱き相手に対しそのような感情を向かわせ，人は性的役割を果たし感情を抱き表現し，そしてどの社会でも男らしさ，女らしさとして考えられているとおりに自分の身体性を認識するのである．ジェンダー・アイデンティティと，社会における男女の性役割（ジェンダー役割）とは統合されており，さながらコインの裏と表のようなものであると言われている．

ストラーの行ったジェンダー・アイデンティティと社会における男女の性役割の概念化においても同様に，個人的な経験と社会的な経験とを区別している．

> 私は「アイデンティティ」という言葉を，（意識的にであれ，無意識的にであれ）この世の中での自分の存在や目的についての自己認識を意味するものとして使っている．少し別の言い方をすれば，自己の存在についての自己認識を失わないための，精神的な構成要素の組織構造を意味するものとして私はこの言葉を使っている（Stoller, 1968: x）．

ジェンダー・アイデンティティはさらに，「中核的ジェンダー・アイデンティティ」，つまり「2つしかない性のうち自分はどちらか一方に属しているという絶対的な信念」とも区別される（Stoller, 1968: 39）．ストラーは以下のように詳しく説明している．

> 本質的に不可変であるこの中核的ジェンダー・アイデンティティ（私は男だ，という自己認識）は，「私は男らしい（男っぽい）」，という関連しているが異

なった信念と区別される．後者の信念は，前者より微妙で複雑な発達の結果である．男らしさの表現の仕方について両親が自分にどう期待しているのか子供が分かった後にはじめて，この信念ができあがるのである（Stoller, 1968: 40）．

同様に，このことは社会における男女の性役割についても言える．「中核的ジェンダー・アイデンティティ」では「私は男性だ」，「私は女性だ」という感じ方を意味するが，「社会における男女の性役割」は「男らしい，または女性らしい振舞い方」を表す（Walinder, 1967: 4）．ジェンダー・アイデンティティはまた，性的アイデンティティ（性同一性）とも区別される．

> 「ジェンダー・アイデンティティ」という用語は…「性的アイデンティティ（性同一性）」といった用語のような，同様の文脈で用いられる他の様々な言葉とは区別して使われる．「性的アイデンティティ（性同一性）」は多義的である．というのも，この言葉は自己の性行動や性的空想などを指している場合があるからである…．したがって，「自分は男らしくない男性だ」と言う患者について，彼は自分にいわゆる男らしさが欠けていると認識しているが，彼の自己のジェンダー・アイデンティティは男性である，ということが可能である（Stoller, 1964: 220）．

性的指向

性的パートナーを男性とするか女性とするかの選択と自己の性的指向とは同じものであると考えるようになっている．しかし，明らかなように，同性愛的な行動は同性愛自体と同義ではない．例えば，アメリカ合衆国における男性の性行動についての最近の研究によれば，20歳から39歳の回答者のうち２％が過去10年のうちに同性と性行為を行ったことがあると回答しているが，同時期に同性との性行為だけを行ったと答えた回答者はたったの１％であった（Billy, Tanfer, Grady, & Keplinger, 1993）．性的パートナーの選択など全く同一の性行動も，その意味や重要性の点で様々でありうるのであり，それは文化的文脈や歴史的文脈に左右される（Vance, 1995）．歴史上の事実と現代の事実のそれぞれからピックアップした以下の例によって説明されるように，性的パートナーが生物学的に男性，女性のどちらかということは，性的欲求や性的指向によってと同程度かそれ以上に，権力や経済的関係，他のパートナ

ーとの出会いの可能性の影響を受けるのである．

多くの社会では，若い男性と年をとった男性との間の性的関係は年齢によって決定されていた(Greenberg, 1988)．性的関係では年配の男性の方がリードする方で，若者の方が受け身の方であるとされた．性的行為としては，マスターベーション，アナル・セックス，フェラチオなどがある．このような関係に対する動機は文化によって様々であるが，以下の理由が挙げられよう．すなわち，性交渉によって年配の男性から若い男性へ神秘的治癒力が伝達されること，肉体的に大人の男になるためには年配男性によって体内に精子を注入してもらわなければならないと考えられていたこと，女性との性行為は男性の活力を消耗させると懸念されたこと，女性が少なかったこと，男性を堕落させる女性の特性のために女性との性行為は男性を害すると考えられていたこと，などである (Greenberg, 1988)．

同性愛自体とは区別された同性愛的行動は，性的パートナー間の力の差をも反映している．例えば，暴力をやめさせるために，お金の代わりに体を差し出すことがあり，このことは路上だけでなく (Scacco, 1982)，刑務所の中，戦時中にも起こりうる (Greenberg, 1988; Trexler, 1995)．

バーダッシュ (berdache) やヘジラ (hijra) と呼ばれる地位は両方とも，性的行動についてのうわべだけの理解に基づけば，同性愛的だと称されうる関係の例証となっているが，実際は全く異なったことを意味している．ウイリアムズ (Williams, 1992: 72) の定義によれば，バーダッシュとは「形態上は男性だが，社会通念上標準的な男性の役割に適合していない者で，男らしさの欠如した者」である．アメリカ先住民はバーダッシュのことを「半分男性で半分女性 (halfmen-halfwomen)」と呼んでいたが，バーダッシュは両性具有者でもトランスセクシャル (性転換者) でもない (Williams, 1992)．バーダッシュは現在「男女2つの魂を持つ者 (two-spirit people)」として知られており (Lang, 1996)，シャイアン族やクリーク族，クラマス族，モハーベ族，ナヴァホ族，ピマ族，スー族，ズニ族などアメリカ先住民の様々な部族にいた (Greenberg, 1988; Roscoe, 1991; Williams, 1992)．彼らは男のくせに女々しいと言われるのではなく，両性具有的だとより正確に表現された．彼らは男性でも女性でもなく，第3の性だとみなされたのだった．彼らの行動や社会的役割，服装は男女のそれを組み合わせたものであった．他の男性との性的関係においては女性役であったと想定する者もいたが，性的関係はバー

ダッシュとしての地位にとっては2次的な構成要素であった（Callender & Kochems, 1986; Williams, 1992）．同性愛的行動はバーダッシュとしての地位と同義ではなかったのである（Williams, 1992）．同様に，「男女2つの魂を持つ」女性の中には男性の役割を担い男性の服装を身にまとったり，女性と性的関係を持つ者もいた（Schaeffer, 1965）．宣教師の活動やアメリカ合衆国政府機関の介入の結果，バーダッシュの伝統はすたれてしまった．若いアメリカ先住民はバーダッシュの役を担うことを拒否して，ゲイの男性だという自己認識の方を採用する傾向にある（Williams, 1992）．

インドのヘジラは「男性でもなく女性でもなく，女性であり男性である」とみなされてきた（Nanda, 1990; Nanda, 1994）．この地位に基づいて，ヘジラは男の新生児を祝福したり，結婚式で祝福のパフォーマンスをしたりすることでヒンドゥー教由来の宗教的役割を担っている（Nanda, 1990）．ヘジラとは，男性との性的関係がある者としてではなく，女性に対して性的欲求を抱かず性的に不能である者として定義される．女性に対して性的に不能である理由としては，男性器に欠陥がある，または出生の際に男性器を事故で失ったり，後に故意よる去勢のため男性器がないことが挙げられる．去勢とは，外科的に男性生殖器を取り除くことである（Nanda, 1990）．ヘジラが自分たち自身を定義する際，彼らは性とジェンダーをまとめて1つのカテゴリーに収め，自分たちは女性に対して性的に不能であるから「男性ではない」し，子供を産めないから「女性ではない」と自らをとらえている．彼らは，服装やエロチックな妄想，男性の性的パートナーに対する性的欲求，女性またはヘジラであることのジェンダー・アイデンティティなど，女性の様々な側面と，がさつなしゃべり方や水ギセルを吸うことなど男性の側面とをひとまとめにしている（Nanda, 1994）．男性と性的関係を持っているにも拘わらず，明らかに，ヘジラは同性愛者だとみなされていないし，自らもそう思ってはいない．

同性愛とは，生まれつきのもので，比較的変化しない性質であると考えられてきたが，具体的には以下のように様々な定義があった（Murray, 1987a）．例えば，先天的だが，遺伝ではない性質（Heller, 1981），先天的な性的倒錯の1形態（Gindorf, 1977），人類の進化初期の形態，つまり両性を備えている，もしくは両性具有である性質（Krafft-Ebing, 1965），成長期における家族との相互作用の結果子どもに生じた，異常で未熟な指向（Dynes, 1987），異性愛

に向うことと同様な心理的過程の結果であって，種々のセラピーによって修正可能な性質（Akers, 1977）などと言われている。1973年になってようやく，米国精神医学会は同性愛を精神病として記載していた項目を『精神疾患の分類と診断の手引き』から削除した（Greenberg, 1988）。

性転換症とトランスジェンダー

性転換症

　トランスセクシャル（transsexuals）とは，外科的形状の如何にかかわらず，「自分の身体の性とは反対の性的アイデンティティを持っている個人」と定義されてきている（Bolin, 1992: 14）。これに対し，性転換症は性同一性障害に分類され，「社会的役割や職業上の役割，その他の重要な分野での役割を果たすにあたって，大きな臨床的苦悩や臨床的障害」に苦しむことになるとされている（Reid & Wise, 1995: 241）。性転換症がそれ自体として障害をもたらすのか，そうだとして治療は必要なのか，についてはかなりの議論の対立が存在する（Loue, 1996）。「身体の性とは反対の自己の性的認識を強く一貫して」抱いているか，「自分の身体の性に対する一貫した不快感やその性が持つ社会における役割に対して自分が適合しない感覚」を持っているかで診断は行われる（Reid & Wise, 1995: 240）。文化的，社会的利益を得るため性を変えたいという願望や，規定された性的役割に自分が合わないため性を変えたいという願望，および両性具有性とは診断上区別される必要がある（Reid & Wise, 1995: 241）。

　研究者によれば，約11,900人の男性のうち1人が（男性から女性への），また約30,400人の女性のうち1人が（女性から男性への）性転換者の割合であると推定されている（Baller, van Kesteren, Gooren, & Bezemer, 1993）。性転換の性比率の推定値は様々であり，オランダでは男性2.5人に対し女性1人であるが，ポーランドでは女性5.5人に対し男性1人である（Bakker, et al., 1993; Godlewski, 1988; Pauley, 1968）。

　性転換症に対する治療としては，長期間にわたるホルモン療法と性転換手術がある。女性から男性への生殖器植付手術は複雑で広範囲にわたるものである。したがって，何回かの段階に分けて行われなければならない（Hage, Bouman, de Graaf, & Bloem, 1993）。陰茎形成術は女性から男性への性転換手

術においてペニスを作るために使われる (Hage, Bloem, & Suliman, 1993). 外科手術に加えて，女性から男性への性転換手術では，男性ホルモンのアンドロゲン投与が長期にわたって継続されなければならない (Sapino, Pietribiasi, Godano, & Busolati, 1992). このホルモン投与で起こりうる副作用としては，身体組織の壊死 (necrosis)，ヘルニア (hernia), 静脈鬱血 (venous congestion), ペニス瘻孔症 (phallic shaft fistulas) などがある．男性から女性への性転換手術でも広範囲な外科手術が行われ (Eldh, 1993)，ホルモン療法が行われる (Valenta, Elias, & Domurat, 1992). 起こりうる副作用としては，陰核無感覚症 (Eldh, 1993), 膣狭窄 (Stein, Tiefer, & Melman, 1990), 性行為の際の痛み (Stein, Tiefer, & Melman, 1990) がある．手術には高い費用がかかることや健康保険の適用外であること (Gordon, 1991; Stein, Tiefer, & Melman, 1990), また手術の結果に満足できない場合に対する危惧 (Crichton, 1992; Hage, Bout, Bloem, & Megens, 1993) ゆえに, トランスセクシャルの中には性転換外科手術を思い止まる者も多い．

トランスジェンダー

「トランスジェンダー」という用語には多くの意味がある．まず,「性とジェンダーの境界に挑む」あらゆる人々をこの用語は含む (Feinberg, 1996: x). また，出生時に与えられた性の割り当てを入れ替えた人々や，自分が表現するジェンダーが見た目の性と合わない人々のことを指す (Feinberg, 1996). トランスジェンダーは多くの場合トランスセクシャルと区別される．トランスセクシャルは出生時に与えられた性を変えようと強く望む人々であるのに対し，トランスジェンダーは伝統的に生物学的性と関連している「ジェンダー表現の境界を曖昧にする」人々のことである (Feinberg, 1996: x).

境界を曖昧にすることは服装の性的取替えという形となって表れる (Garber, 1992). 服装の性的取替え, つまり反対の性がよく着るような服を着ることは様々な理由によって, そして多くの文脈で起こりうる．女性はビジネスでより成功するために「男っぽくみせる」服装を身につけるかもしれない (Molloy, 1977). 男性の中には，同性愛者にも異性愛者にも，女性のまねをする者がいる (Garber, 1992). 男性の同性愛者の中には自己表現や運動論として女装する者もいる (Garber, 1992). 服装の性的取替えは演劇において中心的であるし (Baker, 1994; Heriot, 1975), ある程度は宗教においてもそうであ

る（Barrett, 1931; Garber, 1992; Warner, 1982）．重要なのは，これらすべてがトランスジェンダーの人々と関係があるわけではないことを知ることである．

同性愛，科学，変容する社会的文脈

科学と医療における同性愛：見解の変化

　アメリカ合衆国では，同性愛は比較的最近まで，異常ないし逸脱であり，何らかの治療が必要な病気だと理解されていた．この見方は，この分野の専門家と考えられている人々の継続した教示とともに，その他の人々の誇張や誤解に原因がある．例えば，フロイトの研究は，同性愛それ自体が精神障害の証拠であるということを示した，と間違って広く解釈されている．しかし，フロイトが同性愛を利点とは考えていなかったことは確かであり，同性愛を治療が必要な精神障害であるとか，同性愛それ自体が精神障害の症状であるとか，とは考えていなかったことが，以下の引用でわかるだろう（Mondimore, 1996）．

　　（幼少期の）同性愛者が男性器に対して感じる畏敬の念こそが，彼の運命を決める．幼いとき，彼は性的な対象として女性を選ぶが，それは彼にとって身体のうち絶対不可欠なもの（ペニス）を女性たちも持っていると思いこんでいたからである．この点に関し女性が彼をだましたことに気付くようになると，女性たちは彼の性的興味から外れることになる．彼が魅力を感じセックス願望を抱く者にはペニスがないとだめである．もし状況が望ましいのなら，彼はリビドーの対象を「ペニスを持つ女性」，つまり女性のような外見の青年に定める（Freud, 1909）．

　　（少女が年上の女性に対して抱く愛についての）説明は以下の通りである．少女が幼児期のエディプス・コンプレックス［エレクトラ・コンプレックスの誤記］を思春期に再度抱くまさにその時に，少女は大きな失望を味わった．彼女は子供，男の子が欲しいと強烈に意識するようになった．彼女が欲しいのは父親の子供であり父親のイメージであるが，このことが自分に意識されることはない．そしてこの後に何が起こるのか？　子供を産むのは自分ではなく，無意識に憎悪するライバルである母親である．ひどく憤慨し悲しみ，彼女は父親，そして男性を完全に相手にしなくなった．最初の大きな敗北の後，彼女は女性であることをやめ，彼女のリビドーの別の目標を追い求めた（Freud, 1920）．

あなたからの手紙によって，あなたの息子が同性愛者だと推測しました．あなたが息子さんについて話すときにその言葉を使わなかったことについて，私はとても強い印象を受けました…．確かに同性愛は利点では決してないです．しかし恥ずかしがるべきことでは全くありませんし，悪徳でも堕落でもなく，病気と分類できるものでも決してありません．発育における一種の停止によってもたらされた性的機能の変異であると，われわれは同性愛について考えています．古代から現代にわたり尊敬に値する人々の多くは同性愛者でしたし，その中には偉人も多く含まれます…．同性愛を犯罪や残忍な行為として迫害するのは不当です…．あなたの息子に対して精神分析がしてさしあげることのできるのは，これらとは別のことです．もし彼が不幸で，神経症的で，葛藤に非常に苦しんでおり，社会生活になじめないのなら，同性愛のままか変わるかにかかわらず，精神分析はお子さんに，調和，心の平穏，能率回復をもたらすでしょう（Freud, 1935）．

同性愛，科学，基本的人権

同性愛，科学，医療
性行動

性行動に関するキンゼイの研究が公表されて初めて，同性愛は悪徳，もしくは病気であるという考え方が批判に曝されるようになった．生物学者としての教育を受けたキンゼイは，自分が大学で教える授業科目についてよりよく理解するため，人間の性についての研究に着手した．

キンゼイが研究の過程で明らかにしたことは，個人を異性愛者か同性愛者のどちらかに二分することは不可能であるということだった．したがって，彼とその共同研究者たちは7段階尺度の異性愛・同性愛のキンゼイ指標（Kinsey Heterosexual-Homosexual Rating Scale）を作成した．この指標は0から6の尺度で身体的接触と心理的反応の両方を測るものである．0は完全に異性愛のみであることに対応し，1は異性愛が支配的で偶発的な同性愛も少しはあることを示す．他方，6は完全に同性愛のみであることに対応する（Kinsey, Pomeroy, & Martin, 1948）．キンゼイによれば，調査対象のうち37％の男性は人生のある時点で少なくとも1回は同性との間で，オルガズムにまで達するくらいの性経験をしたことがあり，他方10％の男性が調査時点以前の少

なくとも3年間，完全に同性愛であることがわかった．キンゼイの研究グループはこれらの結果を驚きをもって受け止めたことを以下のように記している．

> 回答者の人生の履歴，すなわち，ある大都市にいたか別の大都市にいたか…小さな町や辺鄙な地域にいたか，またある大学を出たか別の大学を出たか，宗教系の学校か州立大学か私立の施設をでたか，さらに，合衆国のどこの出身か，なども調査してデータとした．その結果，これらの履歴の如何を問わず，同性愛の該当率にはほとんど差異が見られなかった…．すべての年齢層において，あらゆる社会的階層において，思いつくすべての職業において，都市にも農村にも，カウンティの最も辺鄙なところにも，同性愛の経験がある者は存在していた（Kinsey, Pomeroy, & Martin, 1948: 625）．

キンゼイとその共同研究者たちは後に，専門家も素人も同様にこの結果を受け入れることに抵抗を示した点について以下のようにコメントしている．

> 事象の分類において単純2分法を採ろうとすることは，人間の持つ生来の特徴である．物事をこれか，またはそれでないかの2つに割り切ろうとする．性行動は正常か異常か，社会的に受け容れられるか受け入れられないか，異性愛か同性愛か，と考えたがるのである．多くの人々は，一方の極から他方の極へ向かう途中に程度や濃淡というものがあることなど考えようともしない（Kinsey, Pomeroy, Martin, & Gebhard, 1953: 469）．

後に行われたフッカーによる研究は，異性愛と同性愛の男性に焦点を当てて，心理検査結果を行っている．その研究結果をもとに，フッカーは次のような結論を得ている．まず，同性愛は病型としては存在していないこと，第2に，性的傾向としての同性愛は正常な心理の範囲内であること，第3に，性格や発育において特定の形態の性的欲求や性的表現の担う役割は以前に考えられていたよりも小さいこと，を結論づけた（Hooker, 1957）．

しかし，医学界は何十年もの間，これらの調査を無視し続けた．1976年になってようやく，米国精神医学会は同性愛を『精神疾患の分類と診断の手引き』から削除した．この『手引き』は，アメリカ合衆国をはじめ多くの先進国の医師が精神病を診断する際に依拠しているものである．よって，いったいどうして米国精神医学会がその立場を修正するようになったのか，読者は

必ず疑問に思うに違いない．これに対する答えは，近年発達している同性愛についての遺伝子研究と，そのような研究が行われることに対して社会的，政治的な背景が変化していることにある．

疫学の果たす役割と遺伝学

近年，同性愛についての生物学的原因と特質に関する調査で焦点が当てられているのは，脳の機能や（Hall & Kimura, 1995; McCormick & Witelson, 1994; Gladue, 1994），脳の構造（Scamyougeras, Witelson, Bronskill, Stanchev, Black, Cheung, Steiner, & Buck, 1994; Allen & Gorski, 1992），および，性の遺伝子（Hu, Pattatucci, Patterson, Fulker, Cherny, Krugkyak, & Hamer, 1995; Harmar, Hu, Magnuson, Hu, & Pattatucci, 1993; Macke, Hu, Hu, Bailey, King, Brown, Hamer, & Nathans, 1993）である．遺伝疫学がここでは特に関係があるかもしれない．というのも，遺伝学の分野で適用されている疫学的手法は，特定の形質に対する遺伝的原因を理解する上で手がかりを与えるかもしれないからである．現在までに遺伝疫学が明らかにしたことは，性的指向の発達について遺伝が関連していること，しかしその関連性は部分的なものでしかないことである．

他の研究では，たとえば男の子が人形をとても好んだり，女の子が「おてんば」な行動をしたりするなど，ジェンダーに合わない行動の発達について焦点が当てられている．このようなジェンダーに合わない興味や行動は，多くの場合子供時代に始まるため，このことは，性的指向は個々人に「先天的に脳に組み込まれた」ものの一部であるとする理論にさらなる根拠を与えている（Isay, 1990を参照）．

同性愛と状況の変化

自分がゲイまたはレズビアンであると「カミング・アウト（公に認める）」することは，そのような公表が帰結するスティグマのために1970年代以前は極めて困難であった．そのような人々は，社会からの逸脱者であり，治療が必要な者であるとされていた．同性愛者として知られた人々は，職や家族など大事にしていたもの全てを失う危険があった．あるゲイの男性は同性愛者について以下のように説明している．

同性愛者はマイノリティ（差別される少数派）であり，それは人数の多寡という数字の上だけではなく，カースト制度のような社会的地位の結果としてもそうであった…．色々な点において，われわれのマイノリティとしての社会的地位は，国籍や宗教，その他民族的グループの甘んじている差別的地位と似たものだった．すなわち，基本的人権としての市民的自由の否定，法的，法外的，そして準法的な差別，より劣位の社会的地位への割当て，主流派の暮らしや文化からの排斥などがなされた（Cory, 1951: 13-14）．

　ゲイとレズビアンが受けた敵意は，政府機関内部での彼らの処遇に表れている．反共の「赤狩り（red purge）」で悪名高い当時の上院議員ジョセフ・マッカーシーは，他の保守的な政治家と共同で，同性愛者を政府職員の地位から追放することを求めた．行政府の歳出についての上院委員会（The Senate Committee on Expenditure in Executive Departments, 1950）は，たった1人でも「政府機関に性的異常者」が存在することのリスクについて以下のように警告している．

　　「政府機関にいる性的異常者」は彼の同僚に悪影響を及ぼす．これら性的異常者は普通の人々をそそのかして倒錯した行動をとらせようとすることが多い．このことは，性的異常者の影響を受けるかもしれない若くて感受性豊かな人々の場合に特によく当てはまる…．1人の性的異常者が政府機関を汚染するのである．

　驚くほどのことではないが，米国軍隊はこれを受けて，同性愛者か否かの確認を急ぎ，同性愛者とみなされた者をその身分から追放した．ゲイやレズビアンを非道徳的な存在で国家の安全保障に対する脅威であると評価することで，警察部隊は同性愛者がよく集まる場所に対してますますガサ入れをするようになった．例えば市長選挙や少年の殺害など外的で無関係な出来事が起こるたびに，それが同性愛者に対する警察によるガサ入れの口実とますますされるようになっていった（D'Emilio, 1983）．

　1950年に南カリフォーニアでマタシン協会（Mattachine Society）が創設され，同性愛者の人権を求める運動は静かに始まった．当初は討論グループとして始まったものが，警察によって罠に陥れられた者を守るための会員制団体に発展した．団体は同性愛者向けの雑誌も出版した．しかし，マッカーシーが反共キャンペーンを行っていた時期，マタシン協会のメンバーの数人が

共産党に所属していたことで，マタシン協会は罪をなすりつけられた．そして，このような組織が創設されたが同性愛者の現実は，次のようなものであった．

> 同性愛者は普通の人々とは明らかに違う文化を持っているマイノリティだ，という主張は，同性愛の男性と女性の現実の状態と大きく食い違っていた．現象の個人的性質を強調する，同性愛者に対する支配的な見方の方が，より正確に同性愛者のあり方を描写していた（D'Emilio, 1983: 91）．

しかし，同性愛者のための団体がその他にも次第に組織されていった．同性愛者のノンフィクション小説という分野も発展した．描写のされ方はたいてい不正確で軽蔑的であったが，映画にも同性愛のキャラクターが登場した（D'Emilio, 1983）．同性愛者に関するジャーナリストの文章は，同情的なものもあったが，もっぱら攻撃的な見解を述べているものもあった．

> 同性愛は現実に代替するひどい二流の代用物であり，人生からの嘆かわしい逃亡である．そのようなものとして，同性愛は公正，同情，理解と，可能ならば治療に値するものである．しかし，同性愛は，奨励，理想化，正当化の対象となるべきものではないし，マイノリティの殉教者と位置づける誤りや，嗜好の単なる違いにすぎないという詭弁や，とりわけ，有害な病気などでは決してないという強弁などをする価値なんて全くない（Editorial, Jan. 21, 1966: 41）．

同性愛者と同性愛の生活が徐々に見え始めると，精神分析の専門家の間で同性愛の真の原因について疑問が起こった．専門家の中には，因果関係と治療についての伝統的な考え方を再調査し，その誤りを放棄することに前向きな者もいた．そのような懐疑論者の陣営に社会学者も加わってきた．

> 社会学者らは同性愛に関する伝統的な解釈に対して容赦ない攻撃を行った．逸脱に関する研究は長い歴史がある…．しかし，戦後に重要な方向転換があり，過激な相対主義の考え方がこの分野に入ってきた．社会科学者は逸脱を，社会瓦解の証拠としてではなく，むしろ行動についての異なる規範の現れとしてとらえるようになった．彼らは逸脱者を，サブカルチャーのメンバーとして調査したり，あるいは逸脱者という地位をある集団に帰属させることが社会の多数派に有利に働くという機能を強調するラベリング理論を用いた（D'Emilio, 1983: 142）．

この観点を同性愛という「問題」に応用した，ある社会学者は以下のように結論づけた．

> 同性愛という問題に対する最善の解決策は，宗教の違いという問題に対する解決策についてモデル化されたものと同じである．つまり，同性愛を個人の性生活の一部分とするか，同性愛に完全にコミットするか，いずれにせよ，同性愛という生き方の目標選択に対して徹底的に寛容であることである…．社会全体として，アメリカ社会における同性愛者と同性愛に対する態度を大きく変えなければならない（Hoffman, 1968: 197-198）．

1960年代には，ジョン・F・ケネディ大統領とマーティン・ルーサー・キング牧師の暗殺，公民権運動の街頭デモ，大学紛争，ヴィエトナム反戦運動が起こった．このような背景のなか，同性愛行為を不道徳行為として処罰するソドミー法のいくつかが廃止されるなど，同性愛者とされる人々にとって重要な法的進歩が見られた．サン・フランシスコでは，同性愛者だと公表した男性が政治家として選挙に立候補し，同性愛者のコミュニティ・センターが開設された．同性愛者社会に対する警察の対応を，不当な権力行使であるとリベラルな聖職者団体が認識し，同性愛者社会のために積極的な政治的行動を起こしたことは，サン・フランシスコにおいて同性愛者に対する認知度と寛容が高まる一大転機となった．

驚くほどでもないことだが，対応して同性愛者社会の方にも新たな攻撃的活動家グループが生まれた．そのリーダーシップを取ったのはフランクリン・ケイムニィであった（Clendinen & Nagourney, 1999; D'Emilio, 1983）．ケイムニィは同性愛者コミュニティに対し，公民権運動で使われた戦略を自らの運動のモデルにしようと強く呼びかけた．ケイムニィは，どのように，またはなぜ同性愛が存在するのか説明しようとすることに反対し，そのような調査はどの遺伝子が黒人の肌の色を決定しているのか尋ねることと同じだと異議を唱えた．多くの同性愛者「運動家」が社会の「多数派」の抱く懸念に対応しようとしているのに対しケイムニィは，成人同士の合意の上で行われる同性愛的行動は当該個人自身にとってさらには社会にとっても好ましい行動であると主張した（D'Emilio, 1983）．ケイムニィらは，米国自由人権協会（ACLU: American Civil Liberties Union）を説得して，同性愛者の基本的人権を

保護する運動を開始させた．たとえば，警察によるハラスメント（嫌がらせ），当事者合意の上でのソドミー行為に刑罰が付加されること，同性愛者への雇用差別などに対して反対運動を展開するように説得したのである．これらのより攻撃的なメンバーは同性愛者コミュニティのその他の人々に対し，同性愛を医療の対象たる病気と位置付ける考え方を否定するように勧めた（運動の攻撃的なメンバーとより保守的なメンバーとの間に生じた対立関係についての議論は，デ・ミリオ（D'Emilio, 1983）を参照）．

　1969年6月27日，ニュー・ヨーク市警察は，ゲイ・バーのストーンウォール・イン（Stonewall Inn）に対して，もともとはルーティン的な捜査として予定されていたことを実施した．警察は以前から何回もそのバーにガサ入れを行っていたが，バーの顧客から何の抗議も受けることはなかった．しかし，今回は抗議の抵抗運動が起きた．このようにして，公民権運動やヴィエトナム反戦運動，女性権利拡張運動を背景に，同性愛者解放運動が始まったのであった．次の晩，クリストファー通りは「ゲイ・パワー（同性愛者の権利）」を宣言する落書きで満たされた．さらに同性愛への差別的処遇に対する抗議運動は続けられた．同性愛活動家同盟（Gay Activist Alliance）は自分たちと柵を手錠でつなぐことによって人の壁を作り，ジョン・リンズィ候補のニュー・ヨークでの大統領選挙運動を妨害した．リンズィ候補は元々はゲイに寛容なニュー・ヨークの市長だったが，予備選挙での共和党の指名争いに敗北が確実となって，独立政党から出馬するための票集めとしてゲイ・バーへのガサ入れを行ったのであった．同性愛者解放戦線（Gay Liberation Front）は以下のように宣言している．

>　われわれは，既存の社会制度が廃止されない限り，全ての人々の完全な性の解放はあり得ないとの認識に基づいて組織された，男性と女性からなる革命運動グループである．社会が性についてのルールを策定したりわれわれの性質について定義しようとすることをわれわれは認めない．われわれはそのような役割や素朴すぎる神話の呪縛の外に出ている．われわれ自身の生き方はわれわれ自身で決める．同時に，私たちは新たな社会形態と社会関係を形成しつつある．それは，同胞愛，協力，人間愛，そして性の自己決定に基づくものである．バビロンはわれわれにあるコミットメントを求めている――それは革命である！
>（Gay Liberation Front Statement of Purpose, 1969）．

多くの抗議行動を前にして，米国精神医学会はキンゼイとフッカーの科学的研究を検討せざるを得なくなった．結局，学会総員総会と，学会設置の科学委員会は，『精神疾患の分類と診断の手引き』で同性愛を精神病としていた項目を削除することを投票で決めた．

議論のための問い

1．同性愛の原因や同性愛者の特徴についての画期的研究の多くは，生物学者，遺伝学者，心理学者，社会学者によって行われた．

　a．社会学者や心理学者と比べられる行動疫学者（behavioral epidemiologist）が果たすべき役割と，遺伝学者と比べられる遺伝疫学者が果たすべき役割との間には違いがあるか．もしその違いがあるのなら，その違いを説明せよ．

　b．男性と女性とその中間といった多くの分類をする代わりに，（男性と女性という）たった2つの生物学的性が存在すると仮定したことによって，研究の射程と研究課題の性質がどのように限定されるか．この仮定が変化すると，性的指向に関する研究の性質と射程にどのように影響が及ぼされるだろうか．

2．同性愛者と同性愛を非逸脱者と位置づけることには，依然として大きな反発がある．例えば法律には，同性愛者同士の結婚を禁止したり，成人当事者合意の上でのソドミー行為を刑事罰の対象とし続けたり，同性愛の両親による養子縁組や子の監護権取得を禁止したり，外国で結ばれた同性愛結婚を自国では婚姻として認めないといったものがある．長い期間にわたり続けられた研究を通じて達成された変化は，今後どの程度維持されるであろうか．1960年代と1970年代に起こった公民権運動の成果のような，他のマイノリティ集団について起こった変化と，同性愛について生じた変化についてのあなたの評価とを比較対照せよ．

REFERENCES

Akers, R. L. (1977). *Deviant Behavior: A Social Learning Approach*. Belmont, California: Wadsworth.

Baker, R. (1994). *Drag: A History of Female Impersonation in the Performing Arts*. New York: New York University Press.

Bakker, A., van Kesteren, F. J. M., Gooren, L. J. G., & Bezemer, P. D. (1993). The prevalence of

transsexualism in the Netherlands. *Acta Psychiatrica Scandinavia, 87*, 237–238.
Barrett, W. P. (Trans.). (1931). *The Trial of Jeanne d'Arc*. London: Routledge.
Billy, J. O. G., Tanfer, K., Grady, W. R., & Klepinger, D. H. (1993). The sexual behavior of men in the United States. *Family Planning Perspectives, 25*, 52–60.
Bolin, A. (1992). Coming of age among transsexuals. In T. L. Whitehead & B. V. Reid (Eds.) *Gender Constructs and Social Issues* (pp. 13–39). Chicago: University of Chicago Press.
Bolin, A. (1994). Transcending and transgendering: Male-to-female transsexuals, dichotomy and diversity. In G. Herdt (Ed.), *Third Sex, Third Gender: Beyond Sexual Dimorphism in Culture and History* (pp. 447–485). New York: Zone Books.
Callender, C., & Kochems, L. M. (1986). Men and not-men: Male gender-mixing and homosexuality. *Anthropology and Homosexual Behavior*.
Clendinen, D., & Nagourney, A. (1999). *Out for Good: The Struggle to Build a Gay Rights Movement in America*. New York: Simon and Schuster.
Cory, D. W. (1951). *The Homosexual in America*. New York.
Crichton, D. (1992). Gender reassignment surgery for male primary transsexuals. *South African Medical Journal, 83*, 347–349.
D'Emilio, J. (1983). *Sexual Politics, Sexual Communities: The Making of a Homosexual Minority in the United States, 1940–1970*. Chicago: University of Chicago Press.
Dynes, W. (1987). *Homosexuality: A Research Guide*. New York: Garland.
Eldh, J. (1993). Construction of a neovagina with preservation of the glans penis as a clitoris in male transsexuals. *Plastic Reconstructive Surgery, 91*, 895–900.
Feinberg, L. (1996). *Transgender Warriors*. Boston: Beacon Press.
Freud, S. (1909). Analysis of a phobia in a five year old boy. Standard Edition, 10, 1–147.
Freud, S. (1935). Letter to an American mother, in American Journal of Psychiatry (1951), 107, 786.
Freud, S. (1920). The psychogenesis of a case of homosexuality in a woman. In P. Rieff (Ed.) (1963). *Sexuality and the Psychology of Love* (pp. 133–59). New York: Collier.
Garber, M. (1992). *Vested Interests: Cross-Dressing and Cultural Anxiety*. New York: HarperCollins.
Gay Liberation Front. (1969). Statement of Purpose, July 3. Reprinted in J. D'Emilio (1983). *Sexual Politics, Sexual Communities: The Making of a Homosexual Minority in the United States, 1940–1970*. Chicago: University of Chicago Press.
Gindorf, R. (1977). Wissenschaftliche Ideologien im Wandel: Die Angst von der Homosexualitat als intellektuelles Ereignis. In J. S. Hohmann (Ed.) *Der underdruckte Sexus* (pp. 129–144). Berlin: Andreas Achenbach Lollar. Cited in D. F. Greenberg (1988). The Construction of Homosexuality. Chicago: University of Chicago Press.
Godlewski, J. (1988). Transsexualism and anatomic sex: Ratio reversal in Poland. *Archives of Sexual Behavior, 17*, 547–548.
Gordon, E. B. (1991). Transsexual healing: Medicaid funding of sex reassignment surgery. *Archives of Sexual Behavior, 20*, 61–79.
Greenberg, D. F. (1988). *The Construction of Homosexuality*. Chicago: University of Chicago Press.
Hage, J. J., Bloem, J. J. A. M., & Suliman, H. M. (1993). Review of the literature on techniques for phalloplasty with emphasis on the applicability in female-to-male transsexuals. *Journal of Urology, 150*, 1093–1098.
Hage, J. J., Bouman, F. G., de Graaf, F. H., & Bloem, J. J. A. M. (1993). Construction of the neophallus in female-to-male transsexuals: The Amsterdam experience. *Journal of Urology, 149*, 1463–1468.
Hage, J. J., Bout, C.A., Bloem, J. J. A. M., & Megens, J. A.J. (1993). Phalloplasty in female-to-male transsexuals: What do our patients ask for? *Annals of Plastic Surgery, 30*, 323–326.
Hamer, D., Hu, S., Magnuson, V., Hu, N., & Pattatucci, A. (1993). A linkage between DNA markers on the X chromosome and male sexual orientation. Science, 261, 321–327.
Heller, P. (1981). A quarrel over bisexuality. In G. Chapple & H. H. Schulte (Eds.) *The Turn of the Century: German Literature and Art, 1890–1915* (pp. 87–115). Bonn: Bouvier Verlag Herbert Grundmann.

Herdt, G. (1994). Third sexes and third genders. In G. Herdt (Ed.), *Third Sex, Third Gender: Beyond Sexual Dimorphism in Culture and History* (pp. 21–81). New York: Zone Books.
Heriot A. (1975). *The Castrati in Opera*. New York: Da Capo Press.
Hoffman, M. (1968). *The Gay World: Male Homosexuality and the Social Creation of Evil*. New York: Basic Books.
Hooker, E. (1957). The adjustment of the male overt homosexual. Journal of Projective Techniques, 21, 18–31.
Hu, S., Pattatucci, A., Patterson, C., Fulker, D., Cherny, S., Kruglyak, L., & Hamer, D. (1995). Linkage between sexual orientation and chromosome Xq28 in males but not in females. Nature Genetics, 11, 248–256.
Isay, R. (1990). Psychoanalytic theory and the therapy of gay men. In D. McWhirter, S. Sanders, & J. Reinisch (Eds.). *Homosexuality/Heterosexuality: Concepts of Sexual Orientation*. (New York: Oxford University Press.)
Kinsey, A., Pomeroy, W., & Martin, C. (1948). *Sexual Behavior in the Human Male*. Philadelphia: W. B. Saunders.
Kinsey, A., Pomeroy, W., Martin, C., & Gebhard, P. (1953). *Sexual Behavior in the Human Felame*. Philadelphia: W. B. Saunders.
Kitcher, P. (1982). *Abusing Science: The Case Against Creationism*. Boston: MIT Press.
Krafft-Ebing, R. v. (1965). *Psychopathia Sexualis: A Medico-Forensic Study*. Trans. H.E. Wedeck. New York: G. P. Putnam's Sons. Orig. pub. 1886.
Krob, G., Braun, A., & Kuhnle, U. (1994). Hermaphroditism: Geographical distribution, clinical findings, chromosomes and gonadal histology. *European Journal of Pediatrics, 153*, 2–10.
Lang, S. (1996). There is more than just women and men: Gender variance in North American Indian cultures. In S. P. Ramet (Ed.), *Gender Reversals & Gender Cultures: Anthropological and Historical Perspectives* (pp. 183–196). London: Routledge.
Lillie, F. (1939). General biological introduction. In E. Allen (Ed.) *Sex and Internal Secretions: A Survey of Recent Research*, 2nd ed. Baltimore, Maryland: Williams and Wilkins.
Loue, S. (1996). Transsexualism in medicolegal limine: An examination and proposal for change. *Journal of Psychiatry and Law, Spring*, 27–51.
Macke, J., Hu, N., Hu, S., Bailey, M., King, V., Brown, T., Hamer, D., & Nathans, J. (1993). Sequence variation in the androgen receptor gene is not a common determinant of male sexual orientation. American Journal of Genetics, 53, 844–852.
Molloy, J. T. (1977). *The Woman's Dress for Success Book*. New York: Warner Books.
Mondimore, F. M. (1996). *A Natural History of Homosexuality*. Baltimore, Maryland: Johns Hopkins University Press.
Moore, K. L., & Persaud, T. V. N. (1993). *The Developing Human: Clinically Oriented Embryology*, 5th ed. Philadelphia: W.B. Saunders.
Murray, S. O. (1987a). Homosexual acts and selves in early modern Europe. *Journal of Homosexuality, 15*, 421–439.
Nanda, S. (1994). Hijras: An alternative sex and gender role in India. In G. Herdt (Ed.), *Third Sex, Third Gender: Beyond Sexual Dimorphism in Culture and History* (pp. 373–417). New York: Zone Books.
Nanda, S. (1990). *Neither Man Nor Woman: The Hijras of India*. Belmont, California: Wadsworth Publishing Company.
Pauley, I. B. (1968). The current status of the change of sex operation. *Journal of Nervous and Mental Disease, 147*, 460–471.
Roscoe, W. (1994). How to become a berdache: Toward a unified analysis of gender diversity. In G. Herdt (Ed.), *Third Sex, Third Gender: Beyond Sexual Dimorphism in Culture and History* (pp. 329–372). New York: Zone Books.
Roscoe, W. (1991). *The Zuni Man-Woman*. Albuquerque: University of New Mexico Press.
Sapino, A., Pietribiasi, F., Godano, A., & Bussolati, G. (1992). Effect of long-term administration of androgens on breast tissues of female-to-male transsexuals. *Annals of the New York Academy of Science, 586*, 143–145.
Scacco, A. (Ed.). (1982). *Male Rape: A Casebook of Sexual Aggression*. New York: AMS Press.

Schaeffer, C. E. (1965). The Kutenai female berdache: Courier, guide, prophetess, and warrior. *Ethnohistory, 12*, 193–236.
Senate Committee on Expenditures in Executive Departments, Employment of Homosexuals and Other Sex Perverts in Washington, 81st Cong., 2d Sess. Quoted in J. D'Emilo. (1983). Sexual Politics, Sexual Communities: The Making of a Homosexual Minority in the United States 1940–1970. Chicago: University of Chicago Press.
Stein, M., Tiefer, L., & Melman, A. (1990). Followup observations of operated male-to-female transsexuals. *Journal of Urology, 143*, 1188–1192.
Stepan, N. L. (1990). Race and gender: The role of analogy in science. In D. T. Goldberg (Ed.). *Anatomy of Racism* (pp. 38–57) Minneapolis: University of Minnesota Press.
Stoller, R. J. (1964). A contribution to the study of gender identity. *Journal of the American Medical Association, 45*, 220–226.
Stoller, R. J. (1968). *Sex and Gender: On the Development of Masculinity and Femininity*. New York: Science House.
Talerman, A., Verp, M. S., Senekjian, E., Gilewski, T., & Vogelzang, N. (1990). True hermaphrodite with bilateral ovotestes, bilateral gonadoblastomas and the dysgerminomas, 46, XX/46,XY karotype, and a successful pregnancy. *Cancer, 66*, 2668–2671.
Editorial (1966). Time, Jan. 21, 41.
Trexler, R. C. (1995). *Sex and Conquest: Gendered Violence, Political Order, and the European Conquest of the Americas*. Ithaca, New York: Cornell University Press.
Valenta, L. J., Elias, A. N., & Domurat, E. S. (1992). Hormone pattern in pharmacologically feminized male transsexuals in the California state prison system. *Journal of the American Medical Association, 84*, 241–250.
Vance, C. S. (1995). Social construction theory and sexuality. In M. Berger, B. Wallis, & S. Watson (Eds.). *Constructing Masculinity* (pp. 37–48). New York: Routledge.
Walinder, J. (1967). *Transsexualism: A Study of Forty-Three Cases*. trans. H. Fry. Stockholm: Scandinavian University Books.
Warner, M. (1982). *Joan of Arc: The Image of Female Heroism*. New York: Vintage Books.
Williams, W. L. (1992). *The Spirit and the Flesh: Sexual Diversity in American Indian Culture*. Boston: Beacon Press.

第12章

事例研究(8) マリファナの医学的用途

佐伯昌彦訳

　物事を「観察」し, そこから「演繹」して他の場面で「応用」する習慣をひとたび身につければ, あなたは自分の前に道が大きく開かれることを感じるだろう…その道は, 物事のより深い理解へとあなたを導いてくれる. あなたはときどき, あたかも自分が何か「別の次元」にいるようにさえ感じるかもしれない…しかし, 実際にはそんなことはない. あなたは物事を, 誰かが言ったようにではなく, 「あるがまま」に見たり触れたりしているだけなのだ. そして, この2つの違いは, とても大きいものなのだ (Hoff, 1992: 153-154).

マリファナ：使用と規制

ことの始まり

　マリファナは, 数千年にわたって様々な文化において医薬品として用いられてきた (Dixon, 1999). マリファナは, 激しい腹痛や食欲減退, リウマチなどの病気の治療のために使われてきた. マリファナの有効成分であるδ-9-テトラヒドロカナビノール (THC) は, 抽出され, 薬品マリノールの成分として使われている. マリノールは, エイズ患者や癌患者が吐き気と闘い, 緑内障患者が眼圧を下げるために用いられる (Grey, 1996). マリファナを使用しても, 多くの人々は薬物依存にならないようだ (Perkonigg, Lieb, Hofler, Schuster, Sonntag, & Wittchen, 1999). 加えて, マリファナの煙を吸ったりマリファナを食べ物と一緒に摂取したりすることは, マリノールに比べて効果が迅速に発現し, かつ, 安くてすぐにできる. しかも, 量を抑えたり調節したりするのが簡単である (Bergstrom, 1997; Satel, 1997).

　アメリカ合衆国の医師は, 1840年にはマリファナの秘める治療上の価値を

既に認識していた．1851年版の『アメリカ薬局方』でも既に，マリファナは多くの病気の治療薬として認識されていた．マリファナの有効な病気としては，神経痛，痛風，リウマチ，破傷風，狂犬病（恐水病），真性コレラ，けいれん，コレラ，ヒステリー，鬱病，振戦譫妄（delirium tremens），精神異常，および子宮出血などがある．1942年になるまで，マリファナは食欲不振の治療薬として『アメリカ薬局方』に載せられていた（Grinspoon & Bakalar, 1997; Grinspoon & Bakalar, 1995）．マリファナを禁止し犯罪化する法条が最終的に採用されるのであるが，そのような動きが始まった時代の社会的政治的状況の中でそれを理解する必要がある．アヘン，特にモルヒネは，戦闘で負った怪我の痛みを軽減するために南北戦争時代に広く使われていた．それらの薬は見境なく使われ，比較的よくある胃腸の病気に対しても使われた．そのため多くの南北戦争従軍者がアヘンやモルヒネの依存症に陥るようになってしまった．これは，後に「モルヒネ中毒」と呼ばれるようになる（Bonnie & Whitebread II, 1999）．この事態は，モルヒネを含有する薬品の同一の処方箋に基づいて薬剤師が何度も繰り返し処方することに対する規制が無かったために，さらにひどくなった．見境なく薬品を消費者に販売したことで，アヘン依存症の者はさらに増加した．消費者は，薬品にアヘンが含まれていることを知らないことが多く，結果として白人や女性，ミドル・クラスの人々の間でアヘン依存症の者が増えた（Bonnie & Whitebread II, 1999）．アヘン・モルヒネの蔓延と同時に，アルコール摂取や喫煙の悪弊も広まり，人々の間に浸透していった．

薬品規制の開始

薬品規制はまず州レヴェルで開始され，それは薬の効果自体というよりは，薬の主たる使用者と目された者への対応という面が強かった．つまり，中国人のアヘンの使用が1800年代後半の州レヴェルの立法における重要な課題であった．そのような立法の例としてネバダ州，ダコタ州（ノース・ダコタ州とサウス・ダコタ州），カリフォーニア州，モンタナ州，ワイオミング州，アリゾナ州，ニュー・メキシコ州，ワシントン州などがあげられる．南部におけるアフリカ系アメリカ人のコカイン使用は，犯罪の温床であると考えられた．結局，モルヒネやコカインは，ぽん引き（売春斡旋業者）や博打打ち，売春婦などの不道徳な闇社会とつながるものと考えられるようになった．各

州は，モルヒネを含む薬品を販売する薬局の権利を制限する法律を制定することで対応した（Bonnie & Whitebread II, 1999）．1909年には連邦法も成立し，指定された港以外でのアヘンの輸入や，使用目的が医療に関係するものでないアヘンの利用の全てを禁止した（Bonnie & Whitebread II, 1999）．

上記のアヘン等とは異なり，マリファナの使用は連邦政府によっても州政府によっても1900年代初頭まで規制されてはいなかった．しかし，1900年代初頭になって，カリフォーニア州が初めてマリファナの販売と所持を禁止し，他の多くの州も，処方箋なしに大麻を売ることや，古い処方箋を再利用して大麻成分を含んだ薬品を繰り返し販売することに制限を加えるようになった（Bonnie & Whitebread II, 1999）．米国医師会（AMA）は，マリファナの使用に対する連邦の禁止措置に反対した．しかし，マリファナ禁止は，警察・検察関係者からは熱烈に支持された．例えば，当時ニュー・オリンズの首席検事であったユージン・スタンリィは，1931年に以下のように主張していた．

> 闇社会は，人間の屑たちを思いのままに操る手段としてマリファナが非常に有用であることに気づいた．マリファナの使用は理性の全ての抑制を払いのけるのである．マリファナの影響は今日の犯罪の大部分の原因となっている．犯罪に手を染めることを辞めさせる方向で作用するはずの理性的抑制を払いのけ，意図した犯罪を遂行するために必要な誤った勇気を得るために，犯罪者がマリファナの煙草にふけった上で多くの犯罪を行うということは，南部で警察官や検察官をやっている者なら耳慣れた話である（Stanley, 1931: 256）．

スタンリィは，州による「社会にとって致命的に有害なマリファナ取引を抑えるための試み…」を援助するために，連邦が補助金を出すべきであると主張した（Stanley, 1931: 257）．マリファナの悪影響に関する同様の前提は，当時の米公衆衛生局長官による報告書にも反映されている．

> マリファナの効果が，本来的に麻酔作用にあることは確かだが，興奮作用を得たり，一次的な自我の昂揚感を通して体感される個人的満足のために，常習的に使われている．マリファナの効果が蓄積されるものであるとか，使い続けると薬物耐性を生じさせるとかに関する証拠はない…．突然マリファナを断っても…，「禁断症状」が出ることはない…（Cummings, 1929）．

医療目的であってさえもマリファナの使用を当初禁止したのは，それが麻

薬に分類されたためである．また，麻薬としてマリファナが分類された根拠は，マリファナから連想されるものにあった．

> すなわち，マリファナ使用は，人種的マイノリティや，その他の「不道徳な」人々と結び付けられていた…．マリファナは依存性のあるものとされ，それは不可避的に過剰摂取を導くとされた．一般的には，マリファナの使用者であるメキシコ人や西部のアメリカ先住民，黒人，闇社会の白人は，犯罪，特に暴力的な犯罪と結び付けられ，その連想はマリファナにも適用された．犯罪と結びついているというマリファナへの俗説は，メキシコでも見られる（Bonnie & Whitebread II, 1999: 51-52）．

外国生まれであることと，マリファナの使用や害悪との連想は，外国人は無法者であるというアメリカ人の既存の偏見を反映していた（Bonnie & Whitebread II, 1999）．激しい外国嫌いの時代にマリファナとメキシコ人や犯罪とを結びつける見方は，マリファナ使用を制限する立法の十分な動機となった．しかしながらその後，警察・検察関係者は，単にマリファナの使用者であると思われている人々の特性によってだけではなく，マリファナの悪影響自体のために，その禁止を要請するようになった．マリファナは，「人を興奮させて，抑制のきかない暴力，ひいては殺人に駆り立てる」ものであるために，「すべての薬物の中で最も危険」であるとされるようになった（Bonnie & Whitebread II, 1999: 73; Hayes & Bowery, 1932 の引用）．

マリファナの禁止は，その後1937年のマリファナ課税法（Marijuana Tax Act）の制定を通して連邦政府により実施されることとなった（Conboy, 2000）．この法律はマリファナに課税することで，マリファナの使用を減らそうとするものだった．この法律の可決は，マリファナの使用と，外国人であること，犯罪，および道徳的腐敗とを根拠もなく関連付けて規制を求めた人々が，より筋が通っており考え抜かれた反応を示した人々に対して勝利したことを意味していた．ボニーとホワイトブレッド（Bonnie & Whitebread, 1999: 153）は，「社会という有機体からマリファナの使用を切除することは，逸脱した少数派の怠惰や無責任を根絶する方法であると疑いもなく見られていた」と指摘した．この見方は，1931年の医学雑誌に所収の論文にも見受けられるものである．

ハシシやアヘンの下劣で有害な影響は，個人にとどまるものではなく，国家や人種にも及ぶ．人種的多数派や多くの啓蒙された国に見られるものは，アルコール中毒である．これに対し，そうでない人種や国家にみられるものは，大麻やアヘンの中毒である．そういった国の中には，かつて文明の高みにまで至ったものもあるが，その文明は精神的にも肉体的にも朽ちていったのである（Fossier, 1931: 247; Bonnie & Whitebread II, 1999: 152 における引用）．

もっと合理的なアプローチは，国際連盟の諮問委員会に設置された大麻小委員会（Cannabis Subcommittee of the League of Nations Advisory Committee）の報告書に見られる．

> インド大麻は，アヘン中毒のような依存症を引き起こさない．アヘン中毒の中には完全な依存症もあり，禁断症状が出ると実際に肉体的苦痛が生じるが，大麻ではそれはない．興奮や精神的昂揚感に続き意識が混濁して，昏睡状態に至るという意味では，大麻の効果は，アルコールによって引き起こされる効果の方に似ている．アヘン中毒のような依存症も，耐性の強化もない．大麻使用に伴う社会的ないし道徳的退廃に関して言えば，恐らくアルコールによって引き起こされるのと同じ程度のものでしかない．アルコールと同様で，社会的ないし感情的に破滅することなく，比較的長期間大麻を摂取することができる．アルコールや砂糖，コーヒーと同じで，マリファナが癖になる場合もあるが，常習性はない．マリファナは興奮のうちに幻覚症状を起こさせ，結果として暴力につながるかもしれない．しかし，それはアルコールでも同じことだ（League of Nations, 1937）．

マリファナ課税法の制定に続いて，連邦麻薬局は，報道機関（メディア）において麻薬関連の記事がセンセイショナルに扱われるのを抑止し，マリファナ栽培を合法的な目的の場合のみに制限しようとした．マリファナ課税法成立以前であれば，科学の装いを身にまとった政府のレトリックを逆用して，心神喪失による抗弁を依頼者たる刑事被告人のために主張することが刑事弁護人にはできたのだが，この政府の立場の変化は，刑事弁護人を苦境に陥れることになった（Bonnie & Whitebread II, 1999）．加えて，裁判官に対して，マリファナ使用の危険性と犯罪者予備軍に長期の刑期を科す必要性とを教え込まなければならなくなった．

1951年制定のボッグズ法（Boggs Act）は，必要的実刑や必要的罰金刑を科すことで，より一層マリファナの使用を抑止しようとした．この規制は，

1956年に麻薬取締法（Narcotics Control Act）が制定されたことで，ますます厳しいものとなった（McGuire, 1997）．続いて1970年に成立した規制薬物取締法（Controlled Substances Act, CSA）は，医療目的の麻薬の使用さえも事実上禁止した．

1972年，「マリファナ規制法の改正をめざす全国組織（National Organization for the Reform of Marijuana Laws）」は，マリファナを指定薬物第2類型（Schedule II drug）に分類し直すよう働きかけた．指定薬物第2類型であれば，処方箋により使用が認められるのである．1986年，この問題についての公聴会が，麻薬取締局（DEA）によって行われた．麻薬取締局は，以前は麻薬劇薬物取締局（Bureau of Narcotics and Dangerous Drugs）と呼ばれていた．麻薬取締局の行政法判事は，患者や医師から広く証言を聞いたのち，1988年にマリファナ自体は一般的に治療の上で安全であると認定し，マリファナを指定薬物第2類型に分類し直すことを命じた（Grinspoon & Bakalar, 1995）．しかしながら，この決定は1992年，麻薬取締局により覆された．

麻薬取締局の取締官は，決定を下すにあたって以下の基準に従った．その基準とは，(1)薬品の化学的成分が知られていて複製可能であること，(2)安全性に関する十分な研究があること，(3)有効性を示す十分かつよく管理された研究があること，(4)その薬品が，有資格専門家によって受け入れられていること，および，(5)その薬品が医療目的のためのものとして広く受け入れられていることの科学的証拠が，広く見出されることである．

麻薬取締局のこの決定に対し，医療用大麻緩和同盟（ACT: Alliance for Cannabis Therapeutics）は裁判所へ不服申立てをした．医療用大麻緩和同盟は，癌患者に対する化学療法の様々な副作用や多発性硬化症患者の筋痙直，緑内障の症状を和らげる上でマリファナは有効であると主張した．裁判所は麻薬取締局の基準を支持したうえで，医療目的でのマリファナの使用はこの基準を満たしていないと認定した．その理由としては以下が挙げられていた．第1に，人体への安全性についての研究が欠如していた．第2に，マリファナの医療上の効果についてよく管理された研究が欠けていた．第3に，土壌や日照時間，水質，および収穫や貯蔵の条件が地域によって異なる作用をするので，農場ごとにマリファナの科学的成分が違ってくるため，化学的成分が分かっているとは言い難く，複製も難しかった（Margolis, 1994）．

時代の変化：医療目的でのマリファナ使用に対する州の許可

　近年，多くの州がマリファナの使用を非犯罪化する法律を制定している (Institute of Medicine, 1999)．そして，未だに連邦がマリファナの使用を禁じているにも拘わらず，治療のためにマリファナを使用することを許可する法律が制定された州も多い (Institute of Medicine, 1999)．また，医療目的で患者にマリファナの使用を勧めた医師に法的制裁を科すことを裁判所が拒んだ州もある (Conant v. McCaffrey, 2000)．例えば，1996年11月5日にカリフォーニア州の有権者は，プロポジション215（直接投票法案215）としても知られるコンパッショネト・ユーズ法 (Compassionate Use Act, 同情的使用法) が可決されて，カリフォーニア州健康安全法となった (California Health and Safety Code section 11362.5, 1999)．この法律は，深刻な病気で苦しんでいる患者が医療目的で少量のマリファナを所有することを認め，そのような患者の介護士がマリファナの使用を勧めたことで制裁や刑事訴追に曝されないことを規定し，さらにカリフォーニア州の医師がマリファナの使用を患者に勧めることができるよう，制裁および権利や特権の剥奪から医師を守っている．ここで重要なのは，この法律は医師が患者にマリファナを処方することは認めていないことである．医師に許されているのは，医療目的でマリファナを使用する場合にありうる便益や，逮捕などのリスクについて患者と話し合いをすることだけである．ビル・クリントン大統領の政権は，医療目的でマリファナを使っていると分かった患者だけでなく，マリファナの使用を勧めた医師をも訴追するという脅しでこれに対抗した (Savage & Warren, 1996)．

薬としてのマリファナの科学

HIV・エイズとマリファナ

　医療目的でのマリファナの使用を認める法律の制定の推進力の大部分は，HIVに感染した人々の苦しみからきている．週に最低でも1回はマリファナを使っているという，サン・フランシスコ大麻栽培者クラブ (San Francisco Cannabis Cultivator Club) のメンバー100人を調査したところ，100人中60人がHIVに関連する症状を和らげるためにマリファナを使っていた．同様のマリファナ使用は，ロス・アンゼリスのマリファナ共同購入クラブ (buyers club) のメンバーの間からも報告された (Institute of Medicine, 1999)．症状を和ら

げるためにマリファナを使っている人々の中には，全員ではないが，以前に遊びでマリファナを使っていた者も多い．何故，こんなに多くのクラブ・メンバーが，HIV 関連の症状を和らげるためにマリファナを使っていたのであろうか？

アメリカ合衆国における HIV・エイズの疫学

　ヒト免疫不全ウィルス（HIV）は，後天性免疫不全症候群（エイズ（AIDS））として知られる病気の原因であると考えられている．アメリカ合衆国で最初に認められたエイズの症例は，1981年のものである．医師たちは，若い同性愛の男性たちがニューモシスティス・カリニ肺炎（PCP）とカポジ肉腫（KS）に感染していることに気付き始めたのだった．これらの病気は両方とも，本来若者には滅多に見られないものであった．これらの若者たちは，後に見つかった血友病患者や，注射器による薬物使用者と同様に，免疫不全という決定的な症状を共有していた．しかしながら，ウィルス自体が特定されたのは，1983年になってからである．また，エイズの症状は1980年代までエイズとして認識されていなかったが，1950年代にはすでにこの病気を発症していた人たちがいた（Osmond, 1999b）．

　ウィルスの作用に関して集積された知識に対応するため，エイズとして知られるようになった症状の定義は，最初の認定以来何度も改訂されている．例えば，エイズの最初の定義には，HIV 消耗性症候群や HIV 脳症は含まれていなかった．それらは，1987年にエイズの定義に加えられた．また，浸潤子宮頸癌は，1993年までエイズの定義に含まれていなかった（Osmond, 1999a）．

　当初，エイズと認定された患者の大部分は，男性とコンドーム無しで性交渉をした男性や注射器具を他人と共有していた人々，HIV に汚染された血液や血液製剤の提供を受けた血友病患者などであるとされていた．つい最近では，女性や異性愛者，黒人層の中でもエイズ患者の割合が増えてきている．エイズが流行し始めて以来，最も感染が拡大したのがアメリカ合衆国の南部と中西部である．1993年には，全体の死亡の主要な原因としてエイズは8番目に多いものとなり，25歳から44歳に限れば死亡の主要な原因となっている（Osmond, 1999b）．

エイズ関連の症状の抑制とマリファナ

消耗性症候群を含めてエイズと定義される症状は，次のように定義されている．「下痢や慢性的に衰弱しているため体重が少なくとも10%は減少し，ヒト免疫不全ウィルス（HIV）の感染以外には競合する原因を見いだせない発熱が少なくとも30日は続いていることが確認されていること」(Mulligan & Schambelan, 1999: 403) である．症状が亢進し抗レトロウィルス薬を投与する前までに，37%ほどの者が消耗性症候群にかかると推定されていた．体重の減少は，投薬計画のために生じる嘔吐や，食べるときに痛みが生じるようになる（口腔）カンジダ症とエイズのために生じるそれ以外の口腔内症状，病気に由来する慢性的な下痢，社会的孤立，および味覚の変化といった理由で起こる．食欲の増進や吐き気を抑えるために，多くの薬品が使われている．そのような薬品としては，成長ホルモン，アナボリック・ステロイド，サリドマイド，魚油（肝油），およびマリノールなどがある（Koch, Kim, & Friedman, 1999; Mulligan & Schambelan, 1999）．

多くの人々が，エイズの症状や投薬による副作用を和らげるためにマリファナを使うことの有益性を，米医学研究所の研究者に訴えた．1人の男性が，自分の症状について詳しく語ってくれた．それは，皮膚にできる発疹，金属質の後味，眩暈，貧血，スパイク熱，抑鬱，神経障害などはもとより，抑えようのない吐き気や嘔吐，下痢などであった．マリファナについて，彼は以下のように語った．

> マリファナは，たくさんの錠剤を飲んだために痛んだ胃を鎮めてくれた．マリファナは私に空腹感をもたらしてくれ，おかげで，チューブなしでも物が食べられるようになった．マリファナは，手足の自由を効かなくする神経系の副作用による痛みを和らげてくれた．おかげで私は，自分で電話をかけることができた．マリファナは私の精神を癒してくれたし，自分がもうすぐ死ぬであろうことを受け入れる手助けになってくれた．マリファナを吸ったおかげで長生きできて，本当に有効なHIV治療法の初期の発展の恩恵を受けることができた．マリファナのおかげで，私は生きて体重を50ポンド（約22.7kg）増やせたし，活気を取り戻し，35歳の誕生日を祝うことができた（Testimony of G. S., Institute of Medicine, 1999: 27）．

大統領府の全米麻薬撲滅対策室の委託を受けて，全米医学研究所（ONDCP）が麻薬の治療目的での使用について研究を行った．その成果によれば，動物

実験を見直したところカナビノイドは確かに痛みの調整に一役買っているらしいことが分かった．

他の症状に対するマリファナの使用

サン・フランシスコ大麻栽培者クラブのメンバーの研究によれば，マリファナを医療目的で使用している人のうち約40%が，HIV・エイズ以外の症状を和らげるためにマリファナの吸引に頼っていることが分かった．そのような病気としては，筋骨格疾病，関節炎，鬱病，神経疾患，消化器系疾患，緑内障，癌，およびライター症候群による皮膚症状などが挙げられる（Institute of Medicine, 1999）．ロス・アンゼリス大麻資源センター（Los Angeles Cannabis Resource Center）は，それらの病気に対するマリファナの医療目的の使用に加え，それ以外の病気に対する使用も報告している．例えば，てんかんやトゥレット症候群，多発性硬化症が挙げられる．全米医学研究所が主催した一般人向けの研修会における講演者も，医療目的でのマリファナの使用について報告した．その用途としては，エイズに由来する食欲不振や吐き気，嘔吐の他に，癌や偏頭痛，ウィルソン病，多発性硬化症に対する治療や，鬱病，不安神経症，躁鬱病，および心的外傷後ストレス障害（PTSD）などの気分障害に対する治療，偏頭痛，怪我，ポリオ後症候群，退行性椎間板変性症，関節リウマチ，爪・膝蓋骨症候群，湾岸戦争での化学物質への曝露の効果，および先天性多発性軟骨性外骨腫のために生じる痛みの調節，多発性硬化症，麻痺，脊髄損傷，および痙性斜頸のために生じる筋痙直の軽減，緑内障による眼圧上昇の抑止，そしてクローン病のために生じる下痢の軽減が挙げられた（Institute of Medicine, 1999）．オズボーンとその共同研究者たちが，大麻使用者から便宜的にサンプルを選んで探索的な研究を行った（Osborne, Smart, Weber, & Birchmore-Timney, 2000）．それによれば，HIV・エイズ関連の症状の緩和だけでなく，慢性的な痛みや抑鬱，不安神経症，生理痛，偏頭痛を緩和するためにも，マリファナが使われていることが分かった．

マリファナの効果を検証する

全米医学研究所

全米医学研究所は，医療目的でのマリファナの使用に関して現在分かって

いることを検討した上で，6つの提言を行った．

1. 人工のカナビノイドや植物由来のカナビノイドの生理作用や，体内におけるカナビノイドの自然的機能についての研究を続行すべきである．異なるカナビノイドは異なる作用をもたらすらしいため，カナビノイドの研究はテトラヒドロカナビノール（THC）に起因する作用の研究も行うべきであるが，それのみに止まるべきではない．
2. 迅速かつ信頼でき安全な体内デリヴァリ・システムを開発するため，症状の調整のために使われるカナビノイドを含有する薬品についての臨床試験を行うべきである．
3. 医療効果に影響を与えうる不安解消や鎮静作用などのカナビノイドによる精神的効果も，臨床試験によって評価されるべきである．
4. マリファナ吸引による健康上のリスクを明らかにする研究をするべきである．特に，麻薬の使用が常習的になっている人々のリスクを明らかにする必要がある．
5. 医療目的のマリファナ使用についての臨床試験は，以下の限られた条件下で行うべきである．すなわち，①臨床試験においては6ヵ月以内という短期間のマリファナ使用に限るべきであり，②マリファナの使用が効果を期待すると合理的に期待できる患者に限るべきであり，③試験は施設内倫理委員会の承諾を受けるべきであって，かつ，④マリファナの有効性についてのデータを集めるべきである．
6. 難治性疼痛や嘔吐など衰弱性の症状を持つ患者に対し，6ヵ月以内という短期間にマリファナを吸引させる場合，以下の条件を満たさなくてはならない．

・以前から行われている全ての薬品投与が，症状の緩和につながらないことが確認されていること．
・カナビナイドを含有する薬品の投与の開始で，症状が急速に緩和することが合理的に期待できること．
・そのような治療は，治療の効果を観察することが可能なように，医療関係者の管理の下で実施されていること．
・そのような治療は，施設内倫理委員会の手続きと同程度の管理体制を敷いていなくてはならない．この管理体制においては，医師が特定の用途

のためにマリファナを患者に提供する旨を提案してから24時間以内に指針を示しうるものでなければならない（Institute of Medicine, 1999: 10-11）．

連邦食品医薬品局の要求する手続き

全米医学研究所が行った提言を考慮するうえで，薬品関連の臨床試験を実施する際に連邦食品医薬品局が要求している手続きが参考になるだろう．

動物実験

臨床試験を行う前に，申請された薬品は実験室で動物を用いた試験や，試験管内で人間の組織を用いた試験（生体外試験，試験管内法，イン・ヴィトロ検査）によって検査されなくてはならない．動物実験は，潜在的な毒性効果を特定し，薬品の薬物動態についての理解を深め，投薬の量や有効性に関するデータを蒐集するために行われる．そして，この結果は人間に対して当てはめるために使われる．

治験用新薬の申請

新薬開発者は，治験用新薬の申請書（INDA: Investigational New Drug Applications）を提出しなくてはならない．申請書には，行われた動物実験や生体外での試験管内試験の結果について余すことなく記載しなければならない．重要な点は，このような申請書提出義務は，全ての新薬の開発に適用されるということである．治験用新薬の申請書の提出によって新薬開発者は，連邦食品医薬品局が申請書を受領した後30日間が経過するまでは，臨床的な治験を開始しないことに同意したものとみなされる．連邦食品医薬品局に申請書を提出して30日経過しても，特に連絡がなければ新薬開発者は臨床的な治験を開始してよい．場合によると，連邦食品医薬品局がもっと多くの情報を得るために，新薬開発者に連絡をしてくることもある．この場合，連邦食品医薬品局から承認が保留されたことになり，治験の開始は見送られ，その間新薬開発は遅延することになる．

治験用新薬の申請には，営利目的用のものと非営利目的用のものがある．営利目的の治験用新薬の申請は，新薬の市場販売ないし既に承認を受けている薬品の新しい用途による市場販売の許可を得るために提出されるものであ

る．非営利目的の治験用新薬の申請には3種類のものがある．研究目的の治験用新薬の申請と，治験用新薬使用の緊急時申請，治療目的の治験用新薬の申請である．研究目的の治験用新薬の申請は，医師によって提出され，その医師が研究を開始しかつ実施する．申請された薬品は，その医師の直接の監督下においてのみ投与できる．治験用新薬使用の緊急時申請は，緊急であると判断される事態において実験段階の薬品を迅速に出荷することの許可を得るために用いられる．治療目的の治験用新薬の申請は，深刻な，あるいは生命にかかわる症状に対して治療を施すために使われる薬品に関するものである．治療目的の治験用新薬の申請は，臨床試験が継続中で連邦食品医薬品局の審査が終了する前であっても，それらの薬品を使うことを認めるためのものである．

　治験中の薬品を，目的の症状に対して安全であるまたは有効であるとして宣伝をしてはならない．治験用薬品の被験者は，連邦食品医薬品局の承認なしに薬品の代金を請求されることはない．

臨床試験

　臨床試験の第1段階は，治験用薬品の毒性を評価するために行われる．この第1段階では，被験者がどの程度薬品を代謝し，薬品に耐えうるかについての試験に焦点があてられる．第1段階の臨床試験は，少数の被験者に対して行われることが多い．この段階の研究目的は，治験用薬品の有効性ではなくその毒性の評価にあるので，多くの場合被験者は自発的に研究に協力してくれる健康な人である．第1段階の臨床試験は，観察対象（サンプル）の最大耐量（MTD）（observed individual maximum tolerated doses）から母集団の最大耐量(population maximum tolerated dose)を推定するために行われる．最大耐量とは，特定の方法での薬品の1回的投与によって，受忍できないほど高い水準の毒性が生じる最小の量を指す(MTDの決定方法をめぐる議論については，Piantadosi & Liu, 1996; Durieu, Girard, & Boissel, 1990; Storer, 1989 を参照)．1回的投与による最大耐量を確定させてから，複数回に分けた投与における最大耐量が求められることになる．

　臨床試験の第2段階においても，被験者の数は少ない．ただし，第2段階での被験者は治験用薬品が対象としている病気や症状を患っている人たちである．第2段階は，薬品の毒性および有効性の双方を評価するように設計さ

れている．第2段階臨床試験に参加する被験者が，この試験に参加したことで何らかの治療上の利益を得ることは期待されていない．

　臨床試験の第3段階は，最も多くの被験者を必要とする．また，薬品や病気，臨床試験の設計にもよるが，第3段階の臨床試験は完了に長期間を要することもある．この段階では，治験を実施する医師たちは，試験を実施する製薬会社によって監督される．

新薬申請

　臨床試験が終わると，新薬を承認してもらうために製薬会社は新薬申請（NDA）を連邦食品医薬品局に提出しなくてはならない．新薬の申請書には，動物および人間に対してなされた全ての研究結果や，提案されている薬の使用法についての情報，販売の際にその薬品に貼られるラベルの詳細について記載されている必要がある．連邦食品医薬品局が新薬申請を認めると，製造業者はその薬品を認可された用途について売ることができる．ただし，連邦食品医薬品局が認可していない用途については販売することはできない．また，新しい投与の仕方など新しい形態によって，既に認可されている薬品を売りたいと考えた場合，製造業者は再び販売のための承認を受ける必要がある（新しい投与の仕方への変更としては，例えば，従来は錠剤であったものを吸入剤とするような場合がある）．

　申請されている新薬の検査が，どこまでバイアスのないものであるかは，明確ではない．職業上の倫理を守りたいという科学者の願いと不法行為責任を負わされたくないという会社の願いは，検査内容や検査から得られた知見に関する報告のバイアスを軽減させる．しかしながら，科学者が意図せずにデータを間違って解釈してしまうこともあるし，科学者や製薬会社が意図的にデータを捏造したり隠匿したりすることもあるだろう（Hillman, Eisenberg, Puly, Bloom, Glick, Kinosian, & Schwartz, 1991; Shapiro, 1978）．連邦会計検査院の行ったある研究によれば，新薬申請の手続きでは，新薬に付随する多くの重大な副作用を発見することができないことが分かった（General Accounting Office, 1990）．このことからも明らかなように，連邦食品医薬品局がある新薬を承認するかしないかを決定するのは，困難な場合がある．その結果，連邦食品医薬品局が，潜在的な利益を凌駕する副作用を発生させるような薬品の使用を認可してしまうこともあれば，本当は利益があるのに薬品

の認可を遅らせたり却下したりしてしまうこともありうる．連邦食品医薬品局の判断の誤謬が慎重すぎる方向のものも，慎重さが足りない方向のものもありうるにも拘わらず，連邦食品医薬品局に向けられる批判の多くは，新薬の認可をしたことに向けられたものである．

　例えば，連邦食品医薬品局の歴史を振り返ってみると，[認可すべきだった]新薬の認可をしなかったことを理由に連邦議会の委員会が連邦食品医薬品局に対する調査を行った例は1つとして存在しない．それに対し，新薬認可をしたことを理由として連邦議会の委員会が連邦食品医薬品局に対する調査のヒアリングを開催した例は数えきれないほど存在する．このことの有する連邦食品医薬品局へのメッセージは，これ以上ないくらいに明確である．物議をかもした新薬を認可すれば，連邦食品医薬品局やその担当者は調査を受けることになる．問題の余地のある新薬を認可しなければ，調査は行われないだろう．このようなわけで，新薬申請に消極的態度をとるように仕向ける議会の圧力は，強いものがある．そして，誰もが発癌物質や薬物検査についての専門家を僭称するようになるにつれ，そのような圧力はますます強まっている（Schmidt, 1974; Grabowski & Vernon, 1983: 5 における引用）．

薬品の副作用体験報告書

　薬品の効果をより正確に把握するために，医師や消費者が薬品の副作用体験報告書（ADR）を，その薬品を販売している製薬会社に対して自発的に提出することができる（21 C.F.R. §314.80, 2001）．副作用体験報告書の提出は，薬品が副作用を引き起こしたことを意味するものではない．むしろそれは，薬品の使用と観察された症状の間の時間的間隔が，両者の関連を示唆するのに十分なほど近接していることを示しているだけである．

　治験用新薬の申請手続きに問題があるのと同じで，薬品の副作用体験報告書にも固有の問題が以下に述べるように存在する．第1に，報告書を提出するにあたって医師や消費者は，患者の体験した症状と処方された薬品との間に関連があると信じる場合でなくてはならない．サリドマイドがそうであったように，使用から副作用発生までに一定以上の期間を要するとき，それは非常に困難となってくる．第2に，医師はそのような報告書の提出に消極的になりやすい．報告書の提出は任意であって，医師は副作用体験について報告する法的義務は負っていない．医師はそのような報告をすると訴訟に巻き

込まれることになるかもしれないと考えており，報告を避けようとする．第3に，製薬会社は，要求された報告書を連邦食品医薬品局に提出する際に，十分に誠実であるとは限らない（FDA, 1990; Merrill, 1973）．最後に，そのような報告書に対する連邦食品医薬品局の審査も十分ではないことがある．

このような袋小路の中にあって連邦食品医薬品局の果たす役割については，意見の分かれるところである．連邦食品医薬品局は，製薬業界の活動をもっと厳しく監視すべきであると主張する者もいる．製薬業界は，その不誠実な情報開示や取引のために消費者の健康に害を与えるものと捉えられているのである．他方で，連邦食品医薬品局を製薬業界側に位置付ける者もいる．新薬の開発や製造，販売に携わる多くのプレイヤーの間で，連邦食品医薬品局は，それらのプレイヤー間の調整を図るのがその制度的役割であると考えるのである（Tolchin & Tolchin, 2003）．

マリファナを合法的薬品にしようとする政治運動

マリファナを医療目的で使うことに対する人々の態度がどれだけ変化しようとも，医療目的でのマリファナ使用の効用を評価する臨床試験を実施することには，大きな困難が伴うことが明らかである．政治的な意味で，そのような研究の実施は苦しい闘いに直面している．例えば，全米医学研究所のマリファナの効果に関する研究報告書は，麻薬問題担当長官（Drug Czar）であるバリィ・マキャフリィと連邦麻薬撲滅対策局によって委託された研究であったにも拘わらず（Hamilton, 1999），その報告書の結論に対するホワイト・ハウスや全米麻薬撲滅対策局の反応は，マリファナ合法化論者に楽観的な見方を許すようなものではなかった．それは以下の，メディア・リポーターとホワイト・ハウス広報担当官ジョウ・ロックハートとの間のやり取りに示されている．

Q: では，医療目的でのマリファナ使用に関する全米医学研究所の研究成果は，マリファナ合法化問題に関するホワイト・ハウスの立場に影響を与えるものなのですか？

A: ええ，もちろんです．この研究は，局長であるマキャフリィと全米麻薬撲滅対策局の要請により実施されました．つい最近行われた記者会見でマキャフリィ局長が発言したように，この問題については科学に基づいて議論すべきであると私も思います．そして，この報告書はこの問題における重要

なステップなのです…．われわれは，痛みを和らげたり吐き気を抑えたりする上で有効な化学的成分をマリファナが含んでいることを発見しましたが，それと同時に，マリファナの吸引は，投薬の仕方として粗雑であり効率的でないということも分かりました．局長も言われたように，このことからわれわれがしなくてはならないことがあると思います．それは，吐き気や痛みと闘うために利用できるマリファナの化学的成分を効率よく利用する方法を見つけるために，さらなる研究を積み重ねるということです．そのような研究は，連邦食品医薬品局の手続きを通じてなされるその他の新薬開発と全く同じものでなければなりません．

Q: しかし，この問題に関する科学的知見はさておき，医療目的でのマリファナ使用を認めると州民投票で票決した7州の民意はどうなるのでしょうか？
A: あのう….
Q: 私が言いたいのは，ホワイト・ハウスの現政権はしばしば民意を盾にしていましたよね….
A: はい，私としては….
Q: クリントン大統領のモニカ・ルウィンスキー嬢との不適切な性的関係をめぐる弾劾訴追騒動があった1998年の間中，ホワイト・ハウスは民意をいつも盾にしていました．
A: ええ．
Q: どうして，今になってホワイト・ハウスは民意を尊重しなくなったのですか？
A: いいですか，あなたも指摘されていましたが，民意は確かに尊重されなくてはならないのは言うまでもないことだと思いますよ．しかし，マリファナ合法化の可否は科学の問題だと思います．やってはならないと…，決してやってはならないと私が思うのは，航空管制の最新技術について国民投票をするとか，連邦食品医薬品局の審査手続きについて国民投票をするとかは，やるべきではないと思いますね．これらは，込み入った科学の問題なのです．ですから，科学的な根拠に基づいて議論されるべきなのです（Federal News Service, 1999）．

　この後しばらくして麻薬問題担当長官は，「医療目的でのマリファナ使用には，大きな可能性がある．しかしながら報告書には，マリファナの吸引については，薬品としての効果はあまり期待できないともある」とコメントした（CNBC, 1999）．
　このような研究を始める前に，多くの倫理的問題にも取り組まなければならない．免疫機能に対するカナビノイドの影響については，先行研究で一貫

した結果が出ていない．免疫機能が低下した人々に医療目的でマリファナを使用すると，症状がさらに悪化する可能性もある．マリファナの投与を止められた動物に禁断症状が出ることも観察されている．マリファナの有効成分が生殖能力に与える効果を評価する研究においても，結果は一貫していない．従って，そのような研究から医療目的のマリファナ使用のもたらすリスクと便益の双方をより完璧に評価するには，われわれの知識は不十分であると思われる．

議論のための問い

1．タバコの事例とマリファナの事例について考えてみよう．現在では公共の場で喫煙することは，かつてよりも許容されなくなっている．一方で，医療目的であれそれ以外の目的であれ，マリファナの使用は以前ほど声高な反対にあっていないようである．

   a．疫学的知見は，タバコとマリファナに関して人々のこのような態度変化を引き起こす上でどの程度の原動力となったのであろうか？

   b．人々の態度の変化は，タバコの使用に関する疫学的研究を促進する上でどの程度の原動力となったのであろうか？　また，マリファナの使用に関する疫学的研究についてはどうであろうか？

2．常習性のありうる多くの薬品が，現在のところ医療目的で使用することを許されている．例えば，モルヒネとその派生品やコデインとその派生品，アンフェタミン，バルビツール酸塩などが挙げられる．マリファナは医療目的で使用することを許されていないのに，上記の薬品が医療目的での使用を許されているのはどのような理由によるのであろうか？

REFERENCES

Bergstrom, A. L. (1997). Medical use of marijuana: A look at federal and state responses to California's Compassionate Use Act. *DePaul Journal of Health Care, 2*, 155–182.

Boggs Act, Pub. L. No. 82–235, 65 Stat. 767 (1951), as amended by the Narcotic Control Act of 1956, Pub. L. No. 84–728, 70 Stat. 567 (1956).

Bonnie, R. J., & Whitebread, C. H. II. (1999). *The Marijuana Conviction: A History of Marijuana Prohibition in the United States*. New York: Lindesmith Center.

California Health and Safety Code § 11362.5 (West Supp. 1999).

CNBC. (1999). Rivera Live: Whether marijuana use for medicinal purposes should be legalized. Television broadcast, March 25.

Conboy, J. R. (2000). Smoke screen: America's drug policy and medical marijuana. *Food and Drug Law Journal, 55*, 601–617.

第12章　事例研究(8)　マリファナの医学的用途　281

Dixon, J. W. (1999). Case note: *Conant v. McCaffrey*: Physicians, marihuana and the First Amendment. *University of Colorado Law Review, 70*, 975–1017.
Durieu, I., Girard, P., & Boissel, J. P. (1990). Which experimental design for phase I clinical trials? Proposal for an investigational approach. *Fundamentals of Clinical Pharmacology, 4*, 77S–80S.
Federal News Service. (1999). White House Briefing, The White House, Mar. 17. Federal Information Systems Corporation.
Food and Drug Administration (FDA). (1990). New Drug Development in the United States.
Fossier, A. E. (1931). The marihuana menace. *New Orleans Medical and Surgical Journal, 84*. Cited in in R. J. Bonnie, C. H. Whitebread II. (1999). *The Marijuana Conviction: A History of Marijuana Prohibition in the United States*. New York: Lindesmith Center.
Grabowski, H. G., & Vernon, J. M. (1983). *The Regulation of Pharmaceuticals: Balancing the Risks and Benefits*. Washington, D.C.: American Enterprise Institute.
General Accounting Office. (1990). *FDA Drug Review: Postapproval Risks 1976–85*.
Grinspoon, L., & Bakalar, J. B. (1997). *Marihuana, The Forbidden Medicine*. New Haven, Connecticut: Yale University Press.
Grinspoon, L., & Bakalar, J. B. (1995). Marihuana as medicine: A plea for reconsideration. *Journal of the American Medical Association, 273*, 1875–1876.
Hamilton, J. (1999). All things considered: Study released supporting limited medical use of smokable marijuana. National Public Radio broadcast, March 17.
Hayes, M. E., & Bowery, L. E. (1932). Marihuana. *Journal of Criminal Law and Criminology, 23*, 1086–1094. Cited in R. J. Bonnie, & C. H. Whitebread II. (1999). *The Marijuana Conviction: A History of Marijuana Prohibition in the United States*. New York: Lindesmith Center.
Hillman, A. L., Eisenberg, J. M., Pauly, M. V., Bloom, B. S., Glick, H., Kinosian, B., & Schwartz, J. S. (1991). Avoiding bias in the conduct and reporting of cost-effectiveness research sponsored by pharmaceutical companies, *New England Journal of Medicine, 324*, 1362–1365.
Hoff, B. (1992). *The Te of Piglet*. New York: Penguin Group.
Institute of Medicine. (1999). *Marijuana and Medicine: Assessing the Science Base*. Washington, D.C.: National Academy Press.
Koch, J., Kim, L. S., & Friedman, S. A. (1999). Gastrointestinal manifestations of HIV disease. In P. T. Cohen, M. A. Sande, P. A. Volberding (Eds.). *The AIDS Knowledge Base: A Textbook on HIV Disease from the University of California, San Francisco and San Francisco General Hospital* (pp. 523–541). Philadelphia: Lippincott, Williams & Wilkins.
League of Nations. (1937). Advisory Committee on Traffic in Opium and Other Dangerous Drugs, June.
Margolis, R. E. (1994). Marijuana cannot be prescribed for therapeutic purposes. *Healthspan, 3*, 20.
Marijuana Tax Act of 1937, Pub. L. No. 82–235, 65 Stat. 767 (1937), as amended by the Narcotic Control Act of 1956, Pub. L. No. 84–728, 70 Stat. 567.
Merrill, R.A. (1973). Compensation for prescription drug injuries. *Virginia Law Review, 59*, 1–120.
Mulligan, K., & Schambelan, M. (1999). Wasting. In P. T. Cohen, M. A. Sande, & P. A. Volberding (Eds.). *The AIDS Knowledge Base: A Textbook on HIV Disease from the University of California, San Francisco and San Francisco General Hospital* (pp. 403–413). Philadelphia: Lippincott, Williams & Wilkins.
Osborne, A. C., Smart, R. G., Weber, T., & Birchmore-Timney, C. (2000). Who is using cannabis as medicine and why: An exploratory study. *Journal of Psychoactive Drugs, 32*, 435–443.
Osmond, D. H. (1999a). Classification, staging, and surveillance of HIV. In P.T. Cohen, M.A. Sande, P. A. Volberding (Eds.). *The AIDS Knowledge Base: A Textbook on HIV Disease from the University of California, San Francisco and San Francisco General Hospital* (pp. 3–12). Philadelphia: Lippincott, Williams & Wilkins.
Osmond, D. H. (1999b). Epidemiology of HIV/AIDS in the United States. . In P. T. Cohen, M. A. Sande, P. A. Volberding (Eds.). *The AIDS Knowledge Base: A Textbook on HIV*

Disease from the University of California, San Francisco and San Francisco General Hospital (pp. 13–21). Philadelphia: Lippincott, Williams & Wilkins.

Perkonigg, A., Lieb, R., Hofler, M., Schuster, P., Sonntag, H., & Wittchen, H. U. (1999). Patterns of cannabis use, abuse and dependence over time: Incidence, progression, and stability in a sample of 1228 adolescents. *Addiction, 94*, 1663–1678.

Piantadosi, S., & Liu, G. (1996). Improved designs for dose escalation studies using pharmacokinetic measurements. *Statistics in Medicine, 15*, 1605–1618.

Satel, S. (1997). Medical marijuana: Research, don't legalize. *Wall Street Journal*, Oct. 30, A22.

Savage, D. G., & Warren, J. (1996). U.S. threatens penalties if doctors prescribe pot drugs: Criminal charges, other sanctions are possible, officials warn California and Arizona physicians. *Los Angeles Times*, December 31, A3.

Schmidt, A. (1974). The FDA Today: Critics, Congress, and Consumerism. Presentation to the National Press Club, Washington, D.C., October 29. Quoted in H.G. Grabowski, J.M. Vernon. (1983). *The Regulation of Pharmaceuticals: Balancing the Risks and Benefits.* Washington, D.C.: American Enterprise Institute.

Shapiro, S. A. (1978). Divorcing profit motivation from new drug research: A consideration of proposals to provide the FDA with reliable test data. *Duke Law Journal, 1978*, 155–183.

Stanley, E. (1931). Marihuana as a developer of criminals. *American Journal of Police Science, 2*, 256–257.

Storer, B.E. (1989). Design and analysis of phase I clinical trials. *Biometrics, 45*, 935–937.

Tolchin, S., & Tolchin, M. (2003) *Dismantling America: The Rush to Deregulate.* Boston: Houghton Mifflin.

21 Code of Federal Regulations § 314.80 (2001).

解説に代えて：
ヒュームの問題と原因確率

津田敏秀

はじめに

　1990年代初めのアメリカ合衆国では，疫学が法廷で用いられる機会が年ごとに急速に増加していることがすでに報告されている（Cristoffel, 1991）．これは，疫学が医学における因果関係を取り扱う方法論として，医学以外の法律の世界でも十分に認識されてきた表れでもある．しかし21世紀に入っても，日本では，法律の世界に疫学が十分に用いられているとは言えない．むしろ，疫学を統計や統計学の一種と決めつけたり，疫学の結果を原告個人に適用できないと主張したり，あるいは疫学では因果関係を論じられないと断じたり，といった根本的に誤った見解を信じている判決も散見されているような状況である．

　本書の原書である *Case Studies in Forensic Epidemiology* は，法廷での疫学の用い方に関する事例を解説している．その内容には，かなり込み入った部分もある．本書の背景を理解するには疫学に関する基本的な知識を持っておく必要がある．そこで本章では，疫学とは何か，統計・統計学とはどう違うのか，医学の中でどのような位置づけなのかを解説しながら，ヒュームの問題と原因確率もしくは曝露寄与危険度割合について解説し，疫学・医学と自然科学における因果関係の基本的な問題を理解していただけることを目標としたい．以下に示す内容は，専門的なものではなく，むしろ論理的整理と四則演算とに基づいた原理的な内容のものなので，じっくり考えながら読んでいただければ，文系理系を問わず誰にでも理解できる．なお近年，疫学の紹介は内田（1997）によって民法でなされ，曝露寄与危険度割合については山口（2004）や河村（2007）によっても法律分野との関連で論じられているが，因果論としては不十分で理論的な基礎までは詳細に示されていない．原因確率と認定の問題を始め，因果関係を巡る医学ニュースの報道が多くなった今日，疫学的な考え方や基礎知識は，一般市民が医学問題を中心とした日常の因果関係を考える上で当然持つべき教養ともなってきている．当然，法律関係の方々にとっても重要になっていると思われる．

疫学が医学全ての分野において使われている欧米とは異なり，日本での疫学は衛生学・公衆衛生学の一部に研究者がいるに過ぎず，とても法律にまで手が回っていない状況である．他に法律と医学を取り持つ領域としては，日本では法医学がすでに存在する．法医学は，法廷のことと言うよりも，死因・犯行時刻の判定や指紋・血液型による個人の同定及び親子鑑別などを扱っている医学の一分野である．司法修習では，法医学実習があると聞いている．しかし説明したように，日本の法医学は本書のForensicとは全く異なる．従って，法学というものが人体における因果関係や医学的因果関係を扱うことが多いことを考えれば，それを直接取り扱っている疫学の基本的知識の学習は司法修習でもなされるべきであろう．併せて，法学部では法哲学という講座があるのだから，18世紀のイギリス経験論の哲学者デイヴィッド・ヒュームの提示した問題が因果関係を巡る根本的問題を考える上での基本なので，是非法学部でも講義していただきたいところである．疫学が現代因果論の中核を担っており，因果推論が科学的問題の中核であり，裁判において因果関係や科学的見解が問われることが多いことは疑いのない現実であるからだ．

　日本の法廷においても，医学における因果概念に関する基礎的概念が共有された上で，因果関係による影響の程度を経験的に合意する方法論の確立が早急に必要であると考えられる．この方法論的一致がある程度実現すれば，様々な判断が科学的根拠を持つ上に極めて効率が良くなる．そして，これは十分実現可能であり，誰でも理解できるシンプルさを持っている．法曹界でこれらの議論と整理が早急に開始されることを望む．疫学者が，そのような取り組みの一助になれば幸いである．

自然科学と医学・疫学

　自然科学は，自然を対象とし，自然を観察しその中から因果関係に関する一般法則を見いだし，それを理論化し，再びそれを自然の観察に利用し自然に介入するという営みを継続的に行っている．自然科学の中心課題は因果関係の推論と解明である（Greenland, 2001）．自然科学は，物理学・化学・生物学などを基礎とし，医学は自然科学の応用分野の1つであり，人間をその観察対象に置いている．そして医学において，人のデータを用いて因果推論を行う際の具体的方法論と論理を提供しているのが疫学である．従って，既存の医学の各分野の研究テーマに対して，疫学は方法論として交わっている．

各テーマと方法論が交わるところに研究が生じる．疫学と並行している方法論としては，例えば動物実験がある．多くの医学研究者が今日でも誤っているのは，動物実験が人の因果関係を論じる上でも必要不可欠であると考えている点である．しかし，人間と実験動物とでは種の違いによる生物学的乖離は大きい．

　医学では人間の因果関係が問題になることが多いので，疫学が重要な役割を占める．国際癌研究機関 IARC では，ある物質に関して疫学研究によりヒトにおいて十分に発癌性が示されれば，動物実験など他の方法論による結果が何であろうと（なかろうと），その物質をヒトにおける発癌物質（グループ1）として分類している．このような発癌性の考え方は，各国の発癌分類でも同様である．ヒトと動物では寿命も代謝もサイズも異なるので，同じ物質でも発癌性の形態は異なるし，実際に異なっている．我々が知りたいのは動物における曝露と病気の因果関係ではなく，ヒトにおける曝露と病気の因果関係であるとするのなら，疫学による研究結果に基づいて判断することは当然である．なお疫学が発達した現在，動物実験データも因果関係を厳密に問題にする場合には，疫学的方法論や用語が使われている（Gart, 1986）．大は小を兼ねるのである．因果推論に関して疫学が包括的な体系を有しているからである．

　観察に基づく疫学研究以外に，動物を使うのではなくヒトを使った実験もある．やはり疫学の範疇に入るのだが，新薬の検証に当たり患者に新薬と偽薬（プラシーボ）をランダムに実験のように割り当てるランダム化臨床試験（治験）がおおよそそれに該当する．しかしこのような治験が実際に利用できる範囲は限られている．それにも拘わらず，実験こそ科学とばかりに，観察研究結果だけでは証拠付けなど不可能であるとしてヒトに対しても治験のような実験的研究を判断のための根拠として要求する主張もいまだに多い．疫学以外の他の科学分野でこそ証拠付けが可能であるかの如きこのような主張に対して，Rothman らはその科学的誤りを2点指摘している（Rothman, 2008）．まず，有名な科学的発見でも実験に基づかない発見を数多く列挙できるという反証である．プレート力学，種の進化，恒星の周りを回る惑星，ヒトにおける紙タバコ喫煙の影響など，無数の例があると指摘している．次に，逆に実験が可能であっても，実験（後に説明するランダム化臨床試験を含む）は証拠に迫る何物ももたらさないことを挙げている．そして実際，実験でも異

論が多く存在し，相矛盾し，もしくは再現性がないことを指摘している．加えて，物理的な科学も実験的な科学も，そのような問題を防いでくれるわけではないと，常温核融合の実験的「発見」（後に否定された）のような反証も示している．

他の自然科学分野の研究と同様，疫学を用いた医学研究では，原因と結果に関する仮説を立てる．疫学においては，因果関係の原因は曝露（exposure），結果は疾病（disease）と呼ばれることが多い．疫学が医学における因果関係を取り扱ってきた歴史を考えると当然とも言える．視覚化すると図1のようになる．①の原因曝露に入るのは，個々の薬剤，ヒ素などの有害物質，食中毒の原因食品である．②の疾病・症状には薬剤によって治癒させようとする症状あるいは薬剤によって生じるかも知れない副作用，有害物質によって生じる症状や癌などの慢性影響，食中毒による下痢や嘔吐などの症状である．

なお，図1では曝露以外の病気の原因で，曝露と病気の因果推論の際のデータ分析にバイアスを及ぼす可能性がある要因を「C」として表現しているが，実際にバイアスする要因を疫学では交絡要因（ないし交絡因子）（confounding factor, confounder）と言っている．この図では1個しか示されていないが，何個あってもその要因への曝露が測定されていれば，取り扱い可能になる．交絡要因に関する説明は後の節で行う．

さらに，これまで因果関係に関する講義がほとんどなされてこなかった日本の大学医学部では，医学における因果関係推論の具体的プロセスを知らなかったり，ヒュームの問題を知らなかったりする人が数多く存在する．このような人の中には，時に，「病理学的立証」あるいは「臨床医学的立証」という言葉を用いて，疫学的立証と並立させて用いる人がいる．この混乱を簡潔に整理したい．

図1　原因曝露と疾病発生の因果関係

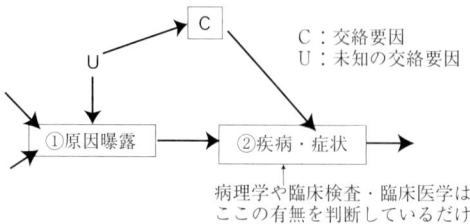

C：交絡要因
U：未知の交絡要因

①原因曝露　②疾病・症状

病理学や臨床検査・臨床医学はここの有無を判断しているだけで，因果判断に関しては情報を与えない．

医療現場において病理医や臨床医が実際に診断しているのは，図1の，原因と結果（症候発生）の因果の連鎖のうち，症候が肉眼的あるいは，顕微鏡的もしくはX線上・内視鏡を通して発生しているか否かの判断だけで，原因曝露との

因果関係ではない．職業性の曝露により生じた癌の例で言えば，病理医や臨床医は癌が本当にあるかないかを判断しているだけで，因果関係に関しては判断できない．ヒュームの問題の一部とも言えるこの原則は，因果関係を考える上で必ず念頭に置いておかねばならない．

例えば，病理的にどんなに検索しても，診察や臨床検査をどんなに行っても，肝心の発癌物質との関連は何も見いだせない．アスベストのようにアスベストを食べた細胞が死滅することによって生じたアスベスト小体が見つかったところで，その人の肺癌がアスベスト労働により生じたのか，アスベスト労働をしなくても生じたのかは病理診断でも臨床診断でも分からない．同じ発癌物質でも，ヒ素などは3週間ほどでほとんど排泄されてしまうので，肺癌ができる頃にはヒ素はそもそもほとんど検出されない．

つまり，病理医や臨床医は，癌の有無，肺機能の低下などの，症候の病理学的・臨床的な有無を判断するだけで，因果関係の判断自体には何の影響も及ぼさない．これら病理学データや臨床データは，曝露データを加えて疫学的分析を行うことにより，ヒトにおける因果関係を論じることができるようになる．因果関係は，どんなにミクロレヴェルで見ようとしても目には見えない．また動物実験でも病理データでも臨床論文でも，1例や少数例だけだと不十分であるとして，教授からデータを突き返された経験のある医学研究者は多い．これは安定した経験則を導き出すのには例数が不足していることを意味する．一般法則を見つけ出すには，多数例が必要なのである．突き詰めると，これもヒュームの問題が背景にある．

疫学的指標（引き算と割り算）

では因果関係による影響を，我々はどうやって具体的に知ることができるのであろうか？　まず，原因曝露の発生した時点が，結果である病気の発症より前に来ていることが確認されるべきである．なお，確認できない場合は，一部の対象者において，原因曝露と病気発症の時間的逆転が起こっている可能性がある．また，癌の原因研究などの場合は，曝露があった直後の癌の発症などは，潜伏期間を考慮しなければならない場合もある．いずれの場合も，研究計画段階や研究結果の解釈の段階で対処可能である．

このような原因と結果の時間的関係が整理された後には，曝露と病気の発生について以下の図2のようなイメージを作ることができる．

通常，特定の曝露をしていなくてもその曝露に関連する病気は発生する．例えば喫煙をしていなくても（「非曝露」として図2に示している），肺癌が10万人あたり5例程度は発症する．これを1例につき，○で表している．しかし，喫煙者（これを曝露として表している）では10万人あたり50例は発症する．曝露群では，5例は曝露しなくても発症したであろう人数のことで，非曝露と同様に○で表している．残りの45例は曝露がなければ発症しなかったであろう症例（曝露により発症した症例）のことで，●で表している．

さて，曝露がなくても発症した5例も，曝露がなければ発症しなかったであろう45例も，いずれも臨床的症状は区別がつかない（例えばタバコの例では非喫煙者も喫煙者もいずれも同じ肺癌）ので，○と●で区別するのではなく，いずれも●で表すと図3のようなイメージになる．この方が我々の観察イメージに近くなる．そしてここでは，非曝露者に比べて曝露者では病気が約10倍多発したという情報が残る．すなわち，(50人÷10万人)÷(5人÷10万人)という計算式になる．曝露群の発生率（発生数÷1年間の観察人数）と非曝露群の発生率との比を割り算で求めたのだ．これを発生率比あるいは広い意味での相対危険度と呼ぶ．もちろん，発生率の違いを引き算で求める場合もある．その場合は，45×（10のマイナス5乗）となり，単位は「年分の1」となる．ただ「何倍」として表すことの方が単純なので割り算の結果の方が用いられることが多い．

図2　曝露と非曝露の症例の発生状況を比較した図

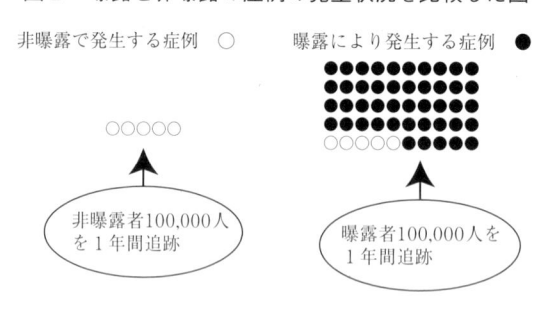

図3　図2の○と●は臨床的に区別がつかないためどちらも●で表現し，曝露と非曝露の症例の発生状況を比較した図

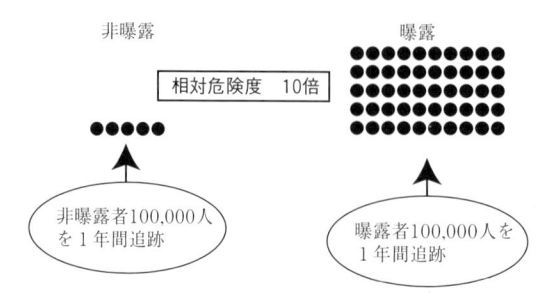

いずれにしても，この引き算の結果もしくは割り算の結果が，曝露による影響を定量的に表している．これを疫学的影響の指標と呼ぶ．

なお，中皮腫などの極めて曝露に特異的な疾患では，この図2と図3のモデルで，非曝露群での発生例がない（つまり○がない）という特殊状況を考えればよい．ただし実際上は，曝露情報があいまいな場合は，●でも非曝露群として分類され，観察結果としては図2と図3のモデルのように，観察者には経験されることとなる．

曝露の発生と疾病の発生の両方を備える原告

ところで，個人に対する賠償を請求する裁判において，通常，原告となるのは，「曝露があって，かつ，疾病もしくは障害を発生した個人」である．例えば，タバコ病訴訟では曝露は能動喫煙である．一方，疾病は肺癌もしくは肺気腫である．この曝露と疾病（障害）のどちらかが欠けていても，損害賠償請求を行う原告にはなりえず，また請求が判決で認められることもまずない．

そして通常，法廷で医学における因果関係が問題になる時，曝露がありかつ疾病（障害）があった個人において，「もし曝露がなければ，疾病（障害）の発生があったのか，もしくはなかったのか」，ということが主たる論点となる．一口で言うと，原告個人における曝露と疾病（障害）の因果関係の問題が法廷で論点となるのである．

さて，日常の因果判断では，原因曝露がありかつ結果としての疾病（障害）があれば，「あれなければこれなし（因果関係があった）」と判断する．つまり原因曝露がなければ疾病がなかったと判断する（英語ではbut-for-test）のである．しかし厳密に言うと，この「あれなければこれなし」は，知りようがない．もうすでにあれがあってこれがあってしまった事例を，あれがなければどうなったであろうかなどと示しようがないのである．英文法の仮定法過去完了の世界である．反事実（counterfacttual）とも呼ばれる．後に示すように，ここで疫学を用いた整理で迫る必要が出てくる．

「ある」「なし」の二値問題から蓋然性の問題へ

「あれなければこれなし」も示せないし「あれなくてもこれあり」も示せない代わりに，裁判等においては，当該曝露がなくても当該疾病（障害）があ

る例がしばしば列挙されることによって反論が試みられる．つまり，当該曝露がありかつ疾病（障害）があるというだけでは「あれなければこれなし（曝露がなければ疾病もない＝因果関係がある）」とは認められないというのだ．これは一般にしばしば「他要因の問題」として指摘される．しかし，このように言うだけでは何の問題解決にもならない．問題の焦点は当該曝露による発病なのだから，他要因は参考程度にはなっても，他要因を挙げたところで「あれなくてもこれあり」など示したことにはならない．ましてや「他要因」のない曝露と病気の因果関係などないので，他要因を挙げただけで「あれなくてもこれあり」を示したことになると，因果関係など世の中に存在しなかったことになってしまうからである．

突き詰めると，「曝露がなくても当該疾病（障害）がある例」（当該曝露以外の他要因による発症例）が見られるからという理由だけで，曝露がありかつ疾病（障害）があった個人に賠償請求権はないとすると，非常に困った事態になる．裁判で因果関係が認められる道が事実上閉ざされることになる．そしてこのような事態は，現実にこれまで行われてきた職業癌に関する判例や公害裁判での判例とも，全く反することになる．例えば，タバコ病訴訟では，東京地裁でも，東京高裁でも，最高裁でも，このような困った事態を実際に引き起こしてしまった．

そもそも，どんなに曝露者に疾病が多発しても，「曝露がなくても当該疾病（障害）がある例」が見られるからという理由（肺癌が非喫煙者にも見られるからという理由）だけで，曝露がありかつ疾病（障害）があった個人に，因果関係を認めないとしてしまうと，日常の我々の因果判断から見ても全く異質な判断が生まれることになってしまう．なによりも日常の私たちは，常に他要因がある現実に直面しているにも拘わらず，単に原因に引きつづいて結果が生じたのを見て因果関係があると認めているのである．原因があり，それに引きつづいて結果が生じた例を全て否定することは，私たちの日常の因果判断全てを否定することになってしまう．これは次節のヒュームの問題を紹介することでさらに吟味を続ける．

さて，ここまで示せば，人が因果関係を論じる際に蓋然性（確率）を用いた表現が必要となることは明らかである．つまり「ある」「なし」の二値問題では，因果関係を厳密に論じることはできないからである．曝露して疾病（障害）を発症した個人において，すべて因果関係を否定してしまうことはと

てもできない．しかし，当該曝露がなくても当該疾病が発生しうる（これは原因が分かっているほとんど全ての疾病に関して成り立っている事実）ことを考えると，曝露があってその後に疾病を発症したというだけで全面的に因果関係を認めるわけにもいかない．そもそも「因果関係がある」か「因果関係がない」かのどちらかだけしか選択肢がないことが問題なのである．「ある」（コード化すると1）か「ない」（コード化すると0）かの二者択一ではなく，その間を取るとすればどうしても0と1の間の蓋然性（確率）を用いた表現や蓋然性（確率）の情報が必要になるのである．その確率の話に入る前に，ヒュームの問題について説明しよう．

ヒュームの問題

一切の経験を遮断して，「あれがあり，かつこれがあった」者において「あれなければこれなし」を示そうと試みよう．しかし，これは不可能である．「あれがあり，かつこれがあった」者が，「あれなければこれなし」であったであろうことは，過去に戻れない以上，客観的に示し得ないのである．すでに触れた英文法の仮定法過去完了の世界だ．示しうるのは「あれがあった」ことと「これがあった」ことだけである．一切の経験則を排して，その本人だけで論じると，「あれ」と「これ」との間に因果関係が存在するか否かはタイムマシンでも存在しない以上，不可能である．これが，「ヒュームの問題」である．

二つの事象が引きつづいて生じた時に，我々はしばしば，その2つの間に因果関係があると考える．因果関係の原因と考える前に生じた事象と，結果と考える後に生じた事象の間には因果関係があると考えるのである．18世紀の哲学者デイヴィッド・ヒュームは，

> 必然性は心の中に存在する何ものかであって，対象の中にあるのではない．もし必然性を物体のなかにある性質と考えるなら，必然性のほんのかすかな観念を全く持たないか，それとも必然性は原因から結果へ，もしくは結果から原因へと，経験された結びつきに従って移る思考の規定にほかならないか，そのいずれかである．

と述べ，必然性の関係（因果律）は，心の結合慣習からつくられる観念であるとして，客観的因果律を否定した（ヒューム，1739；Losse, 2001）．ヒュ

ームが因果律の客観的実在を否定したことで,自然法則の絶対的確実性は疑わしくなった(青柳,2001;Losse, 2001).本章では,「因果関係は存在論(ontology)であり,世界における客観的,物理的制約を描出するもの」とする Pearl(2000)の捉え方に基づく立場に立ち,科学哲学での議論と同様にヒュームの問題を因果関係論の出発点として以下に考察してゆく.

ヒュームの問題を医学の因果関係の問題に即して示すと図4のようになる.原因曝露があったことを客観的に認めることは可能でこれは共通の認識に達する.また,ある疾病に罹患したことも客観的に認めることが可能で,共通の認識に達することができる.しかし,この原因曝露と疾病罹患との因果関係に関しては,「因果関係がある」とも,逆に「因果関係がない」とも合意できない.つまり因果関係は認識し経験できないので,この因果関係が存在するか存在しないかは決して共通の認識に達しないのである.因果関係はどんなに微細なレヴェルまで機械を使って見ようとしても見えないし,どんな機械を使っても原理的に検出不可能である.一方,私たちは因果関係の存在にかなりの実感を伴って日常生活を送っているだけでなく,因果関係があることを前提に科学も社会も成り立っているのだから,これは放置できない困った事態である.医学においても,「薬が効いた」,逆に「薬が効かない」,あるいは「手術で延命できる」などと言えなくなってしまうからである.

ヒュームの問題の指摘を受けて,その後の哲学者達はこれと格闘することになる.カントもその一人である.ヒュームの問題は,現代に繋がる哲学の大問題となったのである.しかし,ヒュームの問題は,哲学者というよりもむしろ科学者に大きな影響を与えた.因果関係を中心課題とし経験主義に基づくのが科学だが,その因果関係が経験からはあるともないとも原理的には

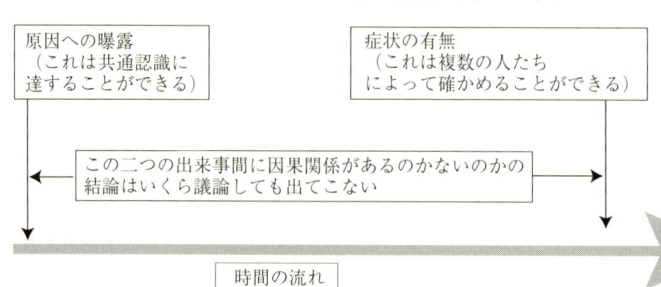

図4 ヒュームの問題を医学の問題に即して示す

言えないというのでは，科学者は全く困ってしまうからだ．つまり，万人が共有できる客観的経験として因果関係が認識できないとヒュームは言うのだから，科学の基礎の基礎が揺らいでしまうのである．

そこで，科学では経験を系統的にまとめ上げる．再現性があること，繰り返し観察されること，多数の対象を観察しそれをまとめ上げて示すことが，自然科学のどの分野においても行われている．自然科学の一応用分野である医学においても，ヒトの観察を繰り返し，それを集積して示すことが臨床研究となり，医学研究となる．ある薬の効果判定で，1例に薬を投与してその1例が治癒したから，その薬には効果が認められたとされることは決してない．多数の患者にその薬を投与すること，そしてその薬を投与しない（あるいは代わりにプラシーボと呼ばれる偽薬を投与する）多数の患者と比較すること，この両方が必要となるのである．この研究結果，すなわち得られた経験則に基づいて，臨床医は目の前の1例の患者に当該薬を投与するか否かを決めることになる．すなわち，目前の1例に対してどのように判断するかは，多数例の投与経験と非投与経験の比較の結果から得られた経験則に基づかざるを得ないのである．

医学における因果関係問題において，経験則に基づいて「あれなければこれなし」を示すことは，今日では，疫学的方法論を用いてデータをまとめて分析し，整理することになる．

ヒュームの問題と関連して，動物実験あるいは代謝に関する研究や細胞レヴェル，DNA・遺伝子レヴェルの研究などにより「メカニズム」が判明しなければ，因果関係の証拠はないし判断できないという意見がしばしば聞かれる．この意見は，疫学は因果関係に関してはメカニズムを「ブラックボックス」にしているという意見とセットになっている．しかもこのような意見で，「メカニズム」の具体的内容が事前に示されることはほとんどない．具体的にどういうことが行われどんな結果がもたらされた時に，メカニズムが明らかになったと言えるのかが提示されないのだ．当然，このような意見は，ヒュームの問題に触れず，しかも因果関係が目に見えないことにも触れない．

そもそも，私たちは日常生活の因果判断において，物理的・化学的・生物学的なメカニズムを確認しなくても妥当な判断を下している．また，我々自身も「決断」する際には，脳の関連局在部位や神経伝達機構など分からないままに，生涯に関わる重要事項を決断している．誰もが日常生活ではどのよ

うに重要な事柄でもメカニズム必須だと考えないのに，一部の人は，科学的議論のある局面のみに限って，「メカニズム」が何かを具体的に特定しないまま，メカニズムが必須だと根拠もなく主張する．

「疫学的な関係は示唆的なもののみであり個人におけるメカニズムの詳細な検査研究こそ確定的な原因とその影響の関係を示すことができる」という，実験科学者の中に時に見られる意見に関して，Rothman（2008）は詳細に分析している．すなわち，ヒュームによっても厳密に議論されたように，このような意見は，全ての関係は示唆的であるという事実を見逃している．最も注意深く詳細に個々のイヴェントを機械論的に切り刻んでも，どんなに微細なレヴェルであろうとも，関連以上のものを得ることはできない．メカニズムの判明が必要だという意見は，論理的に詳細に因果関係を分析しないことから生じている．

なお，言葉と数字だけで完結し観察経験を必要としない数学的証明と，自然を対象にしてその中から一般法則を見つけようとする自然科学（経験科学）における証明とは，全く異なるものである．従って，数学的証明をイメージした上で，それを基準として自然科学における証明を不完全であるとか，証拠付けは不可能だという批判は，そもそも的外れな誤りである．自然科学における証明や疫学など自然科学の一分野の証明を不完全だと言うだけでは，他の方法だと可能であるかのような余韻を残すことになるが，そのような証明はそもそも存在しないし現実問題（経験）とは何の関係もないのである．一方で，我々は現実の問題に関して，因果関係があるのかないのか，対策が必要か必要でないかの判断にしばしば迫られているのである．

客観的経験則の抽出が可能な場合

経験則，つまり実際のヒトにおいて経験された実例から，一般法則を発見して判断する場合，同様な要因を持つ多数の事例の集積が必要となる．疫学は，このような事例を系統的・論理的に集計したデータとして与えてくれる．同じ年齢，同じ性，同じ喫煙開始年齢，同じ喫煙本数ごとの相対危険度も推定可能である．喫煙と肺癌の因果関係や，放射線被曝と癌の因果関係のように，証拠となるデータが非常に多く集められて論文になっている場合，このようなデータは既存の論文から抽出可能である．

そもそも，疫学は対象者の個々の因果関係に関するデータを，経験できる

限り十分に検討している．疫学は記述疫学と分析疫学から構成されるが，分析疫学は，対象者個々のデータから成り立っている．そして，対象者個々のデータから，医学的因果関係に関する（例えば，能動喫煙と肺癌の因果関係）一般的法則を抽出する．ヒュームの問題がある以上，個人における因果関係は，このような疫学により描き出された一般的因果法則を用いて個々人に適用すること抜きには語れない．

疫学研究の結果得られた相対危険度が，一般的因果法則として論じることができるかどうかが，論文の「考察」の部分で論じられる．すなわち，結果で得られた関連が，研究目的の因果関係以外の説明で説明できるかどうかが，「考察」で論じられる．その際に柱となるのが，選択バイアス，情報バイアス，交絡バイアス（他要因による説明）などのバイアスに関する考察である．疫学で論じられる医学的因果関係は，これらのバイアスによる非因果的説明に関する十分な考察を行う．つまり，観察結果の，あるいは自身の論文の，弱点を論じることなしに疫学的方法論を用いた論文の出版はあり得ないのである．さらに個々の論文だけでなく，関連する論文全体を集めて同様に非因果的説明に関して吟味が行われる．これをメタ分析と呼び，これも疫学の重要な仕事の一部である．IARCもまた，発癌分類の過程で非因果的説明に関して十分に吟味を行っている．このような過程を経て，IARCの人体における発癌分類に関する結論が得られているのである．

そして，今日，疫学が医学における因果関係を吟味する方法論として確立していることは国際的には共通の認識となっている．従って，医学が関連する裁判でも，疫学的議論が交わされ，疫学的方法論による結果が取り入れられている．これはもう隠しようのない事実なのである．

一方，日本の判決などでは，経験則を系統的に与える疫学的証拠を集団の因果関係に関する証拠とみなし，個別因果関係の証拠を与えないという理由で疫学的証拠を原告個人に適用することを拒絶する例が見られてきた．しかしこの態度は，言い換えると，個別因果関係に関する情報を，経験則を用いて定量的な蓋然性として与えてくれる疫学そのものを拒絶していることにもなる．経験則から得られる一般法則の成立と，成立した一般法則の個別事例への適用とを，全く拒否している態度なのである．さらに言い換えると，医学における因果関係の推論どころか，科学的一般法則を得ようとする営みやその一般法則を具体的個別事例に適用したりする営みなどの，自然科学研究

全体の営みを否定していることになる．そもそも「経験則」には「則」という字がついている以上，原告個人からの1回経験だけでは，話が完結しないことは明らかだろう．確率論は，現代科学や現代的判断の文法である．野球の打率，降水確率など，確率表現が日常生活に利用されている例はたくさん挙げることができる．

ところで本人1人のデータでは，「有害物質に曝露してその後病気になった」，「有害物質に曝露してその後病気にならなかった」，「有害物質に曝露しなくてその後病気になった」，「有害物質に曝露しなくてその後病気にならなかった」の4種類の因果データしか出てこない．なお，後者3つは，民事裁判で通常問題にならない．さらに「有害物質に曝露してその後病気になった」者に関しても，これだけでは有害物質に曝露して病気になった個人が並ぶだけである．当該個人の経験だけからは，曝露と疾病の因果関係は，いくら眺めてもこれ以上の情報は得られない．「疫学の因果関係は集団に適用する因果関係であり，個人には適用できない」という今日でも論じられる誤った意見は，元々はヒュームの問題を踏まえていないことから生じている．ヒュームの問題を踏まえていれば，経験則から因果関係の証拠を得て個人において判断するということを，あるいは疫学がそれを論理的に行っているということを，素直に受け入れられるだろう．

なお，客観的経験則の適用が不可能な場合としては，前例のない新薬による少数例の重篤な副作用と思われる症例，特異な殺人事件，特異な医療過誤訴訟（初めて出合うような医療過誤で迷うもの）などが挙げられる．そのようなごく少数の事例での因果判断を迫られた場合には，別の推論方法も採られる．薬害のテキスト（Jones, 2006）によると，これらの場合の候補の1つにベイズ推論を用いることが示唆されている．しかし，2×2表を構成できるデータがある場合は疫学分析を用いることができるので，これらの不安定な方法を用いる必要はない．

蓋然性と曝露寄与危険度割合および原因確率

ではどうすれば，ヒトにおける経験則から，この原告個人の「あれなければこれなし」の蓋然性を推定することができるのだろうか？　それをすでに図2，図3で与えた図と似た図を用いて説明する（図5，図6）．図2，図3と同様に，図5は原因に曝露した人100,000人を1年間観察していると（図の

解説に代えて：ヒュームの問題と原因確率　297

図5　曝露された100,000人から50人の患者が発生した模式図

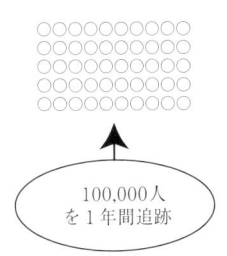

図6　曝露された100,000人から50人の患者が発生し（左側），曝露されなかった100,000人から5人の患者が発生した（右側）ことを示す模式図

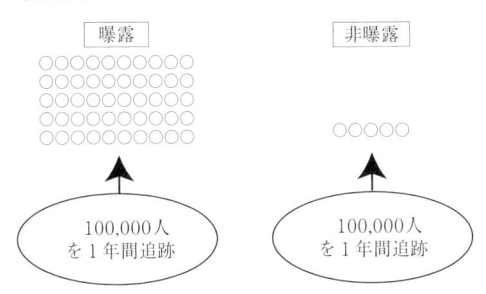

下側に示した楕円形で100,000人を表現），50人に症状が発生してきたことを表している（図の上側に示した50個の○で表現）．従ってこの50人は，曝露と症状の両方を備えた人たちである．さらに上記の表現では，民事訴訟の原告になる資格を持った人たちである．しかし，この曝露され症状を持った50人の患者が，即座に全員曝露との因果関係を認める判決を得られるのかというと，そういうわけにもいかない．その理由は曝露以外の要因により同じ症状が発生することが知られているからである．

問題は，この50人のうち何人が曝露がなければ症状を発生しなかったかである．その人数をX人とすると，X÷50という簡単な割り算で，曝露されて症状のある人たちにおける「あれなければこれなし」の蓋然性（確率）が求められることになる．この時，50−X人が，もし曝露がなかったとしても症状が発生したであろう人であり，|1−（X÷50）|×100%が，「あれなくてもこれあり」の蓋然性となる．そして，この「あれなくてもこれあり」の蓋然性の中に，問題となっている曝露以外の要因曝露全てがひっくるめられていることになる．

曝露がなければ発症しなかったであろう人が何人いるかは，曝露して発症した50人をいくら丁寧に観察していても何ら分からない．たとえ病理学で電子顕微鏡を用いてミクロのレヴェルまで眺めたとしても答えは出てこない．曝露してしまっているからである．従って我々は，曝露していない人たちを，同じ人数規模で同じ期間だけ観察することによって答えを得ようとする．それを表したのが図6の右側の図（「非曝露者」として示している）である．な

お，図6の左側の図は，図5の図を曝露者としてそのまま示している．もし同じ人数だけ観察できなければ，その人数が足りない分もしくは超過している分を，かけ算もしくは割り算で調整すればよい．同じように観察期間も調整できる．同様に，左側の図の100,000人と右側の図の100,000人が，違う属性（例えば性別割合が異なる，年齢構成が異なる，喫煙割合のような生活習慣が異なる，など）を持っていたとすると，その点も，やや計算方法は複雑になるが，四則演算だけで調整可能である．

図6の右側の図は，非曝露者100,000人を1年間観察した場合，症状を発症した患者が5人出てきたことを示している．この情報から，上記のX人は45人であったことが推定される．曝露者で発症したのは50人だが，この50人のうち曝露がなくても発症した人数は5人なので，残りの45人がこの人数に相当する．

これを式に表すと以下のようになる．

$$X = 50 - 5 \text{人}$$

「あれなければこれなし」の蓋然性は，50人で割ればいい．％で表すため100をかけると，

「あれなければこれなし」の蓋然性＝ |(50−5) 人÷50人| ×100％

人という単位を省略して，分母の100,000人を省略せずに表現すると，

「あれなければこれなし」の蓋然性＝ |(50/100,000 − 5/100,000) ÷ 50/100,000| ×100％

ここで5/100,000は非曝露者における発生率で，50/100,000は曝露者における発生率なので，数字ではなく主に文章で上式を表すと，

「あれなければこれなし」の蓋然性＝ |(曝露者における発生率−非曝露者における発生率) ÷曝露者における発生率| ×100％

この式の分母分子を，非曝露群における発生率で割ると，

「あれなければこれなし」の蓋然性＝｜((曝露者における発生率÷非曝露者における発生率) − 1) ÷ (曝露者における発生率÷非曝露者における発生率)｜×100％

この式における (曝露者における発生率÷非曝露者における発生率) は，非曝露者に対する曝露者における発生率の比であり，この比は相対危険度と呼ばれるので，以下のように書き換えることができる．

「あれなければこれなし」の蓋然性
　　　＝ (相対危険度 − 1) ÷相対危険度×100％

これが「あれなければこれなし」の蓋然性を具体的に求める際の一般式であり，原因確率 (probability of causation) とか，曝露寄与危険度割合 (attributable proportion for the exposed)，あるいは病因分画 (etiologic fraction) とか，過剰分画 (excess fraction) と呼ばれるものである (Miettinen, 1974; Pearl, 2000; Rothman, 2008)．これは，古くは1950年代に示され (Levin, 1953; Rothman, 2008)，Miettinen (1974) により理論的に解説され，1980年代には radioepidemiologic tables として放射線被曝労働者の認定問題に実際に用いられてきた (NAS, 1984; NIH, 1985; Council on Scientific Affairs, 1987)．民事訴訟でも米国では1990年以前から使われている (浜島, 1991)．原因確率と曝露寄与危険度割合は，同じ意味で使われることが多かったが，最近では厳密には区別されている (Rothman, 2008; Porta, 2008)．以下，用語の混乱を避けるために，テキスト (Rothman, 2008) の記載に従って，目標とする「あれなければこれなし」の確率を病因分画と表現し，実際に数字として推定される原因確率を過剰分画と表現する．図6の左側の曝露群での100,000人の1年間にわたる観察は，厳密には発症時点で終わっているので，もし曝露群で曝露がなかった場合は，曝露があった場合に比べてもっと観察時間が増えることになる．結果的に過剰分画は病因分画を原理的に過小評価することになる．両者を区別する理由は他にもあるが (Greenland, 1999; Porta, 2008)，過剰分画は病因分画の下限値 (lower bound) である (Rothman, 2008)．病因分画は「あ

れなければこれなし」の蓋然性のような概念的な意味で使われるのに対して，過剰分画は相対危険度などの指標から，曝露して発症した者のうち曝露により発症した者の割合（曝露して発症した個人の場合はその曝露により発症した確率）を求める際に実際に用いられる（Kelsey, 1998）．日本でよく使われる原因確率は，実際に推定可能な過剰分画と同じ意味である．

この「あれなければこれなし」の蓋然性の具体的推定値，すなわち過剰分画は，ILO（国際労働機関）の文書にも採用されて（World Health Organization, 1989）世界中で使われているし，日本国内でも，被爆者の認定問題やアスベスト曝露者における肺癌の問題において，それぞれ厚生労働省と環境省とによって採用されて実際の認定判断・行政判断に適用されている．曝露と非曝露の両方が含まれて計算される人口寄与危険度割合に対して，過剰分画は，相当する曝露があり疾患を発症した個人が曝露されなければ発症しなかったであろう確率を推定する（Kelsey, 1998）．

さて，個人における因果関係には，「曝露がありかつ疾病（障害）がある人に，もし曝露がなかった場合，疾病はどうなるのか」という場合と，「曝露がなくかつ疾病（障害）がなかった人は，もし曝露があった場合に，疾病はどうなるのか」という場合との，主に2つの確率が考えられ得る．すでに説明したように，損害賠償を求める民事裁判では，前者の因果関係が問題となる．原告となるのが，「曝露がありかつ疾病（障害）がある人」だからである．この前者の因果関係の確率を示すのが，病因分画であり，実際に推定したのが過剰分画である（Pearl, 2000）．

なお，因果関係があるという判断は，これまでの説明から分かるように，この確率が確実に0％より大きいと示された場合になされる判断である．過剰分画は，曝露され発症した複数の個人の中で，曝露がもしなければ発症しなかったであろう個人が，どの程度を占めるのかを示すものである．それゆえ，曝露されなくても発症する個人に出合う確率が高いような曝露－疾病関係の例では，この確率は低くなる．全く出合わない場合には0％となる．ほぼ0％（すなわち相対危険度1倍）だろうという例として，日本茶の飲用と胃癌の例（Tsubono, 2001）などが挙げられる．逆に，そのような曝露なしでは決して発生し得ないような特異的な曝露－疾病関係では，ほぼ100％となる．ほぼ100％（すなわち相対危険度ほぼ無限大）の例として，アスベスト曝露と中皮腫の例が挙げられる．

この「あれなければこれなし」の蓋然性を目標とした過剰分画は，多人数の経験則に基づいて求められるので，これをもって「集団から求められた数値なので，原告個人に当てはめることはできない」という主張がしばしばなされる．しかしすでに説明してきたように，この主張は誤っている．なぜなら，曝露し症状を発生した人の蓋然性を求めるには，曝露し発症した複数人のうち何人が，もし曝露がなければ発症しなかったのか，という割り算をしなければならないからである．このような割り算をするということは，複数人の観察（すなわち多人数の経験則）に基づくということである．曝露し発症した人ばかりを集めて，これを分母にして非曝露群から得た情報を用いて割り算をし，割合（確率・分画）を求める一般法則を推定するからこそ，同じような曝露をした人にそれを当てはめて，曝露し発症した個人における蓋然性を推測することができるのである．

　確率・蓋然性は1例の経験からでは求められない．個人をいくら眺めていたところで，因果関係に関する情報は原理的に得られない．曝露をして発症した個人がいるだけである．原告が複数でも法廷には曝露して発症した人々しかいない．図2，図3，図6からも分かるように，曝露して発症，非曝露でも発症，曝露して発症せず，非曝露で発症せず，という最低でも4種類の人々の情報（これを2×2表と疫学では呼ぶ）がなければ，因果関係に関する情報や経験則は得られない．もともと裁判では，経験則に基づいて判断がされていると言われている．そして厳密に経験則に基づくとは，原告本人の経験ではなく，原告以外の複数人（できれば多人数）の経験則を集約することである．それにも拘わらず，多人数の観察（経験）から得られているという理由だけで，「あれなければこれなし」という蓋然性を求めた過剰分画が原告個人の判断に適用できないと言うのであれば，それは経験則を参考にできないことを意味しており，矛盾していると言わざるを得ない．

　過剰分画割合を用いると蓋然性を過小評価してしまうという指摘（Greenland, 1999; Porta, 2008）があるものの，過剰分画を用いて病因分画（蓋然性）を推定することにより，少なくともある程度の蓋然性を知ることができる．これにより他の事例や判例との比較もできる．そのような試みにより，定量的に極端に誤った判断事例は少なくなってくると思われる．例えば，原爆症の認定では，原因確率（過剰分画と同じ）は10％でも認定するとされているのはよく知られているところである．ところが，水俣病の認定や能動喫煙と

肺癌・肺気腫の因果関係に関する判決では，それぞれ過剰分画が90％を超えることが示されていても（日本精神神経学会，1998; US Surgeon General's Advisory Committee on Smoking and Health, 1964; IARC, 2004; Kasper, 2005），認定や因果関係が認められていない．原因確率の考え方や過剰分画の基本が広く理解され，そこから求まる経験則がある程度参考にされれば，このような極端な判断の誤りはなくなると思われる．争うべきは，むしろ曝露の有無や疾病の有無，推定値を得る際にデータに入ったバイアスの程度である．なお，90％（相対危険度10倍）という数字は非常にはっきりしていて，例えば過剰分画50％（相対危険度で2倍）のものがバイアスにより90％になることは実際は有り得ない．

交絡要因と交絡バイアス

疫学研究結果の解釈で，最も多い批判は，「当該原因以外の要因による影響を排除していない」というものである．タバコと肺癌の因果関係に関して言うと，「肺癌はタバコ以外の要因でも多発させるものがある．例えば，年齢（歳を取るほどがん発生率は高くなる），職業性（職業により曝露するある種の物質は発癌物質である），食事性（ある種の食事は癌を発生させるはずだ），大気汚染（空気の汚れは癌を発生させるはずだ），遺伝要因（家族性に発生する癌が知られている）である」というような他の要因を調べてデータを示すでもなく，単に懐疑だけの意見に基づいた主張がなされることが多い．

さて，曝露され発症した患者個人が，当該曝露以外の他要因に曝露していたとしても，その「他の要因」が原告の当該疾病を発生させたことにはならない．なぜなら，原告は当該曝露にも曝されているからである．このような他の要因の問題は，疫学では交絡要因（ないし交絡因子）（confounding factor）もしくは交絡要因候補（potential confounding factor）の問題として，バイアスのひとつとして取り上げられる．当該疾病が当該曝露によって引き起こされた蓋然性に対して他の要因が与える影響に関しては，以下の交絡バイアスと交絡要因の問題の概念を踏まえて，過剰分画を考える必要がある．

交絡バイアスの問題は，交絡要因によって推定値（「何倍」多発するという値）に誤差を及ぼす系統的誤差の問題として紹介される．誤差とは，後で紹介する非曝露群に比べて曝露群で何倍多発するかという「何倍」という数値が見かけ上動いてしまう誤差のことである．交絡要因が交絡バイアスとして

誤差を生じさせるには，簡単に表現すると以下のような3条件が同時に満たされていなければならない（Rothman, 2008）．

①交絡要因は，当該疾病のリスク要因でなければならない（第1条件）．かつ，
②交絡要因は，研究対象者において当該曝露と関連していなければならない（第2条件）．かつ，
③交絡要因は曝露もしくは病気の両方に影響を受けていてはならない．特に，交絡要因は，当該曝露と当該疾病の連鎖の間の中間要因であってはならない（第3条件）．

これを図で表現すると以下のようになる（図7）．

この定義によると，上記のタバコと肺癌の例における年齢，職業性，食事性，大気汚染，遺伝などの要因は，第1条件から，疾病を引き起こす原因として知られていて，そのことが疫学的方法論により証明されていなければならない．しかし，例えばタバコと肺癌のような例でも，この第1条件が疫学的に示されている他要因の例は少ない．実際は単に何となく証拠もないのに列挙されているケースが多い．

ここに第2条件まで考慮に入れると，クリアする要因はさらに限られてくる．一般に，他の要因として挙げられる条件は，せいぜい第1条件を満たしている場合しかなく，この第2条件の検討が実際に行われている場合は，ほとんどないのである．

ところで，曝露して（喫煙者で）当該疾病に罹患した（肺癌を発症した）患者において，年齢，職業性，食事性，大気汚染，遺伝などの要因を列挙することによって何らかの反論をしたような気になるのは，「ある疾患(例えば肺癌)の原因が，個人においてはただ1つである」と少なからぬ数の人が誤解する傾向

図7 交絡要因とその簡便な定義を説明する図

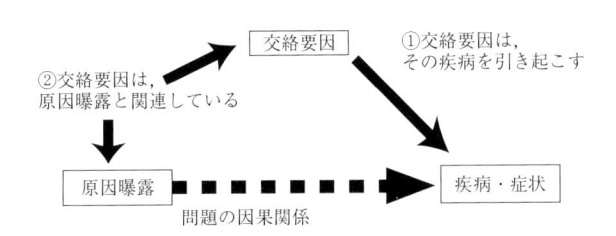

にあるからと思われる．例えば喫煙で肺癌になった人は他の原因は関係ないと考えてしまうのである．しかし，喫煙してある程度歳を取って肺癌になるということは，年齢と喫煙の両方が揃って肺癌になっている．これと同様に，肺癌発症に関してヒ素曝露と喫煙の相乗効果やアスベスト曝露と喫煙の相乗効果は非常によく知られている．喫煙と職業要因の両方が揃わないと肺癌を発症しない人はたくさんいるのだ．両方が揃わないと発症しないということは，どちらかが欠けると（例えば職業曝露はあってもタバコを吸わなかったら），発症しないことを意味する．これらの相乗効果を具体的に示す方法論も疫学は用意して，盛んに相乗効果が論文で示されている．ヒ素などの他の発癌物質とタバコとの相乗効果により肺癌がより多発するというような例である．

　また他にも，過剰分画が当該曝露以外の他要因の影響を排除していないと誤解されることがある．しかし，これまでの説明からも分かるように，他要因は，曝露をしていない時の疾患発生数としてすでに表現されている．非曝露における○がそれを表現している（図6）．これが曝露をしていて発症した人々において，曝露をしない場合にも疾患を発症したであろう人々の存在する確率を表すことになる．曝露とその後に生じた症状の両方を揃えている患者の中には，曝露と症状の因果関係以外に発症した症例も混入しているのだ．その曝露以外の要因によって発症した確率（「あれなくてもこれあり」の蓋然性）を1から引いた残りの確率（蓋然性）が，「あれなければこれなし」の確率（蓋然性）である．式で表すと，（100－過剰分画）％である．曝露し発症した患者の中で曝露しなくても何らかの他要因によって疾患を発症したであろう確率を表している．

　「他要因を排除していない」という疑問に対する答えは，過剰分画の意味を全く理解していないことからくる．過剰分画は他要因の影響を除いた残りの部分なのである．一方，他要因ではなく交絡要因と表現する場合は，すでに述べたように交絡バイアスとの関連で述べるべきである．すなわち，相対危険度もしくは過剰分画への系統的誤差（交絡バイアス）の問題であり，これは曝露による影響を，曝露者に加えて非曝露者のデータを用いて，具体的に因果関係による影響を推定する際の誤差の問題である．「他要因の排除」というよりは，他要因による誤差の排除もしくは他要因の調整である．他要因のない曝露など現実的には存在しないので，他要因の「排除」はしても意味は

ない．あくまでも「他要因による誤差の排除」であり，これは一般法則を求めるための測定誤差の排除もしくは調整が目的である．

　以上を踏まえると，問題は他要因ではなく，当該要因に曝露し当該疾病を発症した人において，当該原因がなければ当該疾病を発症しなかったかどうかという蓋然性の問題そのものに立ち戻ってくる．相対危険度で言えば，何倍多発しているかという定量的な問題である．

　具体的には，相対危険度は，曝露群と非曝露群との間での性・年齢などの要因の分布の違い（交絡バイアスの可能性がある要因の分布の違い）についても調整して計算されているので，この点でもいわば「他要因の排除」は調整という形で（分母の要因をそろえる形で）行われている．通常，入院患者を対象にした投薬や治療法の効果を検証する臨床研究などとは異なり，一般人口集団（地域や職場のデータ）を用いて行われる疫学分析では，調整しない時と調整した時の相対危険度はあまり変化しない．「他要因」の分布が当該曝露の分布に従って大きく異なることがないことは，経験的にあるいはシミュレーションからも明らかにされている．例えばタバコ政策などは，40年以上にわたり様々な国々での研究が十分に検討されてきた歴史（他要因の検討時間）があり，それを踏まえて世界各国や世界保健機構WHOによる現在のタバコ政策が行われていることも忘れてはならない．

　なお，ある疾患に関する複数の原因による過剰分画を足し合わせると，合計が100%を超えるので，過剰分画などは信用できないという指摘がある．しかし，これは過剰分画の使用実態のみならず，過剰分画の理論的背景を全く理解できていないことからくる誤りである（Ahlbom, 1990; Rothman, 2008）．それぞれの曝露の過剰分画は，その曝露とその曝露以外の曝露の比を示しているのであるから，同じ病気に対する過剰分画だからといって，複数ある過剰分画を足しあわせるのは間違いである．例えば，比で示されている1：3，3：5，4：3といった比の前側の数字である1と3と4を足しあわせることに意味がないのと同様である．過剰分画は，それぞれの曝露毎の，「ある曝露」対「その曝露以外の曝露」の比をパーセントで表しているのに過ぎない．その他の要因はその曝露以外の割合の中に含まれている．

　　註1：医学的因果関係が争われる民事裁判では，因果関係の立証は原告に課せられる．この因果関係の立証は，他の要因が原告の疾病発症に影響を与えたか

否かに関しても，原告に課される場合がしばしばある．つまりこの時，原告にはなかった他要因の曝露に関しても羅列されて指摘を受け，他要因の曝露がなかったことを原告が「証明」すべきと解釈されている．しかし，他要因があったことを証明することはできても，他要因が存在しなかったことを証明することは困難を極める．なぜなら原告の人生のどの時点においても曝露がなかったことを全部示さねばならないからだ．一方，私たちの日常の因果判断は，「存在しなかったことの証明」までは，通常求められないし，存在したかどうかが問題にされることはない．他の原因があると指摘するなら，あるという他の原因（要因）が原告に起こったことを具体的に示すべきであると考えるのは自然な考え方である．「ない」ことは証明しようがないからである．

すでに紹介したように，経験則に基づく蓋然性は，相対危険度より以下の式で推定することができる．

「あれなければこれなし」の蓋然性を具体的に求めるための過剰分画
＝（相対危険度－1）÷相対危険度×100％

表 非喫煙者と比較した紙巻きタバコの現在喫煙者の相対危険度と対応する過剰分画

疾病もしくは状態		男性の相対危険度（過剰分画％）	女性の相対危険度（過剰分画％）
冠状動脈疾患	35－64歳	2.8倍（64.3％）	3.1倍（67.7％）
	65歳以上	1.5倍（33.3％）	1.6倍（37.5％）
脳血管疾患	35－64歳	3.3倍（69.7％）	4倍（75.0％）
	65歳以上	1.6倍（37.5％）	1.5倍（33.3％）
大動脈瘤		6.2倍（83.9％）	7.1倍（85.9％）
慢性閉塞性肺疾患（COPD）		10.6倍（90.6％）	13.1倍（92.4％）
がん	唇，口腔，咽頭	10.9倍（90.8％）	5.1倍（80.4％）
	食道	6.8倍（85.3％）	7.8倍（87.2％）
	胃	2倍（50.0％）	1.4倍（28.6％）
	膵臓	2.3倍（56.5％）	2.3倍（56.5％）
	喉頭	14.6倍（93.2％）	13倍（92.3％）
	肺	23.3倍（95.7％）	12.7倍（92.1％）
	子宮頸部		1.6倍（37.5％）
	腎	2.7倍（63.0％）	1.3倍（23.1％）
	膀胱，その他の泌尿器	3.3倍（69.7％）	2.2倍（54.5％）
乳児突然死症候群			2.3倍（56.5％）
乳児呼吸窮迫症候群			1.3倍（23.1％）
出産時低体重			1.8倍（44.4％）

出典）ハリソン内科学書第16版 p. 2574，表375－1 から作成．

これまでの説明で示した蓋然性の計算方法を具体的データで示すために，世界で最も有名な医学書であるハリソン内科学書（Kasper, 2005）に示された能動喫煙が様々な病気に及ぼす相対危険度の表のデータで行ってみる．括弧内は対応する過剰分画（％）である．

この表では，紙

巻きタバコ現在喫煙者と肺癌の相対危険度は，男性で23.3倍，女性で12.7倍である．従って，紙巻きタバコ現在喫煙者で肺癌になった人がもし紙巻きタバコの非喫煙者であれば肺癌にならなかったであろう蓋然性，すなわち過剰分画は，男性で95.7%，女性で92.1%である．癌に関する過剰分画で，このように100%近い値が求められることはなかなかない．

統計・統計学，疫学の違い

これまでの法廷では，疫学を誤解して，統計や統計学と混同していると考えられる主張がしばしばなされてきた．一応，その点について最後に短くコメントしておく．

いろいろとある混同の中で，統計学を単なる統計と混同しているというようなレヴェルのものもある．しかし，これは問題外の混同である．統計は，人口動態統計や国勢調査などで，できるだけ大集団から集めたデータを集計して表または図で示すだけである．一方，統計学は元々，統計から発達したことは否定できない．しかしフィッシャーやカール・ピアソンらにより確立された近代統計学は，全く様相が異なる．統計学は，記述統計と統計学的推論から構成される．記述疫学でさえ統計とは大きく異なる．そして，この近代統計学が，今日の科学の発達を支えていると言っても大袈裟ではない．統計学は科学の文法とはよく言われる言葉である．

この統計学と疫学はさらに異なる．統計学の基礎知識を疫学は取り込んでいるものの，科学と同様に疫学の主目的は，因果関係を明らかにすることである．疫学は医学分野の因果関係に目的を絞り込んでいる．疫学が扱うのは人間であり，主に１人１人の人間である．従って，連続した数値よりも自然数などの離散量を扱う．自然科学の文法として自然科学の各分野全体と関係している統計学とは，この点で必然的に異なるものとなる．なお少し専門的になるが，疫学における統計学の役割は，主に，偶然の変動の評価と交絡要因の調整である．

まとめ

筆者の経験からすれば，曝露者もしくは曝露地域に疾病の発生率や有病割合が，２倍（過剰分画で言えば50%）にもなれば，そのコミュニティの構成者である住民や労働者は，疾病の多発に気づくものである．これを質的判断

により非曝露群にもその疾病が観察しうるとの理由だけで，因果関係が分からないとか因果関係がないとして棄却するならば，中長期的には何らの問題の解決にもならないことは容易に想像がつく．逆にこれを全部因果関係ありとする場合も同様に疑問や不満が残るであろう．

　当該曝露の存在と当該疾病の存在を確認した上で，証拠に基づいて因果関係による影響を定量的に示した上で，判断を下すというある程度丁寧なプロセスが，情報公開が原則とされる現代社会においては法的判断に求められると思われる．これはリスクアセスメントとリスクコミュニケーションという，よく耳にするプロセスの具体化でもある．経験則に基づいたその定量的な指標が相対危険度であり過剰分画なのだから，重要な参考になるし，判断にも説得力ができ，判断自体も現実の状況に対応できるだろう．何の具体的な経験則に基づいた数字も出さない側が勝訴することがしばしばあった頃に比べると，これは大きな進歩である．最近，法律分野でも相対危険度・寄与危険割合（過剰分画）に基づいた事実認定の整理が行われている（河村，2007）．

　これまで，裁判における因果関係論争は，因果関係があると主張する側がその証拠を提出し，因果関係がないと主張する側がその証拠に対して疑いを差し挟むという構図の中で進められてきた．しかし学術研究結果や行政やNGOの調査結果という証拠に基づき，因果関係による影響の程度を定量的に示すことで，この構図に大きな進歩がもたらされると考えられる．すなわち，因果関係がないと主張する側も，相対危険度1倍（過剰分画0％）あるいは過剰分画が非常に低いという証拠を示さねばならなくなるし，因果関係があると主張する側も過剰分画を示すことにより「あれなくてもこれあり」の確率も存在しうることを認めた上で主張せざるを得なくなる．両者および裁判所が経験則に基づいた具体的な数字（過剰分画・相対危険度）を前に，現実的な解決策を模索できる機会も多くなるのではないかと思われる．過剰分画あるいは原因確率100％の曝露・疾病の因果関係など，現実世界ではあり得ないからこその対応策でもある．

　謝辞：因果関係論に関して貴重なご助言を頂きました鈴木越治先生（岡山大学大学院医歯薬学総合研究科）に深甚の感謝を致します．

《参考文献》

Ahlbom A and Norell S (1990): 6. Risk indicators and causes of disease. *Introduction to modern epidemiology.* ERI, Chestnuts Hill, pp. 36-41.

Council on Scientific Affairs (1987): Radioepidemiological tables. JAMA 257: 806-809.

Cristoffel T and Teret SP (1991): Epidemiology and the law: Courts and confidence intervals. *Am J Public Health* 81: 1661-1666.

Gart JJ, Krewski D, Lee PN, Tarone RE, and Wahrendorf J (1986): *Statistical methods in cancer research.* Volume III. The design and analysis of long-term animal experiments. International Agency for Research on Cancer, Lyon.

Greenland S (1999): Relation of probability of causation to relative risk and doubling dose: a methodologic error that has become a social problem. *Am J Public Health* 89: 1166-1169.

Greenland S and Morgenstern H (2001): Confounding in Health Research. *Annu. Rev. Public Health* 22: 189-212.

International Agency Research on Cancer (IARC) (2004), *World Health Organization*: Tobacco Smoking and Involuntary Smoking. IARC Monographs on the Evaluation of Carcinogenic Risks to Humans, volume 83. IARC, Lyon, France.

Jones JK (2006): 17. Determining causation from case reports. In: *Textbook of Pharmacoepidemiology.* Strom BL and Kimmel SE eds. John Wiley & Sons, Ltd. New York, pp. 277-286.

Kasper DL, Braunwald E, Fauci AS, Hauser SL, Longo DL, and Jameson JL eds. (2005): *Harrison's Principles of Internal Medicine.* 16th ed. McGraw-Hill Medical Publishing Division, New York.

Kelsey JL, Petitti DB, King AC (1998): 2. Key methodologic concept and issues. In: Brownson RC, Petitti DB, eds. *Applied Epidemiology: Theory to practice.* Oxford University Press, New York, pp. 35-69.

Levin ML (1953): *The occurrence of lung cancer in man.* Acta Unio Int Contra Cancrum 9: 531-541.

Losse J (2001): I. *The cognitive status of scientific laws.* Chap 9: Analysis of the implications of the new science for a theory of scientific method. A historical introduction of the philosophy of science. 4th ed. Oxford University Press, New York, pp. 86-102.

Miettinen O (1974): Proportion of disease caused or prevented by a given exposure, trait, or intervention. *Am J Epidemiol* 99: 325-332.

National Academy of Sciences (1984): *Assigned share for radiation as a cause of cancer. Review of radioepidemiological tables assigning probabilities of causation.* Washington D.C.: National Research Council.

National Institute of Health (1985): *Report of the National Institutes of Health Ad Hoc Working Group to Develop Radioepidemiological Tables*. Washington D.C.: National Institute of Health.

Pearl J (2000): 9. Probability of causation: Interpretation and identification. In: *Causality, models, reasoning, and inference*, Cambridge University Press, Cambridge, pp. 283-308.

Porta M, Greenland S, and Last JM eds. (2008): *A dictionary of epidemiology.* 5th ed. Oxford University Press, New York.

Rothman KJ, Greenland S and Lash TL (2008): *2. Causation and Causal Inference. and 4. Measures of effect and measures of association, Modern Epigmiology.* 3rd ed. Lippincott Williams & Wilkins, Philadelphia, pp. 5-31, and pp. 51-70.

Tsubono Y, Nishino Y, Komatsu S, Hsieh CC, Kanemura S, Tsuji I, Nakatsuka H, Fukao A, Satoh H, and Hisamichi S (2001): Green tea and the risk of gastric cancer in Japan. *New England Journal of Medicine* 344: 632-636.

US Surgeon General's Advisory Committee on Smoking and Health (1964): *Smoking and Health: Report of the Advisory Committee to the Surgeon General of the Public Health Service*. Public Health Service Publication No. 1103, US. Public Health Service. Office of the Surgeon General.

World Health Organization (1989): *Epidemiology of Work Related Diseases and Accidents*. 10th Report of the Joint ILO/WHO Committee on Occupational Health. Technical Report Series 777. Geneva: World Health Organization.

青柳知義他（2001）：『ヒューム』「第3章　近代市民社会の思想」新資料集倫理．一橋出版株式会社，p. 97.

内田貴（1997）：『民法Ⅱ　債権各論』東京大学出版会．

河村浩（2007）：「第四　原因裁定・責任裁定手続と事実認定論：因果関係を中心として」判例タイムズ，No. 1242：40-64.

日本精神神経学会・研究と人権問題委員会（1998）：「環境庁環境保健部長通知（昭和52年環保業第262号）「後天性水俣病の判断条件について」に対する見解」精神経誌，100：765-790.

浜島信之（1991）：「疫学と民事裁判」日本公衆衛生学会誌，38：541-545.

ヒューム　D．（土岐邦夫訳）「人性論」『世界の名著27』，中央公論社（原著は1739年）．

山口龍之（2004）：『疫学的因果関係の研究』信山社．

監訳者あとがき

太田勝造
津田敏秀

　「疫学の父（the founder of modern epidemiology）」と呼ばれるイギリス人ジョン・スノウ（John Snow, 1813-1853）が、「人口統計の基本手法——病気や犯罪、貧困など特定の現象の発生率を全人口を母数として割り出す手法」（スティーヴン・ジョンソン（矢野真千子訳）『感染地図：歴史を変えた未知の病原体』（河出書房新社，2007年，108頁））、すなわち現在の疫学（epidemiology）の基本的方法を用いてコレラの感染原因が、感染した患者の排泄物であることを突き止めたのは19世紀半ばのロンドンでのコレラ流行（1852年）の際であったが、当時はコレラ菌はもとよりそもそも細菌が疫病の原因であることすら判明していなかった．ロンドンのコレラ流行の2年後，1854年にフィリッポ・パチーニがイタリアでコレラ患者の排泄物にコレラ菌を見出していたが、学界等では注目されず、コレラの病因物質としてのコレラ菌が明らかとなるのは1883年にロベルト・コッホがコレラ菌を分離してからであった．言い換えれば、病因物質であるコレラ菌とその発症メカニズムが判明する前に、疫学はコレラ患者の排泄物の経口感染によってコレラが伝染することを突き止めていたのである．その手法は現在の用語で言えば相対危険度の探求であった．この調査によってコレラ患者の排泄物が下水から漏れて飲料用の井戸水に混入していたことがコレラ流行の原因であると突き止めたスノウは、井戸水の利用を阻止するために井戸のポンプの柄を取り外させた．これによって、ロンドンのコレラの流行は終息して行ったのである．公衆衛生における疫学の金字塔的勝利である．にも拘わらず、スノウの疫学の考え方は当時なかなか受け入れられなかった．病毒を含んだ悪臭が伝染病の原因であるとする「瘴気説」を採用する当時のコレラ調査委員会は「我らは慎重なる検討の結果、この［スノウの］説を採用する理由を見出せなかった」と判断している（以上は上記ジョンソン『感染地図：歴史を変えた未知の病原体』による）．

　確立した自然科学方法論として広く認知されている疫学を少しでも知っている現代人であれば、当時のコレラ調査委員会の判断を「昔は石頭がたくさ

んいた」と評価すればそれで十分であるかもしれない．しかし，翻って現代の法律学や裁判を見れば「今でも石頭はたくさんいる」と評価せざるを得ないのではなかろうか．疫学で因果関係は十分に立証されているにもかかわらず，疫学の証明したものは「統計的因果関係」ないし「集団的因果関係」であって当該訴訟事件の個別当事者間の当該原因と当該結果の間の「個別的因果関係」の立証ではない，などというナンセンスを大真面目に議論している裁判官や法律家は跡を絶たない．青酸カリを一定以上飲んで死ななかった人類はほとんどいないという「統計的因果関係」を目の前にしてもなお，当該被害者が一定以上の青酸カリを飲まされたことと当該被害者死亡との間の「個別的因果関係」の立証はなされていないと言い張るのであろうか（津田「解説に代えて」参照）．また，疫学的に反論のできないような証拠を突きつけられても，「生理学的メカニズムが明確にならない限り認定できない」などと言い張る裁判官も跡を絶たないし，自己の不勉強と自信のなさを隠蔽するためにそのような判決に対して「今後の課題である」とか「具体例を見て考えたい」とかの「逃げ口上」でごまかす法学者も跡を絶たない．これらの石頭たちが当時のロンドンの公衆衛生の担当者をやっていたら，ロンドンのコレラは流行し続けたであろう．

このように見てくると，「新聞に延々と掲載されているいかがわしいコレラ治療法を読んで驚くのは，どれも例外なく逸話的な証拠だけを頼りにしたものだということはもちろんだが，それ以上に，その弱点をだれ一人として詫びていないことだ．『私の主張は逸話的な証拠に基づいたものにすぎませんが，でも，聞いてください』という文脈で書かれたものはひとつもない．投稿者は手法が不完全だという認識をまったくもっておらず，そのためそれを恥ずかしいとも思わない．当時の人たちにとっては，自分の身の回りにいる数人の症例を観察しただけでそれを治療法と言い切ることに，何のはばかりもなかったのだ．」（上記ジョンソン『感染地図：歴史を変えた未知の病原体』108頁）という当時の状況が，150年後の現代の裁判においてもそのまま当てはまることがわかろう．本書の副題を「法政策における科学的手法の活用」とつけたのは，まさにこのような現状の改善を祈念してのことである．

＊＊＊

本書は，Sana Loue, *Case Studies in Forensic Epidemiology*, Plenum Pub.

Corp., 2002, 218p. の全訳である．原著者のサナ・ルー教授は現在アメリカ合衆国オハイオ州クリーヴランド市にあるケイス・ウェスタン・リザーヴ大学の医学部の生命倫理及び疫学・生物統計学科の准教授で国際公衆衛生学の助教授であり法務博士号（J.D.），公衆衛生修士号（M.P.H.），および博士号（Ph.D.）を持っている．現職の前には14年間にわたり弁護士として，移民法の分野とエイズ関連法の分野で活躍し，さらにその前はソーシャル・ワーカーとして働いていた．このように広範な専門的知識と広範な実務経験とによって，本書の内容も単なる「法と疫学」の教科書的内容を遥かに超えて，多種多様な法政策問題をカヴァーしている．そこで通奏低音として流れている問題意識は，疫学や統計学等の科学的手法を法実務と法政策において活用しなければならない，というものであり，前述の監訳者らの問題意識と一致している．本書の題名を『法，疫学，市民社会：法政策における科学的手法の活用』とした理由もここにある．

　訳出においては，まず監訳者の1人太田が第1章の「疫学的因果関係は法的因果関係に適合する」の部分を翻訳し，それを参照しつつ第1章の残りを数頁ずつ分担して訳者らが翻訳をした．これによって訳語や文体の統一を図った．この際には，弁護士の酒井雅弘氏（東京大学大学院法学政治学研究科博士課程）にも参加していただいて訳文の正確さの向上と文章の彫琢に努めた．その上で，第2章，第5章，第8章，第10章後半，および第11章を平田彩子，第3章，第6章，第9章，第10章前半，および第12章を佐伯昌彦，第4章および第7章をノミンチメグ・オドスレンが担当した．訳出作業は，東京大学大学院法学政治学研究科の演習の一環として行い，各自が担当部分の訳文を作成して監訳者にメイルで事前に送付し，それを監訳者が原文とつき合わせて添削し，演習の当日は添削後の訳文をプロジェクタで投影して読み合いながら，訳文の彫琢に努めた．現在ではインタネット上で多種の辞書や検索エンジンが利用可能であり，演習の際にもパソコンをインタネットに接続して適宜 SPACEALC の「英辞郎 on the WEB」や「グーグル」を活用しつつ訳語の確認や内容の調査を行いつつ翻訳作業を進めた．多種のパソコン用の電子辞書や百科事典なども適宜活用した．そのような検索の成果は原著者の承諾の下に本文に訳し込んである（たとえば，ジョン・リンズィ候補の大統領選挙運動に対する妨害事件など）．原著の英文には一部に意味の曖昧な箇所もあり，重要なものはすべて原著者に問い合わせて確認した．また，訳

文や訳語の一部については長期来日中のアーカンソー大学ロー・スクール教授で同大メディカル・スクールの兼担教授でもあるロバート・B・レフラー氏（Robert B. Leflar）にご教示を仰いだ．レフラー教授にはここに感謝の意を表する次第である．

　もちろん，監訳者である太田勝造と津田敏秀の間でも逐次連絡を取り合って，訳語，とりわけ医学・疫学用語の訳語について検討を重ねた．疫学と統計学の間にはいわば「愛憎関係（love-hate relation）」があるようで，同じ概念やテクニックであっても疫学と統計学とで異なる専門用語が使われている場合も散見された．太田と訳者らは法学・社会科学畑に在籍しているので統計学の用語に親近感がある一方，津田は医学・疫学畑に在籍しているので言うまでもなく統計用語よりも疫学用語に親近感がある．そこでいろいろと議論を重ねたが，結局のところ統計学用語をベースに，疫学の専門のところは疫学用語を使うという折衷的な用語法となっている．また，医学分野においてもその認知と定着が比較的新しい分野である疫学には，確立した訳語のない専門用語も散見される．そのような英語については津田の学術論文や一般人向けの啓蒙書での用語法と訳語を参考として訳していった．

　法と疫学の交錯分野の研究としては山口龍之『疫学的因果関係の研究』（信山社，2004年）という優れた本格的な書物があるが，研究分野としては，研究者の数も研究の量もまだ非常に少ない．このことに鑑みて本書では原語を比較的多く付記しておいた．法と疫学の分野をさらに探求しようと思えば欧米の書物を利用せざるを得ないので，本書の訳語の原語がどのようなものかを明示しておくことが非常に役に立つと考えたからである．

　なお，原著には本文で引用しているにも拘わらず章末の引用文献一覧には欠落している文献が多数見られた．それらをすべて摘示して原著者に補完をお願いした．諸般の事情で100％の補完はできなかったが，ほとんどの文献の情報をいただくことができた．それらを章ごとに一覧表にしてこの「監訳者あとがき」の後ろに付記させていただいた．

　木鐸社の坂口節子社長には，本訳書の出版をご快諾いただいて衷心から感謝させていただく次第である．法科大学院制度の導入をはじめとする法曹養成制度の大改革，そして明治維新以来の規模の司法制度改革の大きなうねりの中で，法と疫学，そして法における科学的手法の活用は将来的長期的にはますます発展してゆく分野であると期待されるが，短期的にはまだ市場は小

さく本書出版の採算見込みは必ずしも楽観できないのが実情であろうと思われる．そのような中で出版をご快諾いただき，丁寧な編集をしていただいて感謝の言葉もございません．監訳者および訳者一同，深く感謝申し上げる次第です．

2008年11月吉日

《補完文献一覧》

第1章

Glantz, S. A., Slade, J., Bero, L., Hanauer, P., Barnes, D. (1996). *The Cigarette Papers*, Berkeley, California: University of California Press.

Angell, M. (1996). *Science on Trial*, New York: W. W. Norton & Co.

Dresser, R., Wagner, W., & Giannelli, P. (1997). Breast Implants Revisited: A Response to Science on Trial, *Wisconsin Law Review*, 1997, 706-776.

Huber, P. W. (1991). *Galileo's Revenge: Junk Science in the Courtroom*, New York: Basic Books.

Mastroianni, A., Faden, R., & Federman, D. (Eds.) (1994). *Women and Health Research: Ethical and Legal Issues of Including Women in Clinical Studies*, Washington, D.C.: National Academy Press.

Kalton, G. (1993). Sampling Rare and Elusive Populations, United Nations Statistical Division, National Household Survey Capability Programme, Technical Studies Series, New York: United Nations.

Goodman, J., Greene, E., & Loftus, E. F. (1985). What Confuses Jurors in Complex Cases, *Trial*, November, 65-74.

Last, J. (1996). Professional Standards of Conduct for Epidemiologists, in S. S. Coughlin & T. L. Beauchamp (Eds.). *Ethics and Epidemiology* (pp. 53-75), New York: Oxford University Press.

第2章

FDA Medical Bulletin (1992). Panel Recommendations on Silicone-gel-filled Breast Implants Follow Moratorium, *FDA Medical Bulletin*, April 1, 1992.

Carrigan, J. R. (1995). Junk Science and Junk Research, *Trial Lawyers Guide*, 39, 230-254.

Feldman, H. L. (1995). Science and Uncertainty in Mass Exposure Litigation, *Texas Law Review*, 74, 1-48.

Anderson v. Owens-Corning Fiberglass Corp., 53 Cal. 3d 987 (1991).

第3章

追補なし

第4章

Association of National Advertisers, Inc. v. Federal Trade Commission, 627 F. 2d 1151 (D. D. C. 1979), cert. denied, 447 U. S. 921 (1980).

第 5 章
追補なし

第 6 章
Temin, P. (1979). The Origin of Compulsory Drug Prescriptions, *Journal of Law and Economics*, April, 91-105.
Environmental Protection Agency (1994). Setting the Record Straight: Secondhand Smoke is a Preventable Health Risk, *EPA* Doc. #402-F-94-005, June 1994.
Glantz, S. A. & Parmley, W. (1991). Passive Smoking and Heart Disease: Epidemiology, *Physiology, and Biochmistry, Circulation*, 83(1), 1-12.
Glantz, S. A., Slade, J., Bero, L., Hanauer, P., Barnes, D. (1996). *The Cigarette Papers*, Berkeley, California: University of California Press.
Neuberger, M. B. (1963). *Smoke Screen: Tobacco and the Public Welfare*, Englewood Cliffs, New Jersey: Prentice Hall Inc.
United States v. 354 Bulk Cartons, 178 F. Supp. 847 (D. N. J. 1959).
United States v. 46 Cartons, 113 F. Supp. 336 (D. N. J. 1953).
Ferrence, R., Slade, J., Room, R., & Pope, M. (Eds.) (2000). *Nicotine and Public Health*, Washington, D.C.: American Public Health Association.

第 7 章
Xavier, J. (2000). *Final Report of the Washington Transgender Needs Assessment Survey*, Washington, D.C.: Administration for HIV and AIDS, Government of the District of Columbia.
Harr, J. (1995). *A Civil Action*, New York: Random House.
Fine, G. A. (1979). Small Groups and Culture Creation: The Idioculture of Little League Baseball Teams, *American Sociological Review*, 44, 733-745.
McCarthy, J. D. & Wolfson, M. (1996). Resource Mobilization by Local Social Movement Organizations: Agency Strategy and Organization in the Movement Against Drinking and Driving, *American Sociological Review*, 61(6), 1070-1088.

第 8 章
追補なし

第 9 章
Gutierrez, G. (1987). *On Job: God-talk and the Suffering of the Innocent*, Maryknoll, New York: Orbis Books.

Sorge, R. (1991). Harm Reduction: A New Approach to Drug Services, *Health PAC Bulletin*, 21(4), 22-27.

Guydish, J., Bucardo, J., Young, M., Woods, W., Grinstead, O., & Clark, W. (1993). Evaluating Needle Exchange: Are There Negative Effects?, *AIDS*, 7, 871-876.

第10章

Denisoff, R. S. & McCaghy, C. H. (Eds.). (1973). *Deviance, Conflict, and Criminality*, Chicago: Rand McNally.

Moses, P. & Moses, J. (1983). Haiti and the Acquired Immunodeficiency Syndrome [letter], *Annals of Internal Medicine*, 99, 565.

第11章

Reid, W. H. & Wise, M. G. (1995). *DSM-IV Training Guide*, New York: Brunner/Mazel Inc.

Hall, J. A. & Kimura, D. (1995). Sexual Orientation and Performance of Sexually Dimorphic Motor Tasks, *Archives f Sexual Behavior*, 24, 395-407.

McCormick, C. M. & Witelson, S. F. (1994). Functional Cerebral Asymmetry in Homosexual Men and Women, *Behavioral Neuroscience*, 108, 525-531.

Gladue, B. A. (1994). *The Biopsychology of Sexual Orientation, Current Directions in Psychological Science*, 3(5), 150-154.

Scamyougereas, A., Witelson, S. F., Bronskill, M., Stanchev, P., Black, S., Cheung, G., Steiner, M., & Buck, B. (1994). *Sexual Orientation and Anatomy of the Corpus Callosum, Abstracts: Society for Neurosciences*, 20, 1425.

Allen, L. S. & Gorski, R. A. (1992). Sexual Orientation and the Size of the Anterior Commissure in the Human Brain, *Proceedings of the National Academy of Sciences*, 89(15), 7199-7202.

第12章

Grey, M. W. (1996). Medical Use of Marijuana: Legal and Ethical Conflicts in the Patient/Physician Relationship, University of *Richmond Law Review*, 30(1), 249-274.

Conant v. McCaffrey, 2000 U. S. Dist. Lexis 13024 [No. C97-00139].

索　引

あ行

R．J．レイノルズ社　158, 163
アイデンティティ　175-176, 179-181
　　──形成　176
赤狩り（red purge）　254
アクシデント・バイアス　22
圧力団体（special interest group）　126, 128-129
洗い出し期間（washout period）　28
アルコール禁断症状　187
「あれなければ，これなし」の原則　53
一応の証明（prima facie case）　58
一応の推定（prima facie）　68
一次データ　42
１次的逸脱（primary deviation）　227, 230
一貫性・一致性　21
逸脱行動の定義　224
医療用大麻緩和同盟　268
因果的交絡因子（causal confounder）　38-39
飲酒運転反対運動　190-191
飲酒運転を許さない母の会（MADD）　191-192, 194-198, 216, 237
インフォームド・コンセント　91
　　──用紙　150, 152
隠蔽　230-231
後ろ向きコーホート研究　29
影響の修飾　37
疫学的指標　287
エコロジカル研究　28, 32
エディプス・コンプレックス　250
エレクトラ・コンプレックス　250
オッズ　34
　　──比　112
オペラント理論（operant theory）　232
思い出しバイアス　107
オンブズ　131

か行

解釈的規則　136-138
外部妥当性　36, 39
開放式嚢胞切離術（open capsulotomy）　81
科学的証言の（法的）妥当性　55
過失責任　91
過剰分画　299-302, 304-308
肩書き（credential）　93
カポジ肉腫（特発性多発性出血性肉腫）（KS）　210, 270
カミング・アウト　253
環境的正義　171-172
観察的研究（observational designs）　24, 28
カンジダ症　271
観衆　222, 225, 227, 231
官僚制理論　153
関連性の尺度　34
　　──比　34
議案修正作業（markup）　124
偽陰性（false negative）　65
危険因子　38
儀式　176
議事妨害戦術（フィリバスター）　125
規制薬物取締法（Controlled Substances Act, CSA）　268
喫煙と健康に関する公衆衛生局長官（Surgeon General）の報告書　161
喫煙反対運動の会（Action on Smoking and Health）　161
規範的アプローチ　226, 228, 236
規範的視点　222
既判力（res judicata）　17, 48
帰無仮説（null hypothesis）　35, 66-67
強固性（strength）　21
偽陽性（false positive）　65
行政法　48
寄与分画（attributable fraction）　65, 69
寄与割合　34-35
禁酒法　188
キンゼイ指標　251
禁断症状　265, 280
区間推定（信頼区間）　36

草の根ロビイング活動　128
グッド・サイエンス（正統科学）　86
苦難の物語　177-178
クラスター抽出法　44
クロス・セクション研究　25, 28, 32, 34, 41
経験則　287, 293-296, 301-302, 308
経済理論　153
ゲイ・パワー（同性愛者の権利）　257
ケース・コントロール研究（症例対照研究）
　　25, 28, 30-32, 34, 37, 41, 82-83, 101, 103, 107,
　　112, 116, 120
ケース・シリーズ研究　82
ケース・スタディ（事例研究）　168
欠陥のタイプ　90
原因確率　283, 299-302, 308
原因分画　34
厳格責任　91
挙証責任（burden of proof）　67-69
憲法　47
牽連的　37
効果的な弁論　94
公共の利益の理論　152
交差法（crossover designs）　27
公示とパブリック・コメント手続き　48
交渉による規則制定　135
行動疫学者（behavioral epidemiologist）　258
コーホート研究　25, 28, 32, 41-42, 57, 82-83,
　　101, 104, 116
交絡因子　37-39, 41
交絡バイアス　36-37, 295, 302, 304
交絡変数：confounding variables　30
交絡要因（ないし交絡因子）（confounding fac-
　　tor）　286, 302-304, 307
　　――候補（potential confounding factor）　302
コッホ（ロベルト）（Robert Koch）　19
コッホの因果関係モデル　19
コンセンサス　224, 226
　　――に基づく社会運動（consensus move-
　　ment）　181

さ行

サーシオレーライ（writ of certiorari）（裁量上
　　告）　50
最大耐量（MTD）　275

サマリー・ジャッジメント　56, 58-59
サリドマイド事件　157
サンプリング単位（抽出単位）　43-44
サンプリング・テクニック（抽出技法）　43
参与観察　168
C型肝炎　212
ジェンダー・アイデンティティ（gender iden-
　　tity）　242, 244-245, 247
ジェンダー区分　243
時間的先後　21
資源　176
事実の因果関係　52-53
市場占有率責任（market share liability）　53
実験的研究（experiment）　22
実験的証拠の存在　21
実質的な要因　63, 69
実体の規則　136
疾病（disease）　286, 289-292, 296, 300, 302-
　　303, 305, 307-308
質問書（written interrogatories）　51, 56-57
市販前許可申請（PMA）　147, 150
社会運動のカルチャー　176
社会規範　222-224
社会的観衆（social audience）アプローチ
　　226, 229
社会的再定義　232
ジャンク・サイエンス（似非科学）　62, 85-86,
　　89, 95
ジャンヌ・ダルク　228
州籍相違事件　49
主尋問　51, 59
受動喫煙　159
準実験的研究（quasi-experiment）　23
準備手続き段階　63
証言録取書（depositions）　51, 57
証拠の優越　64, 68
常習性　162
浄書済み法案（engrossed bill）　125
情報バイアス　37, 295
証明責任（burden of persuasion）　58, 67-69
証明度　65
症例対照研究　57
シリコンプロテーゼ（注入物）　83, 88, 90
人種的マイノリティ　266

索 引　321

浸潤子宮頸癌　270
心的外傷後ストレス障害（PTSD）　87, 272
新薬申請（NDA）　156, 276-277
信頼区間　35
数学的モデル　40, 42
スキン・ポッピング状　208
スクリーニング検査　65
スティグマ（烙印）　233, 237
　　──逸らし（stigma-deflection）　178
スピードボール　213
スルファニルアミド　156
生活の質（QOL）　27
政策の一般声明　137-139
制定法　47-48
性的アイデンティティ（性同一性）　245
性的指向　242, 245, 258
性的二形的　241
正当な理由による例外　137-138
生物学的妥当性　21
セレクション・バイアス　22, 36
ゼロ・トレランス（不寛容）　214
選択バイアス　295
潜伏期間（latent period）　29
先例拘束性の原理（stare decisis）　48
層化抽出法　44
相乗効果　304
相乗的（synergetic）　20
相対危険度（relative risk）　35, 64-65, 67, 69, 288, 294-295, 299-300, 302, 304-308
相対主義的視点　222
相対因果関係（proximate cause）　52, 54
層別　40-41
測定尺度（Measures）　33
ソドミー行為　257-258
ソドミー法　256

た行

第一種の過誤（type I error）　35-36, 66-67
対象限定（restriction）　40
大腸菌O157：H7　99-100, 102-104, 106-118, 120-121
第二種の過誤（type II error）　36, 66-67
代弁者　180
タイム・スペース抽出法（time/space sampling）　45
代理交絡因子（proxy confounder）　39
対立仮説（alternative hypothesis）　66
戦いの物語　177
多段階抽出法　44
タバコ規制　155, 232
ダブル・ブラインド・テスト　23, 27
他要因　302-306
　　──の排除　305
　　──の問題　290
段階的訴訟理論（cyclical theory）　92
単純無作為抽出法　43
地域介入研究（community intervention）　23
治験用新薬　274-275, 277
　　──の申請書　274
チャンスの喪失（loss of a chance）　54
注射器支給プログラム　141, 201-207, 212-217, 232
懲罰的損害賠償　84, 88, 137
通知とコメントの手続き　133, 139, 141
罪のない被害者　193
ディスカヴァリ（証拠開示手続き）（discovery）　51, 116-117, 162
適格性　60
手続的規則　137
手続的例外　137
討議終結（cloture）　126
統計的有意水準　35-36
統計的有意性　64
導入期間（induction time）　29
ドーバート型事前審理（in limine Daubert-type hearing）　56
ドール卿（リチャード）　161
登録法案（enrolled bill）　125
トキソプラズマ症　210
特異性（特定性）（specificity）　21, 65
トライアル（事実審理）　56, 63, 116
トランスジェンダー　249-250
トランスセクシャル（性転換者）（transsexuals）　246, 248-249
トリクロロエチレン（TCE）　173
とりこ理論（capture theory）　152

な行

内的妥当性（internal validity） 22, 36
ニーズ・アセスメント 169-170
握りつぶし拒否（pocket veto） 126
ニコチン中毒 163-164
二次データ 42
２次的逸脱（secondary deviation） 227, 229-230
ニューモシスティス・カリニ肺炎（PCP） 270

は行

バーダッシュ（berdache） 246-247
バイアス 36, 70, 112, 119, 286, 302
媒介変数 38
曝露（exposure） 286-292, 296-306, 308
　　――寄与危険度割合 34-35, 283, 296, 299
発生率（incidence rate） 33
ハッピー・エンドの物語 177-178
パブリック・コメント（国民意見） 133-134, 139
　　――手続き 133-134
反対尋問 51, 60
Ｂ型肝炎感染 212
p 値 35-36
非牽連的 37
ヒト・アジュバント症（ヒト免疫増強症） 31
ヒトアジュバンド病 82
ヒト免疫不全ウイルス（HIV） 209, 270-271
非復元抽出法 43
被膜拘縮 80-81
ヒュームの問題 283, 287, 290-293, 295-296
病因分画（etiologic fraction） 64, 299, 301
日和見感染症 210
ヒル（Hill） 20
フィリバスター 126
ブーティング（booting） 210
ブードゥー教 234
フォーカス・グループ 168, 170
不均衡層化抽出法 44
復元抽出法 43
副作用体験報告書（ADR） 277
プラシーボ（偽薬等）（placebo） 22, 26-27
ブラックマン（ハリー）（Harry Blackmun）判事 16
プリ・トライアル（事実審理前手続き） 56
フリをすること（passing） 231
フレーミング（枠組み設定） 179
プロテーゼ（注入物・補綴） 79
米国自由人権協会 257
閉鎖式嚢胞切離術（closed capsulotomy） 81
ベイズ推論 296
ヘジラ（hijra） 246-247
弁明 229-230
法源 46
ボッグズ法（Boggs Act） 267
ポーリング（ライナス） 228

ま行

マイノリティ 254-255
前向きコーホート研究 29
マタシン協会（Mattachine Society） 254
マッチング 40-41, 103, 107
麻薬取締法（Narcotics Control Act） 268
麻薬に対する戦争 214
マリノール 263, 271
マリファナ課税法（Marijuana Tax Act） 266-267
マリファナ共同購入クラブ 269
マンモグラフィー 80-81, 150
無条件の例外（categorical exception） 137
物語ること（ナラティヴ） 175, 177
モルヒネ 280
　　――中毒 264

や行

薬効再評価通知 157
薬物送達装置（drug delivery device） 162
薬物取引が集中する地域（麻薬取引多発地帯） 204
闇社会 265
唯一の証拠方法 63
有意水準 63
雪だるま式抽出法 43, 45
呼出状（summon） 50

ら行

ライ症候群（Reye's syndrome） 15
ラッシュ（rush） 208
ラベリング理論 236, 255

ランダム化臨床試験（治験） 285
リスク 33
立法権 123
立法事実 16
立法的規則 136-137
両性具有性 242, 248
臨床試験 25-26, 40, 273-276, 278
臨床的有意性（clinical significance） 35
レジスタリング（registering） 210

ロケイション抽出法（location sampling） 44
ロビイスト 126-127, 150
ロビイング 124
　——活動 130, 174
　——団体 175

わ行

湾岸戦争症候群（Gulf War syndrome） 71

原著者紹介
サナ・ルー（Sana Loue）
サナ・ルー教授は現在アメリカ合衆国オハイオ州クリーヴランド市にあるケース・ウェスタン・リザーヴ大学の医学部の生命倫理及び疫学・生物統計学の准教授で国際公衆衛生学の助教授．法務博士号（J.D.），公衆衛生修士号（M.P.H.），および博士号（Ph.D.）を持っている．現職の前には14年間にわたり弁護士として，移民法の分野とエイズ関連法の分野で活躍していた．さらにその前はソーシャル・ワーカーとしての経歴も持っている．著書は合計で9冊あり40を超える雑誌論文もある．大学教授としてルー博士は「ジェンダー，エスニシティ，公衆衛生研究」，「精神医学における疫学」，「コミュニティの公衆衛生のための社会運動」，「倫理，法，疫学」，「セクシュアリティ，公衆衛生，法」など広範なテーマの授業を担当している．本書でも，ルー博士の広範な実務経験と教育経験が随所に生かされている．アメリカ合衆国以外では，ルーマニア，ウガンダ，ヴィエトナムなどでも教鞭をとっている．

監訳者・訳者紹介
太田勝造（おおた　しょうぞう）
　　大分県出身
　　東京大学大学院法学政治学研究科教授（法社会学，法と経済学，法と交渉）

津田敏秀（つだ　としひで）
　　兵庫県出身
　　岡山大学大学院環境学研究科教授・医学博士（疫学，環境医学，産業医学）

平田彩子（ひらた　あやこ）
　　岡山県出身
　　東京大学大学院法学政治学研究科修士課程（法社会学）

ノミンチメグ・オドスレン
　　モンゴル出身
　　東京大学大学院法学政治学研究科修士課程（比較法）

佐伯昌彦（さえき　まさひこ）
　　富山県出身
　　東京大学大学院法学政治学研究科修士課程（法社会学）

CASE STUDIES IN FORENSIC EPIDEMIOLOGY
by Sana Loue. ⓒ 2002 by Springer as a part of Springer
Science + Business Media. All rights reserved.
Japanese Translation rights arranged with Springer Science & Business Media through The Asano, Inc. in Tokyo.

法，疫学，市民社会：法政策における科学的手法の活用

2009年3月15日第一版第一刷印刷発行　ⓒ

監訳者との了解により検印省略		
	著　者	サ　ナ　・　ル　ー
	監訳者	太田勝造・津田敏秀
	発行者	坂　口　節　子
	発行所	㈲　木　鐸　社

印刷　㈱アテネ社　製本　大石製本所

〒112-0002 東京都文京区小石川5-11-15-302
電話　(03) 3814-4195　　　振替　00100-5-126746
ﾌｧｸｽ　(03) 3814-4196　　　http://www.bokutakusha.com

乱丁・落丁本はお取替致します

ISBN978-4-8332-2410-9　C3036

「法と経済学」関連書

「法と経済学」の原点
R.コース／G.カラブレイジィ他　松浦好治編訳
Ａ５判・230頁
税込　3150円

不法行為法の新世界
R.ポズナー／G.カラブレイジィ他　松浦好治編訳
Ａ５判・180頁
税込　2575円

法と経済学の考え方
■政策科学としての法
R.クーター著　太田勝造編訳
Ａ５判・248頁
税込　3150円

法と社会規範
■制度と文化の経済分析
E.ポズナー著　太田勝造監訳
Ａ５判・366頁
税込　3675円

結婚と離婚の法と経済学
A.ドゥネス／R.ローソン編著　太田勝造監訳
Ａ５判・360頁
税込　3675円

民事訴訟法の法と政治学
ロバート・G・ボウン著　細野敦訳
Ａ５判・280頁
税込　3150円

合理的な人殺し
■犯罪の法と経済学
G.E.マルシェ著　太田勝造監訳
Ａ５判・236頁
税込　3150円

法の迷走・損害賠償
■非難文化の温床
P.S.アティア著　望月礼二郎訳
四六判・280頁
税込　2625円

正義の経済学
■規範的法律学への挑戦
R.ポズナー著　馬場孝一・國武輝久他訳
四六判・480頁
税込　6300円

法に潜む経済イデオロギー
R.マーロイ著　馬場孝一・國武輝久訳
Ａ５判・200頁
税込　2310円